한국 근대시사近代詩史 연구

서강대학교 인문과학연구소 인문연구전간 제47집

한국 근대시사近代詩史 연구

… 박철희 지음

일조각

Humanities Monographs No. 47
Research Institute for Humanities
Sogang University

A Study on the History of Modern Korean Poetry

by

Park, Cheol He

ILCHOKAK
Seoul, 2007

책머리에

이 책에서 필자는 한국 근대시를 대상으로 한국시에 작용하는 전체적 질서와 그 변이 과정을 시학詩學 및 사적史的인 관점에서 다루고자 한다. 무엇보다 필자의 관심은 공시론적이면서 통시론적인 시각이다. 텍스트를 산출하는 메타언어와 메타텍스트에 주목하면서 그것이 조건 지어져 있는 사회 역사적 맥락을 유념하였다. 시에 대한 공시적인 구조의 탐색은 통시적 맥락에서 한국시를 읽어내는 바탕이 된다. 그리고 그것은 텍스트의 구체적인 해석과 맞물려 있다. 시인들의 독자성을 존중하면서 텍스트 자체와 텍스트 밖의 시와 시인에 대한 담론을 주목한 것은 이 때문이다. 역사의 텍스트성과 텍스트의 역사성을 함께 읽는 일과, 그러한 읽기의 방법론의 모색이 다름 아닌 이 책의 의도다.

그렇게 함으로써 좁게는 한 시인의 '개인적 시사'를, 넓게는 개인적 차원을 넘어서 19세기 이후 오늘에 이르는 한국시의 '작품사'가 아닌 '포에지의 역사'가 가능할 것이다. 1980년대 초 이미 필자가 언급했듯이 한국시가의 유기적 흐름이 자설적인 것과 타설적인 것의 내적 대립의 연속성이라고 할 때 한국 근대시의 흐름 또한 한쪽이 주류화되면 정전이 되고 다른 한쪽이 주변화되는 과정을, 적어도 양자의 역동적인 교호를 거듭하면서 전개되어왔다고 할 수 있다.

1부의 「한국 근대시사의 방법과 인식의 방법」 장에서 강조했듯이 양자는 상호대립적이며 중층적이다. '지각의 갱신'만이 아니라 사회 역사적 변화와 무관하지 않다. 문제는 각 계층이 요구하는 방향이 다르며 그 요구가 어느 쪽이 강하느냐에 있다. 외면과 내면, 의식과 무의식, 공적 담론과 사적 담론, 중심과 주변, 상징과 상상, 남성과 여성 등 각 계층은 양분적 대립을 갖고 각 층은 독자성을 지니면서 서로 교호한다.

가령 1910년대 시가가 목적시(계기시)로 대표된다면 1920년대 초는 낭만시랄 수 있다. 1920년대 중반 이후는 프로시가 보여주듯이 현실시(계기시)다. 현실시에 대한 대립이 1930년대 순수시운동과 모더니즘이다. 1910년대와 1920년대 후반은 현실성이 주축을 이룬다면, 1920년대 초와 1930년대 중반 이후는 낭만성이 축을 이룬다. 그만큼 사회성 못지않게 심미성이 강조되었다. 2부 「한국 근대시의 구조와 상상력」에서 전환기 시를 주목한 것은 이 때문이다.

낭만성과 현실성이라는 두 개의 축을 바탕으로 하여 유기적인 전개과정을 보여준 것이 1920년대 시라면, 1930년대 후반은 역사에서 문학 그 자체로 시각이 바뀐 것이다. 이 점은 한 시인의 시적 편력 과정(3부 「한국 근대시사와 시인」)에서도 마찬가지다.

가령 임화의 시 편력은 1930년대 후반 시단의 전체적인 움직임과 그 궤를 같이한다. 이른 나이에 카프의 주도적 이론가로서 현실주의 시를 대표했던 그가 1930년대 중반을 고비로 시각을 외부에서 내부로 옮긴 것이 바로 그것이다. 그 자신의 말대로 "우리는 인간의 외부를 향하여 작용하는 힘이 약해질 경우, 바꾸어 말하면 외계의 힘이 우리의 능력으로 좀처럼 어찌 되지 않을 때 인간은 자기 내부 가운데 서식할 세계를 발견" 할 수밖에 없었다. 이것은 임화의 경우만이 아니다. 그대로 1930년 이후 한국시의 구조적 전개가 되어준다.

3부 「한국 근대시사와 시인」이 보여주듯이 1930년대 후반 "오늘의 문명이 점점 심각하게 이지러지는"(김기림) 당시 상황에 대한 각 시인들의 서로 다른 반응(창작방법론)도 실은 모두가 한결같이 내면을 노래하고 있다.

그러나 유치환과 박두진의 경우는 외면과 내면이 처음부터 동행하고 있었다. 이것은 통시론적이고 역사적인 전개만이 아니라 구조 자체의 공시론적인 관련과도 무관하지 않다. 말하자면 공시론적인 전개에 의한 통시론적인 관련성이다. 시사와 더불어 담론사를 함께 다룬 것은 이 때문이다.

> 저자는 근대 이전과 이후의 시를 그 자체 내에서 함께 해석할 수 있는 새로운 시야를 마련코자 한다. 말하자면 시조, 사설시조, 개화기 시가, 근대시(시조)를 일관하는 동시적 질서를 파악하면서 아울러 시대와 사회에 따라 다르게 나타나는 구조의 대립적인 변화로 한국시의 큰 흐름에 접근하고자 한다.

이것은 『한국시사 연구』 서문의 첫 구절이다. 고전과 현대를 일관된 담론으로 기술하는 뜻은 예나 지금이나 초지일관 변함이 없다. 향가에서 근대시에 이르기까지 한국시가의 기저에 존재하는 일반 원리로서 시조를 부각한 것은 이와 무관하지 않다. 『한국시사 연구』가 시사의 방법론적 모험이라면 이 책은 그 적용 가능성이 된다. 그 사이 20년을 헤아린다. 진작 나왔어야 할 이 책 『한국 근대시사 연구』가 이제야 햇빛을 보게 된 것이다.

어쨌든 이렇게 턱없이 늦어져서 변명도 어렵게 되었다. 그동안 이 책은 한시도 내 머리에서 떠난 적이 없다. 그러나 지난 글들을 읽는 일이 내게는 무척 곤혹스러웠다. 언제나 생각뿐, 자괴감 속에서 차일피일 미루어왔다. 그러니 만족할 만한 책이 될 리가 없다. 다만 게으른 책상물림 한 사람이 세상에 왔다 간 족적이라도 남겼다는 그 자체만으로 족하다.

이 책으로 『한국시사 연구』와 함께 의도했던 시사의 틀은 어느 정도 윤곽을 드러낸 셈이다. 남은 것은 이러한 틀에 맞춰 고전과 현대를 아우르는 한 권의 시사詩史를 쓰는 일이다. 아직 마무리할 뒤끝이 있다는 것은 노년의 행복이다. 그러나 이젠 머뭇거릴 시간이 없다. 촛불은 꺼지기 직전에 가장 반짝인다. 오래 원고를 기다려준 인문과학연구소에 감사할 따름이다.

끝으로 책을 내면서 쑥스럽지만 함께 해로하는 아내에게 고마운 속마음을 전한다.

2007년 신춘
광교산 형제봉을 보면서
박철희

차례

3부_ 한국 근대시사와 시인

4부_ 한국시가 연구, 그 성찰과 모색

1부

한국 근대시사 기술의 경과와 방법

문학사와 한국 근대시사의 문제 설정

1. 머리말

문학이란 본질과 기능에 있어서 그 자체의 법칙성을 내장하면서 역사적으로 형성되고 변모한다. 그 때문에 문학작품은 작품 자체가 분석의 대상이 되면서 동시에 그것을 개괄적으로 종합하는 역사적인 서술을 요구한다. 따라서 문학사란 넓은 의미에서 예술성과 역사성의 대상이 된다.

예술성과 역사성은 상호보완적이다. 문학사가 문학예술로만 이루어지는 것은 아니다. 역사성을 거치지 않고 문학의 전개를 밝힐 수 없다. 하지만 양자 중 한쪽만을 강조할 때, 대부분의 문학사는 문명사이거나 아니면 비평적 논의의 집결이라고 한 것은 웰렉이다.[1] 하나는 '예술'의 역사가 아니며, 또 다른 하나는 예술의 '역사'가 아니다. 그러면서도 문학사는 계속 기술되어왔고, 지금까지 많은 문학연구가들의 관심의 대상이 되어왔다.

1 René Wellek, *Theory of Literature*, Penguin Books, 1966, p.253.

2. 문학사 기술의 경과 — 역사주의와 시학

한국 문학사의 경우, 무엇보다 "문학사라는 것은 문학의 기원 · 변천 · 발달을 질서 있게 기재"(안확安廓)하는 것이라는 연대기적 질서의 형태로 출발하였다. 나아가서 문학사를 일반 역사, 즉 인문사의 중요한 일부로 규정하고, "언어 · 풍속의 습관과 기후 · 산천의 변화, 제도 · 문물의 변천, 그리고 각 시대의 정신과 위인의 사업"[2]에까지 확장함으로써 사실들의 단순한 자리 매김이라는 연대적 순차를 극복하고 있었다. 이러한 연대기적 질서와 인문사의 일부로서의 문학사를 넘어서 환경과 시대라는 문맥 속에서 문학사에 대한 의식적인 연구가 새롭게 자각된 것은 그 후의 일이다. 그것은 진화론과 이른바 역사주의에서 영향을 받은 시대적인 산물이며, 그것도 매우 근대적인 산물이다. 그러나 문학사를 문화사 내지 정신사의 일부로 다룬 것만은 분명하다.

기계적인 인과론(사회경제사)에 의하여 문학적 현상을 설명하기도 하고,[3] 왕조교체를 통하여 한 시대 또는 한 부류의 작품을 서로 시간적 연속체로 관련시키기도 한다.[4] 또한 『신문학사조사』(백철白鐵)가 보여주듯이 브란데스의 사회 역사적 관점[5]이 초기 문학의 전개과정을 살피는 기본적인 개념이 되기도 하고, 『한국현대문학사』(조연현趙演鉉)와 같이 문학과 실증을 존중하면서 역사를 휴머니즘과 연결시키는 크로체Croce식 역사주의[6]가 문

---

2 안자산, 『조선문학사』, 한일서점, 1922, p.2.

3 이명선, 『조선문학사』, 조선문학사, 1948.

4 김사엽, 『조선문학사』, 정음사, 1948.

5 문학사는 정신사에 대한 연구인 정신학이다. ……예술작품인 이상, 미학적 관점에서 보면 작품은 그 자체로 자족성을 갖는다. 그러나 역사적인 관점에서 보면 작품은 지속적인 망의 한 조각일 뿐이다. 미학적 관점에서는 작가나 배경 없이도 작품을 설명할 수 있다. 그러나 역사적인 관점에서 작가와 환경은 작품을 이해하는 데 필수불가결한 것이다(Brandes, *Main Currents in Nineteenth Century Literature*, William Heineman LTD., 1923).

6 차하순 편, 「역사주의사관」, 『사관이란 무엇인가』, 청람, 1985, p.48.

학사의 방법이 되기도 하였다. 이때 문학사의 기술이 '예술'의 역사가 아닌 예술의 '역사'로 나타나는 것은 물론이다. 문학을 어떤 유형의 이념의 틀에, 어떤 유형의 형식의 틀에, 어떤 유형의 사조의 틀에 끼워넣는 것으로 역사적 자리 매김을 하였다. 그리하여 『신문학사조사』와 같이 '초기의 신문학', 그중에서도 '근대문예사조의 등장' 등에서 초기 신문학의 전개를 '주의主義'로 표방한 사조 중심의 방법론으로 설명한 결과, 한 작가나 작품은 여러 가지 유파나 경향으로 분류할 수밖에 없었다. 그 결과 심지어는 어떤 유파, 어떤 경향에도 소속될 수 없는 작가나 작품까지도 무리하게 어떤 '주의' 아래 묶고 있다. 그만큼 작품의 자율성과 독자성과는 무관하다. 작품은 그 자체로서 존재하는 것이 아니라, 어느 '주의'에 속함으로써 존재하는 것이다.

그렇지만 『신문학사조사』는 『한국현대문학사』와 함께 그 후 현대문학 연구가들에게 큰 영향을 주었다. 한국 현대문학 연구 30년은 사실상 이 두 선편작업의 실증적 검토와 아울러, 오류를 지적하고 방법론적 한계를 밝히는 작업으로 점철되었다고 해도 과언이 아니다. 『한국현대문학사』는 마르크스주의적 관점에서 파악한 임화의 『신문학사』와 사조적 개념으로 파악한 『신문학사조사』와 정면으로 대립한다. 하나는 사회주의적 경향의 문학에 대한 순수문학의 우위성이고, 또 다른 하나는 사조적 개념에 대한 잡지나 동인지 중심의 문헌의 중시이다. 『한국현대문학사』는 한마디로 말해서 기술적記述的이 아니라 배제적이라는 점에서 이념적인 문학사일 수밖에 없다.

물질적 토대를 신문학과 문학사 기술의 방향으로 출발한 『신문학사』(임화林和)나, 민족정신의 위축과 소생에 따라 문학사의 전개를 설명한 『국문학사』(조윤제趙潤濟)도 이런 의미에서 마찬가지다. 물론 사적 변화의 법칙을 문학사 안에서 모색한 『국문학사』는 자율적 문학사라고 할 만하다. 그러나 『국문학사』, 그중에서도 근대 이후 문학에 해당하는 '최근세' 편은 실증적 역사주의가 낳은 것이다. 또한 문학사를 민족정신의 정체성의 구현으로 본 것 역시 진화론적 사관과 무관한 것은 아니다. "이왕이면 문학을 문학으로 다루면서 문학 내부에서 사회와 역사를 보는 안목이 필요하다"고 평가한 것은 김동욱金東旭[7]이다. 하지만 문학의 전개를 지속성 위에서의 변이로 본 시각, 그 자체만은 그 후 문학사 기술의 한 전범을 이룬다. 마찬가지로 이인직으로부터 경향문학의 발생에 이르는 과정을 방법론적으로 개괄한 『신문학사』는 성과보다 그 방법이 주목된다. 더구나 프로문학을 문학사 전면에 전경화한 것은 그 후 진보적 문학운동의 단초가 되었다.

북한에서 이루어진 문학사도 예외는 아니다. 문학의 모든 부분은 지배적인 전체의 가치에 의하여 좌우된다는 『조선문학사』(1982)[8]는 한 시대의 문화 활동을 지배하는 시대정신에 입각하여, 균일하고 심지어는 획일적인 용어로 결정적인 역사적 상황을 재구성한다. 그 이면에는 애국성과 인민성이라는 합법칙성에 입각하여 이질적인 목소리를 억압하려는 욕망이 작용한다. 문학은 처음부터 이러한 욕망에 의해 통제되고, 이러한 욕망을 위한 교육의 수단으로 나타난다. 이 경우 문학사를 전체주의적이라고 고쳐 말할 수도 있다. 전체주의적이라고 할 때 문학사는 개성을 외면한 추상주의로 머물고, 문학의 개별화와 무관할 수밖에 없다.

이러한 전체주의적 문학사에 도전하는 움직임이 주로 문학사보다 시사나 소설사 등 개별 각종 장르사에서 비롯되었다.[9] 이러한 움직임에 의하여 문학사는 전체와 개별화의 대립이 이루어진 것이다. 문학사 기술은 사회나 시대보다 문학의 변화를 그 자체로 서술해야 한다고 해서, '예술의 역사'가 아닌 작품의 자율성, 작가의 독자성을 강조할 때, 기술화 내지 자기

7 김동욱, 『국문학개설』, 민중서관, 1961, pp.192~193.

8 김일성종합대학 편, 『조선문학사』, 김일성종합대학출판사, 1982.

9 박철희, 『한국시사연구』, 일조각, 1980; 김용직, 『한국근대시사』, 학연사, 1986; 이재선, 『한국현대소설사』, 홍성사, 1979; 김윤식 · 정호웅, 『한국소설사』, 예하, 1993.

반영성(개별화)의 작업이 되어준다. 문학의 자기반영성을 강조함으로써 문학을 작가의 특정한 역사적 의도와 상관관계 속에서 파악하려는 노력보다 오로지 내적으로 일관성 있는 대상으로서 텍스트에 좀 더 관심을 기울이게 된다.

특히 작품의 형식을 가지고 논하는 경우, 실제적인 문학비평에는 많은 기여를 하게 되지만, 문학의 탈역사성을 너무 강조할 때 결과적으로 문학사의 '사史'와 거리가 멀어질 수도 있다. 『한국문학사』(김열규金烈圭)가 바로 그것이다. 문학을 그 언어와 의미를 사회적 맥락과 단절시킨 채 자기충족적으로만 이해한다면, 문학사는 역사성을 외면한 작품성만을 강조하고 문학의 '사'와는 일단 거리를 지닐 수밖에 없다. 문학사는 예술이면서 동시에 역사다. 따라서 문학이면서 동시에 역사인 문학사를 쓰는 일은 가능한가 하고 물었듯이, 문학사가 예술성과 문학성 양자를 동시에 만족시켜주는 것은 지난한 일이다. 문학과 역사, 역사적 인식과 심미적 인식 사이에 다리를 놓는 작업이 문학사가 아니던가.

그러나 『한국문학사』는 신화비평과 구조주의에 입각하여 초시대적인 보편성에 의해 드러나는 지속성 위에서 각 시대의 작품을 역사적으로 읽고 있는 것이 주목된다. 연대기적인 시간 대신에 심리학적 시간을 강조하는 의미에서 문학사는 일종의 심리사가 된다. 이것이 역사적 원인을 무시하는 시간개념과 무관한 것은 아니나 연대기적 기초를 유지하는 한, 문학에 대한 원천을 제공함으로써 결과적으로 종래의 문학사 이론을 변경하는 것이 아니라 확장하고 심화한 것이 된다. 물론 그것은 저자의 말과 같이 종적으로 하나의 시야에 통합된 원근법에 의존할 때 그렇게 할 수 있다. 하지만 『한국문학사』는 신화비평과 구조주의의 도전을 이제 문학사가 감당해야 한다는 명제 앞에 종래의 단선적인 진화론이나 발전사관에 대한 반명제로 일관된 원근법을 강조함으로써 한국문학사의 또 하나의 새로운 시학적 접근(통시론적 시학) 내지 시도라는 점에 그 의의가 있다. 초시대적일 수 있는 텍스트를 일면적이고 한시적인 역사와 동일시한 것이 그동안 한국문학사의 현실이었다.

개별 장르사와 마찬가지로 문학의 독자성을 존중하면서 문학사를 문학 안에서 기술하고자 한 책이 『한국문학사』(김윤식金允植 · 김현)와 『한국문학통사』(조동일趙東一)이다.

『한국문학사』는 시대와 사회 속에서 문학을 보는 것이 아니라 문학 속에서 시대와 사회를 보는 흔적이 곳곳에 보인다. "문학사는 실체가 아니라 형태이다", "한국문학은 문학이면서 동시에 철학이다"라는 레비 스트로스Lévi-Strauss의 명제에서 드러나듯이 문학사는 구조주의와 만나고 있다. 예술의 구조와 사회구조의 관계를 얘기하면서 작품구조의 시야 속에서 시대와 사회의 구조를 포착한 것은 L. 골드만Goldmann이다. 그러나 결과적으로 실제 문학의 기술은 사회성을 예술성에 앞세워 다루고 있다. 박은식이나 단재 시학에 대한 지나친 애착은 물론 식민지문학을 다루는 경우, 무엇보다 현실성(저항성)을 강조한다. 「금수회의록」(안국선)을 비롯하여 그 후의 「삼대」(염상섭), 「초혼」(김소월), 「님의 침묵」(한용운), 「대하」(김남천), 「고향」(이기영)을 주로 다룬 것은 이 때문이다. 이태준과 김동리는 "소설 구성의 미학에는 성공했으나 건강한 문학적 측면을 외면했다"는 이유로 배제하고 있다. 무엇보다 이렇게 문학을 작가의식 및 시대정신과 사회현상에 비추어보지 않고, 작품의 구조 안에서 보는 시야가 요구된다.

그런 점에서 사회구조의 변화와 문학 갈래의 상관관계를 통하여 문학의 전개를 살피고 있는 것이 『한국문학통사』다. 『한국문학사』와는 그 입장이 전혀 다르다. 그만큼 언어와 문자 면에서의 변화를 먼저 살피고, 문학 갈래의 재편성과 문학 담당층의 교체를 함께 논하며, 사회구조의 변화와 연관시키고 있다. 중세에서 근대로의 이행기부터는 시민이 문학 담당층으로 교체되어 국문소설이 육성되었고, 근대문학은 시민 주도의 민족주의 문학이라고 하였다. 하지만 '1860년 이후'의 문학을 근대문학의 내적 배경으로 삼은 경우는 긍정적으로 평가되나, '1919년 이후'의 문학은 문학의 실상을 희생시키면서 의미권을 너무 확대한 나머지, 문학을 사회사에 종속시키고 있었다. 작가의 선택 또한 자의적으로 이루어졌고, 그 논의 역시 선험적인 추론에 의존하고 있다. 이 시기의 작가와 작품 및 문학현상을 고전문학에 비하여 상대적으로 비하한 것은 이 때문이다.

그가 관심 있게 다루는 것은 문학사적 지속성의 문제다. 하지만 세대 혹은 사회적 계층의 단순한 교체만으로 문학의 변화를 설명하기에, 문학의 변화는 다양하고 복잡한 과정으로 이루어진다. 그러면서도 조동일에 있어서 문학사의 시각은 단선적이 아니다. 그것은 역사주의에서 구조주의에 이르는 여러 갈래의 복합체로 이루어져 있다.

사실 형식주의 문학사는 문학사의 역사성(변화)을 부정하지 않는다. 오히려 작품 자체의 내적 변화에 관심을 갖는다. "문학이란 자체적으로 형성된 사회적 현상"이라고 한 것은 러시아 형식주의자들이다. 그리하여 그들은 '문학 형식의 역동성'이라는 관점에서 문학사를 서술해야 한다고 강조한다. 이런 점에서 "문학사의 전환이 있을 때마다 민요가 상승하여 새로운 시형식을 만들었다"는 시각은 『한국문학통사』가 거둔 성과다. 문학은 시소게임과 같은 교호交互는 물론, 사회적 환경 및 그것의 압력과 무관하지 않기 때문이다.

3. 한국 근대시사의 문제점

문학사 기술에서 다양한 문학적 현상에 질서를 주고 그것을 총괄하는 원리를 모색하는 일이 다시금 강조된다. 특히 근대 이후 시의 경우, 무엇보다 시의 흐름을 포괄적으로 설명할 수 있는 구심적 개념의 설정이 필요하다. 가령 1920년대 문학은 그 수법이나 관점이 각각 다르고, 그 구성 요소 또한 그 어느 때보다도 다양하고 복잡하다. 이렇게 복잡하고 중층적인

1920년대 문학적 현상을 집약적으로 포괄할 수 있는 가능성을 배제할 수만은 없다. 예컨대 1920년대 문학을 전체로 보았을 때 문학의 전개가 1920년대 중반을 계기로 그 이전과 이후의 문학 사이에 그 방법과 인식이 일정한 변화를 보여주고 있어, 1920년대 문학을 포괄적으로 설명할 수 있는 구심적 개념의 제시가 아주 불가능한 것은 아니다. 그것은 다름 아닌 낭만성에서 현실성으로 전환하는 과정으로 파악하는 일이다.

이러한 과정을 거치면서 낭만성과 현실성이라는 두 개의 축을 바탕으로 하여 다양한 전개양상을 보여준 것이 1920년대 문학이다. 이 점은 2부(「낭만적 상상력과 현실적 상상력」)에서 언급된다. 이상화의 「나의 침실로」 등 초기시가 보여준 눈물 · 밤 · 죽음 · 꿈 등과 같은 낭만적인 절규가 후기시 「빼앗긴 들에도 봄은 오는가」 등에 이르러 현실적인 절규로 바뀐 것이라든가, 나도향의 초기소설 「환희」의 낭만성이 그 후 「물레방아」의 현실성으로 바뀐 것이 그 대표적인 사례이다. 이러한 변화는 말하자면 1920년대 초 문학의 낭만성은 낭만적 형식이 자동화되면서 지각 불가능한 것이 되고, 아울러 이에 도전하는 지각 가능한 현실적 형식, 즉 현실성으로 대체되는 과정을 거치면서 이루어졌다고 고쳐 말할 수 있다. 형식론자들의 용어를 빌린다면 자동화와 생소화의 과정이다. 그리고 그것은 낭만성과 현실성에의 대립 과정으로 바꾸어 얘기된다. 이것은 통시론적이고 역사적인 관점만이 아니라, 이에 대립되는 구조 자체의 공시론적 관점과도 무관하지 않다. 이런 뜻에서 1920년대 중반을 계기로 한 낭만적 상상력에서 현실적 상상력으로의 전환은, 그러므로 한국문학 자체 내 구조의 자동화에 대한 파괴과정이라고 할 만하다.

이런 뜻에서 1920년대 중반에 이르러 초기의 낭만적 동경이 현실적 상상력을 통한 다양한 현실과 접촉하는 움직임으로 나타난 것은 일단 한국문학에서 근대적인 변화라고 할 만하다. 그리고 이러한 변화는 프로문학의 한국적 전개만이 아니라, 전통적 경험을 통한 자기회복 과정과 무관하지 않다. 그렇게 함으로써 이러한 변화 속에 조건 지어져 있는 사회 역사적 전개의 재구성도 어렵지 않게 추출할 수 있다. 1930년대 문학의 다양한 전개 또한 그 자체 내에서 포괄적으로 설명할 수 있는 구심적 개념과 그 반명제가 되는 원심적 방법과의 상보관계 속에서 파악할 수 있는 틀도 마련할 수 있다.[10]

엄격한 의미에서 반전통성이 한국문학의 근대성은 아니다. 물론 전통의 단절 또는 전통과의 괴리가 근대성이 지닌 여러 징표 가운데 하나임은 틀림없다. 물론 전통의 단절, 전통과의 괴리는 근대성이 지닌 가장 두드러진 징표의 하나다. 근대성이란 전통성에 대한 혁명이다. 그러나 종래의 논의와 같이 이념적인 혹은 시대적인 근대성을 문학의 근대성으로 보는 것은 너무 소박한 미메시스적 인식이다. 이념이나 시대의 현대성은 문학의 내재적인 근대성에 앞세워 다룰 수 없다. 근대 이후의 한국문학은 서구적인 충격의 와중에서도 전통에 대하여 유념하고 있었다. 그만큼 한국문학의 근대성은 반전통성과 전통성의 모순적 양립 속에 갈등을 겪으면서 형성되어온 것이다.

이런 점에서 반전통성과 전통성, 그중에서도 반전통성 중심으로 이루어진 기존 시사詩史도 문제다. 그러하기에 자유시 일변도로 이루어진 기존 시사의 편향성은 자유시와 대등한 위치에서 시조나 민요를 다룸으로써 극복할 수 있다.

사실 지금까지 대부분의 시사는 자유시적 모델의 틀 안에서 이루어졌고, 그것도 실제 창작의 실상과는 무관하게 쓰였다. 그리하여 민요, 잡가, 시조 등은 외면되거나 변두리로 밀려난 것이 그동안의 문학사의 현실이

10 복잡다단한 1930년대 문학적 제 현상을 '자기지향성'과 '타자지향성'이라는 두 가닥으로 고찰한 다음, 그 상관관계(異花受精)를 통하여 넓게는 1930년대 문학의 전개과정을, 좁게는 개별적인 작가의 문학적 편력과정을 밝힐 수 있다. 특히 문학사의 연속과 비연속성, 사회사와 문학사의 유기적 관계, 시대와 장르 사이의 상호관계, 리얼리즘과 모더니즘, 계급성과 순수성의 변증법적 관계를 새롭게 이해할 수 있는 단서가 마련된다.

다. 그만큼 창작적 실상보다 비평적 논의나 시인이 표방한 관점을 앞세웠다. 실상은 자유시 못지않게 시조나 민요 또한 함께 창작되어 있었다. 최남선과 주요한의 경우가 좋은 예이다. 비평적 논의나 관점보다 창작을 창작 그대로 바로 다루는 시각이 요구되는 것은 이 때문이다.

한 시대의 작품군에는 중심과 변두리가 있듯이 작가의 작품들에도 중심과 변두리가 있다. 자유시만이 중심부로서 한 시대의 성향을 보장할 수 있는가? 그렇다면 시조와 같은 변두리는 한 시대에 대한 한정된 국시局示적 징표만을 갖는가? 그 근거는 무엇인가? 한 시대를 대표할 전형적 작품의 선택은 어떻게 가능한가? 그 응답이 있고 난 뒤에 새로운 방법론이 모색될 수 있다. 민요, 잡가, 시조와 같은 전통지향적인 시가를 무조건 괄호 속에 묶고, 자유시와 같은 서구지향적인 시가를 전경화하거나 자유시를 중심에 두고 시조를 주변으로 생각하는 것은 옳은 성찰이 아니다. 그 역도 또한 마찬가지다.

또한 이미 이루어진 기존 문학사에 대한 정확한 독서가 필요하다. 그동안 도남 조윤제의 『국문학사』에 대한 논의는 민족사관에 입각한 유기체적 문학사에 대한 비판이 중심을 이루고, 상대적으로 그 방법이 적용된 텍스트에 대한 검토는 별로 이루어지지 않았다. 특히 근대 이후의 문학에 해당하는 '운동과 복귀시대'에 대한 기존 논의가 바로 그러하다. 복귀시대가 한문학이 유입되기 이전의 국문학시대로의 복귀라면 한문학과의 대외적 대결이나 투쟁이 끝난 근대 이후의 문학의 경우, 그 서술은 끝나거나 아니면 한문학에 준하는 서양 및 일본 문학과의 대결과 투쟁일 수밖에 없다. 물론 도남은 그 뒤에 고쳐 쓴 『한국문학사』[11]에서 유신시대에는 자신 스스로 연구가 부족하기 때문에 이 부분만큼은 문학사로 엮은 것이 아니라 하나의 사료로서 정리한다고 밝히고 있다. 하지만 도남의 근대문학관과는

11 조윤제, 『한국문학사』, 탐구당, 1963.

관계없이 우리가 취해야 할 것은 오히려 근대 이후의 문학 역시 고전문학과 마찬가지로 서양 및 일본 문학과의 대결과 투쟁이라는 그 관점에 있다.

그러면서도 그는 같은 책에서 최남선의 신시新詩를 두고, "이러한 신시는 사설시조에서 이미 자유시의 정신이 배태되어 있었던 것으로, 이 내적 조건에 서구의 자유시운동이란 외적 조건이 조화되어 나타났던 것이다"라고 하였다. 또한 "임병양란을 겪은 후의 각성과 실학 및 서학의 영향으로 평민의식이 크게 성장하였고, 문학의 주 담당층도 평민으로 옮아가 시조, 소설, 창곡(판소리) 등도 평민의식을 반영하게 되었다. 이러한 토대 위에 축적된 평민의식의 역량 발휘라 할 수 있는 동학과 근세조선의 개화의식이 갑오개혁이란 정치적 사건으로 나타났다. 즉 기존의 문학 담당층이 평민으로 전환되고 이 바탕 위에 창가나 신소설과 같은 과도기적 문학형식이 나타난 후 최초의 근대문학의 맹아를 보게 되었으며, 3·1운동 이후는 이것이 번창하게 개화하는 본격적 근대문학의 시대를 보게 되었다"고 하였다.

하지만 『국문학사』는 '운동과 복귀시대'의 신문학의 형성과정을 분석하면서 결과적으로 국문학과 한문학을 대립적으로 본 것과는 반대로, 국문학과 외국문학의 관계를 영향 수수관계로만 파악하고 있다. 임화나 백철과 마찬가지로 선진국의 외국문학의 영향을 받아 신문학이 형성되었다고 보는 것이다.

다음으로, 실증을 거치지 않은 선험적인 추론이나 주관적인 인상으로 사실을 확정하는 것도 문제다. 극단적인 사실을 보편적인 사실로 생각하는 경우가 그러한 것이다. 식민지사관의 극복과 민족사관의 입장에서 『한국문학사』(김윤식 외)는 임화, 백철, 조연현 등에 대하여 무조건 대타적對他的 부정의식으로 귀결하고 있다. '한국문학의 서구화를 근대화'로 본 『신문학사』, 『조선신문학사조사』, 『한국현대문학사』를 이식문학론으로 확정하고 있다. 옳은 지적이다. 그리고 이러한 지적은 비록 관점을 달리하나,

그 후 문학 연구에 아무런 의심 없이 반복적으로 나타나고 있다. 하지만 그 지적과는 반대로, 실상은 조연현의 『한국현대문학사』만 해도 그 이전 갑오개혁에서부터 싹터왔던 근대적인 의식이 그 후 문학에 굴절되며 나타난 양상을 도처에서 주목하고 있다. 특히 갑오개혁, 그것은 일본 강압에서 유래된 것이기는 하나, 한국 자체의 근대적 각성(동학 당시의 봉건사회의 부패하고 무력한 특권 정치제도를 타파하려는 민중운동)과 연결된다고 하였다. 이렇듯 서구사조의 유입과 함께 근대문학이 전개되었다는 그에 대한 일방론과 거리가 있다. 가령 「해에게서 소년에게」(최남선)에서 보이는 종래의 운문 중심의 시가와는 다른 산문성이 일본의 신체시의 영향을 받았다고 할 수 있지만, 결국 이는 한국 고유시가의 시가전통의 근대적 결론이라는 지적이 바로 그러한 것이다. 또한 유길준의 『서유견문』과 영국 선교사 게일Gale이 번역한 『천로역정』의 발간으로 인한 국어의 사용과 언문일치의 문장에 대하여 "이는 서구 모방의 일변도였던 당시의 근대적 각성 가운데 우리의 고유한 전통에 복귀하여 민족의 정체성을 찾으려는 의식의 일환으로 표현된 것"이라고 하였다.

임화의 이식문화론 또한 그의 '전통논의傳統論議'(『신문학연구방법론』·『개설 신문학사』)와 아울러 조명하면, 그렇게 부정적인 것만은 아니다. 어떤 의미에서 그는 한국문학사의 지속성 위에서 신문학을 생각한 것이 틀림없다(「신문학사의 방법」). 근대문학의 기반(자본주의화)에 대한 '토대-상부구조'의 유물론적 시각이 다름 아닌 이식문화론일 수밖에 없다. 문화이식이 고도화되면 될수록 반대로 문화창조가 내부로부터 성숙하는 것이다. 이식은 이식 자체만의 의미가 배타적으로 부각되는 개념이 아니라, 전통과의 관계를 대타적으로 의식하면서 전개되는 개념이다. 그만큼 근대문학은 서구문학과 전대문학(언문학사와 한문학사)과의 상호관계에서 결정된다고 『개설 신문학사』는 분명히 밝히고 있다. 이런 의미에서 임화가 근대문학의 이식적 성격을 강조하는 것을 조선 근대문학의 발생의 특수성이라는 관점에서 이해해야 한다는 시각은 긍정적으로 평가된다. "신문학이 한문으로부터의 해방에서 출발한 것은 동시에 언문문학으로의 복귀에서 출발했음을 의미한다. 그것은 단지 언어로서의 언문문화에 그치는 것이 아니라 정신으로서의 언문문화로 살아나는 데 신문학사가 전통을 간과할 수 없는 이유가 있다."[12]

반대로 비판적 검토보다 기존 평가를 무조건 기정사실로 받아들이는 문학사도 재고할 필요가 있다. 그것에 대하여 논리적인 검토만 할 뿐 비판적인 검토는 하지 않는다. 『신문학사조사』의 '사조思潮'의 개념 역시 좀 더 주의 깊게 관찰하면 통상적 의미의 문예사조, 즉 '주의主義'를 의미하는 것이 아니라, 넓은 의미의 사상과 조류, 즉 사회 · 역사 · 정치 · 문화의 모든 흐름을 포괄한다. 그러면서도 사조사를 이른바 문예사조사로 의심 없이 인식하여왔다. 사실 '사조'는 1920년대 문학을 논할 때 거론될 뿐이다. 또한 『신문학사조사』의 '신문학新文學'의 개념조차 실은 임화의 개념을 그대로 따르고 있고, 임화 또한 이광수의 『현상소설고선여언懸賞小說考選餘言』의 근대문학의 개념을 그대로 따르고 있다. 심지어는 신경향파와 프로문학의 관련 양상 역시 『신문학사조사』는 임화의 논리를 아무런 가감 없이 그대로 반영한다. '태동기 신경향파 문학'의 흐름을 박영희적 경향과 최서해적 경향으로 양분하고, 이 두 경향이 종합 지향한 형태로서 한설야의 「과도기」를 거쳐서 '프로문학'의 본래적 달성의 최고의 수준인 이기영의 「고향」에 이르렀다는 관점이 바로 그것이다.[13] 그리고 이러한 관점은 소설사의 한 관용구로 굳어져가고 있다 해도 지나치지 않는다.

무엇보다 대상 자료의 선택과 그 기준이 문제다. 개별적인 작가론과는 달리 문학사에서 논의의 대상으로 선택되는 작품은 그것이 지닌 내재적 성격에 의하여 정의된다. 따라서 인쇄된 텍스트 중에서도 우리의 관심의

12 임화, 「신문학사의 방법」, 『문학의 논리』, 학예사, 1940, p.489.

13 임화, 「조선신문학사론 서설」, 『조선중앙일보』, 1935. 10.

대상이 되는 것은 그 자체의 형식적 특성에 의하여 독자에게 상상력의 충동을 주고 미적 감동을 불러일으키는 작품이다. 작품 선택canonization은 무엇보다 파롤의 작품이 아닌 랑그의 작품일 수밖에 없다. 많은 작품 가운데서 공통적인 것을 내장한, 메타적인 속성을 갖춘 것, 일반성을 지향하면서도 대표성을 갖는 것이 다름 아닌 랑그의 작품이 아닌가. 그리고 그것이 통시 · 공시 양면으로 어떠한 사적 맥락에서 나왔으며, 또한 어떤 의미를 지니고 있는가를 밝히는 일은 문학사가들의 몫이다.

대부분의 문학사는 작가 중심으로 이루어져 있고, 그것도 초기작에 한하며, 실제 작품과는 무관하게 이루어져왔다. 작품 선택에 있어서 작가의 관점보다 심리구조가 요구된다. 한 작가의 세계에 대한 반응을 근원적으로 규정하는 것은 세계를 바라보는 관점이라기보다 오히려 작가의 심리구조에 연유하는 경우가 많은 것이다. 우리는 실제로 서구지향의 작품일수록 감동은 줄고, 차라리 작가가 현실에 부딪힘으로써 나온 자연발생적인 목소리가 생기 있는 감동을 주는 것임을 경험으로 잘 알고 있다. 문학의 힘과 아름다움을 느끼게 해주는 유일한 방법은 인상주의이다. 그것을 솔직하게 사용하자. 그러나 다만 그 인상주의를 작품의 생동하는 힘과 아름다움을 느끼는 데만 사용하자고 한 것은 G. 랑송Lanson이다.[14]

그렇다고 작가의 세계관이 무의미하다는 것은 아니다. 세계관에 의해 작가는 세계를 보는 관점을 마련할 수 있고, 또 그의 관점이 성숙하고 심화될수록 도덕성은 강화된다. 하지만 이때 작가의 세계관이 작가에서 연유한 것이라기보다 비평가의 논의에서 연역되었다면 문제인 것이다. 따라서 비평적 논의에서 제외되었거나 무시된 작품을 인상주의에 의해 전경화하는 일이 강조된다. 이때 중요한 것은 아는 것과 느끼는 것을 혼돈하지 않는 일이며, 느끼는 것이 아는 것의 정당한 수단이 되도록 해야 할 것임은

14 랑송, 「문학사의 방법론」, 김화영 역; 김현 · 김주연 편, 『문학이란 무엇인가』, 문학과지성사, 1976, p.115.

물론이다. 무엇보다 먼저 직접적으로 선입견 없이 문학작품을 실사구시로 접하지 않고 문학의 가치나 힘을 헤아릴 수 없다.

지금까지 서구 중심적 담론인 신체시新體詩 중심으로 이루어진 근대시의 물줄기에 전통지향적인 담론인 시조時調 중심의 물줄기를 함께 다룸으로써 한국문학사는 새롭게 거듭날 수 있다. 이때 비로소 1930년대 문학의 두 가닥, 프로문학이나 모더니즘 문학에 대하여 그 도식적 택일논리를 넘어서 역사적 전체 속에서 새롭게 얘기할 수 있다. 한국문학사에서 리얼리즘과 모더니즘의 거리가 먼 것만은 아니다. 모든 현재 속에는 과거가 심층관계로 잠재되어 있는 것이 아닌가. 랑송의 말과 같이 가장 독창적인 작가란 그의 가장 큰 몫에 있어서 지난 세대들이 퇴적되어 이룬 하나의 성층이며, 동시대의 사조를 요약한 수집가이다. 그는 그 4분의 3이 바로 자신 이외의 것으로 형성되어 있는 것이다. 그 작가를 그의 내부에서 찾아내기 위해서는 그 모든 거대한 외적 요소들을 그에게서 분리해내야 한다. 그에게까지 연장되어 이어진 과거를 그의 내부에 스며든 현재를 통해 알아내야 한다. 그렇게 되면 우리들은 그의 참다운 독창성을 추출할 수 있고, 그것을 측정하고 정의할 수 있을 것이다.[15]

가령 주요한의 경우 한 편 한 편의 시가 말하는 내용은 다양하지만, 시집 전체를 통하여 일관하는 것은 「불놀이」가 아니라 오히려 「빗소리」와 같은 계열의 세계가 아닌가 한다. 문학사가 문학이라는 일차적 텍스트에 의존하는 이차적 형식이라면, 이제 문학사도 일차적 구성 유형(역사성)과 예술성(양식 · 장르 형식)에 따라서 똑같이 구성되는 것이 아니던가. 문학사의 구성 자체도 문학의 구성 원리에 따라서 구성되는 것이다. 문학사란 작품 및 작가를 시대의 올바른 자리에 자리 잡게 하는 일이다.

덧붙여서 용어의 개념도 문제다. 1920년대 한국문학을 설명하는 중심

15 앞의 책, p.120.

용어인 '조선주의朝鮮主義'도 그 개념이 육당의 경우와 김억(조선심)의 경우가 서로 다르다. 현진건(조선혼)과 김동환(애국심)의 경우도 다르다. 어떤 차이가 있는지 설명도 없이 같이 쓰고 있다. '7 · 5조調'라는 개념도 마찬가지다. 육당의 신체시와 소월의 시의 경우가 바로 그것이다. 하나가 타설적 리듬이라면 다른 하나는 자설적 리듬이다.

끝으로 남북의 문학사를 합쳐 단일 문학사로 만드는 데 중요한 것은 문학사에 접근하는 남과 북의 시각과 방법론의 차이와 남과 북이 함께 나누어 가지고 있는 공통성을 모색하는 일이다.

북한문학사의 이론은 한마디로 말해서 기술적 이론이 아니라 평가적 이론이다. 유물론과 함께 당파성이 기본적인 가치판단의 기준이다. 『조선문학사』를 결정짓는 기본구조는 사회주의 테제와 주체사상에 있다. 이른바 주체사상을 기본구조로 한 문학적 변이가 북한문학사의 전개과정이다. 그러면서도 『조선문학개관』, 『북한의 비판적 사실주의 문학 연구』(리동수)에 와서는—특히 『조선문학사』와 비교할 때—항일혁명문학의 전통과 계승을 더욱더 구축하는 반면, 다른 한편으로는 『조선문학사』에서 외면되어왔던 작가들에 대한 새로운 평가를 비롯하여 실증적인 엄정함을 유지하고 있다. 더구나 1920~30년대의 비판적 사실주의문학에 대한 연구(『북한의 비판적 사실주의 문학 연구』)는 근자의 북한문학사의 변화를 이해하는 데 시사적이다. 긍정적이든 부정적이든 김동인, 염상섭, 주요한 등을 비롯하여 김소월, 한용운, 정지용 등 그동안 배제되었던 작가가 거의 연구 대상으로 다루어지고 있다.

4. 문학사의 지평

엘리엇T. S. Eliot의 말과 같이 문학사는 결정적이거나 변경될 수 없는 것이 아니라 새로운 작품의 출현에 따라 끊임없이 재조정되는 것이다. 과거는 결국 현재가 되는 것이며, 또 현재에 의하여 갱신되는 것이다. 그러므로 어떤 단일문학사도 문학사 연구의 한 과정일 뿐이다. 새로운 자료가 발견되고 새로운 사실이 밝혀질 때마다 문학사는 거듭나는 것이기에, 다시 쓰는 문학사에 끝이 있을 수 없다. 서지적 작업과 원본을 확정하는 일이 요구되는 것은 바로 이 부분이다.

믿을 만한 원본 확정과 실증적인 서지작업이 역사주의자들이나 서지학자들만의 관심사가 되는 것은 아니다. 서지적 관심 없이 온전한 문학사를 기할 수 없다는 것이 모든 문학사가들의 일치된 의견이다. 방법이나 이론이 중요한 것은 사실이지만, 그것이 자료와 사실을 다루고 다각도로 이해하는 바탕 위에서 이루어져야 할 것은 이 경우 자명하고 당연하다. 이론과 방법은 어디까지나 자료에서 귀납되는 것이다. 문학사 연구에서 반세기를 헤아리면서도 완벽한 문학사가 나오지 않는 이유의 하나가 바로 이곳에 있다. 그만큼 근대 이전은 말할 것 없이 근대 이후의 문학조차 이 방면의 확정된 자료의 미개발 때문에 미개척 분야로 남은 채 도전과 시련이 되어 왔다. 새로운 자료가 계속 발견되어 나오는 것이 현실이다.

뿐만 아니라 방법론 또한 다양할수록 좋다. 다양한 관점에 입각한, 다양한 관점을 나타내는 문학사가 많이 나오면 나올수록 한국문학이 풍요해지는 것임은 물론이다. 만병통치의 방법론이란 있을 수 없다. 그러기에 우리는 앞서 이루어진 기존 문학사의 실체를 정확하게 헤아리고, 거기서 획득된 결과로부터 출발하지 않으면 안 된다. 이제 우리가 할 수 있는 일은 각자 자기의 관점에 따라, 있는 힘을 다하여 최선을 다하는 일이다.

랑송의 말과 같이 인생을 걸고 노력하더라도 완벽을 기할 수는 없다. 그가 "문학사를 위하여 도대체 일생을 바쳐야 하는가" 라고 물은 뒤, "한 사람의 인생을 다 바쳐도 완벽한 문학사는 기할 수 없다"[16]고 한 것은 무척 시사적이다.

16 앞의 책, p.140.

한국 근대시사의 방법과 인식의 방법

1. 머리말

문학의 흐름이란 전통의 계승이면서 아울러 외국문학의 수용과 자기발견의 과정이라고 생각한다. 한국문학의 흐름 또한 예외는 아니다. 물론 한국 근대시의 경우, 그 무엇보다 서구시의 영향이 각별하다는 것은 주지의 사실이다. 그동안 근대시를 논할 때 서구시의 비중은 너무나 컸다. 자유시는 서구적인 시라든가 1920년대 자유시는 프랑스 상징파 시의 영향으로 이루어졌다고 하는 것이 그것의 좋은 예다.

그러나 서구시의 영향 못지않게 전통적인 자생적 요인도 무시할 수 없다. 서구시가 근대 이후 한국시 형성에 영향을 준 것은 사실이나, 그것은 자극일 뿐, 한국시 자체 내의 전통적인 경험과 무관한 것은 아니다. 그렇다고 1920년대 자유시에 작용한 서구시 또는 일본시의 영향을 폄하한다는 것은 물론 아니다. 오히려 전통적인 경험에의 귀의歸依 자체가 그러한 영향에 자극되고 이루어진 것이다. 마찬가지로 서구적인 경험 또한 전통적인 경험과 아무런 맥락 없이 그 영향력을 발휘하는 것은 아니다. 그것은 한국문학 자체 내의 내부적인 변화에 수용될 때 비로소 의미를 갖는다. 내부적인 변화를 떠나서 서구 문학의 영향은 의미가 없다. 또한 변화의 결과가 영향 그대로 나타나는 것은 아니다. 1930년대 무용가 조택원趙澤元은 "홀홀 벗고 춤춘다는 파리에 가서 옷 입고 추는 법"[1]을 배워온 것이다. 이런 점에서 그동안 비교문학 논의가 소재적인 유사성을 살피는 등 선행 작업으로서의 실증적인 이입사移入史 일변도로 생각하는 것은 극히 오도적이다. 이식과 영향사의 동시적 관점에서 서구시의 한국적 양상을 보는 태도가 무엇보다 필요하다.

근대 이후 한국시가 서구시의 영향에서 자극된 변화이긴 하지만, 시간의 흐름을 통하여 한국시가의 모체가 되는 자기동일성만은 부정할 수 없다. 자기동일성은 체험의 다양한 변화 속에서 한국시가詩歌 전체가 공유하는 유형들의 원초적 이미지이며 원형이다. 그리고 그것은 집단적 무의식 속에 유전되어 창조적인 상상력이 자유자재로 펼쳐지는 곳에선 끊임없이 재현되고 변용된다. 원형이라는 원초적 이미지(신화적 현상)와 집단적 무의식이 낳은 창조물이 문학이 아닌가. 원형과 무의식은 따로 난 둘이 아니라 하나이다. 하나가 초역사적으로 반복되는 원초적인 것이라면, 다른 하나는 인류 내면에 두루 존재하는 보편적인 것이다.

전통이란 역사의 지속성이고 그것의 표상이다. 하지만 전통과 지속성은 같은 것이 아니다. 지속성과 혁신, 구속력과 자유, 제약과 선택의 조화가 전통을 가능하게 한다. 그러나 혁신과 융화될 수 있는 것으로써 지속성을 확보하려 드는 한, 오늘의 우리 문화가 지닐 지속성이 곧 전통이랄 수 있다. 전통이란 문화유산으로서 민간전승의 민중성이나 고전문학의 작품성,

1 "……택원이가 다시 펄펄 돌아왔다. 손에 소매를 느리고 고름을 고이 매고 깃동정도, 솔기도 얌전히 돌아가고 다님에 버선 맵시가 앙증스럽게도 멋쟁이 도련님이 되어 왔다. 홀홀 벗고 춤춘다는 파리에 가서 옷 입고 추는 법을 배워 왔다"(정지용, 「참신한 동양인」, 김학동 편, 『정지용전집』 2, p.330).

그 자체다. 그러기에 기층문학인 민간전승의 원형성이나 고전문학의 작품성이 근대시에서 논란될 수 있다는 것 자체가 근대시를 고전시가의 전통 안에서 이해하는 데 믿을 만한 출발점이 되어준다.

2. 근대시사의 방법—전통성과 반전통성

문학의 기능의 하나가 새로운 소재 못지않게 이미 있어온 최고의 소재에 표현을 주는 것이라면 신화, 전설, 민담 등 민간전승만큼 우리의 탄복과 동의를 요구하는 보편적인 정서나 서사도 없다. 보편적인 정서와 서사를 문학의 틀로 다룸으로써 문학이 개별적이고 개성적인 경험을 넘어서 시간적으로 영원하고 공간적으로 보편적일 수 있다. 그리고 그것은 지역적이기보다 보편적이고, 의고擬古적이기보다 원형적이다. 그렇다고 원형이란 관습적인 것, 반복적인 것만을 의미하는 것은 아니다. 새로운 것을 구조해 가는 움직이고 있는 원형인 것이다. 그리고 그것은 위로는 신화에, 아래로는 당대의 작품에까지 이어진다. 민중성과 작품성은 한 문학사를 위한 원형을 결정짓는다고 보아도 무방하다. 그런 점에서 문학이란 원형이라는 신화적 현상과 집단적 무의식이 낳은 창조물이랄 수 있다.

한국시가사상 기념비로 우뚝한 문학작품은 한결같이 민중성과 작품성, 이른바 전통성의 메아리다. 김소월, 김영랑, 백석, 조지훈, 서정주 등의 시가 대표적인 예증이다. 그들이 시인과 자연이 하나라는 신화적 인식을 통하여 민간전승의 형식을 코드 또는 작품 전체의 구조로 삼아온 것은 한국문학의 매력과 장점이 되어준다. 특히 「접동」, 「거문고」, 「여우난골족」, 「석문」, 「부활」 등과 같이 민간전승을 소재로 하거나, 고전시가의 작품성을 코드로 한 작품일수록 시가 강렬한 호소력을 발휘하고 있다는 것은 부정할 수 없다.

문제는 전통적 담론보다 서구적 담론에 압도될 때 정체성의 위기는 야기되고 동시대적 정체성은 파괴된다. 1920년대 초 자유시형이 보여준 과장된 표현, 외국시를 번역한 듯한 어설픈 형태나 '아지랑이 같은' '허수아비 같은'[2] 시가 바로 그것이다.

반대로 서구적 담론보다 전통적 담론에 보다 밀착할 때, 삶에 근거한 현장성을 얻고 동시대적 전체성은 회복된다. 전통적 경험에 시적 질서를 부여한 한용운韓龍雲, 김소월金素月, 홍사용洪思容 등의 시가 그것이다. 특히 최남선崔南善, 김억金億, 주요한朱耀翰 등과 같이 초기에 서구 경험을 철저히 한 시인일수록 오히려 그 반대로 그 후 가장 깊은 전통적인 경험을 강조하고 나섰다. 그 누구보다 서구적인 경험의 세련을 철저히 받은 주요한이 오히려 1925년을 전후하여 전통적 경험에로 시각을 집중한 것은 한국시의 근대적 변화를 이해하는 데 뺄 수 없는 중요한 사례가 아닐 수 없다. 그는 스스로 맹목적인 서구·일본시의 2차적 모방으로 쓰인 조선의 자유시는 시가 아니라고 반성하면서, 『오뇌懊惱의 무도舞蹈』를 펴낸 김억은 조선시를 오도한 큰 책임이 있으며 자신도 그러한 책임을 져야 한다고 하였다. 김억 또한 "우리 시단에 발표되는 대개의 시가詩歌는 암만하여도 조선의 사상과 감정을 배경한 것이 아니고, 어찌 말하면 구두를 신고 갓을 쓴 듯한 창작도 번역도 아닌 작품입니다"라고 하였다. 타설적 리듬의 거부와 관념의 극복이 한국 근대시의 전개과정이라고 할 때 그 거부와 극복이 전통적 경험의 귀의로 나타났다는 것은 이 경우 극히 시사적이다. 이렇듯 조선심을 통한 자기회복의 움직임은 민족적 자기동일성에 대한 열망의 표현이자 자기 인식인 것이다.

사실 1920년대 초 자유시형은 우리의 형식체험으로 생활화되지 않았

---

2 "자기 스스로 모르고, 자기 스스로에 터 잡지 않고 자기 스스로와 상응하지 아니하는 詩心, 詩態가 결국 개구리밥 같은 것, 아지랑이 같은 것, 아니 허수아비 같은 것을 알게 되었다. 남만 보고 허덕어리던 눈이 한 번 자기의 위로 廻照될 때 자기 발밑에 와 자기의 벽장 속에 아무것보다 먼저 검토해야 할 緊切한 무엇이 있을 것을 알아보지 아니할 수가 없었다"(홍사용, 「六號雜記」, 『백조』 2호, 1922. 4. 1).

다. 우리의 자유시에서 '우리'라고 하였을 때 그것은 사설시조와 같은 것이다. 사설시조가 우리의 삶의 형식으로서 그 변화를 스스로 창조하였다고 한다면, 초기 자유시형은 그렇지를 못하였다. 그것은 일본화된 서구시에서 온 것이다. 일본의 근대시 역시 넓은 의미에서 서구시형의 범주와 진배없다. 와카和歌나 한시漢詩 등 전통시가와는 전혀 다른 자유형 단시가 주류를 이루었다. 그러기에 1920년대 우리 자유시형과 마찬가지로 일본 근대시 역시 처음부터 갈등과 진통을 경험할 수밖에 없었다.

3. 낭만성과 현실성—인식의 방법

1920년대 시의 흐름을 전체로 보았을 때 시의 전개가 1920년대 중반을 계기로 그 이전과 이후의 문학 사이에 전혀 다른 인식을 보여주고 있다. 1920년대 초기시에 나타난 낭만적이고 개아적인 세계가 중반을 고비로 현실적이고 공적公的인 세계로 바뀌면서 시가 리얼리즘 형식으로 나타난 것은 1920년대 시사의 중요한 변화다. 그리고 이러한 변화는 정치를 비롯한 시대와 사회의 모든 상황과 맞물리면서 이루어진 것이다.

시조부흥 등 전통적인 형식을 통한 자기회복을 도모한 민족주의 계열의 시는 물론, 김석송金石松, 이상화李相和, 김동환金東煥 등 경향파 시인들은 말할 것 없고, 새로 등장한 임화林和, 박세영朴世永, 권환權煥, 이찬李燦, 박아지朴牙枝, 김창술金昌術 등의 사회주의 지향의 시도 이 점에서 마찬가지다. 그만큼 낭만적 상상력에서 현실적 상상력으로의 변모는 이 시기의 공통점이다.

이러한 변모는 프로문학의 한국적 전개만이 아니라, 전통적 경험을 통한 자기회복 과정과 무관하지 않다. 이러한 과정을 거치면서 낭만성과 현실성이라는 두 개의 축을 바탕으로 하여 다양한 전개양상을 보여준 것이 1920년대 문학의 흐름이다. 가령 김소월의 초기시의 낭만성이 그 후 「봄」,

「나무리벌 노래」, 「팔베개 노래」 등처럼 현실성으로 바뀐 것이 그 대표적인 사례이다. 특히 두보의 오언율시(「춘망春望」)를 번역한 시 「봄」은 「빼앗긴 들에도 봄은 오는가」보다 먼저 발표된 것이다.[3] 이 무렵에 쓴 시 「초혼」의 첫 행은 두보의 「춘망」을 연상케 한다.[4]

이 나라, 나라는 부서졌는데
이 산천 여태 산천은 남아 있드냐
봄은 왔다하건만
풀과 나무에 뿐이어

오 ! 서럽다. 이를 두고 봄이냐
치어라 꽃닢에도 눈물뿐 홋트며
새무리는 지저귀며 울지만
쉬어라 이 두근거리는 가슴아

—「봄」

이와 같이 1920년대 초기 문학의 경우, 그 주류를 이루는 골격은 어디까지나 외면적인 현실의 구조가 아니라 환상적이고 내면적인 구조로 일관되어 있다. 그러나 1920년 중반 이후의 문학은 현실을 응시하는 문학의 현실적 기능을 강조하고 있다. 문학의 이러한 현실적 기능의 강조는 당시 사회적인 분위기에서 자극된 것만이 아니라, 1920년대 초의 자동화된 낭만적 형식을 갱신할 필요에서 이루어진 것이다. 더구나 프로시의 경우, 카프운동의 볼셰비키화로 전환한 이래 리얼리즘 성향의 시는 종래 경향적인 성격에서 계급적인 시각으로 바뀌었고, 심지어 정치구호에 가까운 아지 · 프로시(선전 · 선동시)들이 그 후 문단의 지배적인 담론談論으로 등장하였다.

3 『조선문단』, 1926. 3.

4 김용직, 「서정성과 저항성—김소월의 시세계」, 국제펜클럽 한국본부, 제7회 국제심포지엄, 2000. 8. 25.

그리하여 객관적 현실을 시로 형상화하기보다 정치적 구호의 직설적 번역이나 극단적인 도식성과 관념성에 빠진 이른바 '뼈다귀시'[5]를 양산하는 결과를 낳기도 하였다. 이런 의미에서 '뼈다귀시' 일변도의 당시 프로시에 대한 반명제로서 의식적인 심미의식의 발로와 시의 자율성에 대한 자각이 몇 사람의 의욕적인 시인에 의하여 고개를 들고 있었던 1930년대 시는 한국시사에서 새로운 움직임이 아닐 수 없다.

물론 이러한 움직임은 1920년대 후반 이래의 '카프KAPF' 중심의 리얼리즘 담론이 약화되면서 본격화되었다. 일제의 악랄한 검열제도와 우민화 정책, 이에 따른 문학에 대한 탄압은 1930년대 후반의 문학적 성격을 결정하는 데 적잖은 영향을 주었다. 국내에서는 어떠한 형태의 민족운동도 용납되지 않았다. 그리하여 카프 내의 자성自省과 변모의 기운이 발아한 것은 말할 것 없고, 그동안 프로문학의 압도적인 위세에 눌려 있던 여타의 문학적 경향들이 전경화前景化되면서 시의 양상도 다양하게 전개된 것이다. 결과적으로 일제의 강압(검열 등)은 정치문학과는 다른 새로운 문학(전통과 전위, 예술성)을 생산하는 조건으로 작용한 셈이다. 카프시조차 한때 스스로 부정했던 예술적 형상에 주력하였다. 그것은 한마디로 '내면화의 간접화 방식(비재현적 방식)'과 낭만주의다. 역사에서 '문학 그 자체'로 시각이 바뀐 것이다. 어찌 보면 1930년대 문학의 다양성은 카프를 비롯한 정치시가 불가능한 억압상황의 산물이랄 수 있다. 그러나 삶의 내용보다 형식에 관심한 것은 양자가 동일하다.

그리하여 1930년대 시인들은 역사와 현실을 정면에서 다루기 어려워 풍자적이고 우회적인 방법으로 접근하거나 기교와 형식문제에 주력하는 경우가 많았다. 직접 카프에 소속되어 있었고 계급의식에 기초한 시를 발표

---

5 임화, 「1933년을 통하여 본 현대 조선의 시문학」, 『조선중앙』, 1934.
김남천, 「임화에 관하여」, 『조선일보』, 1933.
윤곤강, 「임화론」, 『풍림』, 1937.

했던 임화, 권환, 박세영, 이찬 등의 프로시조차 그 이전과는 다른 내면화 혹은 주관화의 움직임으로 나타난 것은 물론, 그 어느 때보다 시의 순수성을 강조한 '시문학파詩文學派'의 심미적 탐구, 기법의 혁신과 시형식의 변화를 추구하는 이상李箱 등의 심리적 경향, 그리고 김기림 등 '구인회九人會' 중심의 모더니즘 성향조차 동일한 패턴에 속한다. 1930년대 후기는 이들의 모더니즘 성향이 서정주, 오장환吳章煥, 유치환柳致煥 등의 생명파와 백석白石, 이용악李傭岳 등의 환상체험과 함께 한국 현대시사상 크게 평가되는 시기이다. 환상체험이야말로 비현실적이면서도 한편으로 현대시의 속성을 드러내는 하나의 자질(토도로프T. Todorov)이다.

임화의 1920년대 초기시는 두 가지 양상으로 나타난다. 하나는 애상적 정조를 띤 서정시 계열이고, 다른 하나는 다다이즘 계열의 작품이다. 특히 서정시 계열은 습작기 작품으로서 젊은 날의 시가 항용 그렇듯이 축축한 감상이 주조를 이루었다고 하면, 시인 자신 스스로 다다풍의 시작을 도모했다는 「화가의 시」, 「지구와 빡테리아」 등은 도시적인 것, 관능과 퇴폐, 프로의 아리스토크래틱aristocratic한 감정이 낳은 것이다.[6]

이와 같이 임화의 초기시는 낭만적 흐름이 서구 전위예술과 동행하고 있었다. 현실에서 도피, 아니면 저항, 즉 애상적 정조의 시편과 다다이즘 계열의 시편은 초기 임화 시의 양대 줄기랄 수 있다. 이러한 시의 경향은 「담曇—1927」에 와서 변화한다. 「담—1927」은 당대 상황이나 사건에 대한 시적 형상화인 계기시의 성격 내지 이념시의 성격을 띠고 있다는 점에서 소재나 소재 처리 방식이 아주 충격적인 작품이다. 「담—1927」에 와서 임화는 자타가 공인하듯이 프롤레타리아 시인으로 등장한다.

그러나 1930년대 중반 이후 그의 대부분의 시편들은 1920년대 초 시편과 마찬가지로 밤, 어둠, 암흑을 노래하고 나와 시인 자신을 동일시한 것이

6 김기진, 「금일의 문학, 명일의 문학」, 『개벽』, 1924. 2.

특색이다. 말하자면 이데올로기보다 시인 자신의 절실한 느낌이나 사고가 강조된 것이다. 1934년의 카프 2차 검거를 계기로 그는 혁명가에서 다시 서정시인으로 바뀐 것이다. 성격은 다르지만 그의 '문학사文學史' 서술 또한 1930년대 중반 이후의 암담한 정치 현실에 대한 하나의 대응책이라고 할 만하다. 그 누구보다 「타적」과 「누나」에서 민족모순, 계급모순을 앞장서 직접적으로 노래했던 박세영이 『자화상』(1935) 이후 조용한 내면시인으로 변한 것은 임화와 비슷하다. 시집 『산제비』는 "암시와 비유, 우화와 회상과 불안과 우울적인 방법"(백철)으로 쓰이고 있다.

한때 프로문학에 동조했던 신석초, 윤곤강 또한 이념시의 반명제로 내면을 노래한 것도 이 무렵이다. 신석초는 서구의 상징시와 동양의 고전을 함께 저울질하면서 「바라춤」과 같은 새로운 감각의 시를 썼고, 윤곤강은 이념시의 길이 막히자 현실에 대한 자신의 울분을 풍자로 토로하기도 하였다. 『대지大地』, 『만가輓歌』 등의 시집이 그것이다. 특히 『동물시집』은 생명의 소중함을 표명하면서 하찮은 동물에 자신을 투사하였다.

마찬가지로 이찬의 1930년대 후반의 시편(『대망待望』)이나 권환의 1930년대 후기 시집 『윤리』, 『자화상』의 세계 역시 감상적이고 퇴폐적인 분위기거나 풍자시(우화시)로 나타난 것은 당시 시단 전체의 움직임과 무관하지 않다. 심지어는 1930년대 중반 카프시로 출발한 백석, 이용악 등 신인들조차 후반 이후는 삶이 내용보다 형식(모더니즘)에 경사하였다. 이미지스트 김광균 또한 비록 습작기 시편(「가신 누님」)이지만 이 시가 보여주듯이 1930년대 초는 경향성 시인이었다. 이 시기의 임화의 『현해탄』 계열의 시편을 두고 '로맨틱한 노동자의 노래' 또는 '애상적'이라고 비판된 것 역시 이 때문이다. 백석의 초기의 사투리가 후기에 와서는 프란시스 잼, 나타샤, 조이스 등 당시로는 문화어로 바뀐 것도 이와 무관하지 않다. 그만큼 토착 시인 백석조차 당시 모더니즘 담론에서 자유로울 수 없었다.

이용악 또한 첫 시집 『분수령分水嶺』(1937)과 다음해 『낡은 집』에서 보여준 현실주의가 시집 『오랑캐 꽃』에 와서 낭만성으로 나타난 것도 우연이 아니다. 삶의 현실(내용)보다 기교와 형식에 치우쳤다. 물론 「강가」, 「전라도 가시내」와 같은 현실시가 없는 것은 아니나 삶의 현실보다 언어 구사와 형식주의가 압도적이다.

외부적 충격 앞에서 시인들은 현실을 외면하고 자기 내면으로 기울거나 미지에 대한 동경과 이국정서를 선택하였다. 아니면, 현실을 '사실수리事實受理'[7]하는 것이 당시 문단의 일반적인 현상이다. 이 경우 이용악도 예외는 아니다. 「뒷길로 가자」, 「등을 동그리고」 등의 시편이 센티멘털리즘이라고 비판되고,[8] 「눈나리는 거리에서」, 「불」 등의 시가 친일적인 시라고 분류된 것[9]도 이 때문이다. 이 점은 권환, 박세영, 이찬 등도 마찬가지다.

전술한 바와 같이 뭐니 뭐니 해도 1920년대 자유시와 사회주의 시에 대한 철저한 거부에서 출발한 움직임은 다름 아닌 '시문학파'와 모더니즘의 시편들이다. 1930년대 초 '시문학파'의 움직임이 보여주듯이 계급주의 문학과 대타적인 입장에서 시의 순수성을 옹호하고 미적 자율성을 강조한 것은 특기할 만하다. 기름지고 밝은 시의 '촉기燭氣'를 내세운 김영랑의 시작詩作을 비롯하여 박용철의 체험의 용해와 '변용變容', 정지용의 시의 연금술 내지 '위의威儀', 김현구의 이미지와 언어에 대한 새로운 인식 등은 1920년대까지의 조잡하고 아류 티를 면치 못했던 작품 수준을 정제된 향상의 차원으로 올려놓았다.

그중에서도 김영랑의 경우, 1930년대 후반을 고비로 개성적 서정이 민족적 정한으로 확대되면서 초기의 '촉기'의 시학이 '독기毒氣'의 시학으로 나타난 것은 당시 상황의 지배적 담론이 낳은 것이다. 그 누구든 해당

7 백철, 「時世를 不拒하는 정신」, 『동아일보』, 1938. 7. 1~7; 「시대적 偶然의 受理」, 『조선일보』, 1938. 12. 5.

8 윤지관, 「영혼의 노래와 기교의 시」, 『세계의 문학』 40호, 1988, 가을호, p.236.

9 임종국, 『친일문학론』, 평화출판사, 1966, p.476.

시대의 지배적 담론에 의해 정해지는 노예 상황에 놓이게 마련이다.[10] "앞뒤로 덤비는 이리 승냥이 바야흐르 내 마음을 노리매 / 내 산 채 짐승의 밥이 되어 찢기우고 할퀴우라 내맡긴 신세임을"(「독을 차고」에서). 사실 『영랑시집』(1935) 이후 2, 3년간 그는 단 한 편의 시도 발표하지 않았다. 1938년에 와서야 「거문고」, 「가야금」에 이어 「독을 차고」, 「춘향」을 발표하였다. 무엇보다 초기 4행시류의 단형이 아닌 장형의 시를 발표한 것이 주목되었다.

정지용 또한 1930년대 이후 시단의 분위기에서 자유로울 수 없었다. 조선시를 쓴다는 것만으로 신변의 위협을 느껴야만 했던 시대상황도 놓칠 수 없었다. 그는 해방 후 쓴 글에서 시집 『백록담』을 내놓을 때가 정신적으로나 육체적으로 무척 피곤했을 때라고 고백한 일이 있다. 이러한 정신적 위안과 자기 구원이 신앙에서 운둔으로 옮겨진 것은 지용다운 선택이다.

김기림의 시는 첫 작품 「가거라 새로운 생활로」부터 '새로운 생활'에 대한 동경이 시작된다. 특히 시집 『태양의 풍속』이나 『기상도』의 시편들은 한결같이 서구문명에 대한 동경과 심취로 이루어져 있다. 이러한 서구 지향, 문명 지향이 그가 도모했던 '새로운 생활'이자 모더니즘이다. 그러나 「가거라 새로운 생활로」나 「태양의 풍속」 등의 시편은 그가 주장했던 이른바 명징한 지성과는 거리가 멀고 감탄문 일변도다. 시종일관 신선하고 밝은 아침 태양을 자유분방하게 토로하고 있다. 1920년대 전반기 시가 감상에 집착하였을 때, 단연코 시의 건강성으로서 '명징한 지성'을 강조하였던 자타가 공인하는 모더니스트 김기림이가 아니었던가.

이런 점에서 이때의 김기림의 초기 시편과 그와 반대편에 있었던 「현해

---

10 "개성적 세계에서 갈라져 나가 발전한 서정의 한이 민족적 한으로 극치화한 「두견」을 정점으로 한 일련의 민족적 정한의 시로서 1930년대 후반에서 1940년대로 넘어오는 저 일제 학정의 발악적 폭거와 상승적으로 탄력을 지니게 된 것이다. 그리고 그것은 일제 말기의 삼엄한 독기에 맞서는 민족적 반항의식의 시 「독을 차고」로 나타난다"(박두진, 『한국현대시론』, 일조각, 1973, p.100).

탄」의 임화의 내성적 심경 시편은 비슷한 것이다. 1930년대 중반에 이르러 모더니즘의 한계를 절감하여 모더니즘과 경향파의 종합을 강조했던 김기림도 실은 『기상도』 이후 8 · 15에 이르는 기간 동안 사회성 지향의 시는 한 편도 쓰지 않았다. 하지만 8 · 15 이후 『새노래』에 와서는 사회성이나 역사성을 노래함으로써 그 이전의 개인적 서정을 노래했던 모더니스트 김기림과는 전혀 다른 모습을 보여준다.

김광균의 시의 '도시성' 또한 새로운 문물과의 자기동일화를 도모하면서도 동일화할 수 없는 변두리의식이 낳은 것이다. 그의 시에 잦은 상실감, 고독감 등은 시 「외인촌外人村」이 보여주듯이 새로운 이국적 문물에 대한 선망이면서도 거부의 결과랄 수 있다.

4. 한국시의 문화적 전개

앞에서 얘기했듯이 한국시사의 유기적인 흐름은 자설적인 것과 타설적인 것의 내적 대립 및 교호의 연속성이다. 자설적인 것과 타설적인 것은 동시에 공존할 뿐만 아니라, 같은 문화가 이를 받아들이는 사회계층이나 집단에 따라서 다른 의미를 가지고 수용된다. 이 점을 개인의 경우로 축소해도 동일하다. 궁중의 사고와 광장의 사고는 다른 것이다. 그만큼 자설적인 것과 타설적인 것, 미적인 것과 이념적인 것, 아니, 낭만적인 것과 현실적인 것도 대립적이면서 결국 하나인 것이다.

동일한 시인의 작품도 자기를 노래한 시가 있는가 하면 타자를 위한 시가 있다. 전자는 현실적 맥락으로, 후자는 심리적 맥락으로 읽을 수 있다. 가령 임화의 다양한 시 편력 과정 중 리얼리즘 시인으로서 임화는 전자에 속하고, 서정 시인으로서 임화는 후자에 속한다. 한마디로 임화의 시의 전개과정은 현실적 상상력과 낭만적 상상력의 교호작용(시소타기)에 있었다. 『현해탄』 계열의 시편들이 낭만적 상상력의 기조를 이루고 있다면, 다다이즘 성향의 시편을 표방한 현실적 상상력은 단편서사시나, 해방기와 전선 시편을 낳은 것이다. 당시 객관적 현실의 변화나 시인 자신의 개인적 상황의 변화에 따라 때로는 전자가, 때로는 후자가 전경화하기도 한다. 낭만성은 『현해탄』 계열의 시편과 해방 후 시편에 전경화하고, 현실성은 이야기 계열과 해방 후의 전선 시편과 상호 교호하면서 지속적으로 나타난다. 해방 후 「구월 십이일」과 같은 시는 '네거리'라는 부제가 가리키듯이 그 이전 시편과 관련되면서 일제 말 내면 시편과 관련된 좋은 보기다. 그리고 그것은 그대로 1930년대 이후 한국시의 구조적 전개가 되어준다.

마찬가지로 김동환의 시 역시, 그의 양면성, 낭만성과 저항성은 시집 『국경의 밤』에서 이미 예고되어 있었다. 특히 시 「국경의 밤」은 로맨틱한 내용을 주로 한 낭만적인 시이면서 동시에 문명을 비판하는 현실적인 시다. 『국경의 밤』에는 보드라운 미와 엄숙한 미가 동행한다고 보고 보드라운 미는 전원의 순진한 생활을 찬미하는 것이며, 엄숙한 미는 근대문명에 대한 꾸짖음이라고 지적한 것은 안서岸曙다.[11] 후자가 청년을 축으로 한 인간경시에 대한 저항과 문명에 대한 비판이라면, 전자는 순이를 축으로 고향 산천의 사랑의 추억과 이룰 수 없는 비극적 사랑이다. 그리고 그것은 그 후 시집 『승천하는 청춘』, 『3인시가집』, 『해당화』에 지속적으로 교호하면서 반복된다.

관동대지진 때 한국인 수용소를 배경으로 한 시 「승천하는 밤」은 「국경의 밤」에 비하여 사랑(낭만)보다 저항(현실) 쪽이 강조된다. 그만큼 갈등의 서정성이 약화되고 화해의 현실성으로 결구된다. 시 제목 그대로 '빵을 빼앗기지 않는 곳, 부엌간까지 햇빛이 비추는 곳'을 향하여 두 주인공은 승천한다. 그러한 현실성은 『3인시가집』에 오면서 두드러진다. 그리고 그것은 1920년대 중반의 경향성의 상승이라는 시대적 분위기와 무관하지 않

11 『국경의 밤』 序.

다. 그러나 그 후 경향파 문학의 사양이라는 시대적 상황과 일제의 검열이라는 외부적 충격 앞에서 시소타기의 방향이 바뀐다. 이념 아닌 내면지향의 시편이 시집 『해당화』(1942)의 세계다. 민요시조차 초기와는 다르게 이념이 아닌 서정성을 표현하는 데 역점을 두고 있다. 초기 『3인시가집』에 실린 민요시 형태의 시편들은 한결같이 서정성과는 무관한 이념성으로 일관되어 있었다.

유치환의 경우, 「깃발」과 「그리움」으로 대표되는 감정의 시편과 「바위」, 「생명의 서書」로 대표되는 의지의 시편은 처음부터 동행하고 있었다. 자아를 외적 인격(페르소나)과 내적 인격(아니마)으로 나눈 것은 융이다. 집단적 사회를 외적 세계, 무의식의 세계를 포함한 마음의 세계를 내적 세계라고 한다면 의식의 중심인 자아는 한편으로는 외적 세계에 적응하나 다른 한편으로는 내적 세계에 적응한다. 청마 시의 전자의 측면은 의지와 관련되고 후자는 주로 애련으로 나타난다. 그의 시에 나오는 의지와 애련은 결국 '삶에 대한 열애'가 환기하는 한 나무의 두 가지였던 셈이다. '삶에 대한 열애'가 안으로 향할 때 애련의 정서로 나타나며, 사회와 현실로 나타날 때 의지로 나타난 것이다. 이와 같이 내면성과 외면성이 계속해서 줄타기를 하고 있는 것이다. 낭만성이 전경화되면 현실성은 배경화되고, 다시 현실성이 전경화되면 낭만성은 배경화되면서 그의 시는 전개된다.

이와 같이 한국시가 전체가 갖는 맥락에서 자설적과 타설적의 교호작용으로 근대 이후의 시는 전개되어왔다. 외면과 내면, 의식과 무의식, 반전통과 전통, 공적 담론과 사적 담론, 남성과 여성, 반班과 상常, 중심과 주변, 상징과 상상 등 각 계층은 양분적 대립을 갖고 각 층은 독자성을 지니면서 서로 대립하고 있다. 가령 개화기 시가가 목적시(계기시契機詩)로 대표된다면 1920년대 초 전후는 낭만시랄 수 있다. 1920년대 중반 이후는 프로시가 보여주듯이 현실시(계기시)라고 할 수 있다. 프로시의 리얼리즘 시에 대한 대립이 순수시운동과 모더니즘이다. 개화기와 1920년대 후반은 이데올로기 시가 주축을 이룬다면, 1920년대 초와 1930년대 중반 이후는 낭만성이 축을 이룬다. 1950년대 문학도 동일하다.

5. 한국시의 존재론—서정적인 것

이 땅에서 시를 쓰고 읽는 일은 한국시의 참 모습, 서정적 세계로 복귀하는 일임을 강조하고자 한다. '서정적인 것'이야말로 시의 시, 인간적인 것을 위한 근원적인 언어가 아닌가. 시대와 역사가 아무리 바뀌어도 시는 시이고 인간은 인간이다. 인간적인 것을 노래하기 위하여 반인간적인 것을 노래하지 않으면 안 되었던 모순, 반시의 시대에서 시의 참모습을 회복하지 않으면 안 되었던 갈등, 이 모순과 갈등에 시의 존재론은 걸려 있다.

서정적인 것, 인간적인 것은 현대시의 담론성을 결정짓는 결정적인 단서가 되어준다. 사회주의 시인 임화조차 『현해탄』 무렵의 시편을 두고 개인의 감정적 · 정서적 요소가 시의 고유 속성임을 강조하였다. 그래서 그는 자신의 시는 감상적이 아니라 조벽암, 김해강 등과 마찬가지로 내성화(낭만적)임을 표방하였다. 이데올로기에 의해 잃었던 자기를 비로소 자각한 것이다. 그는 이론상으로는 사회주의자이면서 체질적으로는 낭만주의자였다.

낭만주의에서 문학이란 바로 시와 동의어였다. 아니, 작가의 내면에서 문학성을 추구한다는 점에서 낭만주의와 시는 동의어였다. 그렇지만 그것은 과거지향이나 반문명 · 탈문명의 움직임과는 처음부터 무연하다. 낭만주의는 단선 · 단색으로 얘기될 수 없다. 문화적 · 종교적으로 다양한 색채가 서로 얽힌 복잡한 복합체다. 그래서 상징주의를 낭만주의의 또 다른 2세대라고 보기도 하고, 노발리스를 평가할 때 모더니즘의 발상을 낭만주의에서 모색(후고 프리드리히H. Friedrich)하기도 하였다. 우리의 경우 낭만주의가 민족주의, 그중에서도 민속적 민주주의라는 점에서 민담, 민요 등이 민족의 시정신으로 포에지의 중요한 몫을 갖는다.

문제는 전통적 상상력이 뒷받침되지 않는 여하한 문학적 실험도 그것은 공감과 거리가 멀 수밖에 없다는 것이다. 원초적 경험과 종족적 경험이 융합할 때 비로소 문학은 모든 계층을 공감시키는 동시대적 전체성을 갖는다.

근대시조의 시각과 재인식

1. 머리말

시조時調는 이념의 상이相異를 넘어선 이 땅 시가詩歌의 대표적 시심詩心이자, 이 겨레의 자기동일적인 포에지다. 한국시가사상 오직 시조만이 시형으로써 지속적인 가치를 가졌다는 것은, 시조의 형식이 이 땅 사람들에게 가장 친숙하고 자기동일적인 형식체험임을 말해준다. 시조의 형식체험이야말로 민족의 동일성 회복과 확보에 크게 기여하는 종족적 체험이 아닐 수 없다. 시조의 형식체험 앞에서는 남과 북이 따로 없다. 분단을 넘어서 남북이 함께 나눌 수 있는 공통된 형식체험이 시조다.

물론 시조를 보는 시각은 그동안 남과 북이 엄청나게 달랐다. 시조가 민족적이고 전통적인 형식이라고 해서 무조건 계승되어야 한다는 주장이나, 시조가 양반 사대부들의 생활감정과 미학적 요구를 반영한 노래라고 해서 무조건 부정하는 것도 이제 통일문학사를 위하여 도움이 되는 것은 하나도 없다. 중요한 것은 관심을 시각에서 실상으로 돌려, 한편으로 북에서는 시조에 대한 획일적인 시각을 개방하여 시조의 중요성(실상)을 깨우치는 일이고, 또 다른 한편 남에서는 다시 한 번 시조의 위상을 처음부터 다지는 일이다. 말하자면 종래 우리가 생각해온 시조 장르의 개념을 해체하여 다시 새롭게 재조명하는 것이다.

2. 시조성과 현대성

시대와 사회가 어떻게 바뀐다 해도 시조는 시조 자체여야 한다는 명제만은 변함이 없다. 전통시조건 현대시조건 다같이 시조성의 메아리다. 다만 현대시의 장르로서 현대시조라고 했을 때 시조성을 기층 구조로 한 표층적 표현이라는 점에서 현대시조는 전통시조와 같지만, 그 표현이 개인마다 다르게 나타나는 개성적인 표현이라는 점이 전통시조와 다르다. 그만큼 현대시조의 존재성은 시조로 하여금 무엇이 어떻게 하여 현대시조 작품이게 하는가 하는 현대성과 시조성에 걸려 있다. 따라서 현대성과 시조성, 말하자면 시조의 형식(시조성)과 내용(현대정신), 이러한 이질적인 모순의 통합이 어떻게 심미체험을 이루는가가 현대시조의 과제다. 그러기에 시조를 '시조성' 만으로 살필 수도 없고, 시대와 사회(현대성)의 피동적인 '거울' 만으로도 살필 수 없다.

현대시조에서는 적어도 '현대성' 에 역점을 둘 때, 시조의 '시조성' 은 거울이 아니라 그 자체가 하나의 '램프' 이고, 사의辭意가 아니라 온전한 '의미 있는 형식' 이다. '의미 있는 형식' 은 전통적인 개념과 같이 단순히 내용을 담는 그릇이 아니라 내용이 미적 효과를 획득하는 방식, 즉 형식론자들의 이른바 구조와 같은 개념이다. 시조에서 내용은 시조 작품 속에 형성된 것, 또는 형태를 갖춘 것으로 파악된다. 따라서 시조의 형식은 내용의 존재 방식, 그것에 의하여 내용이 내용으로 되는 것이다. 그래서 시조에 있어서의 형식, 즉 내용의 존재 방식을 조금이라도 변경하면 그것으로서 다른 내용을 가지는 것이 된다. 그 역도 마찬가지다. 미적인 것과 사상적인 것은 따로 난 둘이 아니라 하나다.

그러기에 전통시조의 간결한 정형성은 정적인 유교적 세계관의 존재방식이며, 그러한 방식에 의하여 시조의 세계를 제약하고 방향 짓는다. 전통시조, 그중에서도 사대부 평시조의 경우, 즉각적이고 사실적이며, 또한 단일치적인 알레고리로 나타나는 것이 바로 그것이다. 그만큼 기표記票보다 기의記意가 강조된다.

전통시조의 세계는 그러기에 근본적으로 현실에 입각한 관련 상황과 관련된 이른바 알레고리의 세계다. 작가의식·시대정신·사회현상이라는 시조가 불려진 관련 상황이 강조되고, 주관적인 체험은 문제가 되지 않는다. 나아가서 역사를 초월하여 존재하는 보편성, 즉 시간성과 관계없는 초월과도 무관하다. 시조의 형태는 원래 시인과 독자와의 접촉에서 이루어진 알레고리에 맞는 세계다. 시조, 그중에서도 이데올로기나 현실 반응이 민감한 시조일수록 이미지보다 관념을 중시하는 것은 이 때문이다. 가령 『대한매일신보』 등 신보 계열의 시조나 육당의 시조 등 개화기 시조만 해도 작품성보다 관련 상황이 강하게 메아리치고 있었다. 그들은 이른바 개화 의식의 고양이라는 시대정신을 작품성에 우선하였고, 시대정신과 사회현상을 가장 잘 전달하도록 만족시켜줄 수 있는 형식으로 시조를 선택하였다.

또한 일본에서 프로시 운동이 잠정적이나마 단가의 형식(신흥 하이쿠新興俳句)으로 나타난 것은 우리의 카프 계통의 시운동과 좋은 대조를 이룬다는 점에서 우리 프로시 운동을 처음부터 새롭게 이해하는 데 무척 시사적이다. 왜냐하면 작품성이 그 자체보다 관련 상황과 관련될 때 현실과의 대립 갈등은 관련 상황에 의해 해결되고 호소력 또한 배가되기 때문이다. 이런 의미에서 프로시인 권구현權九玄의 시조가 주목된다. 그의 「단곡 50편短曲 五十篇」의 절제된 형태는 항일시의 전범이 되어준다. 그러나 임화·김동환 등 현실 계통의 시인들은 무조건 시조가 양반 장르라고 해서 시조의 형식을 '감옥'이라고 배척하였다. 이 점은 북한문학도 마찬가지다.

근대 이전에는 "시조 · 잡가 · 가사 등 국문 시가에서 근대적 요소가 나타났다" 고 시조를 논하면서, 근대 이후 문학사에 와서는 시조에 대한 언급이 하나도 없다. 북한문학을 결정짓는 기본 구조는 사회주의 체제와 주체사상에 있다. 이른바 주체사상을 기본 구조로 한 문학적 변이가 북한문학사의 전개 과정이다. 그러나 애국주의와 인민성을 구현하는 데 그쪽에서 자신 있게 내세운 민요나 동요 못지않게 가장 적절한 시대 양식이 시조의 형식임을 그들은 인식하지 못하고 있다. 알레고리의 가능성을 현대라는 시간적 관점에서 얼마든지 새롭게 모색할 수 있는 형식 체험이 다름 아닌 전통시조다. 사설시조 등이 보여준 삶의 현장을 표출하는 데 알맞은 환유적 시도가 바로 그것이다.

마찬가지로 현대시조의 시조성이 복잡다단한 현대정신(현대성)의 존재 방식 그 자체라면, 이 방면의 정신적 긴장(실험과 변화)도 놓칠 수 없다. 이러한 긴장이 또 다른 성격의 시 작품(선행장르의 변형)을 낳은 것이다. 본격적인 사설시조의 실험이 그것이다.

시인의 주관적인 경험이 긍정되면서 사의(관념)보다 은유의 그물(이미지)을 내세운 것이 현대시조가 거둔 성과다. 그만큼 관념보다 이미지를 통한 시적 형상화를 주목한다. 그만큼 기의보다 기표가 강조된다. 이제 시는 노래하기보다 구축하고 엮어내는 일이다. 이제 '주의미主意味, 종표현從表現'이라는 고전적인 미학은 퇴진할 수밖에 없다. 시인은 독자에게 직접 말을 건네는 일이 금기처럼 되어 있다. 이 점에서 노래하거나 읊조려지는 경우, 텍스트는 그것이 노래되는 가락이나 상황에 존속될 수밖에 없다. 특정한 시간성과 상황에서 일탈될 때, 시조가 그 의미를 잃는 것은 이 때문이다.

원래 시조란 장르 개념은 조선조라는 시대적 징표와 구전口傳이라는 노랫말의 징표에 일방적으로 기대어 이루어졌다. 자연이라는 대상을 두고 유발한 인사의 감정에다가 이념을 겹쳐 노래한 것이 시조적 서정의 한 전형이다. 그만큼 자아와 세계, 자아와 사물을 하나이게 하는 '몰아일여沒我

一如' 의 시학詩學이 낳은 것이 조선조 시조다. 이때 화해의 서정이 이루어진다. 그만큼 은유보다 환유, 이미지보다 관념이 강조된다.

하지만 자아와 세계, 자아와 사물이 하나이기를 바라면서 오히려 하나일 수 없는 서정과 긴장 또한 조선조 시조다. 이때 긴장의 서정이 마련된다. 그만큼 환유보다 은유, 관념보다 이미지가 강조된다. 물론 전통시조의 본령은 전자에 있다.

이와 같이 시조는 단일한 작품군으로 이루어지는 것은 아니다. 서정성을 작품의 핵으로 삼는 작품이 있는가 하면, 관념성(이념성)을 보다 중요한 핵으로 삼고 있는 작품군도 있다. 거기에 서경성과 서사성도 더불어 얘기될 수 있다. 시조의 다양한 형식체험이 오늘의 시의 다양성을 가능케 한다. 그러기에 시조의 작품성이 오늘의 시에서 논란될 수 있는 일련의 움직임은, 오늘의 시를 시조의 전통 안에서 이해하는 데 믿을 만한 출발점이 되어준다.

주지하다시피 시조는 서정적인 장르다. 하지만 종류로서는 서정적이지만 양식상으로는 서정적인 것만은 아니다. 시라면 서정시만을 생각하는 좁은 선입견을 시조는 불식한다. 장르의 명칭으로서의 서정과 작품성으로서의 서정은 이렇듯 다르다.

종래의 고전 장르처럼 한 작품성이 이미 있어온 서정 · 서사 · 극이라는 장르류의 어느 하나라는 일원적인 구속성에 의해 반드시 이루어지는 것은 아니다. 장르의 본질과 현상체험이 반드시 일치하지 않는다는 것이 모든 문학작품의 현실이다. 이런 의미에서 시조를 두고 하나의 작품성을 얘기한다는 것은 매우 어려운 일이다.

가령 시조의 기원을 논하면서 시조형은 민요, 무당의 노랫가락, 향가, 별곡 등 심지어 한시에서 연유되었다고 서로 다른 입장에서 서로 다른 말로 표현하였다는 것 자체가, 시조가 이미 그 이전의 장르는 말할 것 없고 한시와도 혈연적인 유사성을 지닌다는 것을 입증하는 것이 되며, 시조의 시조다운 시조성의 다양성을 말해준다. 그만큼 시조 작품에는 각각 민요, 향가, 한시 등 장르성을 포괄하고 있는 것이다.

그러기에 실제 존재하거나 존재했던 시조의 다양한 실상을 있는 그대로 읽는 정확한 독서 행위가 뒷받침될 때, 시조의 정체는 물론 시조의 시학적 특성까지도 파악할 수 있다고 생각된다. 이제 시조를 음악적 측면보다 문학적 대상으로 읽게 된 것은 이 때문이다. 시조를 문학적 대상으로 읽을 때, 시조의 시조성은 발신자와 수신자의 장애보다 전언과 관련 상황의 장애(전경화)에서 이루어진다.

시조를 구성하는 시적 애매성(시적 깊이)이 전언의 장애에서 나타난다고 한다면, 시조가 지시하는 현실적 콘텍스트의 관습적 성격은 관련 상황의 장애에서 나타난다. 그만큼 전언 자체에 강음부를 두느냐, 아니면 관련 상황을 강조하느냐에 따라서 다르게 나타나는 시학적 특성에 주목하고자 한다.

(A) 곳 피자 술이 닉고 달이 밝자 벗이 왔네
이 가치 조흔 때랄 어이 그저 보낼쏜이
하물며 四美具 한이 長夜醉를 하리라

(B) 매화 녯등걸에 봄철이 도라오니
엣피던 가지에 픠엄즉도 한다마는
춘설이 란분분하니 필동말동하야라

(A)는 불려진 관련 상황이 강조된다. 조선조 전기 시조에서 볼 수 있는 바와 같이 개인적인 감수성이나 경험은 문제가 되지 않는다. 공적인 감정이나 관련 상황이나 타의 선험에 전적으로 의존한다.

꽃, 술, 달, 벗은 시인의 개성이라기보다 조선조의 대표적인 타설미他說美이며, 장야취는 조선조 특유의 낙이다. 이렇듯 동일한 정서로 이루어지기 때문에 반응 또한 동일하다. 그대로 인과론이 작용하고 있다. 꽃 하면 술, 달 하면 벗과 같이 은유의 원리가 아니라 환유의 원리가 작용하고 있다. 따라서 꽃이나 달과 같은 자연의 대상은 술이 익거나 벗이 오기 위한 조건으로 작용한다. '술이 닉고'나 '벗이 왔네'는 중장의 '조흔 때'가 확대되어 이루어진 시퀀스다.

즉, 자연의 대상은 그 대상성의 구체화이기보다 이러한 호시절의 관념적 대상으로서 가치를 지닌다. 꽃, 술 등에 대한 시적 자아의 시적 인식이 없다. 그러므로 시적 기호는 존재하지 않는다. 그만큼 관련 상황은 작가의식, 시대정신, 사회현상과 무관하지 않다.

그러나 (B)는 전언 자체가 강조된다. (A)에서 잃었던 개인적 경험이 중시되고 공적 감정과 대립된다. '매화 넷등걸'이나 '춘설이 란분분하니'가 그것이다. 그만큼 서로 다른 정서다.

또한 이 시조에서 상황의 기술은 객관적이다. 대상에 대한 거리가 뚜렷한 것이다. 이러한 거리를 통하여 기대와 좌절의 긴장이 드러나 있으며, 대상은 객관화되면서 이러한 모순적 상황 안에 공존하게 된다. 이는 대상에 대한 구체적 인식이다. 모순적 상황은 자아의 모순적 인식에서 비롯된 것이 아니라 상황 그 자체의 모순에서 온다.

그래서 시조를 통하여 시인은 무엇을 이야기하기보다는 느끼는 대로 보여줄 뿐이다. 그리고 그것은 등가와 병행, 대립과 조정의 원리에 의하여 시조 안에 표현되어 있다.

(B)의 창작동기는 (A)와 같이 관념적이 아니라 표현적이며 현실에 대한 구체적 파악이다. 그만큼 메시지 자체에 관심을 갖기 때문에 은유의 사용이 강조되고, 모든 것이 도상적으로 표현된다. 대립과 갈등이 현실에서 조정되지 않고 오직 서정과 인식에서 조정된다.

그리하여 (A)가 선험적인 관습이나 이념적 당위성을 강조하는 이상, 독자로 하여금 의미의 재생산을 불가능케 한다면, 반대로 (B)는 끝없는 의미

생산에 독자를 참여시키고 독자를 생산자로 만든다.

그러나 (B)보다 (A)가 조선조 시조의 본령인 것은 그것이 조선조라는 역사성을 고려할 때 조선조의 시정신의 반영이며, (B)보다 (A)가 조선조에 점하는 비중이 크기 때문이다.

서정적 긴장은 자아와 세계의 갈등이 해소할 수 없는 상황에서 비롯한다. 이러한 상황에 대한 인식이 철저할수록 (B)와 같이 서정성은 강화되고, 갈등이 해소되는 경우 서정성은 약화된다. 서정성이 약화되면 관념성이 강화되고, 관념성 속에는 갈등이나 대립이 없거나 아니면 세계와 자아가 동일시된다. (A)의 시조가 바로 그것이다. 주로 관념성은 상황을 선험적으로 보고, 선험적 인식을 통해 반응하기도 하며, 직접적인 체험을 통한 갈등을 선험적 인식을 통해 해결한다. 서정성은 직접적인 체험을 통한 주관적 체험에 의한 갈등 아니면 선험적인 인식의 토대가 주관적 체험과 대립되기도 한다.

하지만 서경성은 갈등과 대립이 없다는 점에서 관념성과 비슷하다. 그만큼 자아와 세계가 하나일 때 이념성이나 서경성으로 나타난다. 조선조 사대부의 시조가 자연과의 교감에서 오는 만족의 상태를 내세우거나 유교적인 어떤 결의를 표현하여, 서정적 긴장과 거리가 먼 것은 이 때문이다.

그러나 관념성과 다른 점은 그 해소가 관념성에 의한 것이 아니라 시적 자아의 미적 체험에 의한다는 것이다. 그 점에서 서경과 서정은 동일하나, 하나가 시적 자아의 감정이입을 통한 세계에의 몰입이라면, 또 다른 하나는 세계와의 갈등이다.

(C) 우는 거시 뻐꾸기가 푸른 거시 버들숲가
어촌 두어 집이 냇속에 날락들락
말가한 기픈 소에 온갖 고기 뛰노나니

(C)는 그만큼 직접적인 체험을 토대로 자아의 미적 체험을 통해 몰입하고 있다. 서사성은 (D)와 같이 인물, 사건, 배경이 극적인 제시를 통해 묘사되며, 독자의 능동적인 참여로 구성된다.

(D) 가을 타작한 후에 강신할제
金風憲이 메더지에 朴勤農의 되룡춤이로다
座上에 李尊位는 拍掌大笑하더라

이렇듯 서정성 · 관념성 등 시조성의 다양성은 현대시조(시)의 다양성과 너무 비슷하다. 다음과 같은 (E), (F), (G)의 시조가 역사상 거리가 먼 (A), (B)의 시조와 각각 구조적인 동질성을 갖고 있다는 것은, 여러모로 현대시조의 시조성을 밝히는 데 좋은 시사를 준다.

(E) 봄이 또 왔다 오시기는 온양하나
동산에 퓌인 꽃이 언가슴을 못푸나니
님떠나 외론 적이면 겨울인가 하노라

(F) 大新羅 산아이가
님이 되어 계시도다
이 얼에 맵시요
이 정신에 이 솜씨를
누구가 숨 잇는 저를
돌부텨라고 하느뇨

(G) 한 고개 또 한고개 고개를 헤어오다
토함산 넘어서서 동해바다 바라보고
저믄 날 돌아갈 길이 받분 줄을 모른네

보고보고지어 이곳에 석굴암이

험궂은 고개넘어 굽이굽이 도는 길을
잦은 숨 잰걸음에 치며 오고가고 하누나

더욱이 3장 6구의 형식을 한 시대의 형식으로 보지 않고, 한국시가 전체가 나누어 가지고 있는 보편적인 형식으로 볼 때, (A)~(G)의 시조가 보여주듯이 시조는 화해의 서정이나 긴장의 서정이나 할 것 없이 한 시대의 삶과 그 삶의 현실을 유감없이 발휘하는 데 자연스럽고 무리 없는 형식인 것이다. 이 점으로 볼 때 개인적인 내면을 노래한 시건, 강력한 현실의식을 보여준 현실지향적인 시건, 공통점은 시적 의장意匠들, 그리고 율동들을 여하히 다루는가에 따라 시조 형식에 의한 시적 형상화는 얼마든지 가능하다.

현대시조의 시조성은 복잡다단한 현대 정신의 존재방식, 그것에 의하여 시조를 현대시조이게 하는 것이다. 그 성취 여부는 어쨌든 현대시조의 형식과 파격과 변형을 다양하게 실험하는 움직임이나, 연시조 등의 시도가 바로 그것이다. 그렇다고 그러한 실험과 시도가 아무런 원칙 없이 자의적으로 이루어지는 것은 아니다. 그것은 어디까지나 시조적 상상력 안에서의 내발적인 파격이요, 변형임은 물론이다. 또한 그 원칙은 안에서 흘러나온 시인의 개성이 스스로 발전시키고 성장한 결과, 필연적으로 밖의 시조적 형식과 동일하게 되는 것을 말한다. 그러기에 시조는 시대와 개인에 의해 확장, 변이되고 새롭게 나타날 수 있었다. 말하자면 다른 어떤 방식으로도 표현할 수 없는 '의미 있는 형식'으로 3장 6구의 형식이 이루어진 것이다.

그렇다고 시조의 작품성, 이른바 3장 6구의 형식이나 음보, 대립, 병렬, 반복, 압축 등과 같은 시적 의장은 시조를 시조이게 하는 필요조건이지 충분조건은 아니다. 시조의 작품성은 내용을 위한 일종의 장식적 보완도 아니고, 또한 그 자체로 굳어진 가족적 틀도 아니다. 운율, 반복, 병행 등 시조적 여러 요소가 이룩하고 있는 관계 혹은 구조라는 것은 앞에서 이야기한 바다. 소재는 물론 주제까지도 그러한 관계나 구조를 통해 비로소 시조가 된다. 아무리 현대시조가 전통시조와는 다르게 변형된 모습으로 나타난다고 할지라도 결국 그것은 시조 형식의 반영이며, 시조적 틀을 통해 자기 자신을 경험하는 것이다. 그러므로 현대시조는 시조성을 기층 구조로 한 표층적 표현으로서 개인마다 다르게 나타나는 개성적인 표현이며, 전통시조와는 전혀 다른 독립된 장르다. 그리고 그것은 음악성과 도상성의 차이로 나타난다.

주지하는 바와 같이 시가 '의미된' 것이 아니라, '의미하는 기호' 그 자체일 때 현대시의 현대성은 있다. 시란 시인에 의하여 미리 결정되어 있는 어떤 의미를 독자에게 건네지 않고 그 자체로 존재하는 의미 작용의 체계다. 그만큼 시는 언제나 자신의 의미를 독자가 열도록 기다린다. 말하자면 시가 갖는 의미는 독자의 글 읽기를 통하여 마무리되는 것이다. 독자 수만큼 시작품의 이해가 다양한 것은 이러한 시의 개방성 때문이다. 그리하여 작품이 텍스트로 이해될 때, 그때마다 시의 의미는 확대되고 새로워진다. 시란 시인의 의도를 그대로 지시하는 모방적 기호만은 아닌 것이다. 시는 그 자체로 언제나 개방된 세계다. 그것은 시란 시인의 표현이 아니라, 시인으로부터 벗어나는 일이라는 뜻이다.

3. 근대시조의 전개

근대 이후 시조에 대한 관심이 19세기 후반 내지 20세기 초 근대화과정에서 민족주의적 동기 및 열정으로 싹텄다고 한다면, '현대시조'의 역사도 이제 한 세기를 헤아린다. 시조야말로 한국의 고유한 문학형식으로, 타 장르의 부침 속에서도 질과 양 모든 면에서 꾸준한 성장을 거듭하였다. 물론 그동안 안팎의 많은 도전과 위협 앞에서 현대시조의 존립이 흔들려온 것도 사실이다. 그럼에도 시조 창작이 지속되어, 현대시의 장르로서 시조의 존속을 가능케 한 것은 시조시인들의 의식적인 노력과 실천도 놓칠 수 없다.

(1) 「혈죽가」의 시사적 의미

한국문학의 근대성은 전통성과 반전통성의 대립 및 갈등에서 시작되었다. 반전통적이라는 외적 충격과 그 반작용인 전통적 동인과의 모순적 양립이 한국 근대시의 독특한 흐름이다. 서구적인 충격을 수용하는 와중에서도 전통적인 것이 창조적 충동으로 작용하고 있었다. 아니 처음부터 자유시와 시조, 신흥장르와 전통장르, 자유시형과 정형시형 등, 상이한 장르가 서로 경쟁하고 대립 또는 동행하고 있었다. 창가와 신시는 새로운 장르의 창출이지만 시조와 가사는 전통장르의 변형이다.

『황성신문』, 『제국신문』, 『대한매일신보』 등 근대적 매체인 신문이 등장함으로써 이렇듯 고시가와는 다른 성격의 시 장르가 등장했다. 말하자면 부르는 노래에서 읽는 문학으로 바뀐 것이다. 특히 많은 시조와 가사가 활자를 통해 주로 『대한매일신보』, 『대한민보』 등에 발표되었다. 시조의 경우, 그 형식이 평시조만이 아니고 엇시조나 사설시조도 적지 않다. 그러면서도 개화기 시가를 다룰 때 같은 전통 장르 중에서도 시조는 가사에 비하여 주목받지 못한 것이 그동안의 현실이다. 물론 전통양식으로 가사가 양적으로 시조를 압도하였다. 그러나 실상은 가사 못지않게 많은 수의 시조 작품이 발표되어 있었다. 1906년부터 1918년까지 발표된 시조만 해도 무려 660여 수를 헤아린다. 이는 같은 기간 동안 800여 수의 가사에 버금가는 양산量産이다. 이와 같이 양적으로 창가와 신시 등 신흥 장르에 육박하는 많은 양의 가사와 시조가 이 시기에 창작되고 발표되어 있었다. 더구나 근대적인 의미의 신시가 발표된 것은 그 후의 일이다.

그러기에 반전통성(신흥 장르)을 주류로 편성한 종래의 문학사적 시각은 문제적이다. 전통적인 것은 다만 낡은 양식의 문학 내지 구시대의 문학으로 몰아버리고 서구적인 것, 그것도 양식적인 새로움만을 주목하여 신시에 문학사적 의의를 부여하였다. 시인으로서 육당을 얘기할 때 신시의 것이 시조보다 크게 부각되었다. 일방적으로 이 시기의 문학을 문명개화시대의 문학이라는 측면에서만 본 것이다. 중요한 것은 근대문학의 한국적 개념을 서구 근대문학론의 연역만이 아니라 이 시기 시작품의 실체, 그 자체로부터 귀납된 시각視角으로 보는 것이다.

이런 의미에서 현대시조가 일제 강점기의 저항신문인 『대한매일신보』[1]에 실린, 그것도 각성과 저항의 시조로 출발한 것은 사회 역사적으로 의미심장하다. 1906년 「혈죽가血竹歌」를 비롯하여 1910년 「추풍」에 이르기까지 400편에 가까운 시조가 『대한매일신보』에 집중적으로 발표되었다. 가사와 마찬가지로 작자층 역시 전문적인 시인이 아닌 일반 지식인층이다. 그리고 주제는 한결같이 항일에 초점을 맞추고 있는 것이 특색이다. 친일인사들의 망국적 작태를 '개'의 작위에 비유하기도 하고, 일제에 대한 항거의식을 '설치심雪恥心'으로 표현하기도 하였다. 망국민의 우국충정 아니면 매국정권에 대한 저항 등, 현실성에 중점을 둔 것은 분명 사회 역사적 산물인 동시에 근본적으로 세계관의 변화의 소산이다. 그리하여 반제 · 반봉건이라는 근대의 변별적 특징을 시조의 리듬을 통하여 토로할 수 있었다. 이런 점에서 18세기 사설시조와 너무 비슷한 것이다.

다 알다시피 시조는 처음에 사대부 층의 시가였던 것이 18세기에 이름을 알 수 없는 무명씨들이 깨어 있는 작가로 등장하면서 형식과 내용에 적

1 "구한말, 좀 더 정확히 표현한다면 1904년에서 1910년까지 7, 8개의 한국어 신문이 서울에서 간행되었다. 황성신문, 제국신문, 대한매일신보, 만세보, 대한민보, 경향신문, 대한신문, 국민신보 등이 그것이었다. 이 중에서 당시의 한국민으로부터 가장 열렬한 지지를 받았고 또 언론창달에 크나큰 공헌을 하였던 신문은 두말할 것 없이 대한매일신보였다. 그것은 이 신문이 배일의 기치를 높이 들고 일본의 대한정책을 정면으로 공격했기 때문만은 아니었다"(이광린, 「'대한매일신보' 간행에 대한 일고찰」, 『대한매일신보연구』, 서강인문논집 16집, 서강대 인문과학연구소, 1986, p.1).

잖은 변화가 나타났다. 작자층이 확대되고 시조의 영역도 확장되었다. 그만큼 평시조가 갖는 스타일 분리의 규칙이 흔들린 것은 우연이 아니다. 사설조의 장시조형이나 장르의 혼합, 문체의 혼재 등이 바로 그것이다. 그리고 그것은 그 후 『대한매일신보』의 시조의 내적 배경이 되어준다. 사설시조와 마찬가지로 『대한매일신보』의 시조는 민요나 잡가, 시조와 가사, 판소리 등 선행 장르 및 동시대의 장르와의 상호텍스트성으로 인해 서정과 인식을 새롭게(패러디) 하였다. 심지어는 가사도 시조도 아닌 적잖은 작품이 발표되었다. 이 점에서 그 후 발표된 『소년』지 등 잡지 계열의 시조와 성격을 달리한다.

『대한매일신보』는 주지하다시피 항일의 언론투쟁의 선봉장이었던 만큼 격동하는 시대의 장르로 가사와 시조를 선택한 것은 당연한 것이라 하겠다. 기사나 논설만이 아니라 가사와 시조를 통하여 구국의 논지를 펴고 국민에게 저항과 궐기를 촉구하였다. 그러기 위하여 이렇듯 이미 있어온 전통적인 친숙한 리듬을 형形, 특히 민중의 입장을 형식으로 채택한 것은 우연이 아니다. 그만큼 시조는 그 어느 장르보다 사상과 시대정신을 전달하는 데 알맞은 장르다.

비록 가사와 시조의 비전문성이 전문적인 시인만큼 기교적으로 세련되거나 고도의 문학의식을 지니지 않았으나 그것이 오히려 외세에 항거하는 사회 각층의 입장을, 특히 민중의 입장을 자유롭게 토로할 수 있었고, 상업적인 문학이 아니므로 독자의 흥미나 상품성 같은 것과 관계없이 주제의식에 충실할 수 있었다. 이 시기는 이데올로기성이 오락성이나 상업성보다 더 중요한 과제였다. 구국충절과 저항정신으로 일관하였다.

시조 「혈죽가血竹歌」, 「혈죽가십절血竹歌十絶」, 「한반도」, 「소생단」, 「조선혼아」 등은 제목 그대로 심미적 차원보다 그 시대적 성격이 강조되었다. 그중에서도 현재로서 새로운 장르가 나오지 않는 이상, 가장 앞선 작품이 1906년 7월 21일자 『사림詞林』에 실린 「혈죽가」 세 수다.

협실의 소슨데는 충정공혈적이라
우로를 불식하고 밤즁의 프른 뜻은
지금의 위국충심을 진각세계

첫 수가 보여주듯이 민영환의 충절을 기리며 자결을 애도하는 내용이다. 작자는 '사동우寺洞寓 대구여사大邱女史'다. 대구여사라는 익명이 여자이든 아니든, 시조의 창작층이나 향유층이 피지배층으로, 그것도 부녀층에까지 확대된 것은 큰 변화다. 당시 민영환이 죽자 추모하고 애도하는 글이 한시, 가사, 시조 등 여러 가지 형태로 많이 발표되었다. 「명충가」, 「민충정혈죽가」, 「추도가」, 「모충교가」, 「모충가곡」 등이 바로 그것이다. 「명충가」(1905. 12. 5), 「민충정혈죽가」 등은 가사이며, 「소생단」, 「산설야우」, 「조선혼아」 등은 선행 시편인 고시조의 패러디다. 이들 시조는 잡지에 실린 1907년 3월 『대한유학생회학보』 제1호의 「국풍사수國風四首」보다 앞섰다. 신보 계열의 시조는 잡지 계열의 시조에 비하여 정형이면서도 변화를 내포하고 있는 것이 그 특색이다. 형型이 아니라 형形이다. 그만큼 자설적自說的이다. 선행 장르를 개작하기도 하고 변형(비판)하기도 하였다.

그러나 잡지 계열의 시조, 그중에서도 육당의 경우는 일반적으로 이미 있어온 고형(정형)을 고수하고, 변형을 허용치 않았다. 형形이 아니라 형型이다. 형型은 선험적으로 결정된 틀(고시조의 틀)이며 변화를 거부한다. 타설적他說的이다.

이런 점에서 신보 계열의 시조와 대립된다. 자설·타설의 대립은 경술국치 이전과 이후의 상황과 무관하지 않다. 국운이 위기에 처했을 때는 신보 계열의 시조와 같이 규탄과 저항으로 일제에 맞섰고, 국운이 결정적으로 기울자 잡지 계열의 시조와 같이 백년대계를 다짐하는 개화와 계몽의 노래로 바뀐 것이다. 그리고 그것은 잡가와 창가, 4·4조와 7·5조의 차이로 나타났다. 이와 같이 신보 계열의 시조와 육당의 시조는 각각 개화기 시조라는 표제를 내세우고 있지만, 담론상의 위치에 따라 전혀 다른 역할을 수행하고 있다. 담론 규칙이 서로 다르다. 물론 지금의 안목으로 보면 신보 계열의 시조가 육당의 시조에 비하여 정형시라는 점에서는 너무 엉성하고 정제되지 않은 것만은 사실이다. 구어체의 시어와 감정이 여과 없이 표출되어 있다. 그러므로 그동안 신보 계열의 시조와 잡지 계열의 시조를 구분하지 않은 채 다만 전자를 저항시조로, 후자를 계몽시조로 분류하여 같은 차원에서 파악한 것은 자료의 실상과 어긋난다. 엄격히 따져서 신보 계열의 시조가 사설시조의 연장선상에서 파악된다면 잡지 계열의 시조는 평시조와 관련된다. 그 후 잡지 계열의 시조는 1920년대 초 시조부흥운동과, 신보 계열의 시조는 1930년대 말 가람의 신시조운동新時調運動과 관련된다. 그리고 그것은 그 후 현실시조로 이어진다.

(2) 시조부흥운동과 신시조운동

1920년대 초 '시조부흥운동'이 신보 계열의 시조를 외면하고 잡지 계열의 시조 아니, 거슬러 올라가서 19세기 후반 평시조[2]에로 복귀한 것은 이 운동의 한계이자, 현대시조사現代時調史의 한계다. 계급문학에 맞서서 계급을 초월한 민족문학으로서 시조를 일방적으로 내세운 것이 문제였다. 형型의 시조에 대한 찬반논의가 분분하였다. 그래서 시조는 무조건 형型의 시조로 보고, 시조 자체가 봉건적이기 때문에 가장 퇴폐적이고 보수적이고 국수적인 내용밖에는 담을 것이 없다며 시조의 형식을 두고 낡은 형식, 고형, 감옥이라고 매도한 것은 이 때문이다. 육당의 시조가 신보 계열의 시조보다 오히려 퇴행현상을 보여준다는 지적은 근거가 없는 것은 아니다. 이런 점에서 육당의 시조가 아닌 신보 계열의 시조를 현대시조의 출발로 삼을 수 있었던 것은 결과적으로 적절한 시각이다. 신보(「혈죽가」) 계열

2 사설시조의 위축과 평시조의 성장은 19세기 시조사의 흐름이다. 그만큼 19세기 후반은 평시조의 전성기다.

의 시조야말로 반외세와 반봉건을 근간으로 하는 민족주의적 시각이 낳은 것이다. 현대시조로서 성취 여부는 다음 문제다.

그럼에도 1920년대 초 시조부흥운동이 계기가 되어 국문학 연구에서 여러 장르 중 시조가 첫 번째로 관심의 대상이 된 것은 특기할 만하다. 사실 이른 시기의 국문학 연구는 시조 연구에 의해서 선도되었다고 해도 과언이 아니다. 양적으로 시조론에 바쳐진 업적이 압도적이었을 뿐만 아니라 질적인 면에서도 그 발전의 속도가 빨랐다고 할 수 있다. 시기적으로 볼 때 시조에 관심이 집중된 것은 1920년대, 그것도 중반 이후라고 생각한다.

1920년대 초 육당은 신시의 시인이면서 시조시인이었다. 그러나 1920년대 초 한국시는 서구적 담론의 압도적인 영향권 안에 있었다. 그의 시가도 여기서 자유로울 수 없었다. 시조와 신시가 갈등한 것은 이 때문이다. 전통적 리듬과 외래적 리듬 그 어디에도 자신을 동일화할 수 없는 구심점의 상실을 육당의 시가는 처음부터 경험하고 있었다. 그것은 결국 육당 자신의 사상적 방황으로까지 이르고 있다. 근대문명을 예찬하기 위하여, 또한 조선주의를 강조하기 위하여 거기에 걸맞은 형태를 동시에 시도한 것은 역설적으로 자기부정이자 자기분열이다.

그 누구보다 초기에 서구적인 세련을 철저히 경험한 육당이 오히려 전통적인 담론으로 시조부흥을 강조한 것은 그 자체가 자기반성이다. 문제는 시조에 대한 시사적詩史的인 검증 없이 무조건 전통적이라는 당위성만을 부각한 데 있었다. 그의 시조부흥은 우리 고유의 것을 도모하는 문화적 민족주의가 낳은 것이다. 『백팔번뇌』의 시편들은 거개가 형形의 시조가 아닌 형型의 시조 일색이다. 그만치 그의 시조와 신시는 내면적 필연성에서 오는 시인의 표현의지가 아니라 외부의 시대적 압력에서 만들어진 것이며, 당시 시대적 분위기에 대한 지도자로서의 부응이다. 그만큼 외부적인 계기에서 만들어진 계기의 시다. 계기시이면서 당시 정치적 전언이 있을 법한 '우렁찬 시'와 무관한 것은 '시조성' 때문이다. 형型 숭배가 1920

년대 초 시조부흥운동을 낳은 것이다. 이러한 형型의 시조가 흔들린 것은 근대적 감수성의 시조가 쓰인, 그것도 '시조 논의'가 이루어진 1920년대 이후의 일이다. 시조부흥론이 시조를 망친다고 하여 전통시조에 대한 깊은 이해를 바탕으로 창작과 이론을 새롭게 하여야 한다고 강조한 것은 가람 이병기다.

이런 의미에서 형型의 시조에 대한 반명제로서 의식적인 심미의식의 발로와 시조의 존재성에 대한 자각이 몇 사람의 의욕적인 시인인 이광수, 이은상, 이병기 등에 의하여 고개를 들고 있었던 것은 특기할 만하다. 하지만 이것은 극히 소수에 그쳤고, 또 몇 사람의 산발적인 활동으로 이루어졌기 때문에 근대시로서 시조의 시학을 예견한 하나의 조짐일 수밖에 없다. 그들은 한결같이 이미 있어온 시조의 틀 안에서 시조가 얼마든지 자유로울 수 있다는 가능성을 보여주었다. 이 무렵에 발표한 이광수의 시조, 특히 명승지를 읊은 기행시조는 개인적 정서의 표출이라는 점에서 최남선의 형型의 시조에 비하면 유연성을 보여준다. 이런 점에서 이은상의 「봄처녀」나 이병기의 「봉천행」 같은 시조도 주목되었다. 처음부터 이은상(『노산시조집』)은 글자수보다 기교(형태적 변모)로 시조를 가꾸었다. 그러나 전통시조의 관습에서 벗어나지는 않았다. 계절이나 자연물, 명승고적 등을 찾아 거기서 느끼는 서경과 회고, 여정의 회포 등이 대부분의 내용을 이룬다. 그것도 일종의 감정의 토로가 아니면 사사로운 내용 일색이다.

시조 텍스트의 생산이나 수용의 문제를 민족 등 이데올로기에 환원하려는 태도에 비하여 가람은 작품성에 초점을 맞추었다. 시조가 무조건 전통적이라고 평가한 육당과 실제 작품을 통해 시조의 전통성을 파악한 가람은 분명, 시조를 대하는 상이한 시각을 보여준다. 그리고 그것은 1930년대 후반 국문학 연구나 국학운동과 궤를 같이한다.

1930년대 말 · 1940년대 초의 국문학 연구와 국학운동은 제2의 시조부흥운동이라고 할 만큼 한국시조사韓國時調史에서 새로운 신시조운동이었다. 비록 대동아공영권의 이념화(동양문화론)가 계기가 되었지만, 결과적으로 그것이 민족문화를 우리 입장에서 재인식하자는 움직임이 된 것이다. 이병기, 김억, 심훈 등은 "시조를 계승하되 고풍을 버리고 혁신을 해야 한다"는 단서를 달았고, 손진태는 "고형을 고집하면 퇴보 일색이니 장형도 살려야 한다"고 하였다.

이병기의 「시조와 그 연구」, 「시조는 혁신하자」는 현대시조의 창작방법을 위한 전제가 되어준다. 시조의 혁신을 위해서는 그 모태가 되는 전통시조에 대한 이해가 필요했기 때문이다. 시조에 대한 사적 체계화가 아니라 오히려 창작을 통해 과거의 유산을 현재적으로 계승하려는 의도가 강했다. 그런 점에서 아카데믹 지향의 조윤제의 접근방식과는 전적으로 다르다. 조윤제는 시종일관 형型의 시조를 강조하였다. 자수를 고정시키고 변형은 되도록 허용치 않았다. 시조의 '본 형식'을 깨뜨릴 수 없는 것이 그의 시조관이다. 시조는 시조이고, 민요나 연행과 무관하다는 것이다. 현대인의 복잡한 생각을 나타내는 데 시조는 자유시를 따를 수 없다고 한 것은 이 때문이다.

가람은 조윤제가 외면했던 민요의 형식이나 연행방식을 주목하였다. 무엇보다 민요는 모든 시가의 원천으로, 시조 또한 여기서 나왔다고 하였다. 시가문학에서 잡가를 첫머리에서 다룬 것은 다름 아닌 자신의 『국문학개론』에서이다. "시조는 한시나 일본시가와는 다르게 자유스러운 형식이어서 동요와 민요와는 형과 아우 사이이며 자유시(신시)와도 그다지 먼 사이가 아니다"라고 한 것은 가람이다. 그는 시조는 정형시이면서 자유시이므로 그 가운데 어느 면모가 손상되어도 시조의 가치를 잃는다고 하여, 시조가 되었는지 되지 않았는지는 자수字數의 규칙 준수 여부에 달려 있지 않고, 숫자로는 헤아릴 수 없는 묘미의 구현 유무에 따라 결정된다고 하였다. 그 묘미가 다름 아닌 '실감실정實感實情'의 서정(즉물성)이며, 개성이다. 그리고 그 구체적 표현이 『가람시조집』 이후의 시편이다. 『가람시조집』은 1939년에 나왔지만 그 이전의 작품이 주 내용이다. 시인의 개성이 긍정되면서 형型은 극복된다. 무엇보다 가람의 경우 그의 시론「시조는 혁신하자」 이전과 이후의 시편이 다른 것은 물론이다. 그 이전의 시편은 '부르는 시조'에 가까운 것이다. 옛시조의 구술성에 의존하여 병렬구성을 취하고 있다. 그러나 시조 혁신 이후는 '짓는 시조'로, 객관적 묘사를 통한 연속구성이 두드러진다. 그 이전의 시편이 그 이후의 시편보다 관념적이고 단순한 느낌을 주는 것은 이 때문이다. 『가람시조집』의 3부에 서정 시편이 없는 것은 아니나, 그것도 추억 시편이나 유년의 경험 일색이다. 물론 그 후의 시편과 시론「시조는 혁신하자」 또한 옛시조의 압력과 관습에서 자유로운 것은 아니다. 사랑과 그리움 등 자유로운 자기표현은 없다시피 한다. 이 점은 이 무렵의 김상옥이나 이호우, 그리고 조남령도 동일하다. 전통적 소재에서 벗어난 것은 1960, 1970년대 이후의 시편이다.

(3) 현대시의 장르—시조의 서정성

앞에서 강조했듯이 시조가 단일한 장르로 이루어져 있는 작품군이 아니라는 사실은, 시조의 형식체험이 근대 이후 시조만이 아니라 현대시의 다양성을 설명할 수 있는 단서가 된다. 그러기에 실제 존재하고 존재했던 시조의 다양한 실상을 있는 그대로 읽는 정확한 독서 행위가 뒷받침될 때, 시조의 정체는 물론 시조의 시학적 특성까지도 파악할 수 있다고 생각된다. 지금까지 거론된 현대 또는 근대시조라고 할 때 근대 또는 현대의 개념은 단순한 시간적 개념이지, 가치 개념이 아니다.

요는 현대성과 시조성이 무엇이냐가 논란의 대상이다. 현대성의 경우 시조의 현대성이냐, 아니면 시조 속의 이념이 현대성이냐, 또는 시조에 투영된 시대의 현대성이냐가 문제다. 엄격한 의미에서 반전통성이 시조의 근대성은 아니다. 반전통성과 전통성, 외적 충격과 전통적 요인의 모순적 대립 그 자체가 근대성의 자기인식이다. 예술의 구조와 사회 구조의 관계를 얘기하면서 작품 구조의 시야 속에서 시대와 사회의 구조를 포착한 것은 루시앙 골드만L. Goldmann이다.

현대시조가 지닌 현대성과 시조성, 아니 반전통성과 전통성 사이의 갈등을 총체적으로 이해할 때 현대시조의 논의는 가능하다. 이것은 어찌 보면 시조가 지닌 자가당착이라기보다 긴장이요, 갈등의 표현이랄 수 있다. 이렇듯 현대시조는 시조성과 현대성(개성) 사이에서 갈등을 겪으며 이루어지는 것이다. 전통은 갈등을 통해 지속되고 갱생된다. 개성적 표현은 시조성을 거칠 때 보편성을 확보하고, 시조성은 개성에 의하여 변형된다. 한국시가사상 기념비로 우뚝한 시의 서정은 한결같이 시조성의 메아리다. 시조시인이 아닌 시인 한용운, 서정주, 유치환, 이육사, 조지훈, 박재삼 등의 경우, 그들의 명편은 시조의 형식체험과 가까운 시편들이다.

그렇다고 이들 시인이 시조를 직접 계승하였다는 의미는 아니다. 시조의 형식적 체험이 잠재적인 전통으로 이어져오다가 이들 시인에 이르러 표면화되었다고도 할 수 있다. 잠재적인 전통은 무의식적이며, 정립되지 않은 의식이다. 그러나 그 의식은 삶을 깊이 헤아렸을 때 드러나는 것이며, 구체적인 경험에 충실할 때 이루어지는 것이다. 이런 점에서 시조는 시사의 전 과거를 반영, 가장 모범적인 시사적 콘텍스트를 이룬다고 할 만하다. "시조가 성립되기까지의 모든 시형은 필경 시조 형식을 이루려는 준비에 지나지 못하였고, 성립된 후의 모든 시형은 시조의 발전적 형식이라 볼 수 있을만치 시조의 성립은 시가상 중한 사실이고 또 그가 가지고 있는 시가상 지위는 보통 것과 다르다. 실로 시조는 조선시가의 대표라 하겠고, 또 과거 조선민족의 상징이 될 것이다(조윤제)." 이른바 '다층융합', 아니 엘리엇의 전통이라는 개념을 생각하게 한다. 시조를 옆으로 자른다면 그 단면에 여러 시대의 특색을 지닌 여러 개의 층이 나타나고 있음이 틀림없다. 분명 거시적으로 볼 때 시조는 세부 구조가 전체 구조를 축약한다는 프랙탈fractal의 대상이다. 1990년대 말 수학자 만델브로트Mandelbrot가 하루와 인생의 관계를 자기유사성과 순환성으로 설명한 것은 같은 맥락이다.

3장 6구를 한 시대의 형식으로 보지 않고 한국시가 전체가 갖는 보편적인 형식으로 볼 때 그것은 서정과 현실, 아니 한 시대의 삶과 그 삶을 드러내는 데 자연스러운 형식이다.

4. 근대시조와 사설시조적 전통

(1) 장르의 다양성

시조의 형성 및 발달과정에서 임병양란은 중요한 시기다. 그전까지는 대체로 사대부층의 시가였던 것이 전란을 계기로 평민 가객들이 향유하는 작품이 등장하면서 형식과 내용상에 적잖은 변화가 나타났다. 그 가운데서도 특히 이름을 알 수 없는 평민계급의 무명씨들이 깨어 있는 작가로 등장한 것이다. 이러한 평민계급의 자각과 대두에 따라 시조는 음풍농월의 자연시에서 현실생활과 밀착한 절실한 자기표현의 생활시로 변모하면서 시조의 영역이 확장되었다. 형식 또한 이러한 자유분방한 사고감정에 알맞도록 전래의 자수의 제약에서 벗어난 이른바 사설조의 시조로 바뀌었다.

그렇다고 사설시조로 추정되는 작품들이 거개가 평시조의 형식에서 일탈된 형태라고만은 할 수 없다. 평시조와는 달리 평민층의 생활 감정과 의식을 자유분방하게 표현하는 별도의 시조가 존재하고 있음도 놓칠 수 없다. 그리고 자유분방한 정서는 창조적 상상력이 발동되는 곳이면 언제 어디에나 재현되는 잠재적 자기요소이다. 다만 그러한 시조를 사설시조라 부른 것은 시조창의 곡조 장단을 채용한 음악상의 요인 때문이다. 그러기에 사설시조의 담당층이 누구이며, 언제부터 이루어졌느냐는 것은 별 의미가 없다. 뿐만 아니라 사설시조를 단일한 작품군으로 볼 수도 없다.

사설시조는 평시조와 마찬가지로 단일한 작품군으로 이루어진 것이 아니다. 전술한 바와 같이 시조에는 서정성을 작품의 핵으로 삼는 작품이 있는가 하면 관념성을 보다 중요한 핵으로 삼고 있는 작품군도 있다. 사설시조 역시 시조와 마찬가지로 「귓도리……」, 「갈제는……」과 같은 서정적인 노래가 있는가 하면, 사대부의 '타설성'을 따르는 이념적인 노래도 있다. 또한 「일러나……」와 같이 서사적이고 극적인 노래도 있다. 그만큼 시조의 형식은 우리에게 생리화되어 있는 본능적인 형식체험이다. 따라서 사설시조는 시조의 형식을 거부하지 않는다. 다만 시조의 타설성을 거부할 뿐이다.

근대 이후 자유시 역시 시조의 형식체험을 거부하지 않는다. 근대 이후 잘 만들어진 시일수록 시조의 형식체험을 따르는 경우가 많은 것이다. 서정주, 박목월, 조지훈 등의 시가 그것의 좋은 예다.

(2) 스타일 분리에서 혼합으로

이미 필자는 20여 년 전에 사설시조는 선행하는 시조의 타설적 구조와 대립하는 자설적 구조에 의한 현실시임을 밝힌 바 있다. 아울러 사설시조의 의식을 당대 상황에 대한 반응이라고 한다면, 무의식은 여요麗謠에서 이어온 우리가 본능적으로 가지고 있는 잠재성과 무관하지 않다. 그리고 그 구성과 문체가 민요적 형태로 이루어진 것이 그 단적인 예증이다. 민요가 민중 사이에서 자연히 발생하여 오랫동안 최하층 서민의 시심을 만족시켜 온 형태라고 할 때 그것은 잠재적인 서민 심리를 자연스럽게 드러내는 데 가장 알맞은 형태다. 그만큼 자설적이고 공감적인 리듬이다.

그러기에 사설시조는 예전의 유교적 이理를 답습하면서 다만 평시조의 짜임새와 격조를 변주하기도 하고, 아니면 민요에서의 자유로운 형식을 그것으로 나타내는 생활감정과 함께 계승하기도 한다. 하나는 유교적 이理를 반영한 사대부층의 시조요, 또 다른 하나는 적나라한 현실적인 삶을 반영한 평민적인 시조다. 이 양자 중 우리가 주목하는 것은 후자다. 후자의 시조일수록 유교적 이理에 의해 너무 낯익었던 사대부의 시조 앞에서는 글자 그대로 낯설음이다. 그만큼 사대부의 시조의 공식성을 역전하고 있었다. 민요나 우스갯소리, 잡가 등과 같은 원시장르가 시의 형식으로 격상함으로써 불평등을 신성화하는 사대부 문화의 근거를 위협하고 있는 것이다. "시조의 문학적 가치는 사부士夫 작가의 작에서보다 오히려 서리 무명씨 기생의 작에 있어서 높게 평가되어야 할 것이다"라는 다음과 같은 구자균(『조선평민문학사』)의 말은 시사적이다.

> 서리 작가는 그 유가적 교양에 있어서 사부 작가보다 떨어지는 까닭으로 사상의 고갈과 상상의 결핍과는 자연 그 내용의 빈약 진부함을 면치 못하고 전아와 세련을 결하는 험이 없지 않으나 사부 작가의 작품 내용이 공업·개세·군신, 송축·회고·유람 등의 고답적·도덕적인 사상을 영출하고 있음에 반하여 근대 서리 시조작가의 작품에는 즉흥적으로 그들의 진정을 추출한 것이 많아 따라서 생활과 예술과의 상즉성이 현저히 그 긴밀도를 더하여 그것이 일면에 있어서 해학, 골계, 호색, 염정, 별한 등의 향락주의적·유희적 문학이거나 혹은 야취에 찬 즉흥시 리어와 같은 것이 많아지고 묘사가 노골화되고 평민화되었다.

이렇듯 사설시조가 평시조의 균형된 틀과는 전혀 다른 형태를 통해 평민적 익살 풍자와 적나라한 삶의 현장을 표현함으로써 조선후기 문학사의 새로운 국면에 중요한 한몫을 했다는 데 이의가 없다. 그것은 정적인 세계와 공식성으로 나타나는 사대부시조와는 달리 동적이면서도 자유로운 삶의 역동성을 담고 있다. 물론 사설시조가 모두 평민계급의 무명씨 작가에 의해 지어진 것은 아니다. 평민이건 아니건 전문적인 가단歌壇의 가객과 같은 깨어 있는 의식의 소유자를 작가라고 함이 옳다. 사설시조는 전체적으로 볼 때 계층을 초월한 절실한 인간의 생활체험과 정서적 표출로 이루어져 있는 것만은 분명하다. 남녀 간의 애정이 주종을 이룬 것은 이 때문이다.

보편적인 정서 앞에 계층의 차이는 없다. 리얼리즘이란 작가의 관점에

구애되지 않는 자유로움에 있는 것이다. 그만큼 자신이 속해 있던 유가적 세계관으로부터 자유로운 미의 세계를 지향했다는 점에서 일단 관습에서의 초월을 지향했다고 볼 수 있다. 적어도 의식의 차원에서 그랬다 할 수 있다. 이때 중요한 것은 지금까지 매여 있던 신분관계의 고정성에서 해방되었다는 사실이다. 남녀 간의 구체적인 애정묘사는 물론 장사꾼의 재담이나 고부 간, 처첩 간의 갈등 등 개인과 사회의 갈등이 사설시조의 기본적 구조를 이루고 있다.

사설시조의 전체적 특징이나 두드러진 경향을 한마디로 얘기하기 어려우나 생활에 관한 것이 적지 않은 비중을 차지한다. 생활의 다양한 문맥이 어떠한 윤색도 가해지지 않고 조금도 숨김없는 채, 창피함도 없고 죄 될 것도 없이 그대로 드러나 있을 뿐이다. 대부분의 작자층들이 깨어 있는 지식인층이다. 그들은 사회의 모순을 비난하지도 않고, 그들의 생활을 누르는 상층의 힘, 압제의 힘을 풍자하지도 않는다. 알레고리로 나타난 것이 바로 그것이다. 그러기에 사설시조 전반의 미의식과 내용상의 자질들이 그 자체로서 저항성으로 보는 단순화한 논법은 위험하다. 사설시조 가운데 흔한 파괴적, 냉소적 웃음과 성의 비속화는 그릇된 가치규범의 억압에 대한 일탈적 저항으로서의 의의가 인정된다 하더라도 그것이 곧 중세를 대표하는 삶의 현상은 아니다. 그들은 처음부터 윤리적, 도덕적인 생활철학과 현실 사상과는 무관한 채 그들의 진실한 생활 감정을 표현하는 데 주력할 뿐이다. 이때 생활감정은 유교사상이 지향하는 공적인 감정과 전혀 다르다. 이념지향적인 시일수록 개인적인 진실한 감정과는 거리가 멀다. 오히려 유교사상마저 자기화한다. 진실한 생활감정을 드러내기 위해서는 평시조는 물론 한시의 한 구절이나 소설의 한 토막까지도 패러디한다.

자연에 대한 깊은 감회, 인생에서의 소외감, 정신의 괴로운 갈등 같은 것은 사설시조와 무관하다. 오히려 사대부들이 속되다고 외면한 것에서 있는 그대로의 삶의 모습을 발견한다. 생활 속에서 자연스럽게 솟아나는 감정들, 일상에서 보고 겪는 것들, 또는 생의 본능 등이 있는 그대로 조금은 늘어져서 시간의 문맥 속에 자리 잡고 있는 것이다. 따라서 사설시조는 농담조, 욕설조, 조롱조를 멀리 떠나 있는 적이 없다. 그만큼 사설시조를 지배하는 원리는 웃음의 미학이다. 억울한 감정, 약이 오르는 감정, 장난스런 감정, 농밀한 애정의 표현 등이 직정直情적인 언어를 통해 그대로 문면에 드러나 있다. 평시조에서는 금기시되어온 이러한 감정과 애정의 표현이 사설시조의 특색이다.

> 귓도리 저 귓도리 어엿부다 저 귓도리
> 어인 귓도리
> 지는 달 새는 밤에 긴소릐 저른 소릐
> 절절히 슬흔 소릐 제 혼자울어 에어
> 사창 여윈잠을 살뜰이도 깨오난제고
> 두어라 제 비록 미물이나
> 무인동방에 내 뜻 알니난 저뿐인가 하노라.

"지는 달 새는 밤에 긴소릐 저른 소릐 절절히 슬흔 소릐"라는 귀뚜라미 울음의 장단이 그대로 잠 못 드는 여인의 텅빈 마음으로 채우고 울리고 있다. 귀뚜라미의 제2의 분신, 여성 정조의 한의 표상이다. 슬픔을 안으로 닫고 괴로움을 안으로 여미는 사정은 귀뚜라미를 정점으로 하여 사무쳐 있다. 이러한 정감의 자유로운 발로는 나아가서 적나라하고 비속한 표현으로 나타나기도 한다. 그만큼 범상하고 낮고 하찮은 것에 위엄과 숭고를 부여함으로써 유교적 이理에 순종한다는 시조 장르의 관습적 구속력에 도전한다.

> 일러나 보자 일러나 보자 내 아니 일르랴 네 남진한테
> 거즛거스로 물깃는체 하고 통은 내려서 우물전에 노코 또아리 벗어 통 손잡

이에 걸고

건넌집 작은 김서방을 눈짓해 불러내여 두 손목 마주 덥석쥐고 수근수근 말하다가 삼밧트로 들어가서 므슨일 하던지 잔삼도 쁘러지고 굴근삼대 끝만 남아 우즑우즑하더라 하고 내 아니 일르랴, 네 남진한테 저 아희 입이 보도라와 거즛말 마라스랴.

우리는 마을 지어미라 실삼 죠곰 캐더니라.

재넘어 쉬아슬 두고 손벽치며 애써가니

말만한 삿갓집의 헌덕셕 펄쳐 덥고 얼거지고 트러졌다 이제난 어리복이 叛奴軍에 들거고나

두어라 메밀떡에 두 장고를 말녀 무삼하리오.

하나는 동네 안의 한 지어미가 건넛집의 김 서방과 눈을 맞춰 두고 삼밭으로 들어가는 것을 동네 아이가 보고 지어낸 노래이며, 또 하나는 남편과 첩이 성행위하는 모습을 여성화자를 통해 보여주고 있다. 특히 사대부시조의 추상적이고 형체가 없는 시어 사용을 현실감 있는 구체적인 시어로 바꾼 것은 사설시조에 와서이다. 사대부시조가 가지고 있는 세련되고 일률적인 보편적 형식을 탈피하여 개성적인 형식으로 나타날 때 두드러진 점은 대담한 구어체 언어의 사용(산문화)이다. 이런 점에서 평시조가 갖는 스타일 분리의 규칙이 흔들린 것이 근대 리얼리즘에 와서라는 점은 우연이 아니다. 평시조처럼 사대부의 전아한 미의식에 걸맞은 격조 높은 언어와 스타일을 채택하는 것을 스타일 분리라고 한 사람은 아우얼바하다.

(3) 사설시조의 특성

「일러나……」, 「재넘어……」와 같이 사설시조의 특성은 민요의 형태와 같이 첫째, 이야기적인 노래로서 그 이야기는 어느 것이나 민중생활의 절실한 체험으로 이어져 있다.

그러므로 아래의 시조와 같이 열두 난간을 서성거리는 여인의 모습을 시각화함으로써 임을 기다리는 여인의 심정을 단순 직핍의 비유로 표출한다.

갈제는 옴아타니 가고 안이 온오매라
十二欄干 바잔이며 님계신듸 발아보니 남천에 雁盡하고 西廂에 月落토록 소식이 긋쳐졋다.
이 뒤란 님이 오셔든 잡고 안자 새오리라

아니면 아녀자와 행상 간의 수작이 보여주듯이 집안에 늘 갇혀 있는 아녀자와 항간을 자유로이 떠도는 행상과의 대화를 통하여 아녀자의 심정을 직접적으로 표출하기도 한다.

각시네 더위를 사이오. 일른 더위 느즌 더위 여러 해도 묵은 더위
五, 六월 복더위에 정의 님 만나이셔 달밝은 평상 우희 츤츤 감계 누엇다가 무슨 일 아였는지 오장이 작열하고 구슬땀 흘리면서 헐더이는 그 더위와 동짓날 긴긴 방의 고은 님 다리고 다스한 아름목과 돗가은 니블 속의 두 몸이 한 몸 되야 그리져리 하니 수족이 답답하며 목궁이 타올 적의 웃목의 찬 숙융을 벌떡벌떡 켜난 더위를 각시네 사려거든 소견대로 사오시쇼.
장사야 네 더위 여럿 중의 님 만나는 두 더위야 뉘 아니 조아하리 남에게 팔지 말고 내게 부디 파로시죠

그렇다고 사설시조가 남녀관계의 노래인 것만은 아니다. 농사꾼, 장사꾼의 노래도 무시할 수 없다. 특히 장사꾼이 중심이 되어 이루어진 시정에서의 생활을 핍진하게 표출하는 것에서 이른바 '도시시'의 가능성도 배제할 수 없다.

둘째, 대화체 등 희곡적 구성을 통하여 현실의 '나'를 이야기 속의 '나'로 몰입할 것을 요구한다.

어흠아 긔뉘오시니고 건너 불당에 동녕僧이외러니 홀거사의 홀노 자시는 방안에 무스것 하러와 계신고 홀거사님의 노감탁이 버셔서거난 거난말것테 네 곳갈버셔 걸나왔음네

이것을 문답식 노래로 옮겨보면 다음과 같다.

(홀거사) "어흠아, 긔 뉘오신고"
(동녕승) "건너 불당에 동녕승이외러니"
(홀거사) "홀거사의 홀로 자시난 방안에 무스것 하려 와 계신고"
(동녕승) "홀거사님의 노감탁이 벗어서 거난 말 곁에 내 고깔 벗어 걸러왔음네"

이러한 문답식 노래를 통하여 남자 홀아비 중의 감투가 걸린 말뚝 곁에 여승의 고깔이 의좋게 나란히 걸려 있는 광경이 남의 것이 아니라 자기의 것으로 되어 현실의 '나'를 잃어버리고 이야기 속의 '나'로 수렴한다. 독자 또한 이와 같은 희곡적 구성을 통하여 상상적 체험으로 자기를 객체화 한다.

셋째, 사설시조는 일상의 좌절을 웃음으로 해결하는 희극적 구조로 이루어져 있다.

두터비 파리를 물고 두엄우희 치다라 안자
건넌山 바라보니 白松骨이 떠잇거늘 가슴이 금즉하여 풀덕 뛰어 내닷다가 두험아래 잣바지고
모쳐라 놀랜 낼싀만졍 에헐질번 하괘라

삶의 실상을 거침없이 있는 그대로 나타내는 웃음을 일으키면서 삶의 실상을 드러내는 점에서 판소리나 탈춤과 진배없다. 그만치 사설시조는 판소리처럼 관중을 의식해야 하는 공연물이 아니며, 탈춤처럼 전래된 내

용을 반복하지도 않는다. 그만큼 자유롭기 때문에 다채롭고 기발한 표현을 더욱 적극적으로 개척할 수 있었다. 그리하여 일상의 고통과 좌절을 강요하는 일상의 규범을 파괴함으로써 그 무엇에도 구애되지 않는 자유로운 삶을 긍정한다.

넷째, 이야기 속의 '나'는 서정시의 '나'처럼 하나의 '나'가 아니라 '우리'가 된다. 민요의 특성은 절실한 경험을 통하여 민중의 잠재된 감정을 환기하는 데 있으므로, '귓도리'의 경험은 한 개인의 잠재된 경험이 아니라 우리 모두 함께 나눠 갖고 있는 자유분방한 경험인 것이다.

(4) 자유시의 내적 배경

이러한 거리낌 없는 분방한 정신과 자유의욕이 1920년대 초 자유시의 내적 배경이라고 할 만하다. 다만 사설시조의 종장이 평시조에서 볼 수 있는 바와 같은 전개방식을 택하고 있는 것이 1920년대 자유시와 다르다. 하지만 관습의 구속 없는 자유는 1920년대 자유시처럼 리듬의 무정부상태와 같은 혼돈을 거듭할 수밖에 없다. 사설시조는 관습의 구속에서 도리어 자유를 구사한다. 정형을 수락함으로써 거기서 자유를 향유하는 것이 사설시조의 특색이 아닌가. 사설시조에서는 적어도 관습이 시세계를 구속하는 것이 아니라 오히려 자유롭게 한다. 시란 관습에 매이는 경우가 있을지라도 자유정신(자연발생론)에 의하여 이루어진다. 그리고 이 자유정신은 만족이라는 유희충동의 다른 표현이다. 사설이란 말은 촘촘히 박아놓는다는 뜻의 엮음을 다르게 일컬은 용어다. 곡의 장단이라는 점에서는 평시조와 사설시조가 동일하지만, 다른 것은 곡과 말의 관계다. 그만큼 사설시조는 평시조에 비하여 읊조리기보다 노래하기가 강조된다. 시를 현실에 대한 시인의 반응이라고 한다면 평시조에서 부정되었던 자아의 발견 및 강조가 사설시조에서는 당시 공리공론화해 가는 유교적 모럴에 대한 반발로 나타났고, 국권상실의 1920년대 상황에서는 식민지 백성의 처절한 절규로 나타난 것은 좋은 대조다.

사설시조에서 자설적 요소는 강렬한 애욕과 육감의 표출, 서민성 그리고 어휘, 재담, 욕설에서 발견되고, 1920년대 시 대부분이 눈물, 원한, 밤, 죽음, 꿈 등 충동적 이미지로 표상된다. 그만큼 양자는 똑같이 현실에 밀착되어 있음을 본다. 다른 점은 대부분의 사설시조는 「일러나……」와 같이 자아의 강조가 외향하기도 하고, 「귓도리……」와 같이 내향하기도 한다. 마찬가지로 1920년대 시 역시 자아의 강조가 내향(낭만시)하기도 하고 프로시(현실시)처럼 외향하기도 한다. 즉 상황에 대한 이러한 도전과 도피가 근 · 현대를 꿰뚫어서 가장 굵고 넓은 한국시의 두 가닥의 흐름이다.

그러므로 대부분의 사설시조에서 사회 모순을 헤아리는 출구로서 외부현실에 대한 지나친 풍자(외면적 참여)가 산문화로 나타난 것과 같이 1920년대 시도 외부상황에 대한 어쩔 수 없는 인내(내면적 참여)가 산문화로 나타난 것에 주목할 필요가 있다. 물론 1920년대 시의 산문화와 그 이전의 사설시조 사이에는 이른바 문학의 교역 혹은 구체적인 접수관계는 없다. 그러나 창조의 실학정신이나 서구의 시정신이 직접적인 자극이 되어 이미 있어온 잠재적 자기요소를 자극시켰고, 이를 노출시킨 것이다.

북한 시사, 그 시각과 문제점

1. 머리말

이 장은 1980년대 이후에 나온 『조선문학개관』,[1] 『조선국어고전시가사 연구』,[2] 『북한의 비판적 사실주의 문학 연구』[3]를 중심으로 문학사, 특히 시사詩史 기술이 실제로 어떻게 체계화하였으며, 무엇이 문제인가를 방법론적으로 검토하는 데 있다. 따라서 이 장의 성격상 19세기 이후 시의 형성 및 전개과정 논의를 대상으로 하여, 북한 시사詩史 연구의 현실과 그 수준을 개괄하고자 한다. 1986년 사회과학출판사에서 두 권으로 나온 『조선문학개관』은 북한의 공식 문학사를 대표하는 『조선문학사』 1~5권(과학백과종합출판사)의 축약판이다. 그러면서도 『조선문학사』보다 19세기 이후의 시가 분야가 개방적인 것이 특색이다. 또한 570페이지에 달하는 『조선국어고전시가사 연구』는 지금까지 이루어진 북한에서의 국어시가 연구를

1 정홍교 외, 『조선문학개관』, 사회과학출판사, 1986.

2 현종호, 『조선국어고전시가사 연구』, 교육도서출판사, 1984.

3 리동수, 『북한의 비판적 사실주의 문학 연구』, 살림터, 1992.

총망라한 저서이고,[4] 「북한의 비판적 사실주의 문학 연구 해제」는 비록 주체적 문예학으로 정향된 성과이기는 하지만, 사실주의에 대한 북한 학계의 연구 동향을 보여준[5] 논문이다. 그 후 새로운 연구가 추가되지 않은 한, 현재 우리 처지로는 북한 시사詩史 연구의 현실과 수준을 이해하는 데 가장 믿을 만한 결정판이라고 생각한다.

남북의 문학사를 합쳐 단일 문학사로 만드는 일 가운데 무엇보다 중요한 것은 기존의 문학사를 서로 대등한 입장에서 합치는 일이 아니라, 남북에서 이루어진 문학사 연구를 총체적으로 파악하는 일이다. 문학사를 보는 시각과 서술방법을 객관적으로 검토하여, 문학사에 접근하는 남과 북의 시각과 방법론의 차이를 드러내면서, 남과 북이 함께 나누어가지고 있는 공통성과 차이를 모색하는 일이다. 무엇보다 이 경우, 북한 문학사와 문학이론을 북한 사회의 문화적 체계 안에서 접근하되, 특수한 상황이 사건의 모양을 짓는 특정한 언어를 낳는다는 담론적 차원이 전제가 된다. 문학을 보는 시각의 차이가 큰 만큼 문학 평가의 기준도 남북이 각각 다르다. 민족문학이란 용어 자체도 남과 북이 함께 사용하면서도 그 어디에도 공통의 외연이나 내포가 없는 것이 우리의 현실이다. 사전적인 의미는 같을지는 모르지만, 실제의 사용에는 조금도 닮은 데가 없다. 바로 이 점이 남과 북 사이에 벌어진 문학사의 장벽이라고 할 만하다.

2. 문학사의 기술원리

북한에서 이루어지는 문학사는 문학의 모든 부분이 지배적인 전체의 가치에 의하여 좌우된다. 문학사는 한 시대의 문화 활동을 지배하는 시대정신에 입각하여 균일하거나 심지어는 획일적인 담론으로 결정적인 역사적

4 최웅권, 「80년대 북한의 문학사 연구와 문예이론」, 『한길문학』, 한길사, 1992.

5 김재남, 「해제」; 리동수, 앞의 책.

상황을 재구성한다. 그 이면에는 당성·애국성 그리고 인민성이라는 합법칙성에 입각하여 이질적인 목소리를 억압하려는 욕망이 존재한다. 문학은 처음부터 이러한 욕망에 의해 통제되고 이러한 욕망을 위한 교육의 수단으로 나타난다. 북한 문학사의 기술이 인민을 향해 있으며, 교양적이고 해설적인 방법을 취하는 것은 이 때문이다.

이 경우 문학사를 전체주의적이라고 고쳐 말할 수 있다. 전체주의적이라고 할 때 문학사는 개성을 외면한 공통소를 추상한 추상주의로 머물고, 문학의 개별화와 무관할 수밖에 없다. 그것은 무엇보다 환원론적이고, 정책과 문학이 규격화된 연역법적인 구조로 이루어진다. 사실 북한문학은 『우리 당의 문예정책』,[6] 『주체사상에 기초한 문예이론』,[7] 『문학예술건설경험』[8]이 보여주듯이 이른바 정책문학이다. 통치이념에 맞추어 당의 문예정책이 이루어지고, 이에 맞추어 새로 만들어지는 문학이다. 그것을 위로부터의 문학이라고 할 만하다. 국가 권력이 미리 만들어서 국민들에게 넘겨준 문학이기 때문이다. 이것은 음악도, 미술도, 연극도 같은 시각에서 크게 벗어나지 않는다.

북한의 모든 예술은 강령이고 선언이다. 투쟁이요, 전략이다. 혁명의 또 다른 패러다임에 지나지 않는다. 이미 정해져 있는 당성·계급성·인민성의 관철을 위한 당의정이 바로 예술이다. 사회주의 내지 공산주의라는 이념, 계급혁명이라는 이념, 적화통일이라는 이념을 정형화한 작열하는 불길이 곧 문학이고 예술이다.

주지하다시피 1967년을 계기로 북한문학은 유일사상 체계하의 주체문학으로 바뀌었다. 그 이전의 문학이 기본적으로 마르크스-레닌주의를 표방한 가운데서 이루어졌다고 한다면, 그 이후의 문학은 이른바 주체사상

---

6 『우리 당의 문예정책』, 사회과학출판사, 1973.

7 『주체사상에 기초한 문예이론』, 사회과학출판사, 1975.

8 김정웅, 『문학예술건설경험』, 사회과학출판사, 1984.

에 입각한 것이다. 그 이전의 문학은 1930년대 소련에서 형성된 문예 이론의 체계와 범위를 크게 벗어나지 못하였다. 1970년대 후반 1980년대에 와서 비로소 주체문학을 강조하면서 이 체계에서 벗어나고 있다. 그만큼 문학사의 논의가 주체사상 논의에 집중되어 있다. 그러나 주체사상 이전과 이후의 문학사 기술이 시대와 인민의 요구에 따라 달라진 것만은 사실이지만, 다르지 않은 것은 『문학예술건설경험』에서 밝힌 일관된 문예정책이다. ① 당성 · 노동계급성 · 인민성론 ② 민족적 특성론 ③ 사회주의적 사실주의론 ④ 군중예술론 ⑤ 작가의 혁명화 · 노동계급화론 ⑥ 당의 영도론[9]이 바로 그것이다.

북한 문학사의 이론은 엄격히 말해서 기술적descriptive이기보다 평가적이고, 유동적이기보다 독단적이다. 인민성과 함께 애국주의가 기본적인 가치판단의 기준이다. 그러나 가치판단은 이 이론에 부수되는 단순한 추가가 아니다. 그것은 이 이론의 중심에 위치하고 있다. 문학사만이 아니라 학술논문이며, 저술은 한결같이 서두와 중간에 간간이 김일성 교시가 해당 내용에 대한 중심 역할을 하고 있다. 김열규의 적절한 지적과 같이 그것은 단순히 김일성 숭배라는 관점에서만 보아 넘길 일이 못 된다. 각종 김일성 저작집에서 인용되고 있는 김일성 교시는 실제로 논문이며 저작을 위한 가설이나 전제 구실을 하고 있는 이외에도 논거가 되고 입론의 출발점이 되고 있다는 점을 고려해 넣는다면, 그 교시라는 것이 실제로 주어진 담론 내부에서 유기적으로 기능하고 있다는 것을 알게 된다. 가설이나 전제가 없고 논거가 없는 논문이나 저작은 있을 수 없다는 것이 명백한 이상, 북한 측 논문이나 저작 내부에 김일성 교시는 필연적으로 등장하게 되어 있는 것이다. 그것은 북한적인 담론의 체제상 불가피한 것이다. 그러나 그러한 담론이 외부세계의 학술세계에 용납될 수 있는가 하는 문제는 별개

9 김정웅, 앞의 책.

의 것이다.[10] 이때 담론이 역사적으로 또 사회적으로 결정된다는 사실을 고려해야 한다. 그러므로 북한의 문학예술은 오히려 인민들의 것이라기보다 당과 수령의 것이라고 한마디로 단정할 수 없다. 민족의 이름을 앞세운 예술 창작행위가 수상을 우상화하는 작업으로 귀결되고 있는 것은 어찌 보면 담론의 차원에서는 당연한 것이다.

먼저 반일 애국문학에 대한 필연성에 관한 시대적 개관에 관한 교시를 서두에 제시하는 것이 일반적인 문학사의 기술양상이다.

> 위대한 수령 김일성 동지께서는 다음과 같이 교시하였다.
> "일제가 조선을 강점한 36년 동안 우리민족에게는 웃을 일이란 없었으며 슬픈 일만 있었습니다. 그렇기 때문에 그때 우리 인민이 부른 노래에 민족의 슬픔이 반영되지 않을 수 없었습니다."

그러고 나서 당시 시대적 배경을 충실하게 반영한 문학의 일반적인 특성을 제시하고, 그것에 부합한 작가 내지 작품을 열거하여 거기에 대한 구체적인 분석과 평가가 뒤따르는 것이 문학사의 구성체계이자 실제적인 서술방법이다.

3. 자기전개의 문학과 합법칙성

사실 북한에서는 1970년대 중반부터 문학사에 대한 인식이 새로운 전기를 맞았다. 『조선문학사』, 『조선국어고전시가사 연구』, 『조선문학개관』, 『북한의 비판적 사실주의 문학 연구』 등은 한결같이 문학사 서술에서는 주체성의 원칙, 당성 · 계급성의 원칙과 역사적인 원칙을 내세우고, 사대주의와 복고주의 경향은 배제하였다. 특히 『조선국어고전시가사 연구』는 조선문학사를 하나의 자족적인 실체로 보고 외래문화의 영향과는 무관한

10 김열규, 「북한문화의 특성과 남북문화 교류의 전망」, 『문학사상』, 1989. 6.

독자적인 자기 전개(합법칙적 발전과정)로 보고 있다.[11] 근대 이후 시가 일본을 매체로 하여 서구의 영향을 받았다는 종래의 원심적 시각을 일체 불식하고 있다. 그래서 근대 이후의 시 부분에서 최남선을 부정하고, 근대의 애국적 가사문학, 창가, 의병가요, 가사, 민요, 자유시를 긍정적으로 평가한다. 「상봉유사」, 유암 김여제의 「한글」 · 「잘 때」와 무명씨의 「밤」 · 「자연」을 주목하고 있는 것은 이 때문이다.

하지만 『북한의 비판적 사실주의 문학 연구』는 서구 자본주의 발전과정에 따라 비판적 사실주의 문학의 형성과 발전이 역사의 보편적인 합법칙성의 필연적인 결과로 우리나라에서도 나타날 수밖에 없었다고 하였다. 이런 점에서 근대문학의 원천을 18 · 19세기 중엽부터 대두한 반봉건적 성격인 서민문학과 실학파 문학에 둔 『조선문학개관』의 구심적 시각과 좋은 대조를 이룬다. 『조선문학개관』 또한 『한국문학통사』에서 외면하였던 최남선, 김억을 부르주아 계몽문학으로서 신문학으로 정의하여, 긍정적인 시각에서 문학사에 새로이 편입시키고 있다. 그러나 다 같이 복고주의 경향에는 반대한다. 복고주의란 시대의 요구가 계급적 원칙과 무관한 과거의 복귀를 말한다.

하지만 근대성 논의가 『조선문학개관』과 같이 이미 그 이전에 단속적으로 움직여왔다는 관점(구심적 시각)은 긍정적으로 평가할 만하다. 한결같이 근대시의 논의가 내적 배경으로서 18세기 전후에 이루어진 근대지향적인 요소를 주목하고 19세기 후반 문학, 특히 20세기 초의 전환기 문학이 집중적인 대상이 된 것은 이 때문이다.

가령 근대문학의 외적 배경에 대해 언급한 부분을 보면 다음과 같다.

11 김하명은 『조선어문』(1988)에서 다음과 같이 말하고 있다. "지난 시기 일부 문예학자들 속에서는 문학발전을 추동하는 내적 요인을 옳게 찾아내려 하지 않고, 우리 인민의 귀중한 문학유산인 우수한 작품들을 다른 나라 문학의 단순한 모양이나 이식으로 묘사하였다"(최웅권, 앞의 책, p.212).

봉건제도가 종국적인 붕괴에 직면하여 허우적거리고 있던 시기에 구미 자본주의 렬강들은 우리나라에 침략의 마수를 뻗치기 시작하였다. 그리하여 조선인민은 19세기 후반부터 봉건통치배들의 학정을 반대하는 투쟁과 함께 자본주의 렬강의 침략을 반대하는 간고한 투쟁을 벌리지 않으면 안 되었다.[12]

이렇듯 구라파 비판적 사실주의는 거의 한 세기에 걸치는 장구한 기간에 사조적 특징을 뚜렷이 보존하면서 발전하여왔다. 이것은 구라파 나라들이 처한 구체적인 조건과 자본주의적 발전의 특성과 관련되고 있다. 구라파 비판적 사실주의와는 달리 우리나라 비판적 사실주의는 방생·형성되어 10여 년간 존속되어오다가 1920년대 후반기에 이르러 사조로서의 특징을 상실하고 종말되는 과정을 밟았다. 바로 여기에 형성과정의 견지에서 본 우리나라 비판적 사실주의의 주요 특징이 있다.[13]

구라파 나라들에서 부르조아 혁명이 련이어 수행되고 자본주의가 이미 독점적인 단계에 들어섰던 19세기 말경에는 우리나라는 락후한 봉건의 울타리 속에 깊이 파묻혀 폐쇄된 상태에서 허덕이고 있었다.[14]

우리 문학의 근대적인 성격을 촉진시킨 요인이 봉건사회의 몰락과 자본주의의 성장에 따른 것이라고 보는 점에서는 두 저서 모두가 공통된 입장을 취하고 있다. 예컨대 『북한의 비판적 사실주의 문학 연구』에서는 비판적 사실주의라는 하나의 사조적 형성이 구체적으로 서구적인 사조의 영향 아래 일방적으로 이루어진 것으로 보지 않는다. 단지 그것을 역사의 합법칙성, 즉 자본주의의 성장 발전에 따른 보편적이고 필연적인 결과로 해석하고 있다. 물론 자본주의가 우리나라 자체에서 자생적으로 성장하기도 했지만, 서구 열강, 특히 일제의 식민지 자본주의에 영향을 받아 서구와는

12 정홍교 외, 앞의 책, p.302.
13 리동수, 앞의 책, p.79.
14 같은 책, p.79.

달리 산업혁명을 거치지 않고 기형적으로 발전되었다고 보는 부분이 우리나라 근대문학의 외재적 배경으로 인정되는 거의 유일한 것이다. 여기에 외세에 의존하지 않고 선진문명을 받아들여 자주적인 개화를 표방했던 부르주아 개혁운동으로서 갑신정변의 실패가 이러한 자본주의적 기형성을 촉진시킨 하나의 요인으로 지적되고 있다.

『조선문학개관』과 『북한의 비판적 사실주의 문학 연구』는 기본적으로 근대문학의 원천을 자체의 역사 문화적 배경에서 찾으려는 내재론적 관점에 입각해 있다. 따라서 외적 배경에 대한 언급은 『북한의 비판적 사실주의 문학 연구』에서조차도 단순히 우리나라의 비판적 사실주의의 고유한 특성을 서구 것과의 비교와 대조하여 설명하기 위한 필요에서 이루어졌을 뿐이며, 근대문학의 원천으로서는 별다른 중요성을 갖지 못한다. 작품의 형식이 갖는 근대성의 징표들이 시에서의 비정형률화, 소설에서의 사실성의 강화를 내세운 이유가 바로 그것이다.

> 이 시기 가사체형식의 시가작품들은…… 형식면에서도 기본상 낡은 형식을 리용하고는 있으나 분절 구분이 없이 시행을 연속적으로 엮어나가던 중세시가와는 달리 절을 나누어 주체사상적 내용에 맞게 작품을 구성하고 있으며 다양한 표현수법을 적용하려고 시도한 점에서 일정한 의의가 있다.[15]

> 창가는 그 발전과정에서 중세기 가사체 문학의 기본 형태로서 3 · 4조, 4 · 4조, 대신 4 · 5조, 8 · 5조, 6(3 · 3) · 5조, 7 · 5조 등의 음수율을 가진 다양한 형태들로 변화발전하였으며 그리하여 민족시가를 풍부히 하고 발전시키는 데 긍정적인 영향을 주었다…… 형식면에서 볼 때 창가가 가지는 문학사적 의의는 선행한 민족시가 특히 가사체 문학의 형식을 계승하면서 그것을 현실의 변화발전과 인민대중의 미학적 요구에 맞게 더욱 발전시킴으로써 자유시에로의 발전에서 큰 역할을 논 데 있다.[16]

15 정홍교 외, 앞의 책, p.317.

16 같은 책, p.317.

이와 같이 '신시'는 애국문화계몽운동시기 시가들의 정형성을 마스고 그것을 비정형률의 시로 변형시킴으로써 사상적 내용을 보다 폭넓고 자유롭게 표현할 수 있게 하였다. 최남선은 '신시'의 개척자로서 근대시발전에 일정하게 기여하였으나……최남선에 의하여 개척된 '신시'는 당시 시단에 새로 등장한 김억 등 젊은 시인들에 의하여 더욱 발전되었으며 그 과정에 자유시가 출현하였다…… 이와 같이 우리나라에서 자유시는 정론적인 가사, 창가, 신시를 거쳐 개척되어갔는데 이것을 민족시가형식의 계승발전과정이라고 할 수 있다.[17]

위에서 나타난 것처럼, 근대시를 자유시라고 보는 관점과 이를 시형식의 발전으로 보는 것은 곧 시의 낡은 형식, 즉 중세의 엄격한 정형률의 시에서 탈피하여 자유로운 사상적 내용을 담아낼 수 있는 비정형률의 시로의 전개과정이 이른바 민족시가 형식의 계승 발전과정이자, 시의 근대화 과정이다.

이와 같이 문학형식의 근대화란 것은 당대의 시대적 추세, 즉 자본주의 성장과 봉건제도의 몰락이라는 외적인 근대화와 연관된 주제나 사상을 자유롭게 표현할 수 있고, 또한 당대의 일반대중에게 쉽게 공감을 얻을 수 있는 형식적 요건을 갖추어가야 하기 때문에 중요하다고 하였다. 당대의 외부현실에 대한 반응을 자유롭게 표현한다는 것은 즉, 당대의 절실한 시대적 요구를 반영하는 데 용이하다는 것을 의미하는 것이다.

가령 근대 전기에 해당하는 19세기 후반기에는 봉건제도의 몰락과 선진개화로의 시대적 소명이 요구되었기 때문에 봉건제도에 대한 비판과 문명개화를 고취하는 주제와 내용을 담은 문학이 주요 흐름으로 등장하는 것이다. 특히 이 시기에 우리나라 문학사에서는 거의 다루어지지 않은 애국적 정론이라는 것들을 문학사의 한 장르로 다루고 있는 현상은 얼핏 보아 북한 문학사가 장르에 대해 보다 개방적인 태도를 지니고 있는 증거로 이

17 정홍교 외, 앞의 책, pp.335~337.

해될 수 있다. 그러나 실제로 보다 중요한 이유는 당시의 절실한 시대적 과업, 즉 낡은 봉건적 구습을 청산하고 자주독립과 민권옹호 등 근대적 개화를 역설하는 내용을 담고 대중에게 영향을 미쳤다는 정론적인 측면에서, 애국적 정론들을 독립된 장르로 설정하고 있는 것이 아닌가 한다.

> 이러한 정론들은 그 주체와 내용은 각각 다르지만 한결같이 '자주독립'과 '민권옹호'를 력설하고, '산업의 발전'과 '교육의 진흥'으로 국력을 충실히 할 것을 주장하고 있으며 봉건의 폐습과 몽매에서 벗어나 문명개화를 이룩한 데 대한 부르죠아 민주주의 사상을 고취하고 있다. 이 시기의 애국적 정론들은 반침략 · 반봉건의 애국적이며 민주주의적인 사상을 뚜렷히 구현하고 강한 호소성과 전통성을 가지고 있는 것으로 하여 당시 인민들을 반침략 애국사상과 투쟁정신으로 고무하며 시대의 선진사상으로 계승하고 각성시키는 데 긍정적으로 이바지하였다.[18]

그러기에 일제의 침략이 가속화됨에 따라 일제에 맞서 항거하는 반침략의 사상을 담은 반일애국문학과, 20세기 초에 들어와서는 식민지 자본주의 모순과 부패상을 비판하고 거기에 저항하는 인간상을 형상화한 비판적 사실주의 문학이 근대문학의 두 가닥의 흐름을 이룬다.

이러한 내용적 측면에서의 근대화란 직접적으로 당대의 현실에 보다 밀착하여 취재한 요소들을 문학의 주제나 사상적 틀로 삼아 보다 발전된 수법이나 형식을 통해 형상화하는 것이다. 따라서 북한 문학사에서의 근대문학이란 시대적으로 근대라고 하는 제반 현상들, 즉 자본주의의 성장과 봉건제도의 몰락, 일제에 대한 투쟁을 위한 민족적 의식의 각성 등 정치 · 역사 · 사회적 변화에 부합하여(즉 마르크시즘적인 사관史觀으로서 역사의 합법칙성 · 합목적성에 부합하는) 일반 대중의 건전한 사상적 · 미학적 요구에 호응하는 시대적 요구에 충실한 내용을 담아내기에 적합한 보다 자유롭고

18 정홍교 외, 앞의 책, pp.313~314.

발전된 형식을 포괄한 문학을 지칭하는 개념이라고 보면 무방하다.

무엇보다 북한 문학사에서 가장 뚜렷한 특징은 고전문학과 현대문학을 하나의 연속체로 파악하여, 자체 내에서 함께 설명할 수 있는 시야를 마련하고 있다는 것이다. 문학예술의 합법칙적 발전에 대한 강조가 바로 그것이다. 합법칙적 발전의 최저 공분모公分母로서의 사실주의 문학의 발생과 발전의 역사로서 문학사를 인식하고, 애국성 · 인민성을 문학사 서술의 척도로 삼는다. 가령 문학사 전 시기에 걸친 미학적 원칙은 다름 아닌 인민성이다. 인민성의 원칙은 문학의 합법칙적 발전사로서 문학사를 서술하는 매 역사적 시기가 진보적이고 인민적인 문학과 반동적이고 소수 특권계급의 문학 간의 갈등과 투쟁의 역사였으며, 진보적인 인민문학의 승리의 역사였고, 그들의 문학이 매 시기 문학사에서 중심을 이루어왔다는 문학사의 발전에 대한 인식과도 이어지는 미적 개념[19]이다. 그만큼 역사의 일반사와 연계한 문학 내재사 속[20]에서 고전과 현대를 함께 다루고 있다.

4. 19세기 후반~20세기 초의 시

『조선문학사』 제3권은 '타도제국주의동맹'이라는 단체가 결성된 1926년을 시대구분의 경계로 삼고 있다. 그리하여 19세기 말~1925년이 근대문학이며, 근대니 현대니 하는 용어는 내세우지 않고, 1926년 이후 오늘날과 같은 동질의 문학이 이루어졌다고 하였다. 전 5권의 『조선문학사』가

19 민족문학사연구소, 『북한의 우리문학사 인식』 창작과비평사, 1991, p.21.

20 "우리나라에서는 진보적인 사실주의 문학은 이미 12~14세기 리규보와 리제현 · 리인로 등과 같은 선진작가들의 활동에 의하여 창작방법 등을 구현하면서 발생하기 시작하였으며 끊임없는 발전을 이룩하면서 18세기 박연암과 정다산의 문학에 이르러 그 발전의 전성기를 마련하고 있었다"(『북한의 비판적 사실주의 문학 연구』, p.11).; "실학파문학에 의하여 이룩된 성과들은 19세기 말~20세기 초의 '애국정치문화운동'자들에 의하여 계승됨으로써 근대문학의 발생 · 발전에 이바지하였다"(『조선문학개관』, p.301).

바로 그것이다.[21]

『조선문학사』를 결정짓는 기본구조는 사회주의 테제와 김일성 교시에 있다. 이른바 주체사상을 기층구조로 한 문학적 변이가 북한 문학사의 전개과정이다. 그러면서도 『조선문학개관』, 『조선국어고전시가사 연구』(현종호), 『북한의 비판적 사실주의 문학 연구』(리동수)에 와서는 특히 『조선문학사』와 비교할 때, 항일혁명문학의 전통과 계승을 더욱더 강고하게 구축하는 반면, 다른 한편으로는 『조선문학사』에서 외면되어왔던 작가들에 대한 새로운 평가를 비롯하여 실증적인 엄정함을 유지하고 있다.

특히 『조선문학사』의 축소판이랄 수 있는 『조선문학개관』은 『조선문학사』에 비하여 새로 추가된 부분이 주목된다. 제1권 후반의 「1920년대 비판적 사실주의 문학과 현진건, 나도향, 김소월의 창작」과 제2권 전반의 「채만식, 심훈, 이효석과 그들의 창작세계」가 그것이다. 김소월, 심훈, 이효석 등은 『조선문학사』에서는 거론도 안 되었다. 더구나 1920~30년대의 비판적 사실주의 문학에 대한 체계적인 연구(『북한의 비판적 사실주의 문학 연구』)는 북한 문학사의 변화를 이해하는 데 시사적이다. 그만큼 많은 작가가 연구 대상으로 이루어지고 있다.

이 시기의 시가문학은 『조선문학개관』에서는 주로 근대 전기의 시가의 경우, 낡고 불합리한 봉건제도의 비판과 자주독립・민권옹호・문명개화를 노래한 창가와 가사체 형식의 정론적 시가인 「개꼬리 3년」, 「동창만록」, 「송병준아」, 「장하고 슬프도다」 등을 다루고, 창가로는 이용우의 「애국가」, 이중원의 「독립가」・「동심가」・「신문가」, 김교익의 「신문가」, 최병현의 「독립가」, 김유택의 「학도가」, 그 밖에 「권면가」, 「상봉유사」, 「개교가」, 「소년남자가」, 「한반도」 등을 언급하고 있다.

창가는 민족의 슬픔과 침략자에 대한 증오심, 문명개화에의 열망 등, 인

21 『조선문학사』 전 5권, 김일성종합대학출판사, 1982~1983.

민 대중의 감정과 시대적 욕구를 절실하게 반영하여 그들에게 민족적 자각과 애국심을 불러일으켜, 독립과 문명개화를 위한 투쟁을 촉구한 데서 시사적 역할을 수행하였다고 평가한다. 뿐만 아니라 창가는 형식면에서 중세기 가사와는 달리 시대적 요구와 인민들의 정서에 알맞은 다양한 음수율을 통한 다양한 형태로 발전하여 자유시를 낳게 한 내적 배경을 이룬다고 하였다.

침략자 일제와 그 동조 세력들에 대한 적개심을 표출하고 일반 대중들에게 항일 투쟁의식과 민족적 각성을 고취한 반일 애국문학 계열의 시가로 의암 유인석의 시편과 격문 「세상을 걱정하며」·「국내 인민들에게」·「망국노를 저주한다」·「5적과 7적을 저주한다」·「노래읊기를 그만 두리라」, 김택영의 시 「의병장 안중근이 나라의 원수를 갚았다는 소식을 듣고」·「의기의 노래」·「농사집의 노래」·「매천이 나라위해 목숨을 끊었다는 소식을 듣고」 등, 그리고 황현의 시 「무장땅의 의병장 정시해의 죽음을 슬퍼하며」·「나라 망한 소식을 듣고」·「목숨을 끊으면서」·「거북선의 노래」 등, 이외에도 최익현의 시 「이 몸을 일으켜」, 심지어 전해산의 시 「옥중에서 읊노라」, 안중근의 시 「만세가」 등을 거론하고 있다. 이 중 특히 유인석의 시에 많은 지면을 할애하고 있다.

근대 후기 문학만 보아도 최남선의 「해에게서 소년에게」를 비롯하여 김억의 번역시집 『오뇌의 무도』·『기탄자리』·『원정』·『신일』, 민요풍의 서정시집으로 『해파리의 노래』·『금모래』·『봄의 노래』·『안서시집』·『지새는 밤』·『먼동이 틀 때』 등 부르주아 민족주의에 입각한 계몽사상의 현재와 부정적인 면을 보여주는 신문학 계열의 작품을 거론하고 있다. 특히 최남선의 신시는 자유시를 개척하는 과정에서 탐구한 형태의 시로 비정형률의 시로서 사상적 내용을 보다 폭 넓고 자유롭게 표현한 점을 긍정적으로 평가하였다. 김억은 자유시를 개척하고, 그중에서도 향토적인 민요풍의 서정시를 평가하면서, 한쪽으로는 프랑스 상징파 시인들의 퇴폐적

시를 섭취하여 당시 인민들의 사상·정신생활과 시문학의 건전한 발전에 해독적인 영향을 주었다고 비판하였다.

반일 애국문학을 계승하였지만 투쟁성이 약하고 나라 잃은 슬픔과 울분을 표출한 반일 애국문학의 계열로 한용운의 시집 『님의 침묵』과 방정환의 동요 「형제별」·「귀뚜라미」·「가을밤」을 주목하고, 이 밖에 「3·1만세가」·「독립운동가」·「광복가」·「3·1운동가」·「압록강의 노래」·「망향가」·「조국사상가」·「인산인해가」 등을 언급하고 있다. 한용운의 「님의 침묵」을 나라 잃은 슬픔과 자유, 독립에 대한 지향을 가신 임에 대한 설움과 재회에 대한 기대와 믿음을 깊은 정서와 사색을 통해 노래한 것으로 이해하고, 이 시는 애상적 징조와 불교적 요소라는 한계성에도 불구하고 일제 식민지 통치하의 우리 인민의 민족적 비애와 독립에 대한 열망을 진실하게 반영했다는 점에서 긍정적인 의미를 지닌다고 하였다.

그러나 『북한의 비판적 사실주의 문학 연구』에서는 그의 창작이 철두철미 반일 애국정신으로 일관하여 일제 침략자들에 대한 증오와 억압자들에 대한 혐오, 헐벗고 굶주리는 인민들, 근로하는 사람들에 대한 뜨거운 사랑과 동정으로 충만되어 있다고 과찬하고 있다. 그러면서도 그의 창작은 당시로서는 진보적이었으며 특별히 이목을 집중시킨 이채로운 유산이었지만, 완전한 것은 못 되었으며 사상·정신적 내용과 시가 형식에서 일련의 진부한 흔적을 남기고 있다고 하였다. 이것은 그가 일제에 항거하여 놈들을 피해 불교와 접촉하여 중이 되고, 불교 교리와 종교 철학과 같은 사회의식과 관계하는 과정에서 필연적으로 형성된 것으로 보았다.

다음으로 창작 이념적으로는 피착취계급의 민중들에게 동정을 보내는 진보적 인도주의에, 사상적 기초로는 자본주의의 부패상과 모순을 객관적으로 비판하는 합리주의 정신에 입각한 비판적 사실주의 계열의 작품으로 소월의 시 「먼후일」·「밭고랑 우에서」·「상쾌한 아침」·「바라건대는 우리에게 우리의 보습대일 땅이 있었다면」·「진달래꽃」·「금잔디」·「삭주

구성」·「산유화」·「옛이야기」·「버리운 몸」·「가는길」·「접동새」 등을, 또한 3·1운동을 계기로 한일투쟁의 영도계급으로 등장한 노동계급의 이해관계와 사상 감정을 대변한 노동계급의 문학, 즉 초기 프롤레타리아 문학(신경향파) 계열로 이상화의 「나의 침실로」·「가을의 풍경」·「단조」·「가장 비통한 기욕」·「가상」·「기인에게」·「극단」·「통곡」·「폭풍우를 기다리는 마음」·「선구자의 노래」·「바다의 노래」·「오늘의 노래」·「빼앗긴 들에도 봄은 오는가」 등을 거론하고 있다.

소월의 경우, 그는 「시혼」에서 부르주아 반동작가들의 상징주의적 미학관을 비판하고 시에 대한 사실주의적 견해를 표명하였으며, 농촌과 농민들의 생활을 주제로 하여 그들을 동정하는 인도주의적 정신에 입각한 시들과 조국의 아름다운 자연과 향토적 풍속을 노래한 작품들이 큰 비중을 차지한다고 하였다. 특히 소월시의 미학적·정서적 특색으로 일제 강점으로 인해 상실된 지난날의 것들에 대한 그리움을 울분의 정서와 결합하여 노래하고 있다고 하였다. 그러나 당대 현실을 부정하고 민족적 비애와 울분의 토로에 그쳐, 현실을 극복할 전망을 제시하지 못한 점을 그 한계로 지적하고 있다.

또한 프롤레타리아 시인으로는 이상화를 거론하고 있다. 이상화는 근로하는 인민들의 생활에 접근하려는 진지하고 새로운 시적 체험의 세계를 보여주었고, 특히 「빼앗긴 들에도 봄은 오는가」는 풍부한 예술적 형상화의 수법과 세련된 시어, 아름다운 운율을 적절히 구사하여 조선 농민들의 비통한 심정과 애국적 지향을 시적으로 일반화시킨 우수한 작품으로 평가하고 있다.

『북한의 비판적 사실주의 문학 연구』 역시, 소월은 1920년대를 전후하여 신시체 시가형식으로부터 현대 자유시로 이행하는 과정에 우리 시단을 휩쓸고 있던 퇴폐적인 상징시의 반동적 경향과 철저히 자기를 구별, 주관적이고 관념적인 세계를 배격하며, 현실적이고 생활적인 세계를 시의 대상으로 삼았다고 하였다. 사실 『북한의 비판적 사실주의 문학 연구』는 한용운, 소월만이 아니라 정지용, 김억 등 진보적인 작품들과 조명희, 이상화 등 프롤레타리아 시인들의 초기 시작품들을 집중적으로 검토하고 있다.

정지용의 경우, 「향수」는 향토애적 정서가 차 넘치는 소박한 세태시로서 농촌의 특유한 풍경과 민족생활의 한 단면을 섬세하게 형상했다고 하였고, 「고향」은 일제 침략자들에게 빼앗긴 고향에 대한 사랑과 그리움의 감정을 절절하게 노래한다고 하였으며, 다른 한편 「호면」·「해바라기」·「바다」 등은 형식주의적이고 상징주의적인 흔적이 역력한 작품이라고 부정적으로 보았다. 더구나 그의 후기 작품들은 착잡하고 이해하기 어려운 상념적인 세계를 상징한 형식주의적이며 기교주의적인 창작 경향에 떨어졌다고 비판하였다.

그리하여 문학사적 전개가 역사의 발전과정에 맞추어 근대 이후 봉건제도의 몰락과 일제의 침략으로 반봉건·반침략의 문학이 그 필연적 결과로 나오고, 그 이후 일제와 식민지 자본주의의 압박과 착취가 가속화되면서 근대 초기의 개화와 반봉건 사상을 주도했던 부르주아 민족주의문학인 최남선의 시가 도태하고, 새로운 시대적 요구로서 자본주의의 모순과 부조리에 대한 자각을 근간으로 한 비판적 사실주의와 초기 프롤레타리아 문학사가 전개되었다고 하였다.

19세기 후반~20세기 초의 시가가 한결같이 인민성·애국심 등이 이상인 이상, 그것은 개인적이지 않다. 처음부터 자의식과 개체감이라는 근대적 관념과는 무관한 것이다. 아니 근대적 관념이라는 개념부터 해체하고 있다. 이 노래들에 대한 논의의 한결같은 특징은 텍스트보다 콘텍스트를 강조한다. 그만큼 콘텍스트에 입각하여 문학 발전의 합법칙적 과정을 밝히기도 하며, 이념이나 시대정신을 강조함으로써 텍스트 자체의 중요성을 감소시켰다. 따라서 야콥슨Roman Jakobson이 말한 바와 같이 문학사가들은 주체사상을 기초로 한 홈스펀homespun 학문의 전문가가 된 셈이다. 그래서 작품의 형식, 구조, 균형, 그리고 미에 대한 의식이 없다.

5. 반영론과 장르의 개방성

문학은 철저히 현실의 반영이고 재현이다. 리얼리즘 이론 내지 재현 이론을 빼고 나면 북한문학에는 별로 남는 것이 없다. 가령 '19세기 후반~20세기 초 문학'에서 당대의 문학적 주류로 안으로는 봉건제도의 몰락에 따르는 반봉건 및 문명개화사상을 표방한 문학과, 밖으로는 일제의 침략에 항거하여 반침략사상을 고취한 반일애국투쟁을 주제로 한 문학을 제시한다. 그리고 그 같은 문학적 흐름에서 벗어난 작가와 작품을 일체 배제한다.

따라서 너무 선별적으로 특정 작가나 작품을 다루고, 그 이외는 경시되거나 무시되었다. 주체사상이나 당의 정책과 관련되는 작품에만 관심을 가지고 그 밖의 것을 일체 배제하고, 아예 언급조차 하지 않는다. 한 작품이 구현하고 있는 복합적인 의미의 총체성을 도외시하고 긍정적 의의가 인정되는 작품만을 대상으로 하고 있으며, 작품을 주체사상의 자료로 활용하고 있다.

기본적으로 문학사 서술의 목적을 당 문예정책의 연구해설을 위한 대중교양에 두었다. 다시 말하면 당 문예정책을 작가, 예술가, 근로자에게 해설 · 선전하고 민족문화유산을 비판적으로 계승 · 발전시키는 데 있다. 문학이나 문학사의 대상이 전체 인민이 참여하고 향유할 수 있는 대중지향적인 작품이 주류를 이루고, 문체 또한 대중성을 지향하고 있는 것은 이 때문이다. 그리고 그것은 해방 후 문학사에서 더욱 두드러진 현상이다. 시란 수령이나 당에 바치는 송가가 아니면 혁명을 구가한 노래다. 사실 북한에서는 시란 시가이며 노래다. 고급문화와 대중문화 사이에 선이 없다. 시의 언어 또한 인민들이 읽고 노래하기 위해서는 대중성과 통속성을 가져야 한다는 전제다. 그리고 그것을 구현하기 위해서는 고유 조선어 · 평이성

(쉬운 말 · 소박한 말) · 명료성 · 간명성 · 포괄성 · 집중성 등이 제시되고 있다.[22] 이런 기준 위에서 긍정적인 평가를 받는 것은 민요, 송강가사, 애국가 등이다.

또한 문학사의 서술체계 중 국어로 된 시조, 가사, 국문소설을 평가하였다. 근대 이후 항일가요문학을 지배적인 장르로 내세운 것이 바로 그 연장선상에 있다. 특히 『조선국어고전시가사 연구』에서 국어시가야말로 인민문학이며, 가령 한자시가문학은 엄격한 의미에서 인민문학이 아니며, 그 사상과 정서는 결국 대부분이 봉건 통치하에서의 진보적인 시가유산에 속한다는 것이다. 또한 한자시가문학은 시가의 민족적 형태와 자기 합법적 발전을 보여주지 못한 제한성을 갖는다. 그러면서도 『조선문학개관』에서는 농민전쟁과 의병전쟁에 관련된 구전문학과 한시들을 다루고 있다.

장르론 또한 규범적이 아니라 기술적이다. 그만큼 개방적이다. 문맥과 상황을 떠난 문화중심주의를 지양한다. 문학을 큰 구조 단위인 문화의 일부분으로 폭 넓게 다루고 있다. 그만큼 문학의 범주를 문화의 전반까지 확대하고 있다. 특히 19세기 말 문학사에서 시가, 소설, 평론 외에 창가, 가요, 가극은 말할 것 없고, 정론이라고 하여 논설류 등 주변부 문학까지 광범위하게 문학사의 대상으로 삼고 있는 것은 전술한 바다. 문학의 정전正典에서 철저하게 제외되었던 주변문학을 다루고 있는 것이 바로 그것이다.

내용과 형식의 변증법도 문제다. 내용과 형식, 이들 양자가 변증법적으로 합일되었다고 주장하지만, 결국 그들은 내용의 우월성을 내세운다. 내용이란 말할 것 없이 애국성 · 인민성 · 계급성 등이다. 그들에게는 아예 인간이란 것부터가 혁명적이요, 계급적이요, 이념적이다. 민족적이라고 주장하지만 극단적으로 그것은 계급적이라는 말과 동일하다. 주체적이란 말 또한 계급과 등가다. 그리고 이들 몇 개의 단어 속에 역사성과 현실성, 그리고 사회성이 있다.

22 김대행, 『북한의 시가문학』, 문학과비평사, 1990, p.192.

2부

한국 근대시의 구조와 상상력

한국 근대시의 전사前史
—1910년대 시

1. 머리말

19세기 후반에 서구문학과 접촉하면서 한국문학사의 새로운 시대가 시작되었다. 그렇다고 새로운 시대의 문학이 한국의 근대문학인 것은 아니다. 물론 한국 근대시의 경우, 그 무엇보다 서구시의 영향이 각별하다는 것은 주지의 사실이다. 하지만 서구시의 경험이 한국 근대시를 형성한 요인이 된 것은 사실이나, 그것은 외부적인 자극(영향)일 뿐, 한국시 자체 내의 전통적인 경험과 전혀 무관한 것은 아니다. 반전통적이라는 서구적인 충격과 그 반작용인 전통적 경험과의 이러한 모순적 양립을 한국 근대시는 처음부터 자체 속에서 경험하고 있었다. 아니, 반전통성과 전통성 사이의 대립과 갈등, 그리고 긴장을 겪으면서 한국시의 근대성은 움트고 싹터 온 것이다. 초창기 최남선의 신시나 주요한의 자유시에서 서구시와 접촉하면서 이루어진 한국 근대시가 다시 전통적 경험에로 귀의함으로써 자기 동일성을 이룩하였다는 역사적 아이러니 속에 한국시의 '근대성'이 마련되고 있는 것이다.

이런 의미에서 한국문학사에서의 '근대' 또는 '현대'의 변화는 엄격히 말해서 1919년 3 · 1운동을 전후로 잡는 것이 통설처럼 되어 있으나, 한국문학의 '근대성' 또는 '현대성'은 이렇듯 이미 그 이전에 단속적으로 움터 왔다. 그동안 근대시 논의가 근대시의 내적 배경으로서 18세기 전후에 이루어진 근대지향적인 요소를 주목하고 19세기 후반 문학, 20세기 초의 전환기 문학이 집중적인 대상이 된 것은 이 때문이다.

그러므로 한국문학의 '근대성'은 타설적 형식의 쇠퇴와 자설적 형식의 부상이라는 패러다임적 관점[1]에서 가능하다. 근대 이전의 문학, 특히 개화기 시가가 감각보다는 이념을, 개성보다는 관념을 앞세운 타설적 구조 위에서 형성 · 전개되었다고 한다면, 근대 이후의 시는 반대로 자설적 구조 변화를 일으켰다. 그만큼 이념보다는 감각, 관념보다는 개성을 강조하고 있다. 자아의 발견 및 강조, 과거에의 회귀, 낭만적 정열, 에로스적 충동 등과 같은 도피 모티프 등, 한국시의 근대성을 이루는 서정성이 1920년대 초 시의 특징으로 나타난 것은 결코 우연이 아니다.

특히 에로스적 충동은 오랫동안 공식문화(유교문화)에 의해 무시되고 외면되었던 본능적이고 구체적인 육체 회복인 민중문화의 일환으로 파악하는 것이 옳을 듯하다. 육체(감각)로 파악되지 아니한 세계는 정신(관념)으로 시종할 수밖에 없기 때문이다. 근대적 지향이 개화기 시가와 같은 관념적이고 선비적인 세계를 지양하고 감각적인 복잡성을 내세운 것이 바로 그것이다. 그리고 이것은 유가적 문학과 개화기 시가 등에서 매몰되었던 자아의 발견 및 그 반영이라고 보여지는 것이다. 이러한 자아의 발견 및 강조는 권위주의를 신성화하는 공식문화에 대한 반명제이자, 왜곡되고 억압된 인간성의 회복이다.

그러나 그러한 회복은 이 시기에 와서야 비로소 이루어진 것이 아니라

1 박철희, 『한국시사연구』, 일조각, 1980.

그 이전에 이미 간헐적으로 나타나고 있었다. 『소년少年』, 『청춘靑春』, 『학지광學之光』 등에 실린 육당六堂, 춘원春園, 소성小星(현상윤), 소월素月(최승구), 김억金億 등의 1910년대 시가 바로 그것이다. 그중에서도 도쿄유학생회지 『학지광』에 실린 일련의 시편들은 근대시의 특성을 이루는 자설적 형식과 너무나 비슷한 것이다. 하지만 이것은 극히 소수에 그쳤고, 또한 몇몇 사람의 산발적인 활동으로 이루어졌기 때문에 엄격한 의미에서 근대시의 '시학'을 예견한 최초의 조짐으로밖에 볼 수 없는 것이다. 그 내용 또한 일종의 감정의 토로 아니면 사사로운 내용에 머물고 있었다.

문제는 1910년대 시가 형식면에서 이미 새로운 것을 갖추었다고 해도 근대시가 되기에는 다른 모든 문화적 표현형식과 함께 내부에서 발효되는 새로운 감수성의 출현을 기다려야 했다. 그러기에 근대적인 시의 형식을 최초로 자각한 것은 1910년대 시인이었지만, 근대적 시의 형식을 본격적으로 표방한 것은 1920년대에 와서이다. 개화기 시가류의 시풍이 아직 가시지 않은 채, 한편으로 타설적 형식에 집착하면서 다른 한편으로 자설적 형식을 모색하여 혼미와 저조의 양상을 보이던 이 시대는 개화기 시가를 신시로 전환시켜 한 걸음 근대시로 접근시킨 과도기라고 할 수 있다. 그만큼 1910년대 시에서 형식의 변화는 그것이 비록 부분적인 것에 그쳤다고 할지라도 당시 초기 근대시단 형성과정에서 무시할 수 없는 근대시의 '시학'을 예고하고 있었다. 뿐만 아니라 1910년대 시의 움직임은 근대시를 고전시가의 전통 안에서 이해할 수 있는 믿을 만한 출발점이 되어준다. 1920년대 이후 한국시의 근대적 전개과정은 이러한 1910년대 시의 성과 없이는 생각할 수 없다.

2. 1910년대 시의 양상

『소년』과 『청춘』, 그리고 『태서문예신보』를 거쳐 『창조』에 이르는 1910

년대 시는 개화기 시가에서 근대시로 넘어오기까지의 과도기적인 구실을 수행하였다는 점에서 근대시의 전사前史로서의 시사적 의의를 갖는다. 육당을 비롯하여 그 후 춘원, 소성, 소월 및 그 밖의 몇몇 시인들에 의하여 창작된 시편들이 신문 · 잡지에 발표됨으로써 그 후 '근대시'란 새로운 양식이 이 땅에 뿌리내리는 초석을 이룬 것이다. 그동안 「해海에게서 소년少年에게」 이후 「불노리」에 이르는 1910년대 시단은 거의 외면되어 있었던 것이 사실이다. 1910년대 문단을 육당의 시와 춘원의 소설로 한정한 종래의 육당 · 춘원의 시대라는 통념을 깨뜨리고, 사실상 『학지광』, 『신세계新世界』 등 1910년대 잡지나 신문에 육당과 춘원 이외에도 소성, 소월 등과 같은 많은 작가와 시인들이 문필 활동을 하고 있음을 실증한 것은 김학동의 「신체시와 그 시단의 전개」이다.

> '육당 · 춘원의 시대'니 '최남선 · 이광수 이인문단시절'이니 하는 주장은 백철 · 조연현 교수에 한정된 것만은 아니다. 우리의 근대문학에 관심하는 모든 사람에게 일반적인 통념으로 되고 있다. 그러나 한편 『소년』과 『청춘』지 이외에 『학지광』, 『신문계』 등 1910년대의 잡지나 신문에는 많은 시와 소설이 발표되고 있는 것이다. 뿐만 아니라 육당과 춘원 이외에도 소성(玄相允) · 소월(崔承九) 등과 같은 많은 시인과 작가들이 문필 활동을 하고 있었다.[2]

『소년』, 『청춘』만이 아니라 『대한흥학보』, 『학지광』, 『신문계』, 『여자계女子界』, 『태서문예신보』, 『유심惟心』, 『학우學友』 등 1910년대 신문 · 잡지에는 사실상 많은 시가 발표되고 있고, 또한 과거 어느 때보다 형식도 다양하다. 시라고 하는 단일개념은 없으며, 시형과 주제 및 성격이 서로 다른 여러 갈래의 시가들이 다채롭게 혼효하고 있다. 한시, 가사, 시조, 사설시조, 언문풍월, 민요, 창가, 신시, 자유시, 산문시 등이 바로 그것이다. 이

2 김학동, 『한국개화기시가연구』, 시문학사, 1981, p.95.

러한 신구 장르의 공존은 신구문화의 접변기의 혼효 및 갈등의 반영이면서, 아울러 1910년대 시단의 주역인 육당, 춘원, 현상윤, 김억 등 전문적 시인들의 대부분이 서구문화를 경험한 신세대들이라는 것과 무관하지 않다.

그중에서도 신시, 자유시, 산문시는 전에 볼 수 없었던 새로운 형식이다. 신시, 자유시, 산문시는 한결같이 그 이전의 정형성에 대한 반명제이자, 자유시 지향이라고 보면 틀림이 없다. 육당 · 춘원 · 소성 등의 시가 보여준 반율문성이나 반산문성이 그렇고, 소월 · 안서 · 유암流暗 등의 자유시(산문성) 지향이 바로 그렇다. 개화기 시가의 정형적 음수율이나 반복적인 리듬에서 벗어나려 한 것이라든가, 구어체의 사용과 같은 이러한 형식의 실험은 개화기에서 1920년대 시에 이르는 그 중간단계인 과도기의 시적 변모라 할 만하다.

가령 육당의 경우, 「해에게서 소년에게」는 물론 「구작삼편舊作三篇」, 「꽃 두고」 등은 고시가나 개화기 시가와는 다른 형식(분연分聯 및 음수율의 변화)으로 나타난 것이 사실이나, 이것은 여러 사람들에 의해 지적된 바와 같이 각 연 대응행에 나타난 음절 수의 일치[3]라는 점에서 그 이전의 시가와 별로 다르지 않은 것이다. 시상詩想 또한 「해에게서 소년에게」, 「태백산太白山의 4시四時」와 같이 표현으로 나타나지 않고, '바다'와 '산'의 객관적 등가물은 조선주의 고취라는 선험에 압도당하고 있다. 그만큼 그 감각은 개인적이고 반사회적인 현실감각이 아니라, 기성적이고 공적인 타他의 선험으로 일관되고 있는 것이다. 이런 뜻에서 육당의 신시는 근대시의 성격과 관련지어 볼 때, '근대성'과는 거리가 있음을 발견하게 된다. 이 점은 춘원이나 소성의 시도 마찬가지다. 소월, 안서, 유암 등이 『학지광』, 『태서문예신보』에 발표한 시 역시 개성적인 서정의 발견은 새로운 감정이지만,

3 김춘수, 『한국현대시 형태론』, 해동문화사, 1958, p.23.
정한모, 『한국현대시문학사』, 일지사, 1974, pp.159~160.
김학동, 앞의 책, p.178.

그 리듬은 순전히 내발적인 것이 아니라 서구시와 교접하면서 이루어진 것이다. 그만큼 타설적이다. 그들의 시에 엄격한 의미에서 근대적이라는 에피셋epithet을 부여할 수 없는 이유가 이 때문이다. 하지만 1910년대의 이러한 시의 과도기적 단계를 거치면서 1920년대 이후 한국시의 근대성이 그 자체로 형성된 것은 틀림이 없다.

3. 육당과 춘원의 시편들

뭐니 뭐니 해도 1910년을 전후한 한국시단의 제1인자는 육당 최남선이다. 그는 처음부터 왕성한 의욕과 정력으로 재일본 유학생 회지인 『대한유학생회학보』에 발표한 「국풍사수國風四首」를 비롯하여 『대한학회월보』의 대몽최大夢崔의 시편詩篇 등을 거쳐서 자신이 주관한 『소년』, 『청춘』지에는 거의 매호 빠짐없이 자신의 창가, 신시, 시조를 발표하였다. 그중에서도 신시는 그에 의하여 최초로 제작 · 발표되었다. 『대학학회월보』에 실린 「모르네 나는」, 「자유의 신에게」, 「그의 손등」을 시발로 「해에게서 소년에게」, 「구작삼편」, 「껏 두고」, 『태백산시집太白山詩集』의 시편 등이 보여준 형식의 실험은 그 이전의 4 · 4, 3 · 4조의 정형성 앞에서는 글자 그대로 낯설음이며, 당시로서는 대담한 혁신이었다.

이미 있어온 전통적 리듬인 4 · 4, 3 · 4조를 변조하기도 하고, 외래적인 리듬인 7 · 5조를 그대로 따르거나 변조하기도 하였다. 더구나 『태백산시집』에 이르면 「태백산부太白山賦」, 「태백산의 사시」, 「녀름ㅅ구름」, 「천주당天主堂의 층층대」 등과 같이 이러한 정형률마저 벗어난 자유율로 나타나기도 하였다. 물론 자유시로서의 가능성을 보여준 이러한 자유율은 「껏 두고」까지의 신시의 정형성보다 발전된 형태라고 할 수 있다. 그러나 정한모의 말과 같이 육당은 이러한 자유율에서 더 많은 정제작업을 계속하지 못하였다. 자유율은 보다 개성적인 통어로써 이루어지는 것이라는 리듬의식에 투철하지 못하였던 육당은 『태백산시집』 이후에는 신시의 형태적 구속을 벗어버린 통어 없는 형태적 자유를 마음껏 누리는 길을 택하고 말았다. '시'라고 쓰인 작품들이 거의 산문화된 채 자기의 이념을 서술하거나 또는 거기에 수필적인 서경을 곁들이기도 하였다.[4] 이러한 산문화와 이완된 표현은 『학지광』의 시편만이 아니라, 그 후 1920년대 초 시에서 흔히 볼 수 있는 표현과 무관하지 않다.

이렇듯 형태면에서의 신구 장르의 다양한 시도 그 자체가 역설적으로 다름 아닌 자기부정 · 자기분열을 보여주는 것이 된다. 한쪽에서는 이미 있어온 전통적 리듬을 따르기도 하고, 다른 한편에서는 외래적인 리듬을 시도하기도 하며, 또한 전통적 리듬과 외래적 리듬을 변조하기도 한다. 전통적 리듬과 외래적 리듬, 그 어디에도 자신을 동일화할 수 없는 구심점의 상실을 육당의 시가는 처음부터 경험하고 있었다. 그만큼 육당의 시가는 갈등과 거부 그리고 새로운 경향에의 충돌로 리듬의 무정부상태로 얼룩져 있었고, 그것은 결국 육당 자신의 사상적 방황으로까지 이르고 있다. 근대문명을 예찬하기 위하여, 또한 조선심을 강조하기 위하여 거기에 알맞은 형태를 동시에 시도한 것은 역설적으로 육당의 시가가 자기부정 · 자기분열로 나타나고 있음을 증언하는 것이 된다. 서구를 철저히 경험한 신시의 경우 더욱 그렇다. 신시의 형식이 한 연을 보면 자유시이고, 연이 바뀔 때마다 행의 일정한 글자 수가 되풀이되는 시형과 처음부터 아무런 율격적 원리가 없는 자유시형이 혼효하고 있었던 것은 이 때문이다.

육당의 신시가 새로운 주제와 소재로 나타나지만 그 형식은 이렇듯 타설적 구조인 한, 그 이전의 개화기 시가에서 다루어질 가능성은 큰 것이다. 물론 표면상으로 시상이나 시형은 개화기 시가와는 분명 다른 세계다. 그것은 육당의 감정과 경험세계가 현실과 관련되어 있기 때문이다. 그러

4 정한모, 앞의 책, p.197.

나 육당의 감정과 경험은 제1차적인 기능에서 개화기 시가와 같이 밖에서 온 경험이며, 자유 · 평등 · 애국 등 기성화된 감정이다.

터—ㄹ썩, 터—ㄹ썩, 텩, 쏴—아,
ᄯᅡ린다, 부순다, 문허버린다,
泰山갓흔 놉흔뫼, 딥태갓흔 바위ㅅ돌이나,

요것이 무어야, 요게 무어야,
나의 큰 힘, 아나냐, 모르, 나냐, 호통ᄶᅡ디 하면서,
ᄯᅡ린다, 부순다, 문허버린다,
터—ㄹ썩, 터—ㄹ썩, 텩, 튜르릉, 콱

—「해에게서 소년에게」에서

혼자 웃둑,
모든山이 말큼 다 훗훗한 바람에 降服하야,
녹일것은 녹이고 풀닐것은 풀니고,
아지랑이 粉발은것을 자랑하도다.
그만 如前하도다.

—「태백산의 사시」'봄'에서

특히, '바다'와 '산'으로 의식되는 이상과 같은 상징과 시적 배경은 자설적 요소에 선행되는 타설적 요소로 말미암아 오늘의 관점에서 봤을 때 그의 민족의식이 관념적이라는 인상을 준다. 전술한 바와 같이 시상이 표현으로 나타나지 않고, '산'과 '바다'의 객관적 등가물은 조선주의의 고취와 문명개화의 예찬이라는 미리 정해진 선험에 압도당하고 있다. 민족과 국토에 바치는 찬가가 잠재적인 것보다 먼저 외부의 관념의 자극에서 촉발되었다는 것이 그것의 단적인 예증이다. 따라서 그의 시의 관심은 현실에 대한 새로운 인식이나 그 밑바닥을 밝히는 일은 아니다. 그의 시가 완결의 미학인 한, 그 내용과 방법이 기성적인 표현논리에 의하여 추상적인

개념이나 도식 내지 장르의식의 결여로 처리된 것은 이 때문이다.

이와 같이 육당의 신시에서 주제의 새로움은 그것이 내면적 필연성에서 오는 시인의 표현의지가 아니라 외부의 시대적 압력에서 만들어진 것이며, 당시 시대적 분위기에 대한 지도자로서의 부응이었다. 육당의 신시는 이러한 의식을 반영한 것이다. 이런 의미에서 육당은 전문적 · 직업적 시인이 아니라 아마추어였다. 육당은 사회적 발언의 기회나 표현으로서 신시를 썼던 것이다. 그만큼 외부적인 계기에 의하여 만들어진 계기의 시였다. 그리고 그것은 창가, 신시 등 그 어디에나 방법론적인 갈등으로 나타나는 것이다.

선진문명국의 전례를 따르는 것이 당시 시대정신인 이상, 이러한 계기가 외부의 자극에서 온 것은 틀림이 없다. 외부세력은 이미 기성체계를 갖추고 있어서 그것을 그냥 받아들일 때, 타설적으로 끝날 수밖에 없다. 육당은 일본 유학생이었고, 일본의 신체시를 보고 이에 경도하였다. 서구 및 서구화한 일본의 신문명을 받아들여서 새로운 문화 건설을 이룩하자는 것이 당시 육당의 이상이었다. 그리하여 새로운 시의 가능성을 서구시 및 서구풍의 일본에서 찾았고, 그 모범으로 매료된 것이 일본의 신체시다. 육당의 시가가 음절 수가 고정되어 있는 일본 정형시를 향한 정열에서 비롯되었다는 지적[5]은 이런 의미에서 육당의 신시를 이해하는 데 퍽 시사적이다. 육당이 시도한 다양한 시 형태인 창가, 시조, 신시가 서로 다른 형태임에도 불구하고 자수에 대한 엄격한 규제로 일관된 것은 그 때문이다. 그럼으로써 신시 역시 다시 새로운 구속의 형태로 묶어놓는 결과를 가져왔다. 육당 자신도 7 · 5, 8 · 5, 6 · 5조의 신시 형식의 한계를 깨달았을 때, 『태백산시집』의 시편과 같은 자유율을 선택하였고, 그 결과 그 자유율이 리듬의 무정부상태, 말하자면 운율적 질서의 불균형(산문화)으로 시종하였다는 것은

5 조동일, 『한국문학사상사시론』, 지식산업사, 1978, p.315.

그것이 하나의 지속적인 움직임으로 정착하지 못하고 너무나 단기적이었다는 사실에서도 엿볼 수 있다. 그러기에 초기의 운율적 질서의 불균형에서 그 후 시조의 전통적 율격으로 귀일한 것은 어쨌든 뜻 있는 일이다. 이 점은 춘원 이광수도 마찬가지다.

춘원의 시작 활동은 1909년 1월호 『대한흥학보大韓興學報』에 실린 「옥중호걸獄中豪傑」에서 비롯한다. 그 후 『소년』, 『새별』, 『학지광』, 『청춘』, 『여자계』 등 1910년대 잡지들을 통하여 「곰」, 「우리의 영웅英雄」, 「님 나신 날」, 「말 듣거라」, 「내 소원」, 「생활난生活難」, 「침묵沈默의 미美」, 「극태행極態行」, 「어머니의 무릎」 등을 발표하였다. 비록 그 수는 한두 편에 지나지 않으나, 육당과 마찬가지로 시조, 언문풍월, 가사, 신시 등 신구 장르의 시 형태를 시도하고 있음이 눈에 띈다. 다만 전통적 리듬을 심하게 변조하지도 않고, 시 형태의 시험도 과격하지 않은 것이 육당과 다른 점이다.

자유를 잃은 민족의 수난과 울분을 '범'에 투사한 「옥중호걸」은 새로운 내용으로 나타났지만, 그것이 이미 있어온 3 · 4, 4 · 4조의 전통적 리듬을 통하여 그대로 토로되고 있다는 점에서 그 이전의 개화기 가사와 너무나 비슷한 것이다. 「말 듣거라」의 4행 연시나, 「님 나신 날」의 5행 연시 또한 그 이전의 시가에 비추어 형식적 파격처럼 보이지만, 면밀히 검토해보면 개화기 시조의 변형이라고 할 만하다. 그리고 「내 소원」, 「생활난」과 같은 4행시는 3 · 4조의 음수율을 기조로 하여 각 행마다 압운하는 형태라는 점에서 개화기에 유행했던 언문풍월처럼 보인다. 언문풍월은 순국문체로 이루어진 한시 형식의 특이한 양식을 말한다.

전통적 리듬이 우리와 친숙하고 연속적인 자기동일성의 형식인 이상, 그것은 당시 시대정신과 사상을 가장 효과적으로 전달할 수 있는 형태라고 생각한다. 그만큼 전통적 리듬은 누구나 짓고 부를 수 있으며, 또한 쉽게 익히고 전달될 수 있는 실제적 리듬이다. 민족의식의 고양, 계몽이라는 춘원의 당시 의도를 나타내는 데 이러한 친숙한 리듬이 형식으로 채용되었다는 것은 그러므로 우연이 아니다. 「말 듣거라」, 「님 가신 날」과 같은 시가 춘원의 다른 시 「우리의 영웅」, 「곰」, 「침묵의 미」보다 쉽게 읽히고 전달될 수 있었던 것은 이 때문이다. 그만큼 「우리의 영웅」, 「곰」, 「침묵의 미」, 「어머니의 무릎」 등은 「말 듣거라」, 「님 가신 날」과 같은 형태적 정형성을 낯설게 하고 있다.

月明浦에 밤이 깁헛도다
連日苦戰에 疲困한 壯士들은
깁히잠들고 코ㅅ소리 높도다
깁고검은 하날에 無數한 星辰은
잠잠하게 반뜻반뜻 빛나며
부드러운 바람에 나라오난 풀내까지도,
날낸 우리 愛國士의 피ㅅ내를 먹음은듯
浦口에 밀어오ㄴ난 물ㅅ결ㅅ소래는
철썩철썩 무엇을 노래하난듯

— 「우리의 영웅」에서

그는 죽었도다 그렇도다 그는 죽었도다
그가 이리하지 아니였던들 그의 목숨은 더 좀 길었으리라
그러나 좀더 긴 그 목숨은 목숨이 아니라 機械니라
그가 비록 短命하게 죽었으나 그러나 그러나
그의 그 짧은 一生은 全혀全혀 自由니라
그는 일찍 自然의 法則以外에는 自我를 꺾은 적 없느니라
곰아! 곰아!

— 「곰」에서

어머니!
당신께서 가르쳐 주신 말을
당신께서 가르쳐 주신 글字로 써서

당신의 입술에서 흐르던 曲調로
당신을 생각하는 노래를 부릅니다
廣闊하고 沃土이던 당신의 가슴!
잔디보다 구름보다 부드럽던 무릎
저는 웁니다, 먼 나라에서
그것이 그리워서, 보고 싶어서

— 「어머니의 무릎」에서

「우리의 영웅」, 「곰」, 「어머니의 무릎」 등은 장시에 버금가는 길이로서, 자수나 행의 길이조차 일정치 않은 자유율이다. 자유율은 '양식화된 정형률'에 대한 저항에서 출발한 개성적인 리듬이다. 그러면서도 「우리의 영웅」, 「곰」, 「어머니의 무릎」 등은, 외형은 자유율이면서 내적으로는 정형률과 같이 개성적이고 개인적인 리듬이 아니다. 거기에 나타나 있는 것은 1920년 이후 시와 같이 주관적이고 개인적인 감정이 아니라 기성화된 공적 감정이며, 예술적 형상과 무관한 유형적 서술이다. 이순신의 우국정신을 예찬(「우리의 영웅」)하고, 일제에 아첨하는 무리를 매도(「곰」)하고, 또한 어머니의 무릎을 그리는 정(「어머니의 무릎」)은 처음부터 자의식과 개체성이라는 근대적 관념과는 무연한 것이다.

그러나 「우리의 영웅」, 「곰」, 「어머니의 무릎」 등이 신시라고 할 수 있는 근거가 있다면 그것은 내용보다 형식에 있었다. 자유율은 춘원의 시가 시작품일 수 있게 하는 시적 효과이자 전략이며, 자유시의 가능성을 보여주는 징표의 하나를 이룬다. 신시가 이미 있어온 고정적 형식인 정형성에 대한 반명제이자 자유시 지향을 그 특색으로 한다고 할 때, 이러한 춘원 시의 형식의 파격과 자기부정은 시사적 관점에서 근대시에 이르는 과도기적인 모습이기도 하다.

그래서 춘원은 육당의 『태백산시집』의 시편과 같이 형식면에서의 자유로움만 극단적으로 몰고간 자유율을 더 이상 발전시키지 못하였다. 그만큼 자유율은 '양식화된 정형률'에 대한 저항에서 출발한 개성적인 리듬이라는 것을 간과하고 있었다. 개성적인 리듬을 간과할 때, 형태의 새로움은 모방과 시험으로 시종할 수밖에 없다. 춘원 시의 주류를 이루는 세부가 육당과 마찬가지로 개인적 구조가 아니라, 관념적이고 보편적인 공적 감정으로 일관된 것은 이 때문이다. 공적 감정, 이른바 민족의식의 고양이라는 시대정신을 작품의 현실성에 우선하였다. 이렇듯 춘원의 시는 외형으로 자유율을 표방하면서도 안으로는 개성적인 리듬을 거부하여 자기부정으로 귀착된 예를 보여준다.

우리가 외래문화를 받아들일 때에 어떤 방향으로 기존문화를 변혁시켜야 한다는 방향설정 없이 그냥 받아들이기만 하여, 의식의 이중 구조 속에 분열을 야기함으로써 자기부정으로 나타났다는 것은 육당, 춘원뿐만 아니라 그 후 『학지광』, 『매일신보』, 『태서문예신보』에 실린 소성, 소월, 김억, 황석우黃錫禹 등의 초기시 및 시론에서도 볼 수 있다. 『학지광』, 『태서문예신보』에 발표된 김억의 창작시가 서구시의 경험에 의한 타설적 리듬이며, 황석우 역시 산문적 경향이 타설적으로 일관, 개체성과 자의식이라는 근대시의 개념과 무관하여 엄격한 의미에서 근대적(자설적) 변용을 일으키기에는 거리가 먼 것이다.

사실 1920년대 자유시형 역시 1910년대 시와 마찬가지로 '우리'의 자유시는 아니다. 그것은 일본을 거쳐서 수입된 서구시에서 온 것이다. 그리고 그 중개지역인 일본의 근대시의 영향이 압도적이었다. 이러한 사례는 근대시 초기로 올라갈수록 현저한 바가 있다. 특히 「해에게서 소년에게」 이후 「불노리」에 이르는 1910년대의 신시가 보여준 타설적 리듬과 추상적 관념의 무차별한 현실적용의 원인은 이러한 곳에 있었다고 생각한다. 초기 자유시 지향은 우리 형식체험으로 생활화되지 않는다. 그만큼 그들의 의식이 자유시형을 향하여 열려 있음에도 불구하고, 그것을 받아들일 근대적 성장이 그 자체 내에서 이루어지지 않았음을 의미한다. 이 사실을 보다 확실히 증명해놓은 것이 1910년대 자유시형이다. 「사랑의 보금자리」(소월), 「나의 적은 새야」·「이별」(김억), 「산녀山女」(유암) 등과 같이 1910년대 시가 대부분 이완된 표현으로 나타나고, 1920년대 시와 비교할 때 시적 산문의 표기 또는 외국시를 번역한 어설픈 형태로밖에 나타날 수 없었던 것은 이 때문이다. 그리고 이것은 「불노리」로 대표되는 1920년대 시가 보여준 감정의 용솟음 및 산문화와 맥락을 잇고 있다. 그러기에 최초의 비타설적 시를 시도한 것은 1910년대 시인이겠지만, 근대적 감성의 시가 본격적으로 쓰이기 시작한 것은 1920년대 이후의 일이 된다.

육당과 춘원의 1910년대 시는 그것이 비록 당시로서는 근대시 형성과정에서 선구자적 구실을 다하였고, 특히 『태백산 시집』의 시편, 「곰」 등 자유시의 지향성은 1920년 이후 자유시의 디딤돌로서 가치가 인정되지만, 그것은 전술한 바와 같이 시사적 기여를 크게 인정할 만큼 개체성과 자의식이라는 자설적 구조에는 이르지 못하였다. 그만큼 그 시대의 시대적 요청에 충실한 시였고, 계기의 시였다. 육당과 춘원의 신시를 엄격히 말해 근대시의 태동을 위한 최초의 과도기적 단계의 시라고 한다면, 1910년 중엽의 『학지광』이나 『태서문예신보』의 시편들은 근대적 시의 형식과 보다 가까이 근접한 시로서 시사적 의의를 점칠 수 있다.

4. '근대성'의 자기인식

문제는 『학지광』이나 『태서문예신보』의 시편들이 몇몇을 제외하고는 문학청년기의 습작 활동으로 그쳤고, 그것도 바로 절필했기 때문에 본격적인 근대시의 전개는 1919년에 나온 『창조』를 기다려야 했다는 것이다.

그러나 1920년대 전반기의 김억·주요한·황석우 등이 1910년대 이후의 시인들이라는 점을 염두에 둘 때, 『학지광』·『태서문예신보』·『학우』 등에 실린 시, 그중에서도 자유 지향의 시는 한국 근대시의 출발을 알리는 하나의 징표로서 그 시사적 의의와 역할을 과소평가할 수 없다. 이런 의미에서 「불노리」로 대표되는 1920년대 초의 시의 자설화 과정은 1910년대 시에서 이어지는 일련의 과정의 연장선상에 있음을 말해준다. 육당, 춘원에 의해 싹트고 움텄던 자유시 지향이 『학지광』, 『태서문예신보』에 이르러 비로소 개화되었다고 하겠다. 『학지광』, 『태서문예신보』, 『학우』, 『청춘』, 『유심』 등에 작품을 발표한 시인은 소성, 소월, 유암, 김억, 이일李一(동원東圓), 황석우, 한용운 등이다. 그중에서도 소수이긴 하였으나 소성, 소월, 유암 등은 오랫동안 묻혀 있었던 시인이며, 그들에 의하여 오히려 값진 성과가 이루어지기도 하였다. 소성의 「향상向上」·「새벽」, 소월의 「보월步月」·「조潮에 접蝶」, 유암의 「산녀」·「한숫」·「갈재」 등은 자수나 행의 길이조차 의식하지 않은 자유율로서 그만큼 리듬이 자유롭다. 특히 「조에 접」은 감정의 절제가 그 자체로 완벽한 서정시의 면모를 갖추고 있다.

> 南國의 바다 가을날은
> 아즉도 따뜻한 엿을 沙汀에 흘니도다
> 저젓다 말녓다 하는 물입술의 자최에
> 납흘납흘 아득이는 흰나뷔
> 봄아지랭이에 게으른 꿈을 보는 듯
>
> —「조에 접」에서

> 아아! 이 어두움의 빛! 내의 弱한 몸을 누르는 듯하다—깁히깁히 져 검은 구석에 싸여 있는 무엇이라 形容못할 온갓 Monster(怪物) 온갓 Devel(惡魔)이 무셔운 입에 異常한 우슴을 띄우면서 무엇을 기다리고 있는 듯이 보인다. 안이 금시에 나를 向하야 한 입에 생키랴고 싸라나올 듯이 보인다.
>
> 이 빗에 엄습된 나는 번개가지 등골로 지나가는 무슨 늣김 한아이 갑작이 온몸에 더운 이슬을 매라 붓친다.
>
> —「새벽」에서

어느때 모진 狂風이 닐어와
압嶺, 늙은 소나무를 두어대 썩디
멧벌에가 弱한 피례를 불어울다
節하자 아름다운 꼿도 퓌여—香氣도 내이다
그러나 亦是 山가운듸엿다
잇다금 들퇴씨(野兎)가 튀여 우리 山女의 뷔인 가슴에 새 반향을 내일뿐이
엿다
—님은 如前히 안이오다

— 「산녀」에서

「새벽」, 「산녀」 등은 이와 같이 지나친 감정의 과잉노출 때문에 시의 긴장과 깊이를 반감하고 산문화로 나타나 있는 것만은 사실이다. 이러한 감정의 과잉노출과 산문화는 그 후 1920년대 시에 흔히 볼 수 있는 표현이다. 「불노리」로 대표되는 1920년대 시의 공분모를 이루는 자아의 발견 및 그 강조성, 그리고 개인적 리듬은 「산녀」, 「새벽」 등에 이렇듯 산발적으로 태동하고 있는 것이다.

그러기에 한국시에 있어서 근대의 변화는 그것이 비록 외부에서 온 것이긴 하나, 이러한 영향은 자극일 뿐 한국시가 전체를 일관하는 내재적인 한국시가의 지속성만은 거부하지 못한다. 말하자면 1920년대 시인들의 자아의 발견 및 강조성은 타설적 시가에서 볼 수 없었던 잠재적 감정의 회귀이며, 그것의 회귀이다. 그리고 그러한 회귀는 1910년대에 이르러 서구시와 접하면서 서서히 이루어지고 있었다.

사실 김억과 황석우의 초기시를 육당, 춘원의 신시와 비교할 때 개성적인 서정의 발견은 새로운 감정이지만, 그 리듬은 순전히 내발적인 것이 아니라 서구시와 교접하면서 이루어진 것이다. 김억의 경우, 그의 시는 번역시집 『오뇌懊惱의 무도舞蹈』에 실린 번역작품의 리듬 패턴과 거의 비슷한 것이다. 그만큼 그의 운율의식은 거의 서구시의 영향이라고 보아야 할 것

이다.[6] 그러나 서구시가 김억의 운율의식을 형성한 외부적 근거나 자극제가 된 것은 사실이지만, 서두에서 밝힌 바와 같이 기존의 자기요소로서의 내부적 기반도 배제할 수 없다.

그런 점에서 1915년을 전후한 소성, 소월, 유암, 김억 등의 부분적인 자설적 요소가 1920년대 자아를 강조케 할 수 있는 내재적 배경이면서 동시에 한국시의 근대적 변용이 감정의 용솟음과 산문화로 출발하였다는 점에 한국 근대시의 특수성이 있는 것이다.

6 정한모, 앞의 책, p.265.

낭만적 상상력과 현실적 상상력
—1920년대 시

1. 머리말

한국 근대문학사에서 1920년대 중반은 낭만적 상상력과 현실적 상상력이 극단적으로 대립되는 격동기로서 주목할 만한 시기이다. 그만큼 1920년대 중반이 고비가 되어 초기의 환상적이고 개인적인 세계가 후기에 와서 현실적이고 대중 지향적인 세계로 바뀐 것은 한국 근대문학사의 중요한 변화가 아닐 수 없다. 이 점은 김억 · 주요한 · 김소월 · 이상화 · 조명희 등의 시는 말할 것도 없고, 김동인 · 현진건 · 나도향 등의 소설도 마찬가지다.

이와 같이 환상성과 현실성이라는 두 개의 축을 바탕으로 하여 다양한 전개 양상을 보여준 것이 1920년대 문학의 양상임을 앞에서 애기하였다. 전반기에는 낭만적 · 환상적 경향이 주조를 이루었다고 한다면, 후반기에 와서는 그에 대한 반발과 현실에 대한 새로운 인식으로 구체적 현실성을 드러내는 사실적 · 현실적 경향이 문학을 지배하고 있다. 그것은 환상에서 현실로, 개인의식에서 민중적 관점으로, 동일성의 상실에서 동일성의 회복으로, 독자적 언어에서 다원 언어주의로의 전이를 의미한다.

주지하다시피 「나의 침실로」로 대표되는 이상화의 초기 시편들은 한결같이 눈물로 얼룩진 시편들이다. 그만큼 감정의 흐름이 도도하고, 감정이 고조된 소리로 일관하고 있다. 물론 이러한 지나친 감정의 노도질풍怒濤疾風은 이상화 혼자만의 시정은 아니다. 1920년대 초 시인들의 시 대부분을 이루는 시정이다. 그리고 그것은 그 이전의 시조나 개화기 시가에서 매몰되었던 자아의 발견 및 그 강조이면서 아울러 시조와 개화기 시가에 대한 낭만적 저항의 하나다.

하지만 「나의 침실로」 등 초기 시에 나타나는 이러한 낭만적이고 환상적인 세계가 1920년대 중반을 계기로 그 대상이 현실로 바뀌면서, 이상화의 시는 현실시의 면모를 띠게 된다. 초기 시에 보여준 관능적 사랑의 예찬이 궁핍 · 고향상실 · 조국상실과 같은 현실적인 문제로 시적 소재 내지 주제가 바뀐 것은 하나의 변화이다. 「빼앗긴 들에도 봄은 오는가」가 「나의 침실로」보다 친근하게 느껴진다거나 우리에게 보다 큰 호소력을 갖는다고 할 때, 적어도 그것은 현실을 보는 구체적인 눈, 이른바 현실적 상상력으로 가능한 것이다. 그만큼 「빼앗긴 들에도 봄은 오는가」는 당시 우리의 절실한 체험으로 이루어지고 있었다.

이상화만이 아니라 1920년대 초 대부분의 문학이 이렇듯 낭만적 상상력으로 일관하고 있다. 그것은 『태서문예신보』를 비롯하여 『폐허』, 『창조』, 『장미촌』, 『백조』 등 어디에서나 발견되는 공통적인 발상이며 절규다. 1920년대 초 시의 대부분이 지나친 감정의 과잉노출로 나타나고, 소설 또한 폭력 · 광기 · 정신착란 등 상황에 대한 비이성적 과도반응으로 나타났다는 것 자체가 이 시대가 정치적 · 문화적으로 암울했던 시대라는 점에 연유되는 만큼 그 시대에 대한 반응이 좌절과 허무 그리고 도피로 나타날 수밖에 없었다. 1920년대 초 시인들은 위기의 극복으로서 시를 짓고 불렀다기보다 그것을 불가능케 하는 현실적 고통과 이로 인한 좌절과 고통 그리고 실의의 대상으로 보다 많이 노래하였다. 문제는 현실적 고통 그 자체보다 미의 환영 속에서 자위하고 도피할 때, 자아의 노출 및 강조가 시적 형상으로 표출되지 않고 감정의 과잉노출로 나타날 수밖에 없었다. 김동인의 「배따라기」·「광화사」·「광염소나타」, 염상섭의 「표본실의 청개구리」 또는 나도향의 「환희」, 현진건의 「빈처」 등 1920년대 초 소설에 나오는 비이성적 과도반응 또한 바로 이 때문이라고 생각한다.

이런 뜻에서 1920년대 중반에 이르러 1920년대 초 환상적이고 개인적인 문학이 자유시든 프로문학이든 그 상위를 넘어서서 현실적이고 민중적인 문학으로 바뀐 것은 민족적 자기동일성에 대한 열망의 표현이자 자기반성인 것이다. 1920년대 초 소설에 나오는 환상성이 후기에 와서 풍자성(현실인식)으로 바뀌는 등 이제 문학은 "분홍빛 아지랑이 속에 싸여 있는 꿈같은 세계"[1]가 아니다. 처음부터 민요적 지향을 보여준 김소월조차도 전기 시에서 보여주듯이 전통에 기반을 둔 낭만적 상상력이 후기 시에 와서 낭만적 상상력에서 깨어난 현실지향적인 새로운 계기를 도모하고 있었다. 「옷과 밥과 자유」, 「나무리벌 노래」 등의 시가 그것이다.

2. 낭만적 상상력과 환상성

(1) 동일성의 상실

1920년대 문학의 전개를 '환상성에서 현실성으로'라는 패러다임적 관점에서 파악할 때 1920년대 초 문학의 환상성은 그 자체만으로 이 시기가 그 어느 때보다도 자기동일성이 상실되었던 비극적인 시기임을 말해준다. 주지하다시피 3·1운동을 고비로 무단정치에서 사이토 마코토齋藤實의 이른바 문화정책으로 전환한 일제의 군국통치는 그 저의가 어디에 있든, 결

1 김팔봉, 「나의 문학청년시대」, 『신동아』, 1934. 9, p.130.

과적으로 식민지 백성의 자기상실을 음성적으로 강요하는 형태로 나타나고 있었다. 말하자면 일제의 이른바 문화정책은 일종의 심리적인 폭력이었다. 일제의 식민지 정책이 이렇듯 심리적 폭력인 이상, 식민지 백성은 자아의 위기를 심각하게 경험할 수밖에 없다. 그만큼 1920년대 초 낭만적 상상력은 비이성적 과도반응인 충동적 감정 혹은 상실성으로 착색되어 있었다. 충동적 감정 혹은 상실성은 말하자면 실향성 · 임 그리움 · 헤어짐과 같이 자기동일화의 안주의 근원을 잃고 방황하는 상태이며, 그것은 주로 전통문화와 외래문화의 갈등에서 고조되고 있었다. 서구화의 격랑 속에서 전통과 단절할 수도 없고, 그렇다고 서구와 완전한 동일화도 불가능한 갈등, 이른바 두 가지 문화 속에 살면서도 그 어느 문화에도 동일화할 수 없었던 소속감의 상실을 1920년대 초 시는 전체로 체험하고 있었다. 1920년대 초 시에 자주 나타나고 있는 슬픔 · 눈물 · 꿈 · 죽음 등은 동일성의 상실의 표현인 동시에 동일성의 회복을 지향하는 낭만적 전략이라고 할 수 있다.

그러나 1920년대 초기 시의 경우와 같이 슬픔 · 눈물 · 꿈 · 죽음의 감정이 우리의 개성적인 특성보다 먼저 외부적인 관념의 자극에서 즉흥적으로 촉발될 때, 그것은 개인적인 감정으로 시종하고, 환상과 혼돈을 거듭할 수밖에 없다. 그만큼 그 감정은 즉흥적인 것이거나 아니면 외부에서 온 것이나 다름이 없다. 1920년대 초기 시에 나오는 충동적 감정이나, 초기 소설에 나오는 비이성적 과도반응은 그러므로 여기에 따라 나오는 자연스러운 결과라 할 수 있다.

"아아 날이 저문다. 서편 하늘에 외로운 강물 위에 스러저가는 분홍빛 노을……"로 시작되는 「불노리」를 읽으면서 우리가 받는 최초의 반응은 지나친 감정의 용솟음이다. 감정의 용솟음은 이광수의 이른바 자유연애론에 대응됨과 동시에 1920년대 초기 시의 공통점이다. 그만큼 「불노리」는 첫 연에서부터 '아아 날이 저문다', '외로운 강물', '아아 해가 저물면', '왜 나만 혼자 가슴에 눈물을 참을 수 없는고?'와 같이 주관적 감정의 토로로 나타나 있다. 사실 이러한 지나친 감정의 용솟음은 오늘의 관점에서는 현대시가 지닌 몰개성과 유리되어 있다. 그러나 1920년대 시적 상황에서 이러한 지나친 감정의 질풍노도를 그 이전의 시가와 비교할 때 당시 한국시의 특색이 되어왔다는 점에 우리는 유의하게 된다.

「불노리」를 비롯하여 「백조白潮는 흐르는데 별 하나 나 하나」(홍사용), 「밀실로 돌아가다」(박종화朴鍾和), 「유령의 나라」(박영희), 「떠러지는 가을」(조명희) 등의 시에서 지나친 감정의 용솟음은 감상적 낭만주의인 이상, 오히려 한국 근대시의 시발점을 알리는 봉화일 수 있다. 이렇듯 1920년대 초 시는 개화기 시가와는 다르게 사회나 현실보다 개인의식을 강조한다. 개화기 시가의 경우, 그 주류를 이루는 골격은 어디까지나 개체적인 내면의 구조가 아니라 관념적이며 외면적인 구조로 일관되어 있다. 개화기 시가는 현실과 사회를 극대화하고, 시적 기교는 극소화한다. 이른바 메시지의 직접적이고 단순한 전달이라는 미메시스mimesis의 차원이다. 1920년대 초 시의 특징을 이루는 환상성이 낭만적 상상력의 세미오시스semiosis의 차원으로 나타난 것은 결코 우연이 아니다.

물론 낭만주의란 용어는 서구의 것이다. 따라서 한국시에는 서구와 동일한 낭만주의는 없다. 그러나 우리에게도 낭만주의란 용어 이전에 그 낭만주의를 가능케 하는 시 의식은 분명히 있어왔다. 가망 없는 사랑의 비극성, 좌절감이 주는 아픔과 쓰림, 과거에 대한 끝날 줄 모르는 그리움 등, 상실과 그리움이 1920년대 초 한국 낭만시의 중요한 경향이다. 그만큼 중산계급의 자기 해방운동에서 비롯된 근대 낭만주의의 특색이 상실과 그리움으로 암시되는 내면성 존중의 이미지로 착색되었다. 1920년대 초 시는 이렇듯 사회보다 개인, 외면보다 내면을 중시한다.

(2) 에로스와 여성주의—한용운, 김소월

전술한 바와 같이 1920년대 초 낭만시에 나타난 공통적인 감정이 한결같이 감정의 용솟음으로 일관하고 있는 것은 개인의식과 내면성의 강조와 무관하지 않다. 그리고 그것은 그 이전의 시가에서 매몰되었던 에로스의 발견 및 그 충동의 반영이라고 보여지는 것이다. 이러한 에로스적 충동은 그 이전 시가에서 외면되었던 자기 해방의 표출이며, 그것의 회귀이다. 그리고 그러한 회귀는 서구시와 접촉하면서 이루어지고 있었다. 지나친 감정의 용솟음 및 감정이 고조된 소리의 시는 어떤 의미에서 18세기 이후 두드러진 평민문학에 비친 민중의 음영인 것이다.

그리하여 1920년대 초 상실과 그리움의 시는 그 이전 시의 관념성 앞에서는 낯설음이며, 당시 국권상실에 대한 여성적 반응이기도 하다. 이런 뜻에서 프랑스 상징파 시인의 우울과 애상의 정조가 이 땅 식민지 백성의 감정에 쉽게 영합되었다는 것은 다음 얘기가 된다. 물론 상징파 시인의 시가 1920년대 초 상실과 그리움의 시를 낳게 한 외부적 자극이 된 것은 분명하다. 그러나 그것은 자극일 뿐, 이미 조선조 평민시가 등에 있었던 에로스적 충동과 그 의식이 근대 이후 낭만주의적 요소를 낳게 한 내적 배경이 되는 것이다.

특히 에로스적 충동과 그 의식은 근대적 자아를 향해 각성해가는 사회계층의 점진적 부상과 무관하지 않다. 하우저Arnold Hauser의 말과 같이 사랑하고 애태우며 단념해야 하는 임, 상대의 응답이나 사랑의 성취와 관계없이 바로 그 부정적 성격에 의해 더욱 타오르는 사랑, 손에 잡히는 대상이나 심지어 분명히 규정할 수 있는 대상조차 갖지 않는 이른바 먼 것에의 사랑[2]—이러한 것들과 더불어 근대문학사의 막이 열린 것이다. 이때 남성의 여성화, 즉 화자가 여성으로 나타나는 것은 자연스러운 귀결이다.

이런 의미에서 김윤식의 이른바 여성편향[3]이나 김현이 말하는 여성주의[4]

2 Arnold Hauser, *The social history of art*, V. I, London, 1962, p.193.
3 김윤식, 「한국시의 여성편향」, 『한국 근대문학연구』, 일지사, 1973.
4 김현, 「여성주의의 승리」, 『현대한국문학의 이론』, 민음사, 1972.

는 한국 근대시 형성에서 거의 불가결의 요소라고 할 수 있다. 한국시에서 여성적인 것을 향한 움직임이 근대지향의 중요한 다이내믹한 요소가 된 것은 순전히 이 때문이다. 상실과 그리움으로 암시되는 내면 존중의 이미지가 주로 여성의 입을 통해 토로되고 드러나고 있는 것이 1920년대 한국 낭만시의 기본 동력이 되어준다.

김소월의 시와 같은 상실과 그리움의 시는 대부분 시적 자아가 여성이다. 상실과 그리움을 한결같이 여성에 투사하고 있다. 시인은 여성으로 변신해서 자신의 슬픈 자화상을 대신하고 있는 것이다. 자신을 싫다고 버리고 떠나는 임 앞에 스스로를 꺾인 꽃으로 바치는 여성, 그것이 소월 시 중에서 빼어난 시, 「진달래꽃」의 시적 자아다.

「진달래꽃」만이 아니라 그의 초기 시 대부분이 '소식없이 기다린 이태 삼 년三年'(「무심無心」)이 암시하듯이 잊혀진 여인, 버림받은 여인의 노래다. 잊혀서도 기다리는 여인의 심정을 담고 있다. 비록 시적 자아는 '나=아들'이지만 아니마의 원형을 어머니에게서 구했다는 점에서 홍사용의 「나는 왕이로소이다」 역시 시적 톤은 여성적이다. 이 점은 주요한의 「아기의 기도」, 이장희의 「청천의 유방」도 마찬가지다. 이때 시적 자아는 울며 매달리고 발버둥 치며 호소하고, 그리고 땅을 치며 상대방의 처분에 모든 것을 내맡기고 있다. 어머니에 매달린 아기와 진배없다. 절대적인 것, 압도적인 것에 자취도 없이 쓸려 들어감으로써 갖게 될 자신의 소실감에 한 가닥 사랑의 행복을 기대하고 있다. 세계에 대한 태도 표명으로서 여성 변신은 1920년대 초 시인의 인격·정신 상태를 드러내는 데 가장 알맞은 퍼스나의 기능이었던 셈이다.

죽음에 대한 낭만적 예찬과 동경을 그 누구보다도 정열적으로 노래한 박종화조차 쫓긴 이라는 추방의식과 망국민亡國民의 한을 노래할 때, 여성 화자를 취하고 있다.

벌거버슨 이 몸을 어데다두료
드러내인 이 젖가슴 엇지나 하오
저 수풀 저 갈대에 이 몸을 가리울가
오랜지빗 저 하늘을 엇지나 보노

— 「쫓긴 이의 노래」에서

위의 시에서와 같이 망국민의 모습을 벌거벗은 몸과 드러난 젖가슴 가릴 곳 없는 여성에 투사하고 있다.

그렇다고 심약하고 가녀린 여성만이 시적 자아로 선택된 것은 아니다. 강렬한 의지와 집념과 적극성을 지닌 여성도 있었다. 침략당한 망국민의 한恨을 여성의 아픔으로 대거리하는 작품도 많은 것이다.

나는 집도 없고 다른 까닭을 겸하여 민적이 없습니다. '민적 없는 자는 인권이 없다. 인권이 없는 너에게 무슨 정조냐' 하고 능욕하려는 장군이 있었습니다. 그를 항거한 뒤에 남에게 대한 격분이 스스로의 슬픔으로 화하는 찰나에 당신을 보았습니다. 아아 온갖 윤리 · 도덕 · 법률은 칼과 황금을 제사 지내는 연기인 줄을 알았습니다.

— 한용운, 「당신을 보았습니다」에서

이렇듯 일제 침략이 상징하는 남성적인 거대한 시대적 압력에 저항하고 대결하는 데 여성화자의 관점이 효과적인 책략이 되어준다. 같은 시인의 「님의 침묵」 또한 절대자의 귀의와 조국에 대한 사랑을 노래할 때, 그 시적 자아는 여성인 것이다. 이와 같이 여성적인 것에 대한 변신 욕망은 감각적 충동 못지않게 식민지라는 역사적 상황과 무관하지 않다. 특히 1920년대 초 시가 이룰 수 없는 사랑, 기대에 대한 좌절 등 부재와 상실을 노래하는 낭만적 상상력과 가까워진 것은 결코 우연이 아니다. 낭만적 상상력, 즉 연연한 그리움, 불가항력의 운명에 대한 슬픔, 간절한 사랑의 고뇌가 불릴 때, 부르는 사람인 시적 자아가 여성에로 변신과정을 거치는 것은 그러므로 당연하다.

나 보기가 역겨워
가실 때에는
말없이 고이 보내드리우리다

영변에 약산
진달래꽃
아름따다 가실 길에 뿌리우리다

가시는 걸음 걸음
놓인 그 꽃을
사뿐히 즈려 밟고 가시옵소서

나 보기가 역겨워
가실 때에는
죽어도 아니 눈물 흘리우리다

— 김소월, 「진달래꽃」

「진달래꽃」의 경우, 이 시는 영락없이 아름다운 혼의 현상에 있어서 여성적 표현이다. 융Jung은 남성 심리 속에 잠재해 있는 반대성의 이미지를 아니마라고 하여, 그것을 인간의 생명력 혹은 생동하는 에로스의 표출이라고 하였다. 아니마는 개인적이고 집단적인 무의식을 옮기는 남성의 마음 속에서 반대성의 부분, 즉 반대성의 이미지다. 소월만이 아니라 한용운, 홍사용, 김동환 등에 보이는 이성 아닌 감성에 의한 일종의 끈질기고 일관된 강인성이 여성적 톤으로 나타난 이상, 화자는 여성적 자아로 나타날 수밖에 없다. 「진달래꽃」에서 노래하는 여인이 가는 임을 향하여 진달래꽃을 '아름따다 가실 길에 뿌리우리다', '죽어도 아니 눈물 흘리우리다'와 같이 마음 먹었다고 해서 실제로 가는 임을 되돌릴 수 없었고, 그렇다고 임이 자기를 버리고 가지 못하도록 잡아둘 수도 없었다.

이 시는 그만큼 불가능한 희망의 표현이다. 그러면서도 이러한 좌절의식이 가열될수록 임에 대한 그리움은 더욱 사무치고 간절한 것이다. 그만큼 감정이 밖으로 확산되는 것이 아니라, 안으로 수렴된다. 글자 그대로 슬픔을 안으로 닫고, 괴로움을 안으로 여미는 애이불상哀而不傷―이것이 소월의 시심이다. 아니, 이것은 소월의 것만은 아니다. 그것은 전통적인 이 땅의 여성들이라면 누구에게나 보아낼 수 있는 이 땅의 여심이다. 말하자면 구질서 아래서 인종과 희생을 강요당한 여성의 사회적 위치를 반영한 것이라고 할 수 있다. 개인과 사회의 관계에서 개인이 사회로부터 소외될 때 부딪히는 장애와 좌절은 결국 개인의 세계로 내향할 수밖에 없다. 기대에 대한 좌절을 노래하는 시가 거의 심미적 전환으로써 꿈의 세계로 퇴각한 사실은 이 경우 주목할 만하다.

(3) 낭만적 허위―도피 모티프

1920년대 초 시에서 우리가 주목할 것은 꿈 모티프의 도입이다. 주요한, 김억, 박종화, 김소월, 박영희 등의 시에 비탄과 좌절의 달콤한 보상, 이른바 낭만적 도피로서 꿈 모티프가 나타나고 있는 것은 매우 흥미 있는 일이다. 그만큼 꿈은 좌절과 실의, 그리고 허무의 방어적인 방위 기제이자 도피적 전략인 것이다. 꿈으로 암시되는 내면에의 전환이 주요한, 김소월, 홍사용 등의 경우와 같이 화자가 여성적 화자로 나타나고 있다. 한편 유종호의 말과 같이 순화된 사랑의 감정이 남성을 여성화시킨 것도 사실이나, 사회적 지위에 있어서 심한 불평등과 그것을 당연시하는 풍토 때문에 사랑의 노래는 불가불 여성 퍼스나를 택하지 않을 수 없게 된다.[5]

5 유종호, 「임과 집과 길」, 『세계의 문학』 통권 3호, 민음사, 1977.

꿈은 이룰 수 없는 세계에 대한 불가능의 희망이며 그만큼 자연스럽고 자유로운 감정이다. 자연스러운 감정이 주로 사랑을 테마로 한 작품에 표상되는 것은 이 때문이다. 그러므로 사랑을 테마로 한 1920년대 초 시가 낭만시로 나타날 수밖에 없었다는 것은 낭만적 상상력이 자연스럽고 뜨거운 감정, 가까운 것보다 먼 곳, 꿈과 공상에 대한 향수 등에 있었다는 것과 무관하지 않다. 문제는 사랑의 제재를 꿈으로 의식하였다는 것 자체가 이 시대의 하나의 비극이라고 할 수 있다.

꿈은 유령의 춤추는 마당
현실은 사람의 괴롬을 불붙이는
싯벍언 칠공장

— 박영희, 「유령의 나라」에서

봄날에 달을 잡으러
꿈길에 헤여 차자갔더니
가기도 전에 별들이 막아 서서
꾸미 아니엇더면 엇더케 왓스랴

— 주요한, 「봄달잡이」에서

아— 이게 꿈이노? 이게 꿈이노!
꿈이면은 건넌 山 어슬푸레한 흙구덩이를
건너다 보고서, 실컨 울엇건만은
깨여서 보니, 거짓이고 헛되구나, 사랑의 꿈이야

— 홍사용, 「꿈이면은?」에서

「유령의 나라」, 「봄달잡이」, 「꿈이면은?」 등과 같이 좌절(현실)과 내면화(꿈)의 추구는 1920년대 초 시의 공통점이다. 시 대부분이 어두운 현실을 비탄 · 절망 · 허무 등으로 의식하고, 그러한 의식의 극복과 출구는 다

릅 아닌 바로 꿈이며 임이다. 꿈은 '유령의 춤추는 마당' 등과 같은 환상적 정서로 나타나고, 현실은 '괴로움 불붙이는 철공장'으로 집약된다. 현실보다 꿈의 우위야말로 낭만주의의 구조적 원리이자, 시인들의 낭만화된 고뇌인 셈이다.

'꿈의 나라'(박영희), '캄캄한 밀실'(박종화), '나의 침실로'(이상화), '밀실'(황석우) 등과 같은 이미지에서 보듯이 1920년대 초 시 대개가 전술한 바와 같이 비탄과 좌절의 달콤한 보상, 이른바 낭만적 도피의 열망이 꿈 모티프와 관련하여 회전하고 있는 것이다. 그만큼 1920년대 초 시는 꿈으로 술렁인다. 그 꿈이 주로 현실도피적인 환상성으로 나타나는 것은 이 때문이다. 꿈의 내용이 죽음이든 과거에의 퇴행이든 미래의 지향이든, 현실도피라는 점에서는 비슷한 것이다. 설사 시에 하등 꿈이 기술되어 있지 않다 해도 시는 일종의 현실의 꿈이 아닐 수 없다. 즉 어두운 시대를 사는 시인의 꿈의 표현인 것이다.

> 꿈은 결국 현실과 비해서 미지의 나라였다. 미지의 나라이기 때문에 그들은 기대할 수 있는 동경할 수 있는 나라였다. '백조파' 사람들은 그 미지의 천국, 신비의 왕국을 그린 것이다. 또한 직접 꿈이 아니더라도 미지의 나라면 그것이 좋아 보이고 신비스럽고 동경되었다. 죽음을 예찬한 것도 죽음은 알 수 없는 세계이기 때문이다. 결국 신기한 것, 이향적인 것, 동경적인 것은 백조문학의 특색인 동시에 낭만문학의 특색이라 볼 수 있다.[6]

1920년대 초 시가 이상과 같이 '신기한 것', '이향적인 것', '동경적인 것'으로 나타난다고 할 때, 그 비현실·몽환적·허무적인 환상성은 실은 낭만적이라는 용어와 동일한 것이다. 이렇듯 1920년대 초 시인, 그중에서도 백조파 동인이 지향하고 있는 꿈은 그들이 가장 사랑하고 동경하던 그

6 이병기·백철, 『국문학전사』, 신구문화사, 1970, p.308.

런 자유로운 사랑의 도피처였다. 「꿈의 나라」가 그렇고, 「나의 침실로」가 그렇다. 1920년대 초 『개벽』지에 발표된 무명시인들의 시조차 꿈 지향이 죽음에 대한 강한 동경으로 나타나고 있었다.

그는 人生의 단애우에 안저
향락의 순간을 벗어나
死와 사후를 명상한다
아! 누가 그를 위하여
정열의 노래를 불러주랴!

현실에서의 패배를 현실과 동떨어진 죽음의 세계에서 보상받고자 한다. 환상과 충동, 옛날에 기대거나 그것을 추구하는 시적 자아는 어쩔 수 없이 현실적인 면에서의 자아와 분리를 경험하는 것이며, 때로 자신을 방기하는 모습마저 보여준다. 「피안의 사랑」(보월생)만이 아니라, 「꿈이 아니엿다면」(현성), 「옛날의 노래여」(김명순), 「정열」(주영방), 「온갖 것은 죽고 잇다」(정영태), 「저 물을 건느면」(오천국), 「미련한 어부」(김랑운), 「나의 생활시에서」(박의산) 등의 무명시인의 작품도 이 점에서 마찬가지이다.

박영희, 이상화 등의 1920년대 초 시는 한결같이 밀실이나 죽음의 세계를 그릴 때에는 현실이 아니라 꿈으로서의 밀실과 죽음인 것이다. 그리고 그것이 박종화에겐 '흑방'(「흑방비곡」), '무덤'(「오뇌의 청춘」), '명부'(「밀실로 돌아가다」), '묘장墓場'(「묘장의 야경夜景」), '황금탑'(「환영의 황금탑」), '병실'(「월광으로 짠 병실」) 등으로 나타나고 있다. 이런 의미에서 "죽음을 예찬한 것도 죽음은 알 수 없는 세계이기 때문이다"라고 지적한 것은 결과적으로 옳은 성찰이다. 그만큼 에로스가 요구하는 삶의 사랑은 죽음에의 충동인 타나토스와 관련되기 때문이다. 왜냐하면 죽음(꿈)은 한마디로 에로스의 본능이 요구하는 이른바 삶에 대한 사랑의 역설적 테마의 하나이기 때문이다.

1920년대 초 시는 대부분 지나친 감정의 용솟음 및 감정의 고조된 소리로 나타나고 있음은 앞에서 본 바와 같다. 『백조』의 시가 그렇고 『폐허』의 경우도 마찬가지다. 그러나 편의상 주요한의 시집 『아름다운 새벽』에서만 열거해봐도, 강렬한 감탄사들이 자기고백적인 어휘와 결합되어 자아의 과잉노출을 이루고 있다.

아아 나의 눈은 어둡고 어깨는 떨려
더운 눈물은 가슴에서 쓰러오르며

— 「새벽꿈」에서

아아 무슨 서름으로 가슴맥힌 바람소래를 드르랴

— 「눈」에서

아아 아츰마다 아츰마다
하아얀 안개가 개입니다

— 「하아얀 안개」에서

아아 달빛도 가고 꿈도 간 뒤는
나무숲 그림자만 컴컴합니다

— 「기다림」에서

오, 살과 살을 손바닥과 손바닥을, 서로 대어라

— 「선물」에서

그만큼 탄식 · 눈물 · 한숨 · 비애 · 울음 등 감정의 용솟음이 근대의 낭만적 움직임의 근간을 이룬다. 물론 이러한 낭만적 움직임은 1920년대에 와서야 비로소 이루어진 현상이 아니라 그 이전에 이미 단속적으로 나타나고 있었다. 『학지광』, 『태서문예신보』, 『청춘』 등에 실린 최남선, 이광수,

현상윤, 최승구 등의 1910년대의 시가 바로 그것이다. 그러나 이것은 극히 소수에 그쳤으며, 또한 몇몇 사람의 산발적인 활동으로 이루어졌기 때문에 엄격한 의미에서 근대적인 시라고 부르기는 어렵고, 이들은 일단 근대시의 전사 속에 포함시키는 것이 상례이다. 1910년대의 이러한 낭만적인 움직임과 같이 극소수에 의한 산발적인 활동이 아니라, 다양하고 집단적인 현상이 나타난 것은 1920년대, 그것도 1920년대 중반이라고 할 수 있다.

문제는 1920년대 초 자유시형처럼 전통적인 경험보다 서구적 경험에 압도될 때 자기분열이 일어나고, 환상적이며 개인적인 감정이 될 수밖에 없다는 것이었다. 그만큼 그 감정은 자위적이거나 기질적인 것과 다름이 없었다. 1920년대 초 시에 나오는 감정의 지나친 용솟음은 여기에 따라나오는 자연스러운 결과인 셈이다. 감정의 지나친 용솟음은 가령 유도순의 경우 「황혼의 애가」·「고독」·「추억」·「눈물」 등의 시제로 나타나기도 하고, '애가'·'황혼'·'적막'·'감격'·'슮는 열정'·'파견된 가슴'·'녯꿈'·'애달픈 곡조曲調'·'검은 운명'·'눈물'·'흐득이며' 등의 시어로 나타나기도 한다. 또한 '나의 애가는 듯는 이 업셔 적막하고나'(「황혼의 애가」), '일흠모를 색채와 감격에 / 슯는 열정의 붓거름'(「고독」), '나의 마음은 보이지 안난 눈물을 가지고'(「추억」), '검은 운명의 보재기에 / 싸가지고 온 나의 눈물은'(「눈물」), '나는 죽음보다 더 압흐게 외롭습니다'(「가을」) 등의 시구를 통해 나타나기도 한다. 물론 이러한 감정의 지나친 용솟음은 유도순 혼자만의 서정은 아니다. 앞에서 거듭 강조했듯이 1920년대 초 시인들의 시 대부분을 이루는 시정이다. 유도순, 이상화, 황석우, 조명희 등 1920년대 초 시인들의 시는 글자 그대로 비탄으로 얼룩진 작품들이다.

> 저녁은 써지고 황혼은 오도다
> 별과 갓히 나의 가슴엔 녯 생각이
>
> — 유도순, 「황혼의 애가」에서

그러나 갑작이 그는 거름을 멈추고 입을 다물고 나를 보앗다. 드려다 보았다. 아 그 눈이 다른 눈으로 나를 보앗다. 내 눈은 뚜를듯한 무서운 빗발 같은 눈물이 흘렀다. 까닭모를 눈물이었다. 답답한 설음이었다.

— 이상화, 「夢幻病」에서

저녁의 피묻은 동굴속으로
아— 밋없는, 그 동굴속으로
끗도 모르고
끗도 모르고
나는 걱구러지련다
나는 파뭇치이련다

— 이상화, 「末世의 欷嘆」에서

사실 오늘의 관점에서 보았을 때, 이러한 지나친 감정의 노출은 실제의 감정과 시의 정서는 가까우나, 그 대신 미적 가치는 상실될 수밖에 없다. '고독의 감정'(「황혼의 애가」), '이별의 감정'(「몽환병」), '절망적인 탄식'(「말세의 희탄」) 등은 상황의 새로운 해석이나 밑바닥을 밝히는 일이 아니었다. 삶의 현실과는 크게 상관없이 감정 그 자체에 탐닉하면 그것은 감상 아니면 영탄으로 그치게 된다. 그리하여 「몽환병」처럼 애모의 대상인 '그'가 구체적인 윤곽으로 나타나지 않고 추상적이고 관념적인 대상으로 그려졌으며, 그것도 실제로 살아 있는 애모의 대상이 아니라 어떤 관습에 따라 유발된 듯한 느낌마저 주는 것은 이러한 이유 때문이다.

구체적인 삶의 현실과의 긴장에 의해 시가 이루어졌을 때, 비로소 시는 미적 대상이 된다. 그러나 「황혼의 애가」, 「몽환병」, 「말세의 희탄」 등과 같이 삶과의 긴장 없이 쓰였을 때, 그것은 영탄 아니면 감상이 되는 것이다. 자기탐닉이 이렇듯 시에 노출될 때, 시는 감정을 사유화하여 과장된 정서의 반응, 장식적인 수사, 시적 긴장의 이완(산문화) 등으로 나타나고 있다. 1920년대 초 감상시의 한 특징이 되어 있는 이러한 감정의 용솟음과 산문화의 극복과정이 엄격한 의미에서 한국 근대시의 흐름일 수 있다. 그리고 그 극복은 1920년대 중반을 고비로 1920년대 초 무비판적인 서구 수용을 비판하고 전통적 경험과 삶의 현실에 눈길을 돌리면서 나타났다.

3. 현실적 상상력과 사회성

(1) 전통과 개인

우리 삶의 기본적인 양태를 헤아릴 때 전통적(현실적) 경험보다 서구적(관념적) 경험이 선행하면, 동일성은 위기에 놓이고 동시대적 전체성은 파괴된다. 식민지적 개화를 거쳐 1920년대 초 전후에 겪은 환상과 혼돈이 그것이다. 반대로 서구적 경험보다 전통적 경험이 선행하면, 동일성의 상실이 극복되고 동시대적 전체성은 회복된다. 그러기에 1920년대 중반을 고비로 조선적 현실에 시각을 돌리면서 문학의 현실적 기능의 강조를 통한 자기반성과, 전통적 경험을 통한 자기회복의 일련의 다양한 움직임은 한국문학에서 중요한 근대적 변화의 계기가 되었다. 그렇기 때문에 최초의 근대적인 문학은 1920년대 초의 문학이지만, 근대적 감수성의 문학이 본격적으로 쓰인 것은 1920년대, 그것도 민족 · 계급 양 파의 문단적 형성과 함께 이데올로기 문학의 심각한 갈등을 보여준 1923 · 1924년 이후의 일이 된다. 그리고 이러한 움직임은 3 · 1 운동을 계기로 이루어진 문화적 각성과 민족의식의 구체화이자 관념적 논설의 문학적 표현이다.

이러한 움직임은 한편으로 박종화를 비롯하여 박영희 · 김기진 등에 의하여 1920년대 초 영탄조의 시에서 벗어나, 시는 '현실의 강렬한 열가'가 되어야 한다고 하여 민요시 · 단편서사시 · 농민시가 강조되는 한편, 김억 · 주요한 · 홍사용 등에 의하여 민요의 가치가 역설되고, 최남선 · 이광수 · 이병기 · 손진태 · 이은상 등에 의하여 시조가 전통적 형식으로 강조되며, 또한 일본심과 대립되는 조선심이 시혼(김소월), 조선혼(주요한), 조선주의(최남선), 애국심(김동환) 등으로 강조된 것을 예로 들 수 있다.

박종화는 "앞으로 우리가 가져야 할 예술은 역力의 예술이다. 가장 강하고 뜨겁고 매운, 힘 있는 예술이어야 할 것이다. 헐가歇價의 연애문학, 미온적인 사실문학, 그것만으로는 우리의 오뇌를 건질 수 없으며 시대적 불안을 위로할 수 없다"고 「문단의 1년을 추억하여」에서 주장하였다. 이러한 주장에 적극적으로 동조하고 나선 이는 김기진이다. "월탄 형, 사死에 대한 불복, 즉 운명에 대한 항의, 현실에 대한 반역, 여기에서 우리 문학이 산출되지 않으면 안 되겠습니다. 형의 영탄조의 시가 일전기를 획하여 현실의 강렬한 열가가 되기를, 형의 '개벽'에서 '역力의 예술'이라고 부르짖은 것이 형의 시가 위에 나타나기를……." 박영희 또한 지금까지 문학은 쫓겨가는 아폴로의 노래라고 규정하고, 이제 조선은 다시 강해야 한다고 하였다. 이것은 1920년대 초의 환상성에 대한 비판이며, 현실성에의 지향이기도 하였다.

이렇듯 문학의 현실적 상상력을 강조하고 나선 이는 정작 1920년대 초에 낭만적 상상력에 의해 시를 발표해오던 박종화, 박영희 등 이른바 백조파 시인이라는 점에 우리는 주목할 필요가 있다. 그 후 김기진, 박완식에 의해 강조된 프로시가의 대중화나 김기진의 단편서사시, 이성환의 농민시 논의는 연장선상의 귀결이라고 생각된다.

물론 문학의 현실적 상상력의 강조는 처음에는 계급의식에서 오는 현실과 생활의 문학을 겨냥한 것이 아니었다. 어디까지나 환상성에 대한 현실성의 강조였다. 하지만 그것이 의식적인 계급투쟁의 문학으로 변모하면서 문학은 문학 자체를 위한 것이 아니라, 정치적인 목적을 수행하기 위한 계급문학으로 나타난 것이다. 이에 반하여 최남선, 김소월, 주요한, 김억, 홍사용 등의 전통적 형식에 시적 질서를 부여한 다양한 움직임은 고무적인 변화가 아닐 수 없다. 서구적 경험보다 전통적 경험에 보다 밀착될 때 삶에 근거한 현장성을 얻고, 자기회복을 다질 수 있기 때문이다.

「조선 국민문학으로서의 시조」에서 최남선은 시조가 절대 최선의 문학양식은 아니더라도 조선국토 · 조선인 · 조선심 · 조선어 · 조선음률 등을 통해 표현한 필연적인 한 양식으로서 조선이라는 체로 걸러진 정수라고 규정함으로써 시조의 전통적 형식의 가치를 처음으로 이론적으로 강조하였다. 그리하여 시조는 조선심 · 조선혼이 담긴 가장 조선적인 문학양식(조운)이며, 조선 사람의 보편적인 운율이 가장 적절한 형식으로 표현된 시(허용호)가 되어준다. 염상섭 또한 「시조에 관하여」에서 시조가 과거인에 의해 과거의 시대정신과 생활의식을 표현한 것이기는 하나, 그것은 현재의 모태일 수 있다고 하였다.

> 시조나마 내쫓으면 조선 문단에는 무에 남을꼬? 몇 개의 소설? 몇 편의 시가? 민중의 생활의식과 생활감각과는 거리가 먼 구라파의 방계적 혹은 문학사상이? 날래나는 계급문학의 꽹과리 소리냐? 이 모든 것이 조선문단을 형성하는 악터가 될지라도 그것은 조선적도 아니고 세계적도 아니다. …… 따라서 조선의 시대상, 조선인 생활을 조선인의 감각을 떠나서 조작되는 조선인의 예술의 존재를 부정하고 그 모든 것을 끌고 나가는 노력이 아닌 일체의 노력의 가치를 파악할 따름이다. 자기 민족이 처한 시대 · 환경, 자기 민족이 가지고 있는 사상 · 감정 · 호소 · 희망을 떠나서 세계적일 수도 없고 인생을 위한 것일 수도 없으며 심하여는 예술적인 가능성도 없을 것이다. 이것은 애국적이라는 편협한 의미가 아니라 널리 인생을 위한 예술이라는 견지에서 주장하는 것이다.[7]

이렇듯 서구 경험에 대한 자기반성과 전통적 경험에 대한 재인식이라는 점에서 민요 논의 또한 시조 논의와 마찬가지로 낭만적 상상력에 대거리하는 현실적 상상력의 강조다. 민요 논의가 민족의 보편적 이념을 표상하는 민중의 공동체 노래로 민요를 자각하면서 이루어졌다면, 시조 논의는

7 염상섭, 「시조에 관하여」, 『조선일보』, 1926. 12. 6.

전통적으로 전해져 내려온 가장 조선적인 시형의 문학양식으로서 시조가 자각되면서 이루어졌다.

주요한은 「노래를 지으시려는 이에게」에서 민요야말로 조선사람된 개성, 즉 조선혼이 전통적으로 담겨온 것이며 새로운 시는 이것을 기초로 한 민요시로 지향되어야 할 것이라고 하였다. 이 점에서 조선심을 배경으로 한 생명 있는 시가가 민요라는 주요한의 주장이나 민중의 공동체적인 노래인 민요를 토대로 한 민요시가 쓰여야 한다는 김동환의 주장은 각각 국민문학 · 프로문학이라는 이념을 넘어서 동일하게 문학의 현실적 상상력을 강조하고 있다.

> 이제부터 나아갈 우리의 길은 다름이 아니라 이 외국문학의 견제에서 버서나서 국민적 독창문학을 건설함에 잇습니다. 그러게 하기 위하여서 우리는 우리 민족이 가진 모든 조흔 것 사상으로나 정서로나 전통으로나 창조력으로 나를 발견하고 해석하고 노래하여야 하겠읍니다. 이런 의미에 잇서서 우리가 가진 유일한 발족점이 한시도 아니요 시조도 아니요 민요 및 동요라 함은 나의 전부터 주장하는 바이외다.[8]

> 민요는 실로 이와가치 유한계급이 자기의 예술적 무기로 시조와 한시를 들고 나설 때에 그와 대항하기 위하여 정치적 · 사회적 不利한 지위에 노인 민중의 일단이 자기 계급의 옹호로 들고 나선 무기이니 이로 보건데 민요는 진실로 피압박군 자신이 지어서 순전히 자신이 불러온 것이라고 볼 것이다.[9]

특히 최남선, 김억, 주요한 등과 같이 초기에 서구 경험을 철저히 경험한 시인일수록 오히려 그 반대로 그 후 가장 깊은 전통적인 경험을 강조하고 나섰다. 그 누구보다 서구적인 경험의 세련을 철저히 받은 최남선이 오히

---

8 주요한, 「노래를 지으시려는 이에게」, 『조선문단』 2호, 1924. 11.

9 김동환, 「조선민요의 특질과 그 장래」, 『조선지광』 82호, 1929. 1.

려 1920년대 중반을 고비로 전통적 경험에로 시각을 돌린 것은 한국문학의 근대적 변화를 이해하는 데 빼놓을 수 없는 사례라고 생각된다. 그만큼 초기의 환상적이고 관념적인 세계가 조선적이고 현실적인 세계로 바뀐 것이다. 이 점은 주요한이나 김억도 마찬가지다.

주지하다시피 육당만이 아니라 주요한, 김억 역시 1920년대 초에 신시, 자유시, 시조, 민요 등 다양한 시 형태를 거듭하고 있었다. 1920년대 초 전후의 신문 · 잡지에 이들의 신시, 자유시, 시조, 민요 등이 발표되고 있는 것이다. 이렇듯 형태면에서의 다양한 시도 그 자체가 역설적으로 다름 아닌 자기상실 · 자기분열(환상성)을 보여주는 것이 된다. 한편에서는 시조나 민요와 같이 전통적 리듬을 따르기도 하고, 다른 한편에서는 신시 · 자유시와 같이 외래적 리듬을 시도하기도 하며, 또한 전통적 리듬과 외래적 리듬을 변조하기도 한다. 전통적 리듬과 외래적 리듬, 그 어디에도 자신을 동일화할 수 없는 구심점의 상실을 1920년대 초의 시인들은 처음부터 경험하고 있었다. 그만큼 1920년대 초 시는 갈등과 거부, 그리고 새로운 경향에의 충돌로 인해 리듬의 무정부상태로 얼룩져 있었고, 그것은 주로 시인들 자신의 의식의 방황으로까지 이르고 있었다.

이런 의미에서 육당이 『백팔번뇌』 이후 초기의 전통적 리듬과 외래적 리듬의 방황에서 전통적 리듬, 말하자면 시조의 형식으로 귀일한 것은 환상과 은둔에서 현실과 질서로의 이행의 소산이다. 사실 『백팔번뇌』 이후 육당의 시작 활동은 창가인 「조선유람가」 이외에는 거의 시조 일변도였다.

(2) 김소월의 후기 시편들

이런 의미에서 처음부터 민요적 질서의 지향을 보여준 김소월의 시적 출발은 1920년대 초 시적 상황에서는 이질적이라고 할 수 있다. 소월의 시는 그 출발부터 형식과 이미지가 민요적이거나 민요의 변이요, 변주다. 리드의 서술의 직접성, 반복, 여음, 그리고 낭만적이고 비극적인 정서 등 민요의 특징을 골고루 갖추고 있었다. 민요가 민중 사이에서 자연히 출생하여 오랫동안 최하층 서민의 시심을 만족시켜온 형태라고 할 때, 그것은 민중생활의 보편적 경험(염상섭)을 드러내는 데 가장 알맞은 형태다. 그만큼 "우리 민족의 감정이 흐르는 모양과 생각이 움직이는 방법"(이광수)을 보여주고 있는 것이다.

> 소월이 가장 폐쇄적인 노래를 그 자신의 감정의 항아리에 울렸을 때 도리어 그 울림은 가장 넓고 짙은 하늘, 범조선적 · 범인간적인 절실한 울림의 반응을 획득하고 있는 것이다. 그러한 그의 감정, 그러한 그의 정서가 아주 진하게 탄력 있게 표현되었기 때문이다. 이것이 그의 순수하고 영원한 시적 생명의 근원을 이루고 있는 것이다.

민요의 특성이 절실한 체험을 통하여 민중의 잠재된 감정을 환기하는 데 있는 이상, 소월의 시가 박두진의 말과 같이 범조선적 · 범인간적인 절실한 울림의 반응을 획득한 것은 순전히 민요의 시학 때문이라고 생각된다. 민요의 세계는 그만큼 우리의 경험과 정말로 깊이 있게 밀착된 관계이며, 생소하거나 생경하지 않은 친숙한 자설적自說的 감정인 것이다. 이러한 자설적 감정은 전대 시가의 타설시를 거부하고 현실과 구체적으로 부딪혀서 구속을 거부하는 자유로운 감정의 발로라고 할 수 있다. 자유로운 감정이 꿈 · 실향성 · 눈물 등 낭만적 상상력으로 표상된 것은 자연스러운 일이다. 그러나 1920년대 초의 시인의 경우와 같이 우리의 개성적인 특성보다 먼저 외부적인 관념의 자극에서 촉발될 때 나타나는 개인적 감정과는 다르다. 하지만 낭만적 상상력이라는 점에서는 1920년대 초 다른 시인과 다름이 없다. 시집 『진달래꽃』처럼 대부분의 시에서 화자는 여성적 자아에 투사되고 있음은 말할 나위 없다. 물론 상실과 부재의 상상력은 세기말 퇴폐주의와 무연한 것은 아니지만, 식민지 백성이기에 그가 처했던 상황에서 저절로 나올 수 있는 것이기도 하였다. 그러기에 1920년대 중반 이후 「나무리벌 노래」, 「인종」, 「소는 운다」, 「밭고랑 우에서」, 「옷과 밥과 자유」 등과 같은 현실시가 나올 수 있었던 것은 소월의 민요적 발상으로는 자연스러운 것이다. 말하자면 그는 의식적인 민요시인이 아니라, 생득적인 민요시인이었던 셈이다. 그리하여 소월은 「시혼」에서 표방했듯이 고상하고 유별난 것만을 귀하게 여겼던 서구지향의 당시 시단의 분위기와는 관계없이 미처 깨닫지 못한 평범하고 습관적인, 말하자면 일상적이고 전통적인 삶 가운데서 사물의 이치와 진리를 찾은 것이다. 그렇지만 그의 시가 1920년대 중반을 고비로 그 이전의 시가 전통적 기반을 둔 낭만적 상상력의 소산이라면, 그 후의 시는 당대의 상황에 기반을 둔 현실적 상상력의 소산임이 틀림없다. 그것은 곧 시적 자아의 개인적 · 내면적 정조의 낭만적 표출에서 현실의식을 담은 구체적이고 경험적인 표현으로의 전환이다. 그만큼 소월도 당시 시대적 상황과 문단적 분위기에서 자유로울 수 없었다.

1920년대 후반의 그의 시는 낭만성과 환상성을 주조로 한 전기 시와는 다르게 현실을 응시하는 구체적인 눈을 보여준다.

공중에 떠다니는
저기저새요
네몸에는 털잇고 깃치잇지

밧테는 밧곡식
논에 물베
눌하게 닉어서 숙으러젓네!

楚山지나 狄踰嶺
넘어선다
짐실은 저나귀는 너왜넘늬?

—「옷과 밥과 自由」

新載寧에도 나무리벌
물도만코
땅조흔곳
滿洲나 奉天은 못살고장

왜왓느냐
왜왓드냐
자곡자곡이 피땀이라
故鄕山川이 어듸메냐

黃海道
新載寧
나무리벌
두몸이 김매며 사랏지요

올벼논에 다은물은
츠렁츠렁
벼자란다
新載寧에도 나무리벌

—「나무리벌 노래」

소월의 시적 대상은 모두가 부재의 임이고 상실의 임이며, 전기 시에서 보여준 낭만적이고 관념적인 임은 후기 시에 와서는 현실적이고 구체적인 고향(조국)의 모습을 드러낸다. 임 상실은 곧 고향 상실이었다. 여기서 김소월의 개인적 · 특수적 감정은 집단적이고 보편적인 정서로 통하게 된 것이며, 이러한 보편적이고 집단적인 정서가 민요의 형식으로 나타난 것은 소월다운 착상이요 방법이 아닐 수 없다.

사실 소월의 전기 시에서 대상으로서의 임은 구체적인 실체가 없고 주관만이 움직이고 있을 뿐이다. 그만큼 임은 성격이 뚜렷하지 않고 모호하다. 실재하는 임이 아니고 관념으로서 존재하는 임이다.

니칠듯이 볼듯이 늘보던듯이
그럽기도 그려운 참말 그려운
이나의맘에 속에 속모를곳에
늘 잇는그사람을 내가압니다.

언제도 언제라도 보기만해도
다시업시 살뜰한 그내사람은
한두번만 아니게 본듯하엿서
나쟈부터 그립은 그사람이요.

―「맘에 속읫 그 사람」

시「맘에 속읫 그 사람」과 같이 '그 사람'인 임의 실체는 드러나 있지 않다. 임은 단지 나의 마음 속에 있으며, '다시 없이 살뜰한 그 내사람'으로 생각되는 사람이다. 다만 임을 향한 그리움의 정만이 환기될 뿐이다. 그만큼 소월에게 임은 자아의 내부에만 존재한다.「맘에 속읫 그 사람」만이 아니라 전기 시에 나타나는 임은 구체적인 모습을 드러내지 않고 '편지'(「고적한 날」)로, '노래'(「님의 노래」)로, '얼굴'(「밤」)로, '약속'(「개여울」)으로 나타나고 있다. 하지만 후기 시는 전기 시와 반대로 가령「나무리벌 노래」의 대상은 '나무리벌'이라는 표제에서 보듯이 당시 실제로 있었던 유랑민의 참상을 보여주는 작품이다. 일제에 전답을 빼앗기고 만주로 이주한 황해도 신재령 나무리벌 주민들의 슬픔을 노래한 것으로서, 1922년 9월 26일부터 10월 3일까지『동아일보』르포기사로 보도된 실제 사건을 다루고 있다.[10]

「맘에 속읫 그 사람」등 전기 시에서 감정이 내향한다면,「나무리벌 노

10「위기에 처한 '나무리'벌」,『동아일보』, 1922. 9. 26~10. 3.

래」·「옷과 밥과 자유」 등 후기 시에서는 감정이 외향한다. 그만큼 후기 시가 집 상실·길 상실 등 고향 상실과 돈 없음·밥 없음 등 궁핍의식 등으로 나타나고, 어두운 현실의 상징을 이룬 하나의 자기발견의 남성적 목소리로 반향한 것은 이 때문이다.[11]

반대로 전기의 「맘에 속읫 그 사람」의 낭만적 정열은 사랑의 극한 표현이며, 차단된 사랑의 절망적인 여성의 목소리다. 그러나 그 목소리는 자족적인 것이다. 의식적인 자아가 남성적이라면 내적 존재로서의 무의식적 자아는 여성적일 수 있다. 「나무리벌 노래」와 「맘에 속읫 그 사람」의 특색을 이루는 자기발견과 절망적인 포즈는 현실적 상상력과 낭만적 상상력의 구체적인 표현이다

(3) 민족적 자아—이상화

서두에서 언급하였지만 1920년대 중반을 고비로 이상화 또한 그의 현실파악 방법이 낭만적 상상력에서 현실과 밀착된 경험의 세계로 발전한 것은 경향파 문학의 대두라는 당시의 문단적 배경과 무관하지 않다. 초기 시에 나타나는 자조적이며 영탄적인 꿈의 세계가 현실로 그 대상이 바뀌면서 이상화의 시는 현실시의 면모를 띠게 된다. 국토(「금강송가金剛頌歌」)에 대한 낭만적 경탄과 예찬이 「빼앗긴 들에도 봄은 오는가」에 와서 현실적인 기다림과 신뢰로 발전하고, '정위淨偉롭은 가슴', '관미寬美롭은 미소'의 대상으로서의 국토가 '아주까리기름을 바른 이가 지심매든 그들'(「빼앗긴 들에도 봄은 오는가」)과 같이 보다 구체적인 리얼리스틱한 이미지로 확대된다. 이때 '금강'도 '물物과 정精의 혼융체渾融體', '천변만화의 영혜靈慧 가득한 계시'의 국토가 아니라, '살찐 젖가슴과 가튼 부드러운' 흙이다. 그만큼 「빼앗긴 들에도 봄은 오는가」를 비롯한 「빈촌의 밤」, 「가장 비통한

11 화자와 시인이 동일시될 때 화자는 남성화자가 많은 것이다(박철희, 『한국시사연구』, 일조각, 1980, p.106).

기욕」, 「충곡」, 「초혼」, 「역천」 등은 당시 우리의 절실한 체험으로 이루어지고 있었다.

그러나 그 체험은 삶을 깊이 헤아렸을 때 드러나는 것이며, 구체적인 경험에 충실하였을 때 이루어지는 것이다. 그것은 곧 시간과 공간의 변화, 그에 따르는 삶의 변화를 응시하여 식민지 현실을 드러낼 때 가능한 것이다. 다음 시가 그 자체부터 가난의 리얼리즘으로 나타나고, 주변인 의식으로 착색된 것은 그 때문이다.

> 오랜 오랜 옛적부터
> 아, 몇백년 몇천년 옛적부터
> 호미와 가래에게 등심살을 벗기이고
> 감자와 기장에게 속기름을 빼앗기인
> 山村의 뼈만 남은 짱바닥우에서
> 아즉도 사람은 收穫을 바라고 있다.
>
> —「폭풍우를 기다리는 마음」에서

> 거름이야 죽을판 살판 거루어 두었지만
> 비가 안 와서— 원수놈의 비가 오지 않아서
> 보리는 벌써 목이 말라 입에 대지도 않는다.
> 이렇게 한참 동안만 더 가면
> 그만— 그만이다. 죽을 수밖에 없는 노릇이구나!
>
> —「비를 타고」에서

이와 같이 주권상실과 수탈에 따르는 좌절 · 울분은 비록 형태로 인지되지는 않지만, 우리가 공감하는 것은 순전히 그 기저에 그의 날카로운 현실적 상상력이 비판적으로 작용했다는 것이다. 초기 시에서 보여준 환상성의 세계에서 당대 현실에 깊이 관심을 가지면서 궁핍 · 고향 상실과 같은 현실의 당면문제가 시적 소재로 등장한 것은 이질적인 것이 아니라, 자연스러운 일이다. 「가장 비통한 기욕」에 와서 이른바 굶주림의 원점인 고향으로부터의 '떠나감'의 길이 중요한 근본 문제의 하나로 등장한 것은 충분히 납득된다.

아, 가도다, 가도다 쪼처가도다
이름속에 잇는 간도와 요동벌로
주린 목숨을 움켜쥐고 쪼처가도다
진흙을 밥으로, 헛배를 마셔도
마구나 가젓드면, 단잠은 얽맬 것을—
사람을 만든 검아, 하로 일즉
차라리 주린 목숨 빼서가거라!

이렇듯 식민지하 나라 잃은 백성의 참담한 삶의 총체적 모습을, 길을 통하여 헤아리고 있다. 이 시의 절규가 그의 다른 시의 절규보다 제목 그대로 '가장 비통한 기욕'이 된 것은 전투적 호소나 반복의 가락이 아니라, 현실적인 주제와 그 시적 리얼리티에 있다. 그만큼 정신기술의 방법으로서의 이미지는 현실적 상상력의 산물이다. 국권상실의 시대를 사는 이러한 어두운 표랑은, 그러나 「빼앗긴 들에도 봄은 오는가」에 와서 절망적인 탄식이나 방황에 머무르지 않는다. 절망적 탄식이나 방황을 거듭하면서 역설적으로 어두운 표랑을 극복하고 있다. 그것은 식민지적 현장 속에 잊혀져가는 국토의 회복에 바치는 신뢰와 기다림에서 가능한 것이다.

초기 시에 나오는 어두운 표랑은 개인적인 표랑으로 시종하였지만, 이 시에 와서 그 어두운 현장(빼앗긴 들)의 표랑을 극복할 수 있었던 것은 그의 국토에 대한 사랑과 그의 확고한 기다림, 그리고 신뢰(봄)에 있었던 것이다. 초기 시의 환상적인 반응은 그러므로 신뢰를 결한 절망적인 몸부림이었다. 이러한 절망적이고 환상적인 개인적 정서가 「빼앗긴 들에도 봄은 오는가」에 와서 이미 '나'의 정서에서 '우리'의 정서로 바뀔 수 있었던 것은 그의 현실적 상상력 때문에 가능한 것이다. 그리하여 「나의 침실로」의 기다림의 지향인 개인적 여체 '마돈나'는 이 시에 이르러 '살찐 젖가슴가튼' 한국의 국토로 확대하여 감상할 수 있다. 이때 이미 기다림의 지향인 개아의 자각은 민족적 자아에까지 발전한 것이다.

(4) 현실적 감각과 그 인식—유도순, 김창술 등

이와 같이 1920년대 중반을 고비로 낭만적 허위로부터 현실에 대한 구체적인 인식은 시 의식에 새로운 변화를 가져왔다. 소월이나 상화만이 아니라 최남선, 주요한, 조명희, 김억 등도 이 점에서 마찬가지다. 그만큼 낭만적 상상력에서 현실적 상상력으로의 변모는 1920년대 문학의 공통점이다. 김형원, 유도순 등 외곽의 시인만이 아니라, 『개벽』지의 무명시인 등의 시조차 예외는 아니다. 1924년 8월 이후 『개벽』에 실린 시들은 한결같이 현실적 인식과 개혁으로 나아가자는 실천의지를 그 안에 담고 있다. 「쫄리는 농부의 무리여」(돌이乭伊), 「여명 이전」(김여수), 「긴밤이 새여지이다」(김창술), 「여직공」(적필赤弼), 「현실과 민중」(김무원), 「행동의 시」(이호) 등이 바로 그것이다. 시적 자아가 초기의 개인화된 내면의 정조적 · 감상적 표출에서 벗어나 사회의식을 담은 구체적이고 경험적인 표현으로 일관하고 있다. 이러한 시 의식의 변화는 내면의 외면화이며, 막연한 비애의식이나 허무의식은 명확한 현실인식으로 전환된다. 그만큼 1920년대 초를 이루는 표현적 기교는 어디까지나 현실의 구조가 아니라, 낭만적이고 추상적인 구조다. 그러나 1920년대 중반의 시는 초기와 다르게 현실을 응시하는 구체적인 눈을 보여주고 있는 것이다.

서리를 부르는 찬바람이
나무숫해 입을 맛추니
「짤분 숨이엿노라」

님은 애닯게 써러짐니다

마주막더위를 품은 금빗햇발이
맑은풀밧에 춤을추니
「짤분 삶이엿노라」
벌비는 구슬피 우름움니다

집이잠잠한 무덤말둑에
한마리안즌뱅이가 안저스니
「님을 흙속에 무덧노라」
나는 죽음보다 더압흐게 외롭습니다

— 유도순, 「가을」

두려운 가을이로소이다
님이여 이슬 가튼 목숨이나
福을 빌어 주소서.
가난한 나의 집을 위하여
平和의 날을 수레에 싯고
누나와 함께 들에 나아가
익은 곡식을 거두오리다.

힘쓸 가을이로소이다.
님이여 풀닙 가튼 몸이나
튼튼만 하랍소서.
너머져가는 집터를 위하여
마을의 동모를 손잡아 쓸고,
산에올라 소리하며
날근 성의 돌조각을 주며
갇닙을 글그오리다.

사랑의 가을이로소이다.
님이여 흙덩어리 가튼 마음이나
헛되치 말랍소서.
불상한 내형제를 위하여
푸장구를 솟구며
구슬픈 금벗노래를 을퍼
붉어진 단풍 닙에도 눈물이 지게
하오리다.

— 유도순, 「가을」

이 두 편의 시는 동일한 제재에 대한 동일한 시인의 서로 다른 반응이다. 그것은 1920년대 초와 그 후의 시 의식의 차이가 되어준다. 전자에서 보여준 '가을'의 감상적 인식은 후자에 와서 현실적인 시각으로 나타난다. 말하자면 낭만적 '가을'로부터 현실적 '가을'로 전이된 것이다. 전자의 '가을'은 '짤분 꿈'과 '짤분 삶', '무덤'을 환기시키는 애달프고 구슬픈 가을이다. 가을은 시인에게 '죽음보다 더 압흐게' 외로운 계절이다. 그만큼 '가을'은 시적 자아에 의해 내면화된 가을이며, 감상적 정서의 환기물로서의 '가을'이다. 하지만 후자의 '가을'은 명징한 현실인식을 갖게 하는 정서적 환기물로서 나타난다. 시적 자아는 가을을 '두려운 가을', '힘쓸 가을', '사랑의 가을'로 인식한다. 그리하여 '가난한 나의 집을 위하여' 금빛 노래를 읊고자 하는 구체적인 현실을 드러낸다. 이때 가을은 낭만적이고 환상적인 가을이 아니라 현실적이며 구체적인 가을이며, 나아가서 우리의 가을이다. 하지만 이 시는 실제적인 마음의 풍경은 있으나 삶의 세목은 보이지 않는다. 엄격한 의미에서 1920년대 중반기의 시단의 흐름으로 볼 때, 시대적 현실과 투철한 사회의식을 노래한 『개벽』지에 실린 무명시인의 시와는 거리가 먼 것이다.

가령 「설리는 농부의 무리여」는 1920년대 초의 감상적 색채를 과감히

탈피하고, 현실과 아주 가깝게 다가선 생활과 현실성을 노래하고 있다.

너희는 양복닙은 자에게 쯸리어
서울장안을 이리로 저리로 쯸리도다.
무엇에 놀란듯한 얼싸진듯 한 눈으로
비틀비틀 쯸려다님을 볼 째에

이 시에서는 '손흰 무리', '양복 입은 자들'과 '쯸리어 다니는 농부의 무리'를 대치적인 존재로 보고, 농부들이 도회인으로부터 받는 지배와 수탈을 '서울 구경'에 견주어 표현하고 있다. 일면 풍자적인 표현을 사용하고 있는 이 시의 발상은 '농부'라는 한 계층을 리얼하게 포착함으로써 가능한 것이다.

4. 1920년대 시의 시사적 의미

1920년대 문학의 전개를 환상성에서 벗어나 현실성이라는 패러다임적 관점에서 파악할 때, 문학의 현실 지향은 그 이전의 환상성에 대한 반명제라고 보면 틀림없다. 그만큼 1920년대 후반 이후의 문학은 환상성 중심의 문학에 대하여 현실성의 우위를 내세우고 있는 것이다. 물론 이러한 변화가 1920년대 한국문학 구조 자체의 변화로부터 연유된 것이기는 하나, 프로문학의 한국적 전개와도 긴밀한 연관을 맺고 있는 것이 사실이다. 1920년대 중반에 민족 · 계급 양 파의 문단적 형성과 함께 야기된 이데올로기의 갈등이 바로 그것이다. 그러기에 1920년대 중반을 고비로 현실적이고 전통적인 경험을 통한 자기회복을 위한 일련의 움직임은 한국문학의 근대적 변화를 이해하는 데 주요한 관건이 아닐 수 없다. 그리고 그것은 1920년대 초 무비판적인 서구 경험을 비판하고 전통적 경험을 자각하면서 나타났다. "신시는 서구의 모방이다", "아니다. 신시는 우리가 창조한 독특한 시다"라고 현철 · 황석우가 이러한 자유시형을 두고 비판한 것은 이러한 사정의 반영이다. 반대로 서구적 경험보다 전통적 경험에 보다 밀착될 때, 삶에 근거한 현장성을 얻고 자기회복을 다질 수 있다. 1920년대 후반의 현실성의 문학이 그것이다.

1920년대 초 문학이 내용과 형식면에서 이미 새로운 것을 갖추었다 해도 근대문학이 되기에는 다른 모든 문화적 양식과 함께 내부에서 발효되는 새로운 감수성을 기다려야 했다. 그러기에 근대적인 문학을 최초로 자각한 것은 1920년대 초 문학이었지만, 근대문학의 '근대성'을 본격적으로 표방한 것은 1920년대 후반부터였다.

1930년대 시의 구조와 배경

1. 머리말

20세기 전반기의 한국시사에서 1930년대는 한국 현대시의 본격적인 전개라는 점에서 주목할 만한 시기이다. 그것은 두말할 것 없이 1920년대 시의 감정의 용솟음과 경향파의 내용 편중의 시에 대한 반발이자 시적 구조에 대한 새로운 욕구다. 주지하다시피 1920년대 초 시에 나타난 공통적인 감정은 한결같이 감정의 용솟음 아니면 '까닭 모르는 울음소리'나 '무절제한 감정의 배설'로 일관되어 있었다. 그만큼 감정의 흐름이 도도하고 감정의 고조된 소리로 얼룩져 있다.

1920년대 초기시에 나타나는 이러한 낭만적이고 개아적個我的인 세계가 1920년대 중반을 계기로 자유시건 경향시건 그 상위를 넘어, 현실적이고 상호텍스트성을 기반으로 하는 공적公的인 세계로 바뀐 것은 중요한 변화다.[1] 1920년대 중반 이후 한국시가 1920년대 초 낭만적 상상력으로

1 박철희, 「한국근대문학에서의 환상과 현실」, 『한국근대문학의 쟁점』, 한국정신문화연구원, 1991, pp. 121~160.

이루어진 표현의 시들과는 전혀 다른 패러다임으로 나타난 것이 바로 그것이다. 그만큼 1920년대 중반에서 1930년대 중반에 이르는 한국시는 현실적 상상력으로 착색된 리얼리즘 시 일변도였다. 더구나 1부(「한국 근대시사의 방법과 인식의 방법」)에서 얘기한 바와 같이 프로시의 경우, 카프운동의 볼셰비키화로 전환한 이래 리얼리즘 성향의 시는 종래의 경향적인 성격에서 계급적인 시각으로 바뀌었고, 심지어 정치구호에 가까운 아지·프로시들이 그 후 문단의 지배적인 담론談論으로 등장하였다. 그리하여 객관적 현실을 시로 형상화하기보다 정치적 구호의 직설적 번역이나 극단적인 도식성과 관념성에 빠진 이른바 '뼈다귀시'를 양산하는 결과를 낳기도 하였다.

이런 의미에서 지나친 정론성 일변도의 당시 프로시에 대한 반명제로서 의식적인 심미의식의 발로와 시의 자율성에 대한 자각이 몇 사람의 의욕적인 시인에 의하여 고개를 들고 있었던 것은 한국시사에서 새로운 움직임이 아닐 수 없다. 물론 이러한 움직임은 1920년대 후반 이래의 '카프' 중심의 리얼리즘 문학이 객관적 정세의 악화로 상대적 침체기에 접어들면서 본격화되었다. 1935년 카프 지도부가 정식으로 해산계를 제출함으로써 1930년대 후반은 그 이전과는 다른 양상으로 재편된다.

한국시사에서 1930년대, 특히 후반은 작가 작품의 수로 보나, 그 수준이 전체적으로 정제적이고 향상된 점으로 보나, 하나의 정점임에 틀림없다. 뿐만 아니라 이 시기는 그 어느 때보다 현대시의 다양한 방법론적인 전개가 이루어졌다는 점에서 각별한 의미를 갖는다.

주지하다시피 일본의 미나미 총독의 이른바 내선일체, 병참기지화정책은 물론 조선불온문서임시취체령, 조선사상범보호관찰령 등 사상통제의 분위기 속에서 촉발된 중일전쟁(1937)과 태평양전쟁(1941)으로 가중된 우리 민족에 대한 온갖 수탈과 정치적 억압, 그리고 이에 따른 문학에 대한 탄압은 1930년대 후반의 문학적 성격을 결정하는 데 적잖은 영향을 주었다. 그리하여 카프 내의 자성自省과 변모의 기운이 발아한 것은 물론, 그동안 프로문학의 압도적인 위세에 눌려 있던 모더니즘 등 여타의 문학적 경향들이 상대적으로 표면화되면서 시의 양상도 다양하게 전개된 것이다.

1930년대 후반의 문학적 성격은 한마디로 일제의 폭력 앞에서 주관적 · 내성적 성향을 지향했다는 공통점을 갖는다. 무엇보다 역사와 현실을 정면에서 다루기 어려워, 풍자적이고 우회적인 방법으로 접근하거나 기교와 형식문제에 주력하는 경우가 많았다. 당시 이 시기의 문학을 두고 '부조화의 시편',[2] '위장僞裝된 메타포의 문학',[3] '서재의 문학'이라고 지적한 것은 이 때문이다. 시의 순수성을 강조한 '시문학파詩文學派'의 심미적 탐구나 기법의 혁신과 시형식의 변화를 실험하는 이상李箱 등의 심리적 경향 , 그리고 김기림 등 '구인회九人會' 중심의 모더니즘 성향 등은 물론 박세영, 이찬, 김창술 등의 프로시조차 그들 성향과는 전혀 다른 개인적 · 내성적인 자기추구 등, 프로문학의 쇠미의 과정과 반비례하며 나타났다. 1930년대 후기는 이들의 내성적 성향이 서정주, 오장환, 유치환 등의 생명파와 백석, 이용악 등의 자기탐구와 함께 한국 현대시사상現代詩史上 크게 평가되는 시기이다.

2 "그러한 가운데 이찬의 「待望」, 윤곤강의 「大地」, 혹은 나의 「현해탄」의 일부분이 쓰였다. 이것은 낡은 시대의 아들들이 새 시대에서 제 영토를 발견하려는 의욕의 표현이라 할 수 있었고 또한 구시대를 연장하려는 희망의 반영이기도 했다. 그러나 거듭 말하거니와 한 시대는 이미 종언했다. 거기에서 이찬의 「焚香」, 윤곤강의 「輓歌」가 스러지는 시대의 葬送의 曲으로 울렸다. 뿐만 아니라 조벽암의 「향수」, 김광섭의 「동경」, 혹은 김상용의 「망향」에 이르기까지 토탈리즘의 도도한 파도에 대한 부조화의 기분의 반영이 아닌가"(임화, 「시단의 신세대」, 『문학의 논리』, 학예사, 1940, pp.291~292).

3 "1930년대는 날로 심해져가는 일제의 공세 아래에서 조선의 지식인들이 그들의 최후의 것을 잃지 않기 위하여 비통한 수세로 들어간 것을 특징으로 한 시기였다. 정치와 경제를 잃어버린 모든 손실 뒤에 민족 문화에 있어서 날로 존망의 위기가 닥치고 있었던 것이다. 문학인은 예술주의라는 연막에 가려서라도 그들의 문학을 지키려 한 듯하다. 따라서 문학에는 내면화와 소극성이라는 시대적 징후가 짙게 흘렀다. 그러나 그것은 구라파의 예술주의처럼 스스로 취한 길이라기보다는 차라리 강요된 변신술인 듯하다. 그것은 현실의 영상유미적 형상으로 변신하여 나타난 '메타포어'의 문학이었다. 그러므로 나는 그것을 일종의 위장된 예술이라고 부르고자 하는 것이다"(김기림, 「서문」, 『시론』, 백양당, 1947).

2. 1930년대 시와 임화의 시 편력—기타

그중에서도 임화林和의 시 편력遍歷은 1930년대 후반 시단의 전체적인 움직임과 그 궤를 같이한다. 이른 나이에 카프의 주도적 이론가로서 현실주의 시를 대표했던 그가 1930년대 중반을 고비로 시각을 외부(현실)에서 내부로 옮긴 것이 바로 그것이다. "우리는 인간의 외부를 향하여 작용하는 힘이 약해질 경우, 바꾸어 말하면 외계의 힘이 우리의 능력으로 좀처럼 어찌 되지 않을 때 인간은 자기 내부 가운데 서식할 세계를 발견"[4]할 수밖에 없었다.

다양한 시 편력 과정 중에서 임화의 1930년대 시는 서사 계열의 시와 감정시 계열의 시로 나누어진다. 하나는 카프 진영의 대표적 시인 즉, 리얼리즘시인으로서의 임화이고, 다른 하나는 서정시인로서의 임화이다. 「네거리의 순이順伊」, 「우리 오빠와 화로火爐」, 「어머니」 등 이른바 '순이' 계열의 시편들은 김기진에 의해 '단편서사시'라 명명된 바 있는 서사 계열의 작품이다. 단편서사시란 극적 구성방법과 서간체 형식을 통한 계급적 전망을 노래한 시다. 그런 만큼 화자나 청자를 여성으로 설정하여 여성적 담론 형식을 채택한 것이 특색이다.

그러나 1930년대 중반 이후 『현해탄』 수록 시편들과 『찬가』 2부의 시편들은 이전의 서사 계열의 작품과는 달리 감정시로서 1인칭 화자의 시적 담론 형식을 취하고 있다. 서사 계열의 시에 비해 이념은 내면화되고 그 반면에 개인의 감정이 전경화된다. '현해탄' 계열의 시에 잦은 '청년'의 이미지는 이제 '순이' 계열의 현실적 인물이 아니라 낭만적인 인물이다. 그만큼 '순이' 시편에 나오는 청년이 감옥에 가거나 노동운동을 하는 인물이라면, '현해탄' 계열의 시에 와서는 희망과 진리를 추구하는 청년이 되어

4 임화, 「현대문제의 정신적 기축—주체의 재건과 현실의 의의」, 『조선일보』, 1938. 3. 23~27.

준다.

> 이 바다의 물결은
> 예부터 높다.
> 그렇지만 우리 청년들은
> 두려움보다 용기가 앞섰다.
> 산불이
> 어린 사슴들을
> 거친 들로 내몰은게다.
> ……(중략)……
> 아무러기로 청년들이
> 平安이나 幸福을 구하여,
> 이 바다 험한 물결위에 올랐겠는가.
> 첫 번 항로에 담배를 배우고
> 둘째번 항로엔 연애를 배우고
> 그 다음 항로에 돈맛을 익힌 것은
> 하나도 우리 청년이 아니었다.
>
> —「현해탄」에서

그는 한결같이 「세월」, 「다시 네거리에 서서」 등에서 현실에 대한 절망적 인식과 이를 극복하고자 하는 낙관적인 믿음을 '청년'에 투사하고 있다. 식민지 현실의 변혁 담당자로 상정되어 있는 청년은 동시에 이 땅의 양심이기도 하다.

'현해탄' 계열의 시편은 그러기에 그동안 프로시에서 외면되어온 서정성을 회복하려는 자기반성이라고 할 만하다. 우리 민족이 처한 가혹한 상황을 높은 파도와 몰아치는 바다에 비유하고 있는 것이다. 특히 「해변의 로맨티시즘」, 「현해탄」, 「야행차 속」, 「바다의 찬가」 등 일련의 바다 시편에 와서 그는 낭만성과 현실성을 종합함으로써 그 이전 서사 계열의 관념성과 도식성을 극복하고자 하였다. 그리고 그것은 「향수」, 「눈물의 해협海峽」 등의 시가 보여주듯이 자칫 감상에 빠지기 쉬운 폐단을 방지하는 한편, 자신의 서정과 인식을 전경화하는 시적 장치라고 할 만하다. '바다', '현해탄'은 식민지 조선과 일본을 매개로 하는 공간이자, 우리의 과거와 청년의 미래가 교차하는 이중적 의미공간이다. 이런 점에서 '바다/청년'의 이미지는 육당의 이른바 '바다/소년'의 이미지와 매우 비슷하다. 물론 이러한 변화는 카프 해산과 국내정세의 악화라는 외부적 요인도 무시할 수 없지만, 한때 카프의 서기장이었던 임화 자신이 이념적 동요와 폐병 악화로 인한 부인 이귀례와의 결별 등으로 개인적으로 위기에 부딪히자 관심의 축이 사회적 현실에서 개인 내면세계로 이동한 것과 무관하지 않다. 「향수」, 「눈물의 해협」 등에 와서 우리는 리얼리스트 임화와는 전혀 다른 서정시인 임화를 보게 된다.

박팔양처럼 처음부터 다양한 시 세계를 노래한 시인도 드물다. 때로는 프로(문학)의 세계를, 때로는 낭만적이며 모더니즘적인 취향의 세계를 노래하는 등, 모더니즘과 리얼리즘의 양극 사이를 오간 시인이다. 그리고 그것은 초창기에는 계급 문단에 관여하기도 하고, 1930년대 중반에는 구인회에 가담하기도 한 그의 이력과 무관하지 않다. 「여명 이전」, 「너무도 슬픈 사실」과 같은 경향시조차 당시 여타 경향시와는 달리 이념성 못지않게 서정성을 강조하고 있다.

"날더러 진달래꽃을 노래 하라하십니까 / 이 가난한 시인더러 그 적막하고도 가냘픈 꽃을 / 이른 봄 산골짜기에 소문도 없이 피었다가 / 하루아침 비바람에 속절없이 떨어지는 그 꽃을 / 무슨 말로 노래하라 하십니까"로 시작되는 「너무도 슬픈 사실」이 보여주듯이 그만큼 경향성이 암시적이다. 오히려 경향적이라기보다는 낭만적이다. 경향성이 명시적으로 드러나면 드러날수록 작품으로서 호소력은 약화된다. 역으로도 그렇다. 그의 시가 다른 경향시보다 우리에게 어필하는 것은 이 때문이다. 「밤차」에서 그는 간도 이민의 참상을 노래하고 있다. 이 시는 강한 경향성을 보여주면서도 경향시가 지닌 투쟁적이고 선동적인 어조와는 달리 시종일관 낭만적이고 애상적이다. 후기의 전원시조차 은둔 · 안주와 같은 귀거래사의 자연감각이 아니라 현실 지향적이다.

그러나 박세영의 경우는 다른 어느 시인의 시보다 출발부터 철저히 목적의식적이다. 그만큼 1930년 전후에 쓰인 시편들은 이 땅의 불합리한 사회현실을 비판하고 학대받는 가난한 사람들을 그대로 보여주기도 하며, 그러한 고통과 비극의 근원을, 지주와 소작의 관계에서 파급되는 계급 모순과 일제와의 관계에서 비롯되는 민족 모순에서 찾아, 이에 대응하는 투쟁성을 노래하기도 하였다. 가을맞이를 하는 농촌의 풍요로운 모습과, 그럼에도 불구하고 식민지 수탈과 착취로 인해 황폐화된 농촌의 한심스러운 현실을 부각한 시가 「타적」이라면, 산골의 모피 공장에서 일하면서 자본가에게 노동력을 착취당하는 여공들의 투쟁을 그린 것이 「산골의 공장」이다.

'어떤 여공의 고백' 이라는 부제가 붙은 「산골의 공장」은 자본가의 착취행태에 대해 말하고 그 착취제도를 근절하기 위해 투쟁을 한다는 점에서, 농민들의 참상을 그저 적나라하게 보여준 「타작」과 좋은 대조를 이룬다. 그만큼 심미성보다 목적성을 강조한 것이다. 『카프시인집』에 실린 「누나」는 서간체 형식으로 쓴 일종의 단편서사시이다. 이 시는 북평으로 쫓기듯 떠나간 남편만을 기다리는 누나에게 보내는 동생의 편지라는 형식을 취하고 있다. 누나의 이른바 소부르주아적 생활 태도를 비판하며, 공장에라도 다니면서 노동자로서 자기 삶을 스스로 창조해갈 것을 호소하는 내용으로 되어 있다. 특히 고향을 버리고 간도나 시베리아 그리고 만주 등으로 유랑할 수밖에 없었던 고향 상실성이 중기 시의 특징이다. 이런 점에서 박세영의 「향수」는 1920년대 소월의 「옷과 밥과 자유」와 매우 비슷하다. '황금빛 들판' 에서 밥 없음을, '유랑민의 모습' 에서 집 없음을, '팔려간 노예' 에서는 자유 없음을 읽고 있다.

특히 1938년에 간행된 시집 『산제비』에 실린 1930년대 후반에 쓰인 시편들은 종래의 시편에서 찾아보기 어려웠던 내면화되고 주관화된 감정으로 착색되어 있다. 그만큼 현실에 대한 구체적인 묘사보다 상징적이고 암시적인 표현이 지배적이다.

박세영과 마찬가지로 한때 프로문학에 동조했던 이찬의 1930년대 후반의 시편(『대망』, 1937)이나 권환의 1930년대 후기 시집 『윤리』, 『자화상』의 세계 역시 감상적이고 퇴폐적인 분위기로 나타난 것은 당시 시단 전체의 움직임과 무관하지 않다.

김동환의 시에 잦은 '꽃' 또한 이제 이데올로기로 물든 문명의 「꽃」(『3인시가집三人詩歌集』, 1929)이 아니라 영변의 산과 들에 핀 고향의 「진달래」(『해당화海棠花』, 1942)다.

> 무심히 방바닥을 보고 있을 때
> 화병에 꼬친 진달내 꽃한송이 떠러진다.
> 피떵이 가치 쌧빨가케 닉은 꽃
> 어대서 큰 부자 하나 죽는게지
> 꽃이여 다 써러지고 또 한참 방바닥을 드려다 보네
>
> —「꽃」에서

> 춘삼월 이른 꽃은
> 영변에
> 진달내라
>
> 얼른 피어
> 얼른 지니
> 두고두고 아까워라

핀날부터
샛빨가니
서도각시 북그려라

영변에 진달내야
피긴피되
더러는 더디 피든 못하려든

—「진달내」에서

이 두 편의 시는 동일한 제재에 대한 동일한 시인의 서로 다른 반응이다. 그리고 그것은 1930년대 초와 후반의 시의식의 차이가 되어준다. 이제 영변 약산에 핀 진달래의 '붉음'은 부자의 죽음이 남긴 피가 아닌 '서도각시의 부끄러움'으로 나타난다. 그리고 그것은 청루에 팔려가는 섬색씨(「팔려가는 섬색씨」)와 나물 캐는 아가씨(「봄이 오면」)의 차이다.

3. 시문학파—김영랑 등

뭐니 뭐니 해도 1920년대 개인의 주관적인 감정을 지나치게 강조한 자유시와 이데올로기에 얽매인 사회주의 시에 대한 철저한 거부에서 출발한 움직임은 다름 아닌 '시문학파'와 모더니즘의 시편들이다. 1930년대 초 '시문학파'의 움직임이 보여주듯이 계급주의 문학과 대타적인 입장에서 시의 순수성을 옹호하고 미적 자율성을 강조한 것은 특기할 만하다.

> 우리는 우리의 걸음을 조용조용 더듬더듬 걸어가려 한다. 북을 치고 나팔을 불어서 한때 세상을 시끄럽게 하다가 사라져 버리는 것이 되지 않고 우리의 나이를 세이려 한다. 우리는 무서운 길을 걸으며 그 무서움을 헐기 위하여 부단히 고함치는 버릇을 배호려 하지 않는다.
>
> —『시문학』 창간사에서

1930년 김영랑, 정지용, 박용철 등 3인이 중심이 되고 신석정, 이하윤 등이 참가하여 발간한 『시문학』은 단명했고, 또한 『문예월간』, 『문학』, 『시원』지 등에 의해 시작 활동이 산발적으로 이루어졌지만, 그들이 이룩해놓은 짧은 시간의 시적 성취는 의외로 그 후 시인들에게 시적 영향을 상당히 끼쳤다. 그 후의 시인들은 한결같이 『시문학』지의 시에서 시적 영감과 음감을 얻었다. 그만큼 활기와 독창성에 넘치고 제각기 매우 다른 개성을 지니면서도, 똑같이 시적 박진성을 가지고 호소해오는 신성新聲의 코러스를 듣고 흥분했던 것이다. "세련된 언어와 그윽한 서정성", "가슴에 저릿저릿하게 감각의 기쁨을 일으키게 하는 한 폭의 풍경화", "시의 유기적 형태에 대한 자각" 등과 만난 것은 당시 독자로서는 여간 쾌적하고 신선한 체험이 아닐 수 없다. 그것은 두말할 것 없이 시에서의 언어와 이미지에 대한 자각, 새로운 수사의 세계, 이른바 시의 '서부西部'였다.

이와 같이 '시문학파'가 지향한 시 형식 및 언어의 세련, 그리고 심미적 탐구는 1920년대 시의 감상주의가 외면했던 한국시의 새로운 '서부'의 개척만이 아니라, 지나친 정치성·목적의식 일변도의 당시 프로시와의 직접적 대립에서 비롯한다. 그리고 그것은 1930년 이후의 현실적인 악정세가 프로문학의 후퇴를 강요한 것과 프로문학에 대한 문학 자체 내의 필연적인 반동과 무관하지 않다. 그만큼 프로문학의 관념성과 도식성, 그 정치주의에 대한 반발이 깨어 있는 시인들 자체 내에서 일어나고 있었다. 너무나도 암담한 현실, 일제 탄압이 더욱 심해져서 문학이 뚜렷하고 적극적인 민족의식을 표방할 수 없는 상황 속에서, '시문학파' 시인들이 어두운 현실의 벅찬 압력 앞에서도 아름답고 여린 정서와 같은 소극적인 저항의 포즈를 재래의 시의 반동 속에서 마련할 수 있었다는 것은 오히려 당시로서는 적극적인 저항이었던 셈이다.

가령 김영랑의 경우 1940년을 전후하여 초기의 「제야除夜」, 「가늘한 내 마음」, 「내마음을 아실 이」 등 고요하고 섬세한 자아의 내면에서 자아를 외면으로 확산하고, 조국 산하의 생동하는 모습을 적극적으로 노래(「춘향春香」, 「독毒」)할 수 있었다는 것은 이러한 사정 때문이다. '시문학파' 시인의 시의 특징을 이루는 이른바 순수 서정 · 순수시에 대한 경도는 그러므로 자체 내에서 절로 나올 수 있는 불가피한 경향이라고 할 수 있다. 하지만 이러한 순수 서정 · 순수시의 탐색은 어찌 보면 자생적인 것 그 자체가 오히려 서구시의 이입 및 수용을 거치면서 자극되고 이루어지는 경우가 많은 것이다.

일찍이 서정주는 영랑의 시를 두고 한마디로 '촉기'라고 언급한 일이 있다.

> 그의 시에는 슬픈 것이건 기쁜 것이건 간에 두루 燭氣가 있다. 이거 때문에 슬픔도 그의 슬픔은 암담하지 않고 일종의 싱싱함을 지닌다. /그리고 이 촉기야말로 어떤 큰 가뭄에도 말라비틀어지지 않고 살아온 우리 민족정신의 가장 큰힘이라는 생각이 미치자, 영랑 그는 꽤나 든든한 시인인 것도 느끼어졌다.[5]

> 내 가슴 속에 가늘은 내음
> 앳근히 떠도는 내음
> 저녁해 고요히 지는데
> 먼산 허리에 슬리는 보라빛
>
> ―「가늘한 내음」에서

> 쓸쓸한 뫼 아래 호젓이 앉으면
> 마음은 갈안즌 양금줄가치
> 무덤의 잔디에 얼골을 부비면
> 넉시는 행맑은 女王像가치
>
> 산골로 가노라 산골로 가노라

---

5 서정주, 『서정주전집』 5권, 일지사, 1972, p.119.

무덤이 그리워 산골로 가노라

— 「쓸쓸한 뫼아페」

「가늘은 내음」에서 화자의 애틋한 정서가 '내음'이라는 후각적 이미지와 '슬리는 보라빛'이라는 시각적 이미지로 형상화되어 정제된 형태로 나타나고 「쓸쓸한 뫼아페」에서는 죽은 부인의 묘를 찾은 심정을 '갈안즌 양금줄', '행맑은 여왕상'으로 슬픔을 절제하고 있다. 이러한 정제와 절제가 다름 아닌 촉기의 시학이다.

1930년대 우리 시단에서 진정한 의미의 순수 서정시의 이론을 전개한 사람은 박용철이고, 그 이론을 작품으로 실천해 보인 사람은 박용철 자신이 아니라 김영랑이다. 그러므로 이 두 사람은 1930년대 순수시단의 형성과 발전에서 이른바 동전의 안팎처럼 맞물려 다니는 존재이다.[6]

박용철은 시인은 시 쓰기에 앞서 무엇보다 마음속에 "고대 성전의 불기둥과 같은 경경하고 고고한" 정신을 가꾸어나갈 줄 알아야 되며, 그렇게 할 때 자신이 겪은 일체의 체험을 성공적으로 '변용變容'하여 순화된 시를 쓸 수 있다고 하였다. 순수시는 그러니까 간곡한 시인정신과 치열한 시적 변용과의 상호작용에 의하여 쓰인 순화된 시이며, 그가 이렇게 '옛 성전의 불을 지키는 정녀'라는 비유를 사용하여 시인의 정신 자세를 말한 것은 시인이 다름 아닌 시대정신의 파수꾼이 되어야 한다는 사실을 환기하기 위함이었다. 그의 이러한 논점은 전대의 감정 위주의 시와 카프의 생경한 이념시에 대한 간접적인 비판임은 물론이다.

일반적으로 문학의 정상적인 형성·발전의 과정이란 내부의 발효와 외부의 형태가 행복하게 악수하는 데 있다. 이것은 안으로부터 서서히 자라나온 한 세력이 외부적 표현을 얻는 것을 말한다. 다시 말하면, 서구문학의

6 정효구, 「1930년대 순수 서정시 운동의 시대적 의미」, 『20세기 한국시의 정신과 방법』, 시와시학사, 1995, p.73.

영향은 한국문학 자체 내의 내부적인 변화에 수용되어야만 비로소 의의를 갖게 되는 것이며, 내부적인 변화를 떠나서 서구문학의 영향은 의미가 없다는 것이다. 그리고 변화의 결과는 영향 그대로 나타나는 것은 아니다.

그런 점에서 김영랑, 정지용, 이하윤 등의 시작과 박용철의 시론은 뜻 깊다. 비록 그들의 시가 그 출발이 서구시와 접촉하면서 자극되었다고 해도, 그들의 시는 그것을 우리의 요청에 맞도록 변용하였고 서구시와는 다른 가치를 창조하였다. 그만큼 1920년대의 무비판적인 서구 경험의 수용을 비판하고 전통적인 경험을 자각하면서 나타났다. 김영랑은 민족적 리듬을 바탕으로 하여 시가 이루어져야 한다고 하였고, 정지용은 근대 유럽을 저울질하면서 자신의 본바탕인 '동양의 참신嶄新'을 기도하였으며, 또한 이하윤은 고유한 조선정취의 시의 성립조건으로 4행의 형식을 강조하였다. 뿐만 아니라 박용철은 프로시의 내용편중의 앙티anti로 시의 심미적 기능을 그 무엇보다 역설하였다.

이와 같이 그 누구보다 서구적인 경험을 철저히 경험한 시인일수록 오히려 그 반대로 그 후 가장 깊은 전통적인 경험을 강조하고 나섰다. 사실 김영랑의 경우 그가 받은 서구 경험의 추적은 매우 어렵다. 가령 영랑과 키츠Keats의 경우 그 영향의 수수授受 관계는 흔적이 미미하기 짝이 없다. 영랑시집 첫머리에 인용된 키츠의 시구 "아름다운 것은 영원한 기쁨이다"를 내세워 영랑 시 「두견杜鵑」과 키츠의 「나이팅게일부賦」와의 소재적 유사성의 비교가 고작이다. 중요한 것은 작품의 세부적인 관련은 소재적인 유사성이 아니라 그러한 유사성 위에 이루어진 정서적 구조의 유사성이라는 것이다. 그렇지만 슬픔과 눈물에서 시를 구제하려는 '시의 촉기燭氣'와 상징 내지 유미적인 시적 의장 사이에 이른바 문학사적 사실의 유입 또는 투명의 구체적인 증거가 희미하다고 하더라도 그 독특한 해조諧調, 암시적인 언어의 음영, 언어감각의 예민성 등을 자처하는 점에서 이 양자 사이에 공통적인 시정신이 잠복하고 있는 것만은 분명하다. 그렇다고 그것이 의식적인 것은 아니며, 오히려 무의식적인 시적 상상력에 의한 우연적인 일치임은 물론이다.

그러나 정지용의 경우 김영랑의 사례보다는 관계의 실재성이 보다 뚜렷하다. 그의 시에 나오는 '지적 절제'가 현대 영시와 형이상파 시인들이 갖는 시적 의장과 거의 일치하고 있다는 점에 우리는 주목하게 되는 것이다. 「선취船醉」, 「Dahila」, 「바다」, 「홍춘紅椿」 등 『시문학』지에 실린 초기 시편들은 그만큼 1920년대 시인들의 일반적 경향으로 지적할 수 있는 탄식, 슬픔 등 비이성적인 감정의 과격한 반응과 관념에 반기를 들고 감정의 지적 절제로서 '안으로 열熱하고 겉으로 서늘'한 '시의 위의威儀'를 실천한 작품이다.

「향수鄕愁」는 정지용의 대표작 중의 하나이며 20세기 한국시의 절창의 하나다. 5연 25행으로 되어 있는 작품의 주제는 제목 그대로 향수다. 시인 자신이 태어나서 자란 고향 마을의 자연과 소박한 사람들의 인정, 그리고 그것이 환기하는 아련한 그리움의 정감을 노래한 것이다. 비록 가난하고 보잘것없는 초라한 촌가이지만, 그에게는 '차마' 꿈에도 잊을 수 없다는 것이다. 특히 '질화로', '실개천', '짚베개', '서리까마귀' 등 토착적인 우리말과 이미지가 너무 아름답다. 더구나 제1연의 '금빛 게으른 울음'과 같은 공감각적 표현은 근대 생활과는 거리가 먼 예스러운 농촌을 떠올리게 한다. 단 몇 줄로 고향 마을의 정경을 떠올리는 서경敍景의 솜씨가 놀랍다.

> 琉璃에 차고 슬픈 것이 어란거린다.
> 열없이 붙어서서 입김을 흐리우니
> 길들은 양 언 날개를 파다거린다
> 지우고 보고 지우고 보아도
> 새까만 밤이 밀려 나가고 밀려와 부디치고
> 물 먹은 별이, 반짝, 寶石처럼 백힌다.
> 밤에 홀로 琉璃를 닦는 것은

외로운 황홀한 심사이어니,
고흔 肺血管이 찢어진채로
아아, 늬는 산ㅅ새처럼 날러갔구나!

「유리창 1」에서와 같이 유리를 닦고 다스리는 마음으로 다스려지지 않는 상흔—아기 잃은 어버이의 상흔이 낭자하다. 유리를 닦는다고 해서 지워지지 않는 상처다. 주관적인 진술이 완전히 배제되고 장면의 묘사만 할 뿐이다. 어린 자식의 죽음 앞에서 시적 화자는 슬퍼하지도 비탄하지도 않는다. 어찌 슬픈 감정이 없었을까마는 화자는 내적 감정을 직접 토로하지도 않으며, 그저 '아아, 너는 산새처럼 날아갔구나!'라는 극히 절제된 슬픔만을 보여주고, 그다음 우리로 하여금 보고 느끼게 한다.

『정지용 시선』, 『백록담』의 시편에서 우리가 발견하는 또 하나의 특징은 전통적인 고전적 특성이다. 그의 시는 처음부터 전통적이며 고전적인 절제와 엄격함으로 훈련되었다. 「비로봉」, 「장수산」, 「인동차忍冬茶」, 「란초」 등의 산수시가 바로 그것이다. 「은혜」, 「또 하나의 다른 태양」, 「임종」, 「슬픈 우상」, 「나무」 등 종교시조차 마리아 숭배가 이성 숭배로 바뀐 것은 이 때문이다.

4. 신시조운동—이병기

주지하는 바와 같이 1920년 중반 이후 프로문학이 완전히 문단을 제압한 듯하였으나 1926~1927년경부터 이에 대항하여 민족주의적 국민문학이 일어나기 시작하였다. 양주동은 국민문학 건설이 문단의 목표라고 말했고, 신체시 이후 별로 문단의 관심을 끌지 못한 채 시조를 써온 바 있는 최남선은 국민문학으로 시조부흥운동을 주장했으며, 염상섭도 이에 동조한 것이다. 시조부흥운동은 한편으로는 일제의 지배 아래 점차 쇠퇴해가는 전통적 문화를 재인식하고 되살리자는 문화운동의 일부였고, 다른 한편으로는 카프 계열의 문학인들이 주장한 프로시에 대항한 민족문학의 방향을 내세우고자 한 움직임이었다. 이은상의 『노산시조집』(1932)을 비롯하여 장정심의 『금선錦線』(1934), 김희규의 『님의 심금』(1935), 오신혜의 『망양정望洋亭』(1935) 등 현대 시조집이 나온 것은 바로 이 무렵이다.

특히 『문장』과 『동아일보』에서 시조의 고선제考選制와 추천제가 실시되어 새로운 문인들이 등단하면서 창작 활동이 활발하게 전개되었다. 『동아일보』 신춘문예를 통하여 이호우, 장하보, 김상옥 등이, 『문장』을 통하여 조남령, 이호우 등이 등장했고, 이 밖에 『한글』, 『신인문학』 등의 잡지에도 많은 작품이 발표되었다. 그 밖에 춘원春園, 수주樹州, 위당爲堂, 일석一石, 팔봉八峰, 조운曺雲, 어수魚水 등이 시조작품을 발표했다. 일찍이 서정주는 김상옥의 「봉선화鳳仙花」, 「옥적玉笛」, 「십일면十一面 관음觀音」 등 그의 시를 두고 "그는 모든 사물을 볼 때마다 그가 살다가 죽어간 옛 어른들의 보이지 않는 넋을 찾아내는 데 있어서 우리 시인 들 중에서 가장 뛰어난 눈을 가진 선수이다. 귀신이 곡한다는 말이 있는데 그의 시 속에는 늘 귀신도 많이 참가하여 곡하고 있다는 것을 안다"고 평가하였다.

현대시조의 특징을 든다면 형식면에서는 개화기 시조의 경우와 같이 시조의 형태를 6구의 형식으로 분절해놓은 것과 이은상이 시도한 양장시조를 들 수 있다. 양장시조는 3장에 담은 내용을 압축해서 평시조의 자수를 단축하여 30자 내외로 하고, 종장의 3 · 5자를 지키면서 중장을 생략한 형태이다. 내용면에서는 계절이나 자연물, 명승고적 등을 찾아가 거기서 느끼는 서경과 회고, 여정의 회포 등이 대부분을 이룬다. 이 시기의 작품 활동은 주로 『동아일보』, 『조선일보』 등의 신문과 『신동아』, 『조선문단』, 『조광』, 『사해공론四海公論』, 『문장』 등이 그 무대가 되었다.

고전문학에 대한 식견을 지니고 있었던 이병기는 이론적인 면에서 시조를 규명하고 거기에 새로운 감각과 내용을 부여함으로써 시조를 현대시의 한 장르로 확립시켰다. 그는 「시조는 혁신하자」(1932)라는 논문을 통하여 ① 실감실정實感實情을 표현하자, ② 취재의 범위를 확정하자, ③ 용어의 수삼數三(선택), ④ 격조의 변화, ⑤ 연작을 쓰자, ⑥ 쓰는 법 · 읽는 법의 6가지를 내세워 시조혁신을 스스로 실천하여 『가람시조집伽藍時調集』(1939)을 발간하였다.

「시조는 혁신하자」는 최초로 현대시조 창작에 대한 이론을 제시한 것으로 현대시의 방법과도 상응하는 중요성을 갖는다. 무엇보다 현대시조의 창작방법을 위한 전제가 되어준다. 시조의 혁신을 위해서는 그 모태가 되는 시조에 대한 이해가 필요했기 때문이다.

『가람시조집』을 두고 시조 제작에서 양과 질로써 가람의 오른편에 앉을 이가 없다고 상찬한 것은 정지용이다. 이 시조집은 5부로 구성되어 있으며, 총 80여 편의 시조가 실려 있다. 특히 가람은 「율격과 시조」(1928)에 앞서 「시조란 무엇인고」(1926), 「시조와 그 연구」(1930)를 남겼는데 영조조의 가호 이세춘 같은 이가 시조라는 새 곡조를 지었다고 하였다. 악곡과 관련하여 시조를 파악한 논의는 1920년대 후반부터 비롯되었지만, 본격적으로 시조의 음악적 측면을 파헤친 논문은 「시조의 발생과 가곡과의 구분」(1934)이다. 그중 「시조와 그 연구」는 시조개론이라고 할 만한 업적이 돋보인다. 뿐만 아니라 서지학의 독자적인 경지를 개척한 그는 세련된 문학적 감식안으로 우리 시가의 본문비판과 주석 및 작자와 연대고증에 기여하였다. 이런 점에서 『역대시조선歷代時調選』(1940)이 주목된다. 또 하나 이 시기에 있어서 시조론의 결정이라고 할 수 있는 것이 안확의 『시조시학時調詩學』이다.

5. 모더니즘 시인들

1930년대 중반에 들어서면서 모더니즘이라는 이름으로 한데 묶여 불리는 일련의 실험적 경향들이 나타난다. 물론 그것은 김기림의 말과 같이 집단적 시운동의 모양을 갖춘 것은 아니나 대부분 부분적으로 모더니즘의 징후를 나타내었고, 또 그것은 의식적인 것이 아니라 시인적 감성에 의한 천재적 발상의 경우가 많았다. 전술한 바와 같이 '지적 절제'로써 시를 구제한 정지용을 비롯하여 김기림, 김광균, 신석정, 장서언, 장만영 등의 이미지즘의 시편들, 이상李箱과 그를 따른 「삼사문학三四文學」의 시를 주축으로 하는 쉬르리얼리즘과 유사성을 가진 시, 또한 서정주의 초기 시편들을 모더니즘 범위 안에 묶을 수 있다. 이들은 시를 대하는 방법과 태도에 적지 않은 차이가 있으나 전체적으로 보아 서구시의 다양한 방법을 수용하면서 한국시의 주지적主知的 변화를 지향하고 있다는 점에서 공통점을 갖는다.

김광균의 시에서 사물의 인상을 구상화하는 심상의 언어를 사용함과 함께 그렇게 함으로써 이루어진 회화성이 그렇고, 김기림의 시에서 형이상적 의장意匠 및 유럽 식민주의나 제국주의에 대한 비판을 보게 되는 것도 그렇다. 이상의 전위적인 실험이나, 강렬한 생명의 약동을 강렬한 관능과 대담한 리얼리즘으로 실천한 생명파의 움직임도 마찬가지다. 무엇보다 생명파의 경우, 모더니스트 시인들이 도시와 현대문명을 강조하고 주지적·실험적 경향에 몰두함으로써 만들어낸 시세계에 대한 반동으로, 그들은 인생의 본질을 탐구하고 형상화하는 데 역점을 두었다.

> 백지로 발른 동상앞에
> 검은 장미가 하나 떨어져 있다.
> 장미 속에선 가느다란 버레소래가 피여 오르고
> 내 온-몸에서도 버레가 운다.
>
> —김광균, 「短章」에서

위의 시는 어느새 제 자신의 소리 없는 흐느낌 소리를 내고 있다. '光均'이 전하는 의미의 비밀은 '林和'氏도 지적한 것처럼 그 회화성에 있는데 사실 그는 소리조차를 모양으로 번역하는 기이한 才操를 가졌다.[7]

김기림의 지적과 같이 김광균은 또 하나의 이미지스트, 즉 모더니즘 시인이다. 그의 시에서 우리는 마치 한 폭의 산뜻한 그림 앞에 서 있는 듯한 인상을 받는다. 그것은 너무나 선명하리만큼 아름다운 시각적 이미지다.

> 여기서 우리들은 음악의 본질이 구체적인 것보다 추상적인 것, 시각보다 청각, 수학보다 관념으로 성립된 것을 생각해 볼 필요 있다. 오늘날의 문명이 추상적인 것보다 구체적인 것, 청각보다 시각, 관념보다 수학으로 조직된 것으로 봐 우리가 탐구할 형태가 보다 음악적인에서 보다 조형적인 것이 넉넉히 自信할 수 있다.[8]

이러한 시인 자신이 표방한 시론詩論의 반영으로서 다음의 시를 들 수 있다.

> 퇴색한 성교당의 지붕에선
> 분수처럼 흩어지는 푸른 종소래
>
> ―「外人村」에서

> 자욱한 풀벌레 소리 발길로 차며
> 호올노 황량한 생각 버릴 것 없어
> 허공에 띄우는 돌팔매 하나
>
> ―「秋日抒情」에서

여기서 우리들은 "음악적인 것보다 조형적인 것"을 십분 이해할 수 있

7 김기림, 『시론』, 백양당, 1947, p.92.

8 김광균, 「서정시의 문제」, 『인문평론』 제2권 제2호, 인문당, 1940.

다. 시간이라든가 음이라든가 하는 차원을 빼고라도 적어도 삼차원의 입체인 자연물이나 혹은 외계대상을 언어로 그려지는 이차원의 화면 속에 변형시키는 기교(변조된 공간의 미), 그것이 김광균의 시론이자 시작방법이다.

김기림의 시는 첫 작품 「가거라 새로운 생활로」부터 '새로운 생활'에 대한 동경이 시작된다. 특히 시집 『태양의 풍속』이나 『기상도』의 시편들은 한결같이 서구문명에 대한 동경과 심취로 이루어져 있다. 이러한 서구 지향, 문명 지향이 그가 생각한 모더니즘이다. 그에게 시는 노래가 아니라 인식이다. 시는 스스로 지어지는 것이 아니라, 만들고 짓는 것이다. 1920년대 전반기 시가 감상에 집착하였을 때, 그는 단연코 시의 건강성으로서 '명징한 지성'을 강조하였다. 모더니즘의 주창자, 또 옹호자로서 그가 거부하고 부정한 것은 이른바 센티멘털 로맨티시즘이었다. 이미지를 통한 조소성, 관념의 감각화 등 시의 건강성을 표방한 시가 다름 아닌 『태양의 풍속』 시편이며, 장시 「기상도氣象圖」이다. 하지만 『태양의 풍속』의 시편들은 그가 표방한 시의 건강성과 거리가 멀었다.

> 비늘
> 돛인
> 海峽은
> 배암의 잔등
> 처럼 살아났고
> 아롱진 '아라비아'의 衣裳을 둘른 젊은 山脈들
>
> 바람은 바다가에 '사라센'의 비단幅처럼 미끄러웁고
> 傲慢한 風景은 바로 午前 七時의 絶頂에 가로누었다.

이렇게 시작되는 「기상도」는 모두 424행의 장시로서 〈세계의 아침〉, 〈시민 행렬〉, 〈태풍의 기침시간〉, 〈자최〉, 〈쇠바퀴의 노래〉 등 7부로 이루어져 있다. 이 시는 제목이 암시하듯이 현대사회의 기상을 진단·비판한 자본주의 문명의 기상도이자, 현실의 기상도이다. 말하자면 서구 현대문명의 내습을 태풍에 비유하고, 그것으로 인한 세계의 붕괴와 재생을 다루고 있는 의도적인 문명비판시이다. 〈세계의 아침〉은 프롤로그로서, 문명숭배를 통한 세계주의의 감각적인 전개이다. 첫머리에서부터 '태양' 혹은 '오전'이 암시하듯이 푸르고 싱싱한 아침 해협과 산맥이 신선하고 밝은 감각으로 착색되어 있다.

특히 「기상도」에서 가장 핵심을 이루는 부분은 3부 〈태풍의 기침시간〉을 구심점으로 해서 그 여파를 다룬 2부 〈시민 행렬〉과 4부 〈자최〉라고 생각한다. 현대문명의 기상(위기)을 태풍에 비유하여 현대문명의 위기로 인한 모순과 비리와 불합리를 비판하거나 풍자하고 있을 뿐만 아니라, 현대시의 다양한 기법을 맘껏 실험하였다. 현대문명은 그것에 알맞은 시의 형태를 요구한다고 하면서 엘리엇의 「황무지」, 스펜더Spender의 「비엔나」와 비견되는 장시를 시도한 것이다.

그러기에 「기상도」를 발표한 1930년대 후반은 김기림이 시의식의 변화를 보여준 주목할 만한 시기다. 『태양의 풍속』 시편에서 보여준 '새로운 생활'에 대한 관념적인 동경이 문명세계에 대한 구체적인 비판으로 바뀐 것이다. 모더니즘은 이때에 와서 위기에 달했으며, 이를 극복하기 위해서 사회성과 역사성을 도입해야 한다고 한 이유도 이 때문이다. 그것이 다름 아닌 1920년대 경향파와 모더니즘의 종합이었다. 이러한 자기비판(「모더니즘의 역사적 위치」)은 그 이전에 이미 썼던 「기상도」를 염두에 둔 것이다.

> 그러나 모더니즘은 30년대의 중쯤에 와서 한 위기에 다닥쳤다.
>
> 그것은 안으로는 모더니즘의 말의 중시가 이윽고 그 말류의 손으로 언어의 말초화로 타락되어 가는 경향이 어느새 발현되었고 밖으로는 그들의 명랑한 전망 아래 감수하던 오늘의 문명이 점점 심각하게 어두워 가고 이지러가는 데 대한 그들의 시적 태도의 재정비를 필요로 함에 이른 때문이다.

"현대의 교향악을 기획했다"고 스스로 표방한 장시 「기상도」는 현실과 유리된 회화성의 시에 대한 자기반성이자 '현실의 적극적 관심'[9]에 부응한 구체적 표현이다. 이러한 현실에 대한 관심이 1930년대 스펜더, 오든Auden, 맥니스MacNeice 등 이른바 '오든 패거리'의 영향과 무관한 것은 아니다. 오늘의 문명이 "점점 심각하게 어두워가고 이지러간다"고 했을 때 그것은 나치즘과 파시즘이 야기한 위기를 가리키는 것이다. 사회성과 모더니즘의 종합은 오직 하나인 바른 길이지만, 그것을 실천하기에는 쉬운 길이 아니다. 그만큼 「기상도」가 보여준 현실은 식민지 조선의 현실이 아니라 서구 자본주의의 팽창과 대내외적 갈등에서 빚어진 저쪽 지식인들의 현실이었다. 아니, 식민지 조선의 현실을 세계시민의 위기의식, 그것과 동일시하였다. 그것도 결국은 스스로 실감한 위기라기보다 관념적인 차원에서 파악한 위기다. 그러면서도 시는 '생활의 현실'에서 우러나오는 '인간의 소리'여야 한다는 자각과 모더니즘에 대한 자기비판은 해방 후 시집 『새노래』 이전에 이미 시집 『바다와 나비』에 실린 「바다와 나비」(1939) 등 몇몇 시편에서 구체화되고 있었다는 것을 놓칠 수 없다. 시집 『태양의 풍속』과 『기상도』 이후 1939년 대전 발발까지 『조광』, 『여성』, 『문장』, 『인문평론』, 『춘추』 등에 발표한 일련의 시가 바로 그것이다. 「순교자」, 「요양원」, 「공동묘지」, 「바다와 나비」 등이 보여주듯이 그가 의도했던 모더니즘의 탈지향성에서 남의 현실이 아닌 나의 현실, 말하자면 '시의 고향'[10]으로 귀의한 것이다.

1930년경에 「12월 12일」이라는 소설을 발표하면서 등장한 이상李箱은 「오감도烏瞰圖」, 「이런 시詩」, 「거울」, 「꽃나무」, 「지비紙碑」 등 새로운 형태의 시를 써서 당시 시단에 큰 충격을 주었다. 특히 「오감도」는 이태준의 알선으로 『조선중앙일보』에 연재한 첫 작품이며, 미친놈의 잠꼬대란 독자

9 김기림, 「시와 현실」, 『김기림전집』 2, 심설당, 1988, p.102.

10 이원조, 「시의 고향—편석촌에게 부치는 단신」, 『문장』 폐간호, 1941, p.199.

의 항의로 중단된 작품이다. 그의 시는 한마디로 기존의 시문법과 관습에 대한 반칙이라는 점에서 그 일탈의 정도가 매우 강력하고 급하다. 그런 점에서 그의 시는 그 누구보다 전위적[11]이다. 다다이즘, 초현실주의, 포멀리즘(형식주의) 등을 섞은 첨예한 모더니즘의 시를 한꺼번에 다량으로 생산하였다. 그는 형태 파괴자요, 새로운 형태나 문체의 실험자다.

'13인의 아해가 도로를 질주하오'로 시작되는 「오감도」는 제목부터 까마귀가 공중에서 내려본다는 뜻으로 일종의 공포감을 고조시킨다. 거기에 13인의 아해가 질주하는데 길은 막다른 골목이라는 조건을 붙이면서 불안 공포를 바짝 고조시킨다. 13인의 아해가 차례로 무섭다고 하는가 하면 '무서운 아해'와 '무서워하는 아해'가 교호하기도 하고, 막다른 골목이 뚫린 골목으로 바뀌는가 하면 '13인의 아해가 도로를 질주하지 않아도 좋소'라고 하면서 첫 진술을 부정하고 있다. 이래도 저래도 마찬가지며 무방하다는 것이다. 왜 13인가? 그것은 독자 나름대로 이래도 좋고 저래도 좋다는 것이다.[12] 그의 작품들을 묶은 『이상선집』(1949)은 그가 젊은 나이로 세상을 떠난 뒤에 출판되었다.

6. 백석, 오장환, 이용악 등

인간의 정감을 경시하고 감각적 표현에 치중하던 모더니즘을 극복하면

11 "왜 미쳤다고들 그러는지. 대체 우리는 남보다 수십년씩 떨어져도 마음 놓고 지낼 작정이냐. 독자도 공부를 해야 하지 않겠는가. 적어도 물건이 다른 작품이다. 1931~1935년간에 쓴 2천 점 중에서 30점을 골라 발표하려 했다. 이 용대가리를 알아주는 이는 이태준과 박태원이다."

12 "기독교 신자에게 있어서는 '예수의 만찬날이 13일이며 제자가 13인이였음'으로 그런 식으로 연상해도 좋고 독립운동가에게 있어서는 13인의 아해는 13도를 상징한다는 뜻에서 전체 상황을 당시의 암울하던 우리나라의 상을 그려내도 좋다. '무섭다고 하는 아해'는 일제하의 당시의 우리 민족으로 생각해도 좋고 '무서운 아해'는 왜놈도 좋고 친일로 변절한 일제의 앞잡이로 상상해도 좋다. 독자 각자 나름의 상상체계가 그들의 무의식의 밑바닥에 엄존해 있는 순진무구한 실체를 그대로 표상하는 것이기 때문이다. 그 자체가 카타르시스가 아닌가"(김종은, 「이상문학의 심층심리학적 분석」, 박철희 편, 『문예비평론』, 문학비평사, 1993, p.414).

서 나타난 일군의 시인들이 『시원』, 『시인부락』, 『시건설』, 『낭만』, 『자오선』, 『맥』, 『시향』 등을 통한 백석, 서정주, 유치환, 김상용, 김광섭, 노천명, 김현승 등이다.

백석은 시인과 자연이 하나라는 신화적 인식을 통하여 독특한 토착적인 공간형식을 작품의 구조로 삼았다. 시적 대상은 한결같이 고향 마을의 민속이나 속신 등 토박이 의식으로 점철된 토착적인 삶이다. 시집 『사슴』에 있는 「가즈랑집」이나 「여우난골족」 등이 보여주듯이, 시인은 고향 주변에 흩어져 있는 토속성의 전승이나 속신을 다루고 있다.

> 얼굴에 별자국이 솜솜난 말수와 같이 눈도 껌벅거리는 하로에 베 한필을 짠다는 벌 하나 건너 집에 복숭아 나무가 많은 新里 고무 고무의 딸 李女 작은 李女
>
> 열 여섯에 사십이 넘은 홀아비의 후처가 된 포족족하니 성이 잘 나는 살빛이 매감탕 같은 입술과 젖꼭지는 더 까만 예수쟁이 마을 가까이 사는 토산 고무 고무의 딸 承女 아들 承동이
>
> 육십리라고 해서 파랗게 뵈이는 산을 넘어 있다는 해변에서 과부가 된 코끝이 빨간 언제나 흰 옷이 정하든 말 끝에 설게 눈물을 짤 때가 많은 큰 골 고무 고무의 딸 洪녀 아들 洪동이 작은 洪동이
>
> 배나무접을 잘하는 주정을 하면 토방돌을 뽑는 오리치를 잘 놓는 먼 섬에 반디젓 담그려 가기를 좋아하는 삼촌 삼촌엄매 사춘누이 사춘동생들
>
> —「여우난골족」에서

'여우난골족' 마을의 인물을 소개하면서 인물들의 신변적 정보 및 각 인물들이 갖는 개성을 해학적이고 사실적인 언어로 옮겨 놓고 있다. 이와 같이 이 시는 '여우난골'이라는 공간을 배경으로 하여, '삼굿'이나 '물에 빠져 죽은 사람'과 같은 사건을 통해 단순한 농촌이 아닌 설화적 세계로 독자를 이끌어간다. 그러면서도 어릴 적 고향의 모습을 시각적으로 리얼하게 그리고 있으며, 마지막 행에서는 마치 유희나 하듯 '벌배, 돌배, 열배'

와 같은 시어를 가지고 순수한 동심을 노래하였다.

무엇보다도 그의 시는 평북 지방의 독특한 방언을 구사하여 향토적인 색채가 짙은 소리울림이 그 특색이다. 제재만 토착적인 데서 취한 것이 아니라 가락과 사설 또한 토착적이다. 그만큼 백석의 시가 시일 수 있는 가장 주된 시성詩性은 일상 언어 중 토속성과 서민성 그리고 지역성을 언표화하는 사투리에 있었다.

서민적인 세계를 다룬다는 점에서는 이용악도 백석과 비슷하나, 그가 백석과 다른 점은 리얼리스틱한 현실 속의 삶을 다루고 있는 점이다. 물론 백석 또한 「여승」과 같은 현실시가 없는 것은 아니다. 이 시에서 백석은 '섶벌같이 나아간' 지아비를 찾아 금점판을 떠다니다가 급기야는 어린 딸마저 잃고 여승이 되어버린 한 여인의 기구한 생애를 노래하고 있다. 이때 여성은 포한抱恨과 슬픔, 헤어짐과 기다림을 통해서 다정다감함을 익혀가는 여성이다. 그러나 이용악의 「북쪽」에서 북쪽으로 팔려간 여인은 「여승」에서의 단색적으로 파악된 낭만적인 여성상이 아니라 「제비 같은 소녀야—강 건너 주막에서」와 같이 리얼리스틱한 현실 속의 여성으로 모습을 드러낸다.

북쪽은 고향
그 북쪽은 여인이 팔려간 나라
머언 산맥에 바람이 얼어 붙었을 때
다시 풀릴 때
시름 많은 북쪽 하늘에
마음 눈감을 줄 모른다.

—「북쪽」

'북쪽'은 지리적으로 가장 주변적인 위치에 있으면서도 궁핍 때문에 결국 고향을 버리고 향하던 역사적 공간이다. '북간도'(「두만강아, 너 우리의 강아」), '만주'(「하늘만 곱구나」), '무서운 곳'(「낡은 집」) 등 모두 북쪽이다.

> 더러는 오랑캐령 쪽으로 갔으리라고
> 더러는 아라사로 갔으리라고
> 이웃 늙은이들은
> 모두 무서운 곳을 짚었다.
>
> —「낡은 집」에서

시집 『분수령』, 『낡은 집』으로 대표되는 그의 전반기의 시는 주로 민족 현실과 빈궁의식, 그에 대한 당시 조선 민족의 절망적인 반응을 다루고 있다. 그러나 시집 『오랑캐 꽃』의 시편들은 그 이전에 비하여 현실(외면)보다 개아적인 세계(내면), 환유의 원리보다 은유의 원리가 강조된다. 그만큼 압축과 생략, 의미의 양의성·복합성의 실현으로 나타나고 있는 것이 바로 그것이다. 『오랑캐 꽃』에 실린 시편들은 1939년부터 1942년까지 그가 절필하고 귀향하기까지 쓴 작품이다. 그 역시 당대 지배적인 담론인 모더니즘 성향의 내면지향에서 자유로울 수 없었다. 이 점은 백석도 마찬가지다. 「남신의주南新義州 유동柳洞 박시봉방朴時逢方」 등과 같은 후기(고독) 시편이 그러하다.

'생명파' 시는 주로 1936년 창간된 『시인부락』 동인들인 서정주, 함형수 등과 『생리生理』라는 동인지의 유치환 등을 중심으로 전개되었다. '생명파'는 그 이름이 암시하듯이 도시문명보다는 생명의 본질과 고독·고뇌 등을 주로 다루었다. 따라서 그들은 모더니즘 계열의 시인과 상반되는 입장을 취한 것은 물론, 김영랑·박용철 등 순수 서정주의와도 성격을 달리하였다. 그들의 작품은 공통적으로 인간의 고뇌를 육성 그대로 표출하면서 약동하는 생명의 상태를 통해 인간원형을 탐구한 것이다. 다시 말하면 생명파문학은 모더니즘의 주지적 방법에서 생명성이 결여된 형태이며, 시문학파의 시도 기교주의에 매몰된 것으로 파악한 후에 시도된 것이다. "생명에서 자발적으로 우러나오는 시야말로 참된 시이며, 의식적 · 인위적 기교에 의한 시작은 시가 아니다”(『생명生命의 서書』 서문)라고 강조한 것은 유치환이다.

그리하여 서정주가 후일 한국 현대시의 약사를 설명하면서

> 우리들의 중심과제는 늘 생명의 욕구와 이것의 집약적 표현에 있었다. 인간성, 그것은 늘 우리들의 뇌리와 심중에서 떠날 수 없는 것이다. 오장환의 저 모든 육성의 慟哭이나, 부족한 대로 필자의 고열한 생명상태의 표백 등은 모두 상실되어 가는 인간원형을 돌이키려는 의욕에서였던 것이다. 회고컨대 이것은 정지용시류의 감각적 기교와 경향파의 이데올로기의 어느 쪽에도 안착할 수 없는 심정의 心然한 發顯이었든 것이 기억된다. 하여간 우리가 잠복한 세계는 자연도 아니고 언어기교도 아니요, '사람' 그것이었다.[13]

서정주의 경우, 고열한 생명상태의 표백은 무엇보다 관능과 허무의 황홀로 나타난다. 그리고 그것은 보들레르 등 프랑스의 퇴폐주의 성향과 무관하지 않다. 그의 시집 『화사집』은 이러한 관능적 · 육체적 정열이 낳은 것이다.

> 밤처럼 고요한 끓는 대낮에
> 우리 둘이는 왼몸이 달아
>
> —「대낮」에서

> 땅에 누어서 배암 같은 기집은
> 땀 흘려 땀 흘려
> 어지러운 나-ㄹ 엎드리었다.
>
> —「麥夏」에서

---

13 서정주, 『한국의 현대시』, 일지사, 1969.

이렇듯 스스로 넘쳐나는 청춘의 생명력(시색정詩色情적인 것)은 원죄의식과 자극시刺戟詩의 근원이었다. 그는 오직 이 청춘의 생명력만을 믿고 일제 말기의 암담한 절망을 견딘 것처럼 보인다. 천형의 병을 앓는 문둥이를 다룬 시가 「문둥이」라면 종신형을 사는 죄수를 다룬 시는 「옥야」다. 이렇듯 초기 서정주에게 성과 원죄는 야성적인 심미의 대상이다. 아니, 치열한 생명의 불길 그 자체다. 기독교 신화마저 낯설게 할 수 있었던 것은 이 때문이다.

달아나거라, 저 놈의 대가리!
돌팔매를 쏘면서, 쏘면서, 麝香 芳草ㅅ길
저 놈의 뒤를 따르는 것은
우리 할아버지의 아내가 이브라서 그러는게 아니라
석유 먹은 듯……석유 먹은 듯……가쁜 숨결이야

—「花蛇」에서

에덴 신화를 낯설게 함으로써 그(인간)가 오히려 뱀을 꾀고 충동한다. 그것은 역전하는 은유다. 에덴동산의 신화와는 달리 인간은 그가 그 동산에서 쫓겨난 동기를 적극적으로 자기의 것으로 전환시키고 있다. 그는 오히려 뱀을 유혹하고 선동한다. 뱀에게서 주어진 것을 뱀에게 되돌려주고 있다. 인간과 뱀의 관계가 바뀌었다.

함형수는 「해바라기의 비명碑銘」에서 죽음을 넘어선 삶의 의지를 노래하였다. "나의 무덤 앞에는 그 차거운 비ㅅ돌을 세우지말라. / 나의 무덤 주위에는 그 노오란 해바라기를 심어 달라"는 1, 2행과 같이 작중화자 '나'는 자신의 무덤에 차가운 비석이 세워지는 것을 거부하고 노란 해바라기를 심어달라고 말한다. 죽음이 차가운 비석을 의미한다고 하면 해바라기는 항상 태양을 향하여 환한 얼굴을 돌리는 정열의 상징이다.

오장환은 1933년 『조선문학』에 「목욕간」을 발표한 이래 주로 『시인부락』, 『자오선』의 동인으로 시작 활동을 하였다. 「성벽城壁」과 「헌사獻詞」로 대표되는, 비애와 퇴폐의 정서를 바탕으로 하는 초기의 모더니즘 지향의 시가 「나 사는 곳」, 「병든 서울」과 같은 리얼리즘의 세계로 귀의한 것은, 자기동일성의 열망이자 자기회복인 것이다. 이러한 시적 변모는 과거로부터의 전승을 전면적으로 부정하는 탈향 지향성으로부터 다시 고향에 귀의하는 귀향 의지라고 할 만하다. '성', '항구', '탕아'가 「성벽」, 「헌사」를 대표하는 이미지라면, 「나 사는 곳」에서는 정원적 이미지 '고향'이 되어준다. 이와 같이 그의 시적 여정旅程은 과거의 전통과 유습을 전면적으로 부정하는 데서 출발하여 그 반명제로 탈향 지향의 세계를 도모하다가 다시 고향으로 귀의하는 것이다.

유치환의 경우, 「깃발」과 「그리움」로 대표되는 감정의 시편과 「바위」, 「생명의 서書」로 대표되는 의지의 시편은 처음부터 동행하고 있었다.

> 나의 마음은 울고 있다.
> 일찍이 너와 거닐고 바라보던 그 하늘 아래 거리언만은
> 아무리 찾으려도 없는 얼굴이여
> 바람 센 오늘은 더욱 너 그리워
> 진종일 헛되이 나의 마음은
> 공중의 깃발처럼 울고만 있나니
> 오오 너는 어디매 꽃같이 숨었느뇨
>
> —「그리움」

> 내 죽으면 한 개 바위가 되리라
> 아예 愛憐에 물들지 않고
> 喜怒에 움직이지 않고
> 비와 바람에 깎이는 대로
> 億年 非情의 緘默에
> 안으로 안으로 채찍질하여

드디어 생명도 망각하고
흐르는 구름
머언 원뇌
꿈꾸어도 노래하지 않고
두 쪽으로 깨뜨려져도
소리하지 않는 바위가 되리라

—「바위」

그의 시에서 '두 쪽으로 깨뜨려져도 소리하지 않는 바위'가 되려는 비정의 세계 못지않게 그리움의 세계, 애련의 정서가 그 바탕에 공존하고 있는 것이다. 의지와 감정은 적어도 청마에게는 서로 다른 측면이 아니라 결국 하나인 것이다. 생명에 대한 애정이 간절할수록 반생명적인 것을 노래해야 했고, 생명을 열애하기 위하여 도리어 자기학대 · 자기모순의 과정이 청마의 이른바 허무의지의 진면목이었던 셈이다.[14]

그의 시는 한결같이 허무의지를 그 본질적 구심점으로 해서 그 의지가 그 후 모든 시에 원심적으로 사무쳐 있다. 허무의 의지란 스스로 밝힌 것처럼 일체의 인간적 감정을 초극하고, 냉혹하고 비정한 인간이 되겠다는 의지다. 그러나 그러한 비생명의지는 한낱 바람일 뿐, 행동으로 옮기지 못하고 결국 글자 그대로 생명과 비생명의 모순 대립으로 나타날 수밖에 없었던 것이 그의 시의 방법이자 한계이다. 생명의지는 인간의 몫이고, 허무의지는 신의 몫이라고 지적한 것은 문덕수다.[15]

노천명도 「장날」, 「남사당」 등의 시가 보여주듯이 고향에 대한 향수를 그곳의 풍물과 관련하여 노래하고 있다. 이러한 전원에 대한 애착과 고향 상실성은 이 시대 시인들의 정신적 분위기를 반영한다. 김광섭과 함께 이

14 박철희, 『유치환』, 서강대학교출판부, 1999, p.15.
15 문덕수, 「청마 유치환론」, 『현대문학』, 1957. 12.

시기에 활동한 김상용, 장만영, 김현승 등의 시 역시 공통점은 상실을 통한 고향 회복이다. 이 경우, 살기 위하여 고향을 버리고 간도나 시베리아로 유랑할 수밖에 없었던 경향시의 고향 상실성과는 성격이 전혀 다르다.

> 바다가 어머니라면— 하고 나는 생각해 본다. 바다의 품에 안기고 싶다. 안기어 날개같이 보드러운 물결을 쓰고 맘편히 쉬고싶다.
>
> 수평선 아득히 아물거리는 은빛의 향수. 나는 찌젖어진 추억의 천막을 깁는다. 여기 모래벌에 주저앉아
>
> —「鄕愁」에서

장만영의 고향은 실재하는 고향이 아니다. 추억 속에서야 비로소 볼 수 있는 고향이다. 보이는 바다 너머의 보이지 않는 바다를 보기 위하여 그의 인식은 움직인다.

자연파(청록파)는 이에 비하여 비교적 안정된 목소리를 가지고 있다. 그들은 삶의 고뇌 자체를 노래하기보다는 고뇌에 찬 세계를 벗어나 평화로운 자연 속에서 이상적인 삶의 모습을 발견하는 태도를 보여주었다. 물론 그것은 현실로서 존재하는 것이 아니라 그들의 작품 속에만 나타나는 이상향이었다. 그 후 그들의 시집 이름이 된 『청록집靑鹿集』, 즉 푸른 사슴이라는 것부터가 실재하지 않는 상상적 동물이다. 이들의 관심은 자연이었다. 박목월이나 조지훈의 자연을 상징이나 환유적 삶의 한 외형이라고 한다면, 박두진의 자연은 도덕적이고 종교적이다. 그만큼 박목월의 내면화된 자연이 서정적인 긴장으로 이루어졌다고 한다면, 조지훈에게서는 선적인 분위기와 전통적인 것에의 향수가 짙게 풍기고 있다. 그리고 박두진은 성서적인 상상력을 바탕으로 모든 갈등이 해소된 자연의 세계를 희구하고 있는 것이다. '성서'는 박두진 시에서 그 자체로 종교적 텍스트이고 문학적 텍스트이며, 또한 역사적 텍스트이다. 그러나 '청록파'의 진정한 활동

은 해방 이후가 된다.

일본 제국주의의 만주 강점으로 시작된 대륙침략이 1939년에 이르러 제2차 세계대전으로 확대되자 그들의 식민지 정책은 더욱 가혹해졌다. 강력한 전시체제를 확립하기 위하여 내선일체內鮮一體라는 허울 좋은 구실 아래 창시개명을 강요하고 철저한 국어말살정책을 강행하였다. 그 결과 1941년 『조선일보』와 『동아일보』가 폐간되고, 같은 해 『인문평론』과 『문장』도 폐간의 운명을 맞이하게 되었으니, 이로써 사실상 한국시는 일제의 탄압 아래 완전히 중단되어버렸다. 그러한 가운데 이육사와 윤동주는 일제에 항거하는 저항시를 씀으로써 마침내 수난을 당하고 만다. 한용운이 불교적 바탕 위에서 시를 썼다면, 이육사는 유교적 교양을 토대로 하여 시를 쓰면서 거기에 남성적이고 대륙적인 기풍의 강렬한 상황의식을 담았다. 「황야」, 「광야」, 「절정」 등 이육사의 대표적인 작품들은 억압되고 축소된 당시의 한계적인 상황에서도 미래에 대한 꿈과 희망을 결코 저버리지 않으려는 강렬한 초극의식을 보여주고 있다.

까마득한 날에
하늘이 처음 열리고
어데 닭 우는 소리 들렸으랴.

모든 산맥들이
바다를 연모해 휘달릴 때도
차마 이 곳을 犯하던 못하였으리라.

끊임없는 光陰을
부지런한 계절이 피어선 지고
큰 강물이 비로소 길을 열었다.

— 「광야」에서

특히 「광야曠野」에서 창세기적인 신화, 개벽신화에 기대어서 민족의 대지 혹은 민족이라는 대지 그 자체가 재생되기를 희구하고 있다.

'손들어 표할 하늘도 없는' 숨 막히고 암담한 시대를 살았던 '슬픈 천명天命'의 시인 윤동주가 시대적 소명에 의해 적어야만 했던 '한 줄의 시詩'는 '슬픈 족속族屬'의 혈서가 되었다고 곡한 것은 정병욱이다. 윤동주는 어두운 시대에 처하여서도 자신의 양심의 명령하는 바에 따라 순수하게 살아가고자 하는 내면의 의지를 노래하였다.

> 죽는 날까지 하늘을 우러러
> 한 점 부끄럼이 없기를
> 잎새에 이는 바람에도
> 나는 괴로워 했다.
> 별을 노래하는 마음으로
> 모든 죽어 가는 것을 사랑해야지
> 그리고 나한테 주어진 길을 걸어가야겠다.
> 오늘 밤에도 별이 바람에 스치운다.
>
> —「序詩」

그러한 내면의지와 시대정신은 윤동주 사후에 출판된 유고시집 『하늘과 바람과 별과 시』에 잘 나타나 있다. 간도 출신인 그는 날카로운 역사의식을 가지고 있던 시인이기 때문에 이육사의 경우처럼 흔히 저항시인으로 평가되기도 하지만, 그가 관심을 기울여 탐구한 주제는 부단한 자아성찰에 의한 윤리적 · 심미적 자기완성이었다.

3부
한국 근대시사와 시인

정지용론
—위의威儀의 시인

1.

정지용의 시작 활동은 박용철朴龍喆의 말과 같이 당시 시대의 흐름을 역류하면서 시작되었다. 첫 시집 『정지용시집』의 일부를 이루는 초기 시편들은 "그가 눈물을 구슬같이 알고 지어내려는 듯하던 시류에 거슬려서 많은 눈물을 가벼이 진실로 가벼이 휘파람 불며 비눗방울 날리든" 1920년대에 쓰인 것이다. 「바다」 시편과 「유리창」 시편, 그리고 「해협」 시편 등 초기 절창들은 한결같이 1920년대 초 일반적 경향인 탄식, 슬픔 등 비이성적 과잉반응과 관념을 거스르고 있다. 그만큼 그의 시 방법은 발상이나 기교가 1920년대 감정의 무절제한 유로나 영감의 소산인 자연발생적인 것이 아니다. 1920년대 시의 지배적인 감정의 용솟음과 관념에 대한 지양이며, 그에 대한 철저한 통어이다. 물론 「풍랑몽」이나 「향수」 등과 같은 그의 고독 시편에 감상적인 것이 없는 것은 아니나, 소재의 감각적 처리와 조형은 『백조』, 『폐허』의 1920년대 초 감상시와는 처음부터 차원을 달리한다. 무엇보다 현대적인 감각성과 세련된 기법은 당시로는 단연 독보적이다. 그리고 그것은 그 후 그의 시의 변함없는 시적 의장意匠이 되어준다. '선읍벽善泣癖'·'감격벽'의 시가 1920년대 주도적인 담론이라고 할 때 그 시각적 선명성은 당시로서는 신흥문학의 움직임과 함께 분명 시류를 거스르는 일이고, 그런 점에서 그는 이 땅 최초의 모더니스트(김기림)라고 할 만하다.

일시나마 내용 편중의 이데올로기 시에 대한 앙티로, 시의 표현 형식을 강조한 것은 다름 아닌 아나키스트 김화산(「설명에서 감각으로」)이다. 그는 "우리는 시를 요구한다. 강열한 자아의 연소를 요구한다. 객관에서 주관으로, 평면묘사에서 입체묘사로 그리고 설명에서 감각으로 우리의 일체의 예술제작의 정신을 전환할 필요가 있다"고 하여, 스스로 표방한 아나키즘을 다다이즘이나 미래파와 같은 전위예술로 파악하고 다다풍의 시를 도모한 것은 아이러니컬하다. 작품 수도 몇 편 되지 않았고 시간적으로 단시일에 머물렀다. 실은 아나키즘과 다다이즘은 결국 현실에 대한 부정이나 저항이라는 점에서는 동일한 것이다. 주지하다시피 그 후 그는 임화, 박팔양 등과 함께 다다에서 프로문학으로 귀의하였다.

당시 신흥문학(전위예술)은 요원의 불꽃같은 기세로 식민지 젊은이를 매료했다. 젊은 날의 지용도 예외는 아니다. 「슬픈 인상화印象畵」, 「카페 프란스」 등은 젊은 날의 반항과 에그조티시즘의 소산이다. 때로는 「카페 프란스」와 같이 뱀눈처럼 봄비 내리는 저녁, 이국의 카페에서 젊음과 '패기'를 노래하고, 때로는 「슬픈 인상화」, 「파충류동물爬蟲類動物」과 같이 다다풍의 시를 실험하기도 하였다. 무대가 일본인 「카페 프란스」는 전적으로 젊은 날 이역 체험의 반영이다. 그만큼 그의 시편력 과정에서 일본 교토京都 생활은 각별한 의미를 갖는다. 그의 많은 시작품이 도시샤同志社 유학 시절에 이루어졌고, 그의 공식적인 문학활동이 비롯된 곳도 바로 도시샤 시절이다. 거기에서 그는 영문학을 전공하면서 서구문학을 체험하기도 하고, 『학조』·『도시샤문학同志社文學』은 물론 시지詩誌 『근대풍경』에 많은 시를 발표하였다.

처음으로 1926년 교토 유학생들의 학회지 『학조』에 시조 9수, 동요 형식의 시 6편, 자유시 3편 등을 발표하였다. 발표는 1926년이지만 시인 자신이 밝힌 실제 작품 창작은 그보다 앞선다. 말하자면 그전에 써두었다가 이때 정식으로 시를 발표한 것이다. 이 가운데 자유시 「압천鴨川」, 「카페 프란스」는 그 내용으로 보아 유학 중에 쓴 것이라고 생각된다. 「향수」 또한 『조선지광』에 발표한 것은 1927년이지만, 제작연대는 1924년으로 되어 있다.

처음부터 그는 시조, 동시, 자유시 등 다양한 시 형태 및 기법을 습작하고 있었다. 「향수」 계열의 고독 시편이건, 「슬픈 인상화」 계열의 전위 시편이건 두드러진 것은 삶의 내용보다 이렇듯 형식에 있었고, 그 후 그가 선택한 것은 자유시형이며, 기법은 공간적 감각성이다. 특히 「따리아」, 「바다」 등이 보여주듯이 처음부터 통어된 형식미 속에서 조형과 감각을 겨냥한 것이 그의 작시법이다. 그리고 그것은 당시의 시 앞에서는 낯설음이며 충격이었다. 종래의 '정지용 논의' 대부분이 이러한 작시법에 집중된 것은 이 때문이다. 가령 '일대 감각의 혁명', '우리 시 속에 현대의 호흡과 맥박을 불어넣은 최초의 시인' 등 지용에 대한 긍정적인 시각은 말할 것 없고, '내용과 사상의 방기', '지적 빈곤', '수공업에서 나온 노래', '사이비 모더니즘' 등 부정적 시각 또한 마찬가지다. 이렇듯 정지용은 1920년대 비이성적인 감정의 과격한 반응과 관념을 거스르고, 감정의 지적 절제로써 선명한 시각적 정확성을 표방하였다. 얼핏 보면 이러한 시각적 선명성이 감정의 풍경화처럼 보이지만 그렇지 않은 이유는 그에게 감각은 감상에서 시를 구제하는 한편, 자신의 서정과 인식을 전경화하는 시적 장치이기 때문이다. 감각은 지용시의 담론성을 결정짓는 단서가 되어준다.

『정지용시집』의 시편들은 초기작 「오월소식」, 「이른봄 아침」은 말할 것 없고, 「바다」, 「향수」, 「석류」 등, 아니 「별」 등 동요류와 민요풍 시편 등에 이르기까지 한결같이 감각으로 세계를 애무하면서 조소하고 있다. "해설피 금빛 게우른 울음”(「향수」), “외로운 마음이 / 한 종일 두고 / 바다를 불러 / 바다우로 / 밤이 / 걸어온다”(「바다 3」) 등 그 감각충동은 교토 체험을 거치면서 귀국 후 「바다 9」, 「유리창 1」 등과 같은 일품을 낳는다. 바다 물결의 움직임을 도마뱀의 미끌미끌한 몸과 반복적이며 재빠른 동작에 비유하면서 시작하는 시 「바다 9」는 한국어가 일찍이 다다르지 못한 차원에서 바다를 감각적으로 재현했을 뿐만 아니라, 그 조형은 큐비즘적 화면구성의 기교를 연상케 한다.

바다는 뿔뿔이
달어 날랴고 했다.

푸른 도마뱀떼 같이
재재발렀다.

꼬리가 이루
잡히지 않었다.

힌 발톱에 찢긴
珊瑚보다 붉고 슬픈 생채기!

가까스루 몰아다 부치고
변죽을 둘러 손질하여 물기를 시쳤다.

이 앨쓴 海圖에
손을 싯고 떼었다.

찰찰 넘치도록
돌돌 굴르도록

희동그란히 바쳐 들었다!
地球는 蓮닢인양 옴으라들고……펴고……

—「바다 9」

적어도 삼차원의 입체인 바다를 이차원의 화면 속에 변형시키는 기교가 당연 압권이다.

이런 점에서 「유리창 1」 또한 "시인의 비애의 감정이 유리의 형체에 와서 태어난" 시편이다 「유리창 1」은 유리를 닦고 다스리는 마음으로 다스려지지 않는 상흔이 낭자하다. 유리를 닦는다고 해서 지워지지 않는 상처다. 주관적인 진술이 완전히 배제되고 장면의 묘사뿐이다. 김춘수의 지적과 같이 이미지가 서술에 그치고 있다. 관념이나 감정과 같은 인간적인 요소가 완전할 정도로 배제되고 있는 것이다. 이러한 그의 시의 방법과 인식을 그 후 시론 「시의 위의威儀」에서 요약, 정리하고 있다. 시가 울지 않고 독자로 하여금 서서히 눈물을 저작咀嚼할 여유를 주는 것은 "안으로 열하고 겉으로 서늘"한 시의 위의를 거쳤기 때문이며 "슬픈 어머니가 기쁜 아기를 탄생한다"는 시인 자신의 시론의 반영인 셈이다. 그만큼 감정의 절제가 얼마나 철저했는가를 보여주는 한 증거가 되어준다. 모름지기 겉으로 얼음처럼 차가워야 한다고 믿었던 그로서도 자식을 잃은 통한만은 결국 한 조각의 얼음이게 할 수 없었다. 겉으로는 얼음이지만 안으로는 핏자국 낭자한 아픔을 통절히 씹고 있었다. 후기 시집 『백록담』에 이르러 이러한 감정의 절제는 무사無私·무시無時의 경지로 발전하게 된다.

뿐만 아니라 감정의 절제는 동시대 및 그 후의 시인들의 시작의 모범이 되어준다. 감정의 절제는 '시문학파'의 공통점이다. 슬픔이나 눈물을 '촉기燭氣'로 극복한 김영랑의 시작을 비롯하여 박용철의 체험의 용해와 '변용變容', 김현구의 이미지와 언어에 대한 새로운 '인식認識'은 위의威儀를 떠나서 생각할 수 없다. 『시문학』의 시대, 서로 패러디의 시작詩作을 하던 이들이라 촉기와 변용은 위의의 다른 패러디라고 보아도 무방하다. 『시문학』은 단명했고, 또한 『문예월간』, 『문학』, 『시원』지 등에 의해 그들의 시가 산발적으로 발표되었지만, 그들이 이룩해놓은 시적 성취가 그 후 시인들에게 끼친 영향은 상당한 것이다. 시인들은 한결같이 『시문학』에서 영감과 음감을 얻었다. 1930년대 순수시의 이론을 전개한 사람은 박용철이고, 그 이론을 실천한 것은 김영랑이다. 이 두 사람은 동전의 안팎처럼 맞물려 다니는 존재다. 그러나 그 정상에 정지용이 있었다. 지용에 대한 박용철의 경사는 각별하다. 지용 시의 참신성과 탈 이데올로기성이 그대로 박용철의 시론이었다. 특히 정지용 없는 이상, 윤동주 그리고 청록파 시인들은 생각할 수 없다.

그중에서도 윤동주에게 지용의 영향력은 압도적이다. 「비로봉」, 「바다」 등 연희전문과 도시샤대학同志社大學 시절에 쓰인 명편은 그 인식과 방법이 지용 시와 너무 닮았다. 그만큼 『정지용시집』이 청년 윤동주에게 준 형성적 충격은 너무 컸다. 널리 알려진 「슬픈 족속族屬」은 윤동주 시 중에서는 저항시가 도달한 수준을 보여주는데, 그 호소력은 지용의 이른바 극도로 단순화함에서 얻은 2행 1연의 반복의 직절성直截性과 무관하지 않다. “흰 수건이 검은 머리 두르고 / 흰 고무신이 거친 발에 걸리우다. // 흰 저고리 치마가 슬픈 몸짓을 하고 / 흰띠가 가는 허리를 질끈 동이다.”

그런 점에서 두 시인 사이에 일관된, 그리고 앞뒤가 잘 이어진 문학사적 지속성을 추출하기란 어렵지 않다. 그들의 시비가 앞뒤로 세워진 것, 그것도 그들의 모교인 이국땅 이국학교에 건립된 것은 이런 점에서 뜻이 깊다. 윤동주는 1942년 10월부터 2학기를 도시샤에서 공부하였다.

윤동주의 교토, 특히 도시샤 생활은 짧았으나, 이때에 중요한 작품이 쓰였다. 교토의 나날은 2차대전이 극에 달해 ‘손 들어 표할 수 없는’ 시 제목 그대로 최악의 사태인 「무서운 시간」의 연속이었다. 이 「무서운 시간」이 낳은 것이 동주에겐 「십자가」이며 「쉽게 씌어진 시」라면, 이 무렵의 지용에겐 「구성동」 같은 금강산 시편이다. 기우는 조국에서 젊음을 누림으로써 지켜야 했던 모순을 전자가 온몸으로 맞부딪쳤다면, 후자는 모순 저 너머에 존재하는 초월적인 진실 속에 은둔한 것이다. 금강산 시편 같은 것이 겉으로는 '무서운 시간' 에서의 도피가 아니냐고 오늘의 잣대로 비판되기도 했으나 속은 그 반대다. 거짓(현실)과 진실(자아)의 갈등(비극적 세계관)은 골드만의 것만은 아니다. 진실의 관점에서는 현실을 거부하지만 현실의 관점에서는 그 반대다. 그러나 진실에 이르기 위해서는 현실을 거치지 않고는 달리 길이 없다. 왜 죽을 때 죽더라도 처절하게 부딪치며 살지 않았느냐고 하면 그것이 오히려 역사 현실을 외면한 것이다. 낭만주의냐, 사실수리事實受理냐, 모순의 양자 택일은 1940년대 초의 우리의 외면할 수 없는 엄혹한 역사이자 현실이다. 지용은 후자가 아니라 전자를 선택하였다. 더구나 작품을 통해 모국어의 위엄을 보여준 그의 노력은 각별한 것이다. "위축된 정신이나마 정신이 조선의 자연풍토와 조선적인 정서 감정과 최후로 언어문자를 고수하겠다" 고 외쳤던 그가 아닌가. 그는 시종일관 일제가 강요한 국민복 대신에 한복만을 고집하였다.

2.

그의 초기시를 논할 때 적어도 형식미, 그것도 조형적 형식미를 떠나서는 생각할 수 없다. 그러나 감각적인 것은 세계를 현시하는 데는 적절하나, 정신의 세계를 드러내는 데는 한계가 있다. 이미지의 원의가 판화를 의미하듯이 이미지가 감각적으로 선명한 만큼, 시가 한 편의 감정의 풍경화로 비칠 수도 있다. 그래서 그 한계의 돌파구가 그의 종교시다. 그의 시를 두고 사상 없는 시라고 비판한 것은 임화다. 특히 1930년 대 후반 "오늘의 문명이 점점 심각하게 어두워가고 이즈러가는"(김기림) 현실은 시인으로 하여금 시작 태도의 재정비를 요구하였다. 이 점은 지용 역시 외면할 수 없었다. 『시문학』과 『카톨릭 청년』에 관계하면서 그는 감각시 못지않게 종교시를 썼다. 이때가 히틀러와 무솔리니의 파시즘이 등장하여 세계적으로 불안과 위기가 감돌던 시기이다. 이 시기는 우리나라만이 아니라 서구에도 역시 불안과 위기가 감돌았다. 그가 밖으로는 불안문학의 해소 방법으로 종교시를 선택하였고, 안으로는 세계와 자아의 갈등을 종교시를 통하여 극복하고자 하였다고 한 것은 동시대 김기림의 얘기다.

하지만 사정은 달랐다. 가톨리시즘을 선택했을 때 그의 독특한 자질인 감각적 조형을, 아니 적어도 그가 시인임을 포기해야 했다. 설사 현실(역사)을 선택하였다 해도 사정은 마찬가지다. 그만큼 이데올로기를 노래하기에는 그의 특기인 감각적 언어와 이미지의 조작은 부적당했다. 감각적인 것은 구체적 실감을 안겨주지만 그만큼 표피적이다. 가톨리시즘의 이데올로기성은 그의 이른바 체질화된 시의 '시성詩性'과 처음부터 모순되었다.

첫 신앙시 「무제」부터 전언 위주의 관념적 표현이 압도적이다. 그의 독특한 작시법인 감각성, 감정의 절제와 무연하다. 대부분의 시가 패러프레이즈라고 보아도 무방한 성서나 성인의 서사와 동행하고 있다. 변용變容이기보다 전사轉寫되는 경우가 많다. 동시대에 함께 쓰인 감각 시편과 신앙 시편들에서 「유리창 1」, 「란초」 등의 감각시가 신앙시보다 돋보이는 것은 이 때문이다. 뭐니 뭐니 해도 그의 작시법이 어떤 정신적 경지를 현시하는 데 성공한 것은 신앙 시편보다 '산' 시편에 있었다. 이미지(절제)와 관념(신앙체험)은 처음부터 빙탄불상용氷炭不相容의 개념이 아니던가. 기독교 체험을 혈액화하기에는 기독교 전교의 역사가 일천하다는 것도 하나의 이유가 될 수도 있다.

이런 점에서 윤동주의 신앙시가 전사 쪽보다 변용의 경우가 많다는 것은 지용의 신앙시와 상대적으로 그의 신앙시를 이해하는 데 무척 시사적이다. 「팔복」, 「간」, 「태초의 아침」 등은 성서의 담론을 패러디하고 있다.

이런 점에서 윤동주의 신앙시는 정지용의 신앙시의 산물이면서 동시에 그에 대한 도전이라고 할 만하다. 이 점은 박두진의 경우도 마찬가지다. 어쨌든 그의 신앙 시편이 결과적으로 그 후 윤동주, 박두진 등의 신앙시의 원형이자 수원지가 된 것만은 틀림없다.

이렇듯 지용, 그가 가톨리시즘을 통하여 자기확대, 자기초월을 기도했을 때, 그때가 바로 그의 시의 종착점이었다. 물론 신앙시는 그 수가 얼마 되지 않았고, 실은 그 자신도 그의 신앙시가 예술적으로 성공한 시라고 생각하지 않았다. 1934년에 발표한 「다른 한울」, 「또하나의 다른 태양」이 그의 신앙시로서는 마지막이었다.

그가 해방 후 글에서 시집 『백록담』을 내놓을 때가 정신적으로나 육체적으로 무척 피로했을 때라고 고백한 일이 있다.

> 이러한 괴로움이 日帝 發惡期에 들어 『文章』이 廢刊 當할 무렵에 매우 심하였다. 그 무렵에 나의 詩集 「白鹿潭」이 주제주제 街頭에 나오게 된 것이다. 「白鹿潭」을 내놓은 時節이 내가 精神이나 肉體로 疲弊한 때다. 여러 가지로 남이나 내가 내 自身의 疲弊한 原因을 指摘할 수 있었겠으나, 結局은 環境과 生活 때문에 그렇게 된 것이었다. 그러나 모든 것을 環境과 生活에 責任을 돌리고 돌앉는 것을 나는 姑捨하고 누가 同情하랴. 生活과 環境도 어느 程度로 克服할 수 있을 것이겠는데 親日도 排日도 못한 나는 山水에 숨지 못하고 들에서 호미도 잡지 못하였다. 그래도 버릴 수 없어 詩를 이어온 것인데, 이 以上은 所謂 『國民文學』에 協力하던지 그렇지 않고서는 朝鮮詩를 쓴다는 것만으로도 身邊의 脅威를 當하게 된 것이다. (「조선시의 반성」에서)

이러한 정신적 · 육체적 피폐에서 자기구원의 모색이 신앙에서 은둔(산)으로 옮긴 것은 지용다운 선택이다. 이미지즘의 한계를 그 누구보다 철저히 인식한 그였고, 그의 종교시가 종교적 관념을 미적으로 승화한 성공적 사례라고 그 자신도 생각하지 않았다. 그의 자질인 감각으로 신앙을 노래한다는 것은 모순임을 그 누구보다 자각했던 그였다. 신앙 시편을 『정지용

시선』 4부에 모아놓은 것도 이와 무관하지 않다. 지용 또한 1930년대 이후 시단의 분위기로부터 자유로울 수 없었다. 조선시를 쓴다는 것만으로 신변의 위협을 느껴야만 했던 시대상황도 놓칠 수 없다. 무엇보다 중요한 것은 그의 신앙시가 그 후 '산' 계열의 무욕의 시편을 낳게 한 계기가 되었음을 유념할 필요가 있다. 신앙시를 거치면서 초기시의 정서와 다르게 그 정서가 심성의 내오內奧에 깊이 침잠하게 된 것이다. 이렇듯 기독교 체험보다 동양의 정서와 사념이 그의 포에지의 본바탕이었던 셈이다. 일련의 '산' 시편이 보여주듯이 포에지는 감각을 기다려서 명증성을 얻는다. 그것은 적어도 그의 후기 작품의 특색 있는 경향의 하나다. 「장수산」과 「구성동」은 바로 그러한 경향을 대표하는 일품이랄 수 있다. 가령 초기 「향수」나 「유리창」 등과 같은 형식주의적 미학이 초기 작품의 것이라면, 내면화된 정신적인 부피 있는 미학 그것이 후기 작품이다. 「장수산」, 「백록담」 등 산문형 시편과 「구성동」, 「홍춘」 등 단형 시편이 그러한 것이다. 그러나 '눈물도 제조'(「시계를 죽임」)하고 '바람소리마저 동글동글 굴러온다'(「甲板우」)고 감각했던 초기의 조형과 공감각적 기법이나 2행 1연의 정제된 형식은 변함이 없다.

> 伐木丁丁 이랬거니 아람도리 큰솔이 베혀짐즉도 하이 골이 울어 멩아리 소리 쩌르렁 돌아옴즉도 하이 다람쥐도 좃지 않고 뫼ㅅ새도 울지 않어 깊은산 고요가 차라리 뼈를 저리우는데 눈과 밤이 조히보담 히고녀! 달도 보름을 기달려 흰 뜻은 한밤 이골을 걸음이랸다? 웃절 중이 여섯 판에 여섯번 지고 웃고 올라 간뒤 조찰히 늙은 사나히의 남긴 내음새를 줏는다? 시름은 바람도 일지 않는 고요에 심히 흔들리우노니 오오 견듸랸다 차고 兀然히 슬픔도 꿈도 없이 長壽山속 겨울 한밤내—
>
> —「長壽山 1」

> 絶頂에 가까울수록 뻑국채 꽃키가 점점 消耗된다. 한마루 오르면 허리가 슬어지고 다시 한마루 우에서 목아지가 없고 나종에는 얼골만 갸옷 내다본다. 花

紋처럼 版박힌다. 바람이 차기가 咸鏡道끝과 맞서는 데서 뻑국채 키는 아조 없어지고도 八月한철엔 흩어진 星辰처럼 爛漫하다. 山그림자 어둑어둑하면 그러지 않어도 뻑국채 꽃밭에서 별들이 켜든다. 제자리에서 별이 옮긴다. 나는 여긔서 기진했다.

―「白鹿潭」에서

시 「장수산」의 첫 구절 '벌목정정'의 공감적 이미지는 말할 것 없고, 시 「백록담」의 첫 구절 역시 뻑국채꽃의 조형은 일품이 아닐 수 없다.

이제 감각은 결코 기교나 메시지를 위한 매체가 아니라 그 자체가 '의미 있는 형식'이다. 의미 있는 형식을 통해서 소재는 물론 주제까지도 비로소 시작품 속에 존립하는 것이다. 이때 작품은 거울이 아니라 그 자체가 하나의 발광체요, 전달하는 매체가 아니라 하나의 존재다. 이것이 그의 시작품 그 자체의 텍스트성이다. 이러한 시적 언어의 독자성에 관한 인식이 1930년대 정지용을 기다려서 이루어진 것은 의미가 깊다. "마침내 글이라는 것을 말과 뜻의 진정이 서로 얽히어 안팎을 가릴 수 없이 그대로 드러난 것이 극치일까 싶어라"(「옛 글 새로운 정」). 여기서 우리가 주목할 것은 언어의 독자성이 주의미主意味, 종표현從表現의 양분론 시대에 자각되었다는 점이다.

초기 그가 도모한 조형과 감각은 영미의 이미지즘이나 일본의 감각파의 영향과 무관하지 않다. 더구나 도시샤에서 블레이크를 비롯하여 영미의 이미지즘이나 일본의 감각파의 담론과 만난 것은 그로서는 특별한 경험이 아닐 수 없다. 그들과의 만남을 통해서 그의 조형과 감각은 더욱 정제되고 단련될 수 있었다. 「호면」, 「석류」 등 단형은 물론 「비로봉」, 「바다 2」 등은 영미의 이미지즘을 연상케 한다. 물론 서구시의 체험에 대하여 스스로 표방한 일은 없다. 사실 그를 가리켜 1930년대 모더니즘의 대표적 시인이라고 하지만, 이에 대한 자신의 반응도 없고 나아가서 모더니즘에 대하여 구체적인 시 이론을 전개한 적도 없다. 있을 법한 그의 전공인 영문학과 관련된 여하한 언급도 없다. 그러나 이러한 감각은 흄, 파운드, 엘리엇으로 이어지는 현대 영미시의 방법적 특색인 감정의 지적 균형과 비슷한 것만은 분명하다. 비록 현대 영미시와 형이상파 시의 시적 의장意匠과 그의 감각 사이에는 이른바 문학사적 사실로 유입 또는 투영한 구체적인 증거는 없다고 하더라도 감상(「눈물」)에서 시를 구제하려는 그 지적 절제는 양자가 동일하다. 발상만이 아니라 소재, 정서의 구조 또한 비슷한 것이다. 실제로 「카페 프란스」는 엘리엇의 「푸르푸록의 연가」의 에코 또는 패러디라고 지적(김시태)되기도 하였다. 더구나 당시 일본 감각파의 시편과도 동떨어진 것은 아니다. 많은 시를 발표한 『근대풍경』의 주간은 다름 아닌 일본의 대표적인 신감각 시인 기타하라 하쿠슈北原白秋다. 교토 유학시절에 쓰인 시편들이 거개가 짧고 신선한 감각과 기법으로 이루어져 있는 것은 우연이 아니다.

그러나 지용의 경우, 이러한 영향 못지않게 전통적인 자생적 요인도 무시할 수 없다. 영미의 이미지즘과 일본의 감각파 시가 설사 그의 시에 영향을 주었다고 해도 그것은 외부적인 자극일 뿐, 오히려 지용 시 자체 내의 전통적인 체험과 무연한 것은 아니다. 아니, 영미의 이미지즘이나 일본의 감각시의 경사가 오히려 한시나 시조의 절제의 체험에서 촉발되었다고 할 수 있다. 또 그러한 경사가 그대로 나타나는 것은 아니다. 1930년대 무용가 조택원은 "훌훌 벗고 춤을 춘다는 파리에 가서 옷 입고 추는 법"을 배워 온 것이다. 『학조』에 발표된 글 대부분이 교토 유학시절 전후에 쓰인 것이다.

그는 오히려 "시의 자매 일반 예술론에서 더욱이 동양화론에서 시의 향방을 찾는 이는 비뚤은 길에 들지 않는다"와 같이 동양적 작시법을 강조하고 있다. 그런 점에서 다음과 같은 말은 적절한 지적이다. "『시경詩經』이나 『당시唐詩』의 세계에는 사상 관념만이 아니라 시작의 슬기 같은 것이 포함되어 있었다. 더욱이나 중국 고전에 대한 소양은 정지용이 일찍부터 쌓아온 터였다. 또한 이 무렵 그의 시에 나타나는 맑고 깨끗하며 개결介潔한 것으로 보이는 정신 상태에 대해서도 비슷한 이야기가 가능하다. 적어도 그에게 시는 사무사思無邪의 경지였고, 속기와 잡티를 떼어낸 절조節操의 노래였다"(김용직). "지용이 후기에 이르러 독자적인 세계를 개진할 수 있었던 것은 바로 그 시적 근원을 서구 취향의 모더니즘의 추수에 두었기 때문이 아니라 동양의 문화적 전통, 특히 한국의 전통적 유가의 성정론에 뿌리박은 결과였을 것이다. 비록 그가 일본에 유학하여 영문학을 전공하고 가톨릭을 신봉하며 성경을 읽었다고 하더라도, 그의 정신주의 뿌리는 동양의 전통적 유가철학의 성정론에 근거한 것이라고 할 것이다"(최동호). 사실 현대문학 강의가 서울대학교에 개설되었을 때 현대시론 강의를 그가 했고, 그때 사용한 교재가 바로 『시경』이다.

그렇다고 그의 시가 동양적 문학관에 머문 것은 아니다. 오히려 전통적인 경험의 자각 그 자체가 서구적인 경험에 자극되어 이루어진 것이다. 마찬가지로 서구적인 경험 또한 전통적인 경험과 관계없이 영향력을 발휘하는 것은 아니다. 그것은 한국문학 자체 내의 내부적인 변화에 수용될 때 비로소 의미를 갖는다. 내부적인 변화를 떠나서 서구문학의 영향은 의미가 없다. 이런 점에서 많은 비교문학적 논의를 소재적인 유사성을 살피는 등 선행 작업으로서의 실증적인 이입사 일변도로 생각하는 것은 극히 오도적이다. 이식과 영향사의 동시적 관점에서 서구시의 한국적 양상을 보는 태도가 무엇보다 필요하다.

3.

전술한 바와 같이 그의 초기시는 정신이나 영혼이라기보다 인간 감각으로 포착된 자연이며, 그것도 실험적인 경우가 많다. 「향수」 계열의 시편이 보여주듯이 공감적 이미지며 그 회화적 분위기가 자연과의 사이에 소극적인 자연이입으로 시종한다. 소극적인 자연감각에는 안락한 귀속감과 유년의 경험이 우세하게 된다. 이러한 자연감각으로 노래한 이른바 자연 서정시가 다름 아닌 초기 시편들이다. 자연서정 시편 중에서 가장 성공적인 것은 이미지스트의 시각지향성이 전통적인 고전적 절제와 맞물렸을 때다. 그만큼 이미저리의 구조가 한국의 리얼리티와 밀착했기 때문이다. 「비로봉」, 「옥류동」, 「구성동」, 등이 그러한 것이다. 그 이전의 「바다」, 「갑판우」, 「따리아」 등과 좋은 대조를 이룬다.

반대로 가톨릭 신앙을 바탕으로 한 그의 신앙시가 가톨리시즘으로 나타날 뿐, 지성이나 삶의 축제로 연결되지 못한 것은 그의 신앙체험이 자설적(혈액화된) 체험에서 말미암은 것이 아니라 순전히 외부에서 주어진 기성화된 관념이기 때문이다. 그만큼 그의 신앙시의 방법은 타설적이다. 그의 신앙시에 대한 관심은 신앙에 대한 새로운 인식이 아니다. 마리아 예찬이나 천주 찬미라는 미리 정해진 선험에서 온 것이다. 말하자면 그의 신앙시는 그것이 내면적인 필연성에서 나온 표현의지가 아니라 환경과 개인의 갈등(비애)의 해소에서 만들어진 것이며, 당시 '정지용 비판'에 대한 대응이었다. 해방 후에 상해 임시정부 요인들의 귀국을 환영하는 계기시 「그대들 돌아오시니」도 이러한 연장선상에 있다.

사실 그의 대부분의 종교시는 패러프레이즈paraphrase라고 보아도 무방한 성서나 성인의 서사와 동행하고 있어 재창조라기보다 재구술되는 경우가 많다. 가령 「승리자 김안드레아」가 시인의 내면에서 녹아나온 체험의 재창조라기보다 또 한 번의 전승행위, 말하자면 재구술된 작품이라는 인상을 주는 것은 이 때문이다. 김대건이 처형당한 비극적 현장을 그대로 노래하고 있는 것이다. 「갈릴레아 바다」 또한 마가복음(4;35-41)의 서사가 그대로 시의 의미단위로 바뀌어 옮겨져 있다. 「어머니」도 마찬가지다. 그러나 그의 종교시에서 「나무」, 「무제」 등과 같은 시가 다른 종교시보다 어필한 것은 개인적인 내면의 목소리에 있었다. 특히 시인 자신이 「무제」의 제목을 「그의 반」으로 바꾸면서 『정지용시집』에 수록하고, 「승리자 김안드레아」는 제외하였다. 사실 정지용은 1942년 이후 시다운 시는 한 편도 발표하지 못했다. "신앙이야말로 시인의 일용할 신적 양도가 아니"라고 하면서 "종교인이 종교적 관념을 그대로 가지고 시를 쓰는 것은 부당하다고 보았다. 모든 것을 신과 관련지어 파악하려는 종교인 특유의 획일주의가 결국 시의 활로를 막아버릴 것"이라고 한 것은 자기반성이라고 할 만하다.

그러나 「란초」, 「인동차」, 「홍춘」은 자설적이라고 생각된다. 이러한 시를 가톨리시즘에 귀의함으로써 쓰인 그의 종교시보다 우리가 공감하는 이유는 바로 종교시와 같이 대상을 이념의 현현으로 형상화하지 않고 자연을 있는 그대로 다루었기 때문이다. 아니, 그보다 더 중요한 것은 우리 민족의 자기동일적인 형식체험 그 자체에 있었다. 「구성동」, 「옥류동」 등이 보여주듯이 2행 1연의 반복으로 이루어진 시형의 단순성이 서경성으로 나타난 이 경우도 물론이다. 반대로 그의 후기시 「장수산」 연작이나 「호랑나비」, 「진달래」, 「예장」 등의 시가 동양적 자기회귀를 노래하고 서정성으로 나타난 것은 무척 시사적이다. 서경이 시적 자아의 감정이입을 통한 세계에의 몰입(융일)이라면, 서정은 자아와 세계의 갈등이다. 서경은 갈등이 없다. 「장수산」이나 「백록담」이 현실과 회귀의 정신적 갈등이 낳은 것이라면, 「구성동」 계열의 시편은 정지와 고요 등 동양적 합일이 낳은 것이다.

이와 같이 초기 시편이 자연을 겨냥하고 있을 때 후기 시편은 자연으로 하여금 시를 마음에 두게 하였다. 전자는 시의 객관화요 형상화다. 시는 만들어야 하는 것이고 시인은 장인이다. 하지만 후자는 이와는 다르다. 자연을 분석하거나 인식하지 않는다. 자연 속에 침잠하고 자연 속에서 눈을 감는 것이다. 아니 자연 속에서 인간 또한 자연화해버리는 것이다. 자아와 자연이 하나가 되고 죽음까지도 하나의 자연으로 본 것은 이 때문이다. 죽음조차 백색으로 감각하고 있다. 백색은 빛이 바랜 탈색된 무색이다. 무색인 흰색은 그의 시에서 죽음의 빛깔이자 나와 자연이 하나라는 무아의 빛깔이다. "내가 죽어 백화처럼 흴 것이 숭없지 않다"(「백록담」)와 같이, 이것이 시적인 정조情操의 정체다. 시에서 정조란 나와 백화가 서로 녹아드는 느낌을 말한다. 랭보의 이른바 '나는 타자'라는 명제가 바로 그러한 것이다. 객관적 실재와 주관적 실존이 구별할 수 없이 하나로 어울리는 순간 시인은 자연과의 관계에서 무사無私하다. 산 속의 고요와 적막 또한 '산중에 책력도 없이'와 같이 무시無時가 시의 세계이며 이미지는 백색이다. 무사·무시가 낳은 조화의 서정이 「장수산」이요, 「백록담」의 세계다.

「조찬朝餐」과 같이 자아는 새가 되어 자연의 일부를 이루기도 하고, 「붉은 손」과 같이 '산처녀' 또한 자연의 아름다움으로 찬미할 수 있었다. 「슬픈 우상」과 같은 종교시도 눈은 '호수'로, 귀는 '조개껍질'로 성모 마리아의 이목구비와 사지를 자연의 이미지로 떠올리고, 무엇보다 '장년신사'의 자살을 하나의 나뭇잎이 떨어지는 자연의 한 풍경(「예장禮裝」)으로 처리하고 있다. 자연은 사심이 없으며 작위가 없다. 그러면서도 사물을 만들어낸다. 「장수산」이나 「백록담」에서 명상과 선정을 보는 것은 이 때문이다. "귀신도 살지 않는 한라산록에서 도깨비엉겅퀴가 파랗게 질린다." 이때 깨어 있는 것과 조는 것이 하나가 되고 기도조차 잊는 것이다.

그만큼 산을 노래하는 시적 자아는 「유리창」과 같이 미동도 하지 않는다. 시인의 주관적 경험이나 감정은 시 속에 말없이 묻혀 있는 것이다. 그때 비로소 즉물시의 서늘한 대상성, 풍경을 지닌다. 특히 후기 '산' 계열의 시편에서 시인은 생략과 절제 속에 퇴진할 수밖에 없다. "웃절 중이 여섯 판에 여섯 번 지고 웃고 올라간 뒤 조찰히 늙은 사나이의 남긴 내음새를 줏는다"(「장수산長壽山 1」)라고 했을 때 중은 물론, 중을 찾는 시인 자신도 하나의 풍물로 처리되어 있다.

자연을 인간적인 삶의 반대편에 두고 본 소극적인 자연감각을 뛰어넘었을 때 그의 자연시는 전통과 또 다른 차원에서 접맥하고 새롭게 날 수 있었다. 이미 자연은 감각체가 아니다. 그것은 정신이요 영혼이다.

젊은 시절, 바다를 감각적으로 노래한 정지용도 그 후 고요와 무심으로 바뀌면서 우리로 하여금 자연을 새로운 눈으로 보게 한다. 극도로 담백한 감각과 억제된 언어가 자연과의 영적 교감과 동행할 때 「백록담」은 동양적 시정신의 한 결정일 수 있었다. 시적 자아는 한라산 절정에서 기진하고, 다시 암고란巖古蘭을 따먹고 일어서며, 해발 6천 척 위에서 마소를 만나 하나의 깨달음을 얻는다.

시 「구성동」 등 또한 절제된 표현이 영적인 것과 교감하면서 시화일체詩畵一體, 시선일체詩禪一體의 경지를 유감없이 실현하였다. 그러한 실현 속에는 상허, 가람 등 '문장파'의 고전적인 분위기가 뒷받침되기도 하였다. 이때 유명한 그의 시론 「시의 옹호」, 「시와 발표」, 「시의 위의」 등이 쓰인 것은 의미가 깊다.

4.

정지용의 경우 그는 처음부터 전통적인 고전적 절제와 엄격함 속에서 훈련되었다. 사실 『정지용시집』, 『백록담』에 실린 거개의 시에서 우리가 볼 수 있는 또 하나의 특성은 전통적인 고전적 격조이다. 겉으로는 전통과 거리가 먼, 바다 시편조차 안으로는 시상의 흐름이 기승전결이라는 우리의 형식체험과 무관하지 않다. 그러기에 바다의 시각적 구도가 이미지즘의 경우와 같이 산뜻한 눈요기로 끝나지 않고 자연스럽게 우리의 시정을 자극하고 환기하는 것은 이 때문이다

「인동차」, 「란초」, 「춘설」, 「폭포」 등의 시가 단순한 서경이 아니라 우리와 친숙한 구체적 경험으로 나타나는 것이다. 그 시제부터가 동양화의 산수화제를 연상케 하거니와 현대화된 한 폭의 참신한 동양화를 느끼며, 비교적 즉물적인 가사나 시조와의 혈연적인 유사성을 지니면서 그 혈연을 탄 그대로인 채 참신해진 한 동양인을 느끼게조차 하는 것이다.

한마디로 정지용의 시세계, 그중에서도 동양적 동일성과 가까운 시편들, 가령 『정지용시집』 일부를 이루는 초기시와 『백록담』에 실린 시들인 「옥류동」, 「구성동」 이후 「장수산」, 「백록담」을 거쳐 「비」, 「조찬」, 「인동차」 등은 시의 위의라는 점에서 주지적이라 할 수 있지만, 그 주지성은 전술한 바와 같이 동양의 경험에서 온 것이다. 그만큼 과거 시조나 한시의 어떤 것들은 지나친 거리조정 때문에 감정이 억제되어 있고, 그 형식도 아주 정제되어 있다. 따라서 그의 이러한 주지성은 한시나 시조의 절제의 표현이며 서구적인 영향은 다만 자극일 뿐이다. "고전적인 것을 진부로 속단하는 자는 별안간 뛰어드는 야만일 뿐이다", "우수한 전통이야말로 비약의 발디딘 곳이 아닐 수 없다"(「시의 옹호」). 그리하여 초기 「파충류동물」 등과 같은 서구풍의 시는 재발표한 적이 없으며, 시집에도 싣지 않았다. 「카페 프란스」 등도 여러 번 개작하여 시집에 싣고 있다. 조지훈의 응모작 중에서 서구풍의 「화연기」보다 동양적 정취를 추구한 「고풍의상」을 선택하여 추천했던 정지용이었다.

이런 의미에서 그의 시가 서구적인 영향을 받은 것은 사실이지만, 외부적인 영향은 자극일 뿐 무의식적으로 시조나 한시의 절제주의와 금욕주의적인 엄격함 속에서 이루어진 것이다. 정지용의 시에서 리얼리티를 얻는 경우는 이렇듯 동양정신에 몰두했을 때다. 그리하여 그는 근대 유럽을 저울질해가면서 자신의 본바탕인 '동양의 참신'을 기도한 조택원趙澤元을 높이 평가하였다.

정지용 시의 '주지적' 변화는 그러므로 한국시가의 지속적 구조 위에서 분비된 개성적 변화라고 할 수 있다.

김기림론
—모더니즘 시의 한국적 한계

1.

"시가 우선 언어의 예술이라는 자각과, 시는 문명에 대한 일정한 감수를 기초로 한 다음 일정한 가치를 의식하고 쓰여야 된다"고 그 어느 때보다 강조한 김기림金起林의 이른바 모더니즘운동은 당시 시의 순수성을 강조한 시문학파운동과 함께 한국시사에 점하는 의의가 자못 큰 것이다. 경향파의 편내용주의가 전반기 시의 감상이나 몽롱성에서 벗어나 생활과 현실을 중시한 것은 전위적이고 새로운 시각으로 평가되나, 시는 언어예술이라는 예술적 자각보다 글자 그대로 정치적 관념 속에 머물고 있었다. 또한 프로문학운동의 퇴조라는 당시 객관적 상황도 놓칠 수 없다.

주로 김기림에 의해 강조된 이른바 모더니즘운동은 이렇듯 낭만주의의 병적 감상성과 경향파의 정치적 관념성의 부정에서 비롯한다. 그리하여 그 이전의 탄식과 영탄과 동양적 적멸을 부정하고, 운문이라는 낡은 의상을 벗어나야 한다고 하여 건강성·명증성·조소성을 시의 '현대성'을 위한 징표로 내세웠다. 이런 뜻에서 김기림은 한국 모더니즘의 기수이자 이론가이며 또한 시인이다.

그동안 김기림에 관한 글은 수없이 많았다. 하지만 거개의 김기림론은 시작품 그 자체보다 시인 쪽에, 아니 시인보다 오히려 시와 시인을 논하는 시론 쪽, 그것도 그가 주도한 모더니즘운동 쪽에 기울어져 있었다. 시작품에 대한 논의조차 그의 시론이 전제된 연역법 일변도였다. 회화성·주지성·과학성 등 그가 표방한 모더니즘 논의 속에서 그의 시는 다루어졌고, 모더니즘과 모더니즘의 형식화에 반발한 전체시론에서 광복 후 좌경론 등에 이르는 그의 문학관의 굴절과정에 맞추어 그의 전 시력과정全詩歷過程이 조명되어왔다. 그만큼 시작품은 그의 시론을 위한 하나의 새로운 방법론의 예증으로 다루어온 것 또한 사실이다. 물론 김기림과 같은 이론가의 경우, 그의 시론이 대전제로 주어진 연역법으로 시작품이 논의되어온 것은 당연한 것인지 모른다. 그는 송욱의 지적과 같이 "이 나라에서 자기 나름으로 근대적 시 이론을 소개한 거의 유일한 존재"[1]다. 그는 그만큼 모더니즘운동의 이론적 체계를 세운 이론가이자 그 이론을 시 창작에 실현하고자 한 시인임에 틀림이 없다. 그는 시를 논하는 것과 시 쓰는 일을 동일시하였다. 말하자면 시와 시론을 동일시하였다. 아니, 그는 시보다 시론을 우선하고 있었다고 보는 것이 옳을 듯하다.

그러나 시의 이해는 시인의 의도만으로 이루어지는 것은 아니다. 시의 이해가 우선 시작품 그 자체를 통하여 이루어진다는 것은 형식론자들만의 관심사는 아니다. 시는 시인의 주장도 사상도 아니며, 그것의 반영도 아니다. 그러한 것은 사실 시와 관계없이 존재하는 것이다. 언제나 시인의 창작체험과 독자의 독서체험은 별개의 것이다.[2] 시론을 선험하여 작품을 읽는 경우, 시인의 의도에 너무 집착한 나머지 작품의 실재성이 왜곡되고 작품의 내밀하고 폭넓은 세계를 놓칠 수도 있기 때문이다. 비록 그의 시가

1 송욱, 『시학평전』, 일조각, 1963, pp.178~179.

2 박철희, 『서정과 인식』, 이우출판사, 1982, p.47.

시론의 실천이라고 해도, 그렇다고 실제로 그의 시 전체가 시론을 위한 예증으로 반드시 쓰인 것은 아니다. 『태양太陽의 풍속風俗』, 『기상도氣象圖』, 『바다와 나비』, 『새노래』 등의 시집이 보여주듯이 1930년 이후 6·25전쟁 때 그가 납북되기 전까지 20여 년을 지속적으로 작품 활동을 해왔으며, 또한 그 분량도 시론 못지않게 많았고, 시론에 의해 가려졌던 시작품의 새로운 '서부西部'가 없다고는 상상하기 어렵다.

하지만 무엇보다 중요한 것은 서구시와 시론을 접촉하면서 이루어진 그의 시와 시론, 그중에서도 시가 시론에 비하여 외적 자극 못지않게 전통에 대해서도 유념하고 있었다는 사실을 놓칠 수 없다. 서구적인 새로운 세계에 매료당하여 전통과 무관한 지대에서 작업을 하면서도 그 지대를 다시금 전통과 맞물리게 하는 반작용이 그의 시의 현대성을 빚어내는 동인으로 작용하고 있는 것도 무시할 수 없다.[3]

그렇다고 시인의 의도가 전혀 무시되는 것은 아니다. 적어도 그의 시가 그의 의도를 구상화하는 데 어느 정도로 효과적이었느냐 하는 것을 가려내기 위해서도 그 의도인 '시론'은 참조사항이 될 수 있다. 따라서 그의 탁월한 시론적 비중의 압도성이 그의 시 세계마저 압도하거나, 아니면 상대적으로 과소평가한다면 문제가 아닐 수 없다. 많은 '김기림론'이 쓰였지만, 또다시 김기림론을 쓰게 된 것은 순전히 이 때문이다. 그만큼 우리는 그의 시작품에서 당연히 그 방대한 분량과 다양한 평가 못지않게 수백 편의 시편들이 공유하고 있는 일관성과 그 일관성 위에서 시의 지속적 구조 및 변화를 보여주고 있음에 주목하게 된다. 그러한 지속적 구조 및 변화를 추적하는 것이 이 장의 의도다.

3 그 누구보다 서구적 경험의 세련을 철저히 겪은 김기림 시의 탈향성이 오히려 1930년대 중반을 고비로 '시의 고향'으로 시각을 돌리면서, 광복 후 그 성취 여부는 치지도외하고 『새노래』와 같이 우리의 현실성을 노래한 것을 예로 들 수 있다.

2.

김기림의 시는 '새로운 생활'에 대한 지칠 줄 모르는 동경에서 비롯한다. 1930년 9월 6일자 『조선일보』에 G. W.라는 필명으로 발표된 그의 첫 작품 「가거라 새로운 생활로」[4]부터 그의 서구문명에 대한 동경과 심취는 압도적이다. 그만큼 그의 초기 시, 특히 시집 『태양의 풍속』을 특징짓는 새로운 생활에 대한 현실안現實眼은 철저히 서구 지향적이며 문명 지향적이다. 이러한 서구지향 · 문명지향이 그가 생각한 모더니즘임은 물론이다.

> 안해여, 작은 마음이여
> 너의 날아가는 自由의 날개를 나는 막지 않는다.
> 호울로 쌓아놓은 좁은 城壁의 문을 닫고 돌아서는
> 나의 외로움은 돌아봄 없이 너는 가거라
>
> 안해여 나는 안다
> 너의 작은 마음이 병들어 있음을……
> 동트지도 않은 來日의 窓머리에 매달리는 너의 얼굴우에
> 새벽을 기다리는 작은 불안을 나는 본다
>
> 가거라, 새로운 생활로 가거라
> 너는 來日을 가져라
> 밝아가는 새벽을 가져라

'바빌론'으로 상징되는 문명세계는 그에게 '새로운 생활'이며 '내일'이며 또한 '밝아가는 새벽'이다. 하지만 현실은 '좁은 성벽'이며 '동트지도 않은 내일의 창머리'며 '새벽을 기다리는 작은 불안'이다. 그만큼 '자유',

4 김학동, 『김기림 연구』, 새문사, 1988, p.12.

'태양', '새벽'에 대한 그리움이 간절할수록 오히려 현실적인 것을 시의 주제로 삼았던 모순, 그 모순 속에서 그의 시는 출발한다. 그에게 서정은 '자유'와 '성벽', '밝음'과 '어둠', '새벽'과 '밤' 등 바람과 현실의 대립과 갈등으로 나타나고, 바람에 의해 현실이 극복되는 희극적 구조로 대체된다. 그리하여 '성벽'보다 '자유'를, '어둠'보다 '밝음'을, '밤'보다 '새벽'을 도모하는 건강한 세계가 그의 시의 지향점이며, '바다'·'태양'·'아침'의 이미지를 중심적 구심점으로 하여 시집 『태양의 풍속』 전체에 원심적으로 사무쳐 있는 것은 이 때문이다. 그만큼 '자유'는 '바다'의 이미지로, '밝음'은 '태양'의 이미지로, '새벽'은 '아침'의 이미지로 나타나고 있는 것이다.

그러므로 시 「가거라 새로운 생활로」가 보여준 희극적 구조는 초기 김기림 시의 구조를 그대로 압축하고 있다고 해도 과언이 아니다. 아니, 「가거라 새로운 생활로」 속에 그의 시, 전 시력과정全詩歷過程이 이미 예언되어 있었다고 할 수 있다. 그의 전 시력과정을 통하여 중요하게 다루어져야 할 '태양'과 '아침' 그리고 '바다'의 정서가 가장 함축성 있게 이 시 한 편에 걸려 있기 때문이다.

이와 같이 '태양'·'아침'·'바다'는 '새로운 생활'을 이루는 대표적인 이미지다. 그러기에 '새로운 생활'을 위하여 '어둠'·'밤'·'벽'은 전면적으로 결별되어야 할 세계다. 시집 『태양의 풍속』의 서문과 같이 '비만肥滿하고 노둔魯鈍한 오후의 예의'다. 그것은 '동양적 적멸'이고 '무절제한 감상의 배설'이며, 또한 '탄식'이다. 그래서 '밤'은 '새벽을 꾸짖는 사형수死刑囚인 늙은 세계'(「십오야十五夜」)이며, '어둠'은 태양의 '풍속을 좇아서 깨물어 죽여야 할' 세계라고 절규(「태양의 풍속」)하는 것은 이 때문이다. 그만큼 '새로운 생활'은 '건강한 아츰의 체격'이자 '오전의 생리'다.

그러면 너는 나와 함께 魚族과 같이 新鮮하고 旗빨과 같이 活潑하고 표범과 같이 大膽하고 바다와 같이 明朗하고 仙人掌과 같이 健康한 太陽의 風俗을 배호자.

'아침'·'바다'·'태양'은 그러므로 신선·활발·대담·명랑·건강의 이미지다. 하지만 '새로운 생활'을 위하여 '태양'·'아침'·'바다'보다 오히려 '어둠'·'밤'·'벽'을 노래하지 않으면 안 되었던 모순, '어둠'·'밤'·'벽'을 노래함으로써 '태양'·'아침'·'바다'를 구현한 역설, 이러한 모순과 역설로 이루어진 시가 그가 『조선일보』 학예부 기자로 재직할 때 쓴 그의 초기 시편이며, 시 「가거라 새로운 생활로」이다. 이 시를 시집 『태양의 풍속』에서 '오후의 예의' 편에 시인 자신이 넣은 것은 이 때문이다.

김기림의 초기 시, 특히 『태양의 풍속』의 시편들은 한결같이 '태양'·'아침'·'바다'의 이미지를 구심점으로 작용하고 있다. 그의 시에 잦은 '깃발'·'항구' 등의 서정공간은 말할 것 없고, 스피드와 운동성 또한 이러한 이미지의 시적 변용 외에 다름이 아니다. 그리고 그것은 그 이전의 로맨티시즘과 세기말 문학의 부정이라는 시인 자신의 시론과 대응하고 있다. 그것은 1931년 『조선일보』에 발표된 시 「시론」에서 표방하고 있다. 「시론」은 제목 그대로 시인의 시론을 시의 형식으로 말한 것이다. 시론이란 본래 추상적인데, 이것을 이미지로 구상화하여 독자에게 이론이 아닌 정서적 체험을 환기토록 한 데 이 시의 특색이 있다.

感激의 血管을 脫腸當한
죽은 '言語'의 大量産出 洪水다
死海의 汎濫 — 警戒해라
……
濁流—濁流—濁流
'센티멘탈리즘'의 洪水
크다란 어린애 하나가
花崗채ㅅ죽을 휘둘른다

무덤을 꽃피운
救援할 수 없는 荒野
藝術의 祭壇을 휩쓸어 버리려고
僞善者와
느렁쟁이— '어적게' 의 詩들이여
잘잇거라
우리들은 어린아히니
'심볼리즘' 의
장황한 形容詞의 줄느림에서
藝術의 손을 잇글자

그는 1920년대 전반기 시를 가리켜 '혈관을 탈장당한 죽은 언어' 라고 하면서 '센티멘털리즘' 과 '심벌리즘' 의 시는 결별되어야 할 '어적게의 시' 라고 규정하고 있다. 그러기에 그가 말하는 시의 건강성은,

한 개의
날뛰는 名詞
금틀거리는 動詞
춤추는 形容詞
(이건 일즉이 본 일 업는 훌륭한 生物이다)
그들은 詩의 다리(脚)에서
生命의 불을
뿜는다
詩는 탄다 百度로—
빗나는 '푸라티나' 의 光線의 불길이다

모-든 法律과
'모랄리틔'
善
判斷

ㅡ그것들 밧게 새 詩는 탄다
'아스팔트'와
그러고 저기 '렐' 우에
詩는 呼吸한다
詩ㅡ 딩구는 單語

라고 하고 있다. 건강한 시란 다름 아닌 "모–든 율법과 / '모랄리틔' / 선 / 판단"이라는 반예술적 도덕성과 무관한 시의 예술성이며, "날뛰는 명사 / 금틀거리는 동사 / 춤추는 형용사"에 의해 이루어진 시이며, 또한 "아스팔트와 / 그러고 저기 '렐' 우에 / 시는 호흡한다"와 같이 일상성에서 시의 활력과 시대감각을 만드는 시다. 말하자면 시는 문명비판이 되어야 한다는 시의 현실적 기능까지 강조하고 있었던 셈이다. 그가 그 후 풍자시와 경향시를 쓰게 된 가능성은 이렇듯 처음부터 마련되어 있었다.

시의 건강성은 이렇듯 그로 하여금 현대시를 현대시답게 만드는 시적 징표라고 할 만하다. 건강하고 활발하고 밝고 신선한 '태양의 풍속', 그것은 시인에게 '나의 어머니, 나의 고향, 나의 사랑, 나의 희망'(「태양의 풍속」)이다. 그리고 그것은 모든 것의 시작이요 출발인 '아침'으로 표상되고, '바다' 또한 '태양'이 떠오르고 긴 항해를 예고하는 오후의 바다가 아닌 아침의 바다다. 「출발」, 「여행」, 「기旗빨」, 「항해」 등과 같은 여행시가 그의 시에 많은 것은 이 때문이다. 「기상도」의 일부 또한 여행 떠나는 모습으로 일관되어 있다. 이때, 태양 · 아침 · 바다의 이미지가 각각 따로따로 나타나지 않고 서로 유기적 관련성으로 나타나고 있는 점을 유념해야 할 것이다.

五月의 바다와 같이 빛나는 窓이
아침해에게 웃음을 보내며
無限히 깊은 對話를 두 사람은 바꾸고 있다.

하늘은 얼굴에서 어둠을 씻고
地中海를 굽어본다. 푸른 밑 없는 거울……

—「출발」에서

파랑 帽子를 기우려 쓴 佛蘭西領事館꼭댁이에서는
三角形의 旗빨이 붉은 金붕어처럼 꼬리를 떤다.

地中海에서 印度洋에서 太平洋에서
모-든 바다에서 陸地에서
펄 펄 펄
旗빨은 바로 航海의 一秒前을 보인다

旗빨 속에서는
來日의 얼굴이 웃는다
來日의 웃음 속에서는
海草의 옷을 입은 나의 '希望'이 잔다

—「旗빨」

물론「기차」,「고독」,「이방인」등과 같이 '밤'의 시편이 없는 것은 아니나, 그의 시적 지향은 아무래도 밤이 아니라 아침이며, 안으로 향하기보다 바깥(세계)을 향해 트여 있다. "지중해에서 인도양에서 태평양에서 / 모-든 바다에서 육지에서"와 같이 세계주의로 전개된다. 첫 시「가거라 새로운 생활로」가 보여주듯이 '바빌론'으로 상징되는 문명세계에 대한 동경과 심취는 그만큼 각별하다. 사실 그의 이국적 기질은 너무나 강하다. 그곳은 아침이며 밝음이며 '깃발'의 세계다. 하지만 이곳은 밤이며 어둠이며 비탄과 울음의 세계다.「기차」,「고독」,「이방인」등의 시가 그 시공을 밤과 어둠으로 선택했을 때, 그 세계가 눈물과 울음으로 나타날 수밖에 없었던 것은 이 때문이다. 그러기에 그에게 '동양적인 적멸'이나 이곳의 과거는 하루빨리 결별되고 부정되어야 할 대상이다. 그런 점에서 『태양의 풍속』에 실린 '오전의 생리' 시편들은 동양의 세계, 어둠의 세계로부터의 결별과 강렬한 부정을 의미한다. 「출발」, 「기빨」, 「바다의 아츰」, 「일요일 행진곡」 등은 '태양의 풍속'을 읊은 시다. 여행시는 말하자면 '새로운 생활', 문명세계로 항해하기 위한 태양의 풍속이었던 셈이다. 도시와 기계문명을 노래하고 그 속에서 안식을 희구한 시편 또한 결국 이러한 여행시와 같은 선상에 있다.

문명의 세계는 바로 과학의 세계다. 그는 영문학을 하면서 한때 수학을 가르치기도 했고, 또한 과학에 관한 책을 번역 · 소개하기도 하였다. 그만큼 과학은 그에게 새로운 세계관이요 '서부西部'였다. 이러한 문명세계의 예찬이 도시와 기계문명의 숭배로 나타난 것은 당연한 귀결이다. 「기차」, 「아침 비행기」, 「호텔」, 「한강인도교」, 「아스팔트」 등은 모두 도시와 기계문명 숭배가 낳은 시편들이다. 때로는 현대문명의 총아인 비행기(「아침 비행기」)와 기차(「기차」)를 예찬하고, 때로는 「아스팔트」와 「한강인도교」와 같이 '아스팔트'와 '렐' 위에서 그의 시는 호흡하고 있었다. 그가 문덕수의 지적과 같이 자동차 · 기차 · 기선 · 비행기 등을 즐겨 옮겨 읊은 이유는 질주의 속도와 리듬, 비행의 상승 등 현대문명의 메커니즘적인 논리를 통해서 삶을 확충할 수 있다고 믿었기 때문이며, 이러한 논리는 비정적 · 비인간적인 것인데, 그가 근대 유산으로서의 과학을 신뢰하는 데서 연유하는 것이다.[5] 그래서 그의 시에 잦은 도시어 · 문명어 · 외래어 등은 그의 시 「시론」에서 표방한 "날뛰는 명사, 금틀거리는 동사, 춤추는 형용사"의 구체적 표현이었던 셈이다. 도시어 · 문명어 · 외래어 등은 당시 시적 관습에서 벗어나고 있다. 이 벗어남이 당시로서는 낯설게 하는 것이다.

김기림의 시 창작방법인 주지성 역시 이러한 과학적 태도의 소산이다.

---

5 문덕수, 『한국모더니즘시연구』, 시문학사, 1981, p.181.

그에게 시는 노래이기보다 인식이며, 또한 인식의 기호론이다. 시는 스스로 지어지는 것이 아니라, 만들고 짓는 것이다. 시가 인식되었을 때 시는 당시 편내용주의와 감상시에 절망하고 있었던 것이다. 1920년대 전반기 시가 감상에 집착했을 때, 그는 단연코 시의 건강성으로서 지성을 강조한 것이다. 이러한 감상과 지성의 대립은 다시 운율과 이미지로 대체된다. 그만큼 감상시의 대립으로 운율을, 프로시의 대립으로 의미를, 이미지로 대신하였다. 그의 시에 나오는 이미지의 조형, 관념의 감각화가 바로 그것이다.

> 待合室은 언제든지 "튜-립" 처럼 밝고나
> 누구나 거기서는 旗빨처럼
> 出發의 희망을 가지고 있다.
>
> —「待合室」

> 사랑엔 敗했을망정
> 銀빛 甲冑 떨처입은 쵸코레-트 兵丁閣下
>
> 사랑은 여리다고
> 아가씨의 입에서도 눈처럼 녹습니다
> 서방님의 입에서도 얼음처럼 녹습니다
>
> —「쵸코레-트」

이렇듯 감상 대신에 이미지를 통한 조소성, 관념 대신에 관념의 감각화 등 시의 미학 내지 건축성의 추구는 그에게 우선 당시의 시적 상황에 비추어 절대적이고 역사적인 과제라고 할 만하다. 하지만 그러한 시의 미학 내지 건축성의 추구는 형식면에서 새로운 것을 갖추었다고 해도, 현실과 필연적인 관계를 갖지 않은 외부적인 것이다. 그만큼 타설적이고 관념적이다. 「대합실」, 「쵸코레-트」가 인간적 감정이 사상된 언어의 유희로 나타난 것은 이 때문이다.

가을의
太陽은 겨우른 畵家입니다

—「가을의 태양은 '풀라티나'의 燕尾服을 입고」에서

부끄럼 많은 寶石장사 아가씨
어둠 속에 숨어서야
루비 싸파이어 에메랄드……
그의 寶石 바구니를 살그머니 뒤집는다

—「밤港口」에서

眞紅빛 꽃을 심거서
南으로 타는 鄕愁를 길으는
國境 가까운 停車場들

—「따리아」에서

移民들을 태운 시컴언 汽車가 갑자기 뛰어들었음으로 冥想을 주무르고 있던 鋼鐵의 哲學者인 鐵橋가 깜짝 놀라서 투덜거립니다. 다음 驛에서도 汽車는 그의 수수낀 로맨티시즘인 汽笛을 볼테지

—「北行列車」에서

태양을 '겨우른 화가'로, 밤 항구를 '보석장사 아가씨'로, 다알리아를 '국경 가까운 정거장'으로, 기적을 '수수낀 로맨티시즘'으로 하나의 사물·하나의 비유 속에서 포착한 솜씨는 기발하지만, 그것은 현실에서 얻은 것이라기보다 관념 속에서 온 것이다.

하지만 이데올로기의 폭풍이 기승을 부리고 감상이 판을 치는 낙후된 상황 속에서 시 자체의 존재론을 탐색하기 위한 몸부림을 관념 속에서나마 문명숭배와 세계주의를 통하여 김기림은 감당해나갔던 것이다. 그 첫

결실이 그 후 쓰인 시 「기상도」이다.

3.

"현대의 교향악을 기획했다"[6]고 스스로 표방한 장시 「기상도」는 시집 『태양의 풍속』의 시편이 보여주듯이 현실과 유리된 지금까지 시의 관념적 세계에 대한 스스로의 반성이자, '현실의 적극적 관심'[7]에 부응한 구체적 표현이다. 「기상도」는 그동안 그가 시도한 어떤 시보다 크고 넓은 세계이며, 현대문명의 상황을 비판한 의욕적이고 실험적인 시적 구조물이다. 현대문명은 그것에 알맞은 시의 형태를 요구한다고 하면서 엘리엇의 「황무지」, 스펜더의 「비엔나」와 같은 장시를 그는 「기상도」에서 실험한 것이다. 그러기에 「기상도」를 발표한 1930년대 중반은 김기림이 시 의식의 변화(전체시)를 보여준 주목할 만한 시기다.

물론 『태양의 풍속』의 시편과 「기상도」 사이에는 창작 시기만이 아니라, 그 구조와 이미지 그리고 패턴이 전혀 구별되지 않는다. 오히려 이미지를 통한 조소성, 관념의 감각화 등 시의 건강성이 유감없이 총체적으로 발휘되어 이루어진 것이 「기상도」라고 할 수 있다. 더욱이 바다 · 태양 · 아침의 정서 또한 「기상도」의 중심적 이미지가 되어준다. 하지만 다른 것은, 하나는 이미지의 조형이나 관념의 감각화가 이미저리의 기상奇想을 위한 사용이라면, 또 다른 하나는 문명비판적인 풍자와 비유의 구사로 나타난다는 점이다.

넥타이를 한 흰 食人種은
니그로의 料理가 七面鳥보다도 좋답니다

6 박용철, 『박용철 전집』 2, 시문학사, 1940, p.94에서 재인용.
7 김기림, 「시와 현실」, 『김기림전집』 2, 심설당, 1988, p.102.

살갗을 희게 하는 검은 고기의 偉力

— 〈市民行列〉에서

푸른 바다의 寢床에서
흰 물결의 이불을 차던지고
내려쏘는 太陽의 金빛 화살에 얼골을 어더맞으며
南海의 늦잠재기, 赤道의 심술쟁이

— 〈颱風의 起寢時間〉에서

圖書館에서는
사람들은 거꾸로 서는 '소크라테스'를 拍手합니다
生徒들은 '헤-겔'의 서투른 算術에 아주 歎服합니다
어저께의 同志를 江邊으로 보내기 위하여
자못 變化自在한 刑法上의 條件이 調査됩니다
敎授는 紙錢 우에 印刷된 博士論文을 낭독합니다.

— 〈자최〉에서

이렇듯 "넥타이를 한 흰 식인종은 / 니그로의 요리가 칠면조보다도 좋답니다"와 같은 희화, "남해의 늦잠재기, 적도의 심술쟁이"와 같은 비유, "사람들은 거꾸로 서는 '소크라테스'를 박수합니다 / 생도들은 '헤-겔'의 서투른 산술에 아주 탄복합니다"나 "교수는 지전 우에 인쇄된 박사논문을 낭독합니다"와 같은 아이러니는 일반적 의미의 해학을 넘어서서 현대문명의 위기와 모순을 한결같이 풍자하고 비판하고 있다. 이러한 희화와 비유 그리고 아이러니로 이루어진 작품이 장시 「기상도」이다.

「기상도」는 당시 시에 대한 우리의 관습적인 반응을 자극하지 않는다. 오히려 관습적인 반응에 역습을 가한다. 그만큼 이미 있어온 감상시와 편내용주의 시의 형식을 반칙하여, 시의 형식을 새롭게 지각 가능케 한다. 나아가서 『태양의 풍속』에서 보여준 단편적이며 시각적 효과를 위한 이미지에서 현실의 복잡한 사실적인 일루전을 위한 이미지로 바꾼 것이다. 다시 말하면 '새로운 생활'에 대한 관념적인 숭배가 문명세계에 대한 구체적인 비판으로 바뀐 것이다.

그동안 '새로운 생활'에 대한 동경과 시적 반응은 당시로서는 청신한 감각을 보여주었으나, 좀더 깊은 감동으로 연결되지 않은 것은 선명한 감각적 인상의 포착과 위티witty한 이미저리에만 감각적 반응을 한정한 나머지, 삶의 현실에는 너무나 무관심하였기 때문이다. 거기엔 마음의 상태로서의 단편적인 시각적 효과는 있었으나 현실의 세목은 보이지 않았다. 그때까지만 해도 그는 주어진 상황에 생활하고 고민하지 않았다. 그의 이미지가 감각적인 선명함을 가진 것은 사실이나 그것은 평면적이며 그림엽서의 선명함이다. 뿐만 아니라 이 엽서는 외국에서 온 것이다.[8]

이런 의미에서 파시즘이 거세게 일기 시작한 당시 서구문명의 위기의식에 시각을 돌린 것은 당시로서는 그때까지 없었던 새로운 의식의 변화라고 할 만하다. 시의 제목이 암시하듯이 「기상도」는 현대사회의 어지러운 기상을 진단 · 비판한 자본주의 문명의 기상도이자, 현실의 기상도다. 말하자면 서구 현대문명의 내습을 태풍에 비유하고, 그것으로 인한 세계의 붕괴와 재생을 주로 다루고 있는 매우 의도적이고 의욕적인 문명비판시다.

「기상도」는 〈세계의 아침〉, 〈시민 행렬〉, 〈태풍의 기침시간〉, 〈자최〉, 〈병든 풍경〉, 〈올빼미의 주문呪文〉, 〈쇠바퀴의 노래〉의 7부로 이루어져 있다. 7부로 엮어진 이 시가 얼핏 보면 각각 이질적으로 서로 연관이 없는 것처럼 보이나, 자세히 보면 7부 각각이 '태풍'이라는 한 핵을 향해 수렴되고 긴밀하게 엮어지면서 유기성을 지니고 있음을 알게 된다. 이런 점에서 태풍의 내습과 강타라는 사건 전개과정을 중심으로 태풍이 엄습하기 이전과 이후 그리고 태풍이 통과한 다음의 세 단계로 나눠 고찰하여, 이 시

8 김우창, 『궁핍한 시대의 시인』, 민음사, 1977, p.48.

가 현대문명의 죽음과 재생을 메타구조로 한 시적 표현이라는 다음과 같은 지적은 우리에게 퍽이나 시사적이다.

> 구성면에서 볼 때에도 계획된 플롯을 가지고 있다. 곧, 태풍이 상륙하기 이전의 자연환경과 국제정세(제1단), 태풍이 엄습한 후의 도시와 해만의 파멸광경(제2단), 태풍이 지나간 뒤의 태양의 고향의 예상도(제3단) 등 이른바 발단, 전개와 절정, 대단원의 삼단구조를 가지고 있다(〈세계의 아침〉을 서곡으로 본다면 4단구조가 된다). 이 구조는 현대문명의 죽음과 재생이라는 주제에 통솔되어 있다.[9]

이와 같이 7부를 3단으로 나눠, 1단은 〈세계의 아침〉·〈시민 행렬〉·〈태풍의 기침시간〉, 2단은 〈자최〉·〈병든 풍경〉·〈올빼미의 주문〉, 3단은 〈쇠바퀴의 노래〉로 하여 3단구조로 파악하고 있다. 정확하고 옳은 파악이다. 하지만 다른 한편 시각을 달리해서 본다면, 1부 〈세계의 아침〉과 이 시의 대단원인 7부 〈쇠바퀴의 노래〉는 그 시적 구조가 시간상으로 원형을 보여주듯이 공간상 원형을 보여주고 있음을 놓칠 수 없다. 말하자면 구조상 대칭으로 이루어져 있는 것이 이 시의 특색이다. 1부 〈세계의 아침〉이 '새로운 생활'을 찾아 떠나는 모습이라면, 7부 〈쇠바퀴의 노래〉는 태풍을 거침으로써 또 하나의 '새로운 생활'이 거듭남을 확인한 것이다. 그것은 새로운 생활에 대한 재생이자 쇄신작업이라고 할 만하다. 〈세계의 아침〉의 단순한 무조건적인 새로운 생활에 대한 동경이 〈쇠바퀴의 노래〉에 와서 새로운 생활에 대한 희망과 미래에의 믿음으로 바뀐 것이다. "우울과 질투와 분노와 / 끗없는 탄식과 / 원한의 장마에 곰팡이 낀 추근한 우비雨備"는 벗어 던지고, "날개와 같이 가벼운 / 태양太陽의 옷"을 갈아입어도 좋다는 것이다. 일찍이 박용철이 이 시를 두고 "명랑한 아

9 문덕수, 앞의 책, p.202.

침 폭풍경보에서 시작하여 다시 명랑한 아침 폭풍경보 해제에서 끝나는 완전한 좌우동형식 구성"[10]이라고 지적한 것은 이 때문이다.

〈세계의 아침〉은 이 시의 프롤로그로서, 이 시를 지배하는 것은 주어진 세계를 통한 세계인식이 아니라, 문명숭배를 통한 세계주의의 감각적 전개다. 첫머리에서부터 "비늘 / 돛인 / 해협은 / 배암의 잔등 / 처럼 살아났고 / 아롱진 '아라비아'의 의상을 둘른 젊은 산맥들"에서처럼 아침의 푸르고 싱싱한 해협과 산맥이 신선하고 밝은 감각으로 착색되어 있다. 그러기에 〈세계의 아침〉은 『태양의 풍속』의 시각지향적 시편과 동렬에 선다고 할 수 있다. 그만큼 연마다 '태양' 혹은 '오전'으로 암시되는 건강하고 활발하고 밝고 신선한 이미지로 점철되어 있다. 그리고 그것은 모든 것의 시작이요 출발인 '오전 7시'에서 '10시'로 이어지는 '아침'으로 표상되고, '바다' 또한 긴 항해를 예고하는 오후의 바다가 아닌 아침의 바다다. 그것도 "스마트라의 동쪽…… 5킬로의 해상", 적도 가까운 바다다.

배암의 잔등과 같은 물결, 사라센의 비단폭과 같은 미끄러운 바람 그리고 "국경 가까운 정거장 / 차장의 신호를 재촉하며 / 발을 굴르는 국제열차" 등과 같은 시각적 이미지는 그 자체가 산뜻하고 선명하나, 앞에서 얘기했듯이 『태양의 풍속』의 시각지향의 시편과 마찬가지로 삶의 현실이나 지성과 연결되지 못하고, 그림엽서의 산뜻함, 그 이상도 이하도 아니라는 점이 그가 지향했던 모더니즘의 한계이자 그의 초기 시의 한계다. 이러한 시의 한계를 스스로 돌파한 것은 2부 〈시민행렬〉부터다. 〈시민행렬〉에 와서 현실과 유리된 시각지향성이 현실과 문명의 비판이라는 풍자satire의 시로 연결되고, 그 후 대단원인 7부 〈쇠바퀴의 노래〉에 이르러 1부에서 보여준 그림엽서의 산뜻함(심미적 차원)은 사라지며, 남은 것은 격앙된 인간적 감정이다. 그만큼 형식(기교)보다 관련 상황(의미)을 강조하고 있었다.

---

10 박용철, 앞의 책, p.95.

벗아
太陽처럼 우리는 사나웁고
太陽처럼 제빛속에 그늘을 감추고
太陽처럼 슲음을 삼켜버리자
太陽처럼 어둠을 살워버리자

야콥슨의 말대로 작품성 그 자체보다 작가의식 · 시대정신과 같은 관련 상황이 강조될 때, 시는 이렇듯 시상이 표현으로 나타나지 않고 직접적인 태양예찬으로 나타난다. 그만큼 시적 구조보다 서술 구조가 강조된다. 언어 층위에 있어서 〈세계의 아침〉이 은유적 구성이 두드러지고, 〈쇠바퀴의 노래〉가 환유적 구성이 우세한 것이 바로 그러한 것이다. 일찍부터 그의 시를 두고 너무 단선적이고 평면적이라는 비판은 이 때문이다. 사실 〈쇠바퀴의 노래〉는 혼란을 극복하고 질서의 세계로 나가는 시인의 바람이 너무 단도직입적으로 제시되고 있다. 태풍이 지나면 새로운 태양이 떠오르듯이 세계의 삶도 혼돈을 거침으로써 새로운 질서를 회복한다는 주장은 지극히 단순하고 평면적이어서, 단순한 형식논리만으로 자아의 탐구와 제시가 감동의 길로 이어질 수 없다는 것은 정한 이치다.

그렇다면 어떻게 「기상도」가 1부 〈세계의 아침〉에서 7부 〈쇠바퀴의 노래〉로의 의식의 전환이 가능하였는가. 그것을 가능하게 한 구조적 상상력은 무엇인가. 이때 우리는 2부 〈시민행렬〉에서 6부 〈올빼미의 주문〉으로 이어지는 태풍 내습과 그 위기라는 체험이 있었다는 점을 놓쳐서는 안 될 것이다. 〈세계의 아침〉은 실은 그가 주장한 모더니즘(시의 건강성)의 시적 표현이며, 〈시민행렬〉 이후 〈올빼미의 주문〉에 이르는 '태풍' 체험은 거기에 현실풍자(사회성)에까지 관심觀心한 시적 소산이다. 말하자면 '새로운 생활'(「가거라 새로운 생활로」)에의 꿈과 동경에 대한 자기비판이자, "현실에 대한 적극적 관심을 가지고 시를 쓰자", "시대적 고민의 심각한 축도"라는 그의 시론의 반영이며 실천인 셈이다. 그 시적 실천이 가능케 한

시적 세계가 태풍체험이며, 〈쇠바퀴의 노래〉는 그러한 태풍체험을 거침으로써 비로소 가능한 미래지향의 세계(「태양의 고향」)이다.

> 탄탄한 大路가 希望처럼
> 저 머언 地平線에 뻗히면
> 우리도 四輪馬車에 來日을 싣고
> 유랑한 말발굽 소리를 울리면서
> 처음 맞는 새 길을 떠나갈게다
> 밤인 까닭에 더욱 마음 달리는
> 저 머언 太陽의 故鄕

비록 '태양의 고향'을 향해 '처음 맞는 새 길'을 떠나는 대목이 단선적이고 평면적인 구호에 그쳤다고 해도 그것이 갖는 특정한 상황을 염두에 둘 때, 그 역사적 의미와 역할까지는 부정될 수 없다. 이제 '새로운 생활'은 '바빌론'으로 상징되는 문명세계도 아니고, 새로운 생활도 '내일'도 '밝아가는 새벽'도 아니다. 온갖 모순 · 비리 · 부도덕 등으로 점철된 세계이다. 아니, 태풍으로 인한 파멸과 죽음의 세계다. 「가거라 새로운 생활로」를 지배하는 것이 체험을 통한 세계인식이 아니라 관념의 나열이라면, 〈쇠바퀴의 노래〉는 '태풍'의 체험을 통한 '현실에 대한 적극적 관심'의 시적 성취다. 이것이 바로 '새로운 생활'과 '저 머언 태양의 고향'의 거리다. 하지만 그 태풍체험 또한 현실에서 얻은 것이라기보다 관념에서 왔다는 지적은 여기서는 다음 얘기가 된다.

사실 태풍체험은 그에게 낯선 것은 아니다. 그 이전에 이미 「폭풍경보」, 「전율하는 세기」 등에서 불안과 공포로 대표되는 현대문명의 위기의식의 객관적 상관물로 다루고 있었다. 태풍체험은 그러므로 「기상도」를 현실시現實詩이게 하는 특수한 형식체험만이 아니라, 「기상도」의 구조원리가 되어준다. 특히 이 시는 태풍이 내습하는 장면인 3부 〈태풍의 기침시간〉을 중심으로 태풍이 내습하기 이전의 상황인 〈시민행렬〉과 태풍이 강타한 후의 〈자최〉가 대칭을 이루고, 〈자최〉의 구체적 세목이 〈병든 풍경〉, 〈올빼미의 주문〉으로 이어진다. 〈병든 풍경〉은 태풍의 엄습을 받고 병든 해안풍경이며, 〈올빼미의 주문〉은 황폐한 도시와 자연의 풍경 그리고 우수다. 그만큼 「기상도」 전체를 통해 가장 비통하고 절망적인 언어로 얼룩져 있다.

보라빛 구름으로 선을 둘른
灰色의 칸바스를 등지고
꾸겨진 빨래처럼
바다는
山脈의 突端에 걸려 펄럭인다
비뚤어진 城壁 우에
부러진 소나무 하나……
지치인 바람은 지금
漂白된 風景 속을
썩은 歎息처럼
부두를 넘어서
찢어진 바다의 치마자락을 건우면서
化石된 벼래의 뺨을 어루만지며
주린 강아지처럼 비틀거리며 지나간다

— 〈병든 풍경〉에서

來日이 없는 칼렌다를 쳐다보는
너의 눈동자에는 어쩐지 별보다 이쁘지 못하그나
도시 十九世紀처럼 흥분할 수 없는 너
어둠이 잠긴 地平線너머는
다른 하늘이 보이지 않는다
음악은 바다밑에 파묻힌 오래인 옛말처럼 춤추지 않고
수풀 속에서는 傳說이 도무지 슬프지 않다

페이지를 넘어가건만 너덧장에는 結論이 없다

— 〈올빼미의 주문〉에서

태풍 강타 이후 해안 풍경은 '꾸겨진 빨래', '썩은 탄식', '주린 강아지'와 같은 어수선하고 비통한 이미지로 암시되고, 그 비통하고 절망적인 상황은 '내일이 없는 칼렌다', '다른 하늘이 보이지 않는다', '페이지를 넘어가건만 너덧장에는 결론이 없다' 등으로 표상하여, 시 제목 그대로 '병든' 풍경이며, 올빼미의 '주문'일 수밖에 없다. 태풍 내습 이전의 〈세계의 아침〉의 신선한 세계와는 그 이미지 · 톤 · 시어 등이 매우 대조적이다. 〈세계의 아침〉의 아침과 출발이라는 경쾌하고 밝은 이미지가 〈병든 풍경〉, 〈올빼미의 주문〉에 와서 어둡고 침침하고 암울한 이미지로 바뀐 것이다.

하지만 뭐니 뭐니 해도 시 「기상도」에서 가장 핵심을 이루는 부분은 3부 〈태풍의 기침시간〉을 구심점으로 해서 그 여파를 다룬 2부 〈시민 행렬〉과 4부 〈자최〉라고 생각한다. 현대문명의 기상(위기)을 태풍의 기상상황에 비유하여, 현대문명의 위기로 인한 모순과 비리와 불합리를 비판하고 풍자하고 있을 뿐만 아니라 현대시의 다양한 기법을 맘껏 구사하고 있다.

〈시민 행렬〉은 불안한 세계의 정치기상이 태풍에 휩쓸리지 않을 수 없는 불길한 전조를 풍자적으로 암시하면서, 그 세부와 구조가 그때까지 시의 경향과는 반대로 나가고 있다. 정치 · 사회 · 종교 등 각 분야에서 세계는 여러 가지 모순 · 비리 · 부도덕 등으로 몸살을 앓고 있음을 풍자의 틀로써 낯설게 하고 새로운 눈으로 보게 한다. '넥타이를 한 흰 식인종'의 흑인탄압, '니그로의 요리'가 칠면조보다 맛이 있고 그것이 오히려 백인들의 피부를 희게 한다는 일종의 역설적 풍자, '헬메트를 쓴 피서객', '슬픈 독창가의 심판의 호각소리', '내복만 입은 파시스트', '필경 양복 입는 법을 배워낸 송미령여사宋美齡女史', 여존남비의 풍속을 암시하면서 오히려 '자살의 위생'을 생각해야 하는 '읍리邑里의 남편들' 등, 「시민행렬」은 야유 · 해학 · 기지 등을 유감없이 구사함으로써 세계 각국의 정치적 · 사회적 · 윤리적 정세를 희화하고 풍자한다. 말하자면 김기림의 문명비평의식의 발로라고 할 만하다.

인종차별 · 전쟁 · 독재정치 · 실업 · 위선적인 종교 등 세계 각국의 단편적인 기상을 관찰하는 시각, 그것은 어쩌면 시인의 것이라기보다 차라리 신문기자의 것이라고 할 수 있다. 사실 김기림은 1930년 『조선일보』 사회부 기자로 입사하면서 시를 발표하기 시작하였고, 1936년 도호쿠東北제국대학으로 다시 유학을 떠날 때까지 기자생활을 계속하였다. 이 사이에 쓰인 것이 시 「기상도」이다. 〈시민행렬〉만이 아니라 〈자최〉의 파편화된 경험의 토막들에서 그의 저널리스틱한 감각을 우리는 또한 보게 된다.

> '大中華民國의 번영을 위하여'
> 슯으게 떨리는 유리컵의 쇳소리
> 거룩한 '테-블'의 보재기 우에
> 펴놓은 환담의 물구비속에서
>
> 늙은 왕국의 운명은 흔들리운다
> '솔로몬'의 使者처럼
> 빨간 술을 빠는 자못 점잔은 입술들
> 색감안 옷깃에서
> 쌩그시 웃는 흰 장미
> '大中華民國의 分裂을 위하야 —'
> 찢어지는 휘장 저편에서
> 갑자기 유리窓이 투덜거린다.

〈자최〉의 제1연으로서 대중화민국의 번영과 분열을 위한 정치회담 장면이다. 이어 만국공원에서의 실직자들의 넋두리, 태풍의 상륙과 피해상황, 태풍 속의 교회예배 장면, 도서관 내의 장면, 보초와 불란서 여인과의 통정, 화류계의 불륜 등 13개의 단편적인 장면과 위티한 감각 등은 신문기자가 아니면 생각할 수 없는 처리요, 발상이라고 생각한다. 13개의 경험의 토막들이 서로 무관한 경험처럼 각각 독립되어 있는 것도 이 때문이라고 생각한다. 더구나 〈태풍의 기침시간〉이 보여준 위티한 언어감각이 우리를 매료하는 힘은 압도적이다. "바시의 어구에서 그는 문득 / 바위에 걸터앉어 머리 수그린 / 헐벗고 늙은 한 사공沙工과 마주쳤다 / 홍 '옛날에 옛날에 파선한 사공沙工' 인가봐 / 결혼식 손님이 없어서 저런게지 / '오 파우스트' / '어디를 덤비고 가나' / '응 북北으로' / '또 성이났나'" 와 같은 태풍과 늙은 사공의 대화장면이 바로 그러한 것이다. 사실 태풍은 남태평양에서 일어나고 바야흐로 북진 중이며, 경계지역은 아시아 연안이다. 그리고 그 태풍이 중국대륙을 강타하는 대목이 바로 〈자최〉이다. 세차게 밀려드는 서구문명으로 혼란된 동양(중국대륙)의 정치기상, 즉 만주사변 · 상해사변 · 중일전쟁 직전의 역사적 사실을 이렇게 나타낸 것이다.

시 「기상도」는 이렇듯 말을 비틀고 뒤집는 언어감각이 당시로서는 경탄할 만하다. 특히 공자와 그리스도 등 동 · 서양의 문인 · 학자 · 고전작품은 두말할 것 없고, 여러 가지 사건 · 얘기 등이 몽타주나 콜라주처럼 짜깁기되어 있다. 일찍이 최재서는 "그 이미지는 기상학 · 지문학 · 정치사 · 고전 등으로부터 여객기 전서구傳書鳩, 성층권 '에텔' 에 미쳤고, 기타 시에 나올 만한 아직까지 나오지 않았던 모-든 이미지가 등장하였다"[11]고 하였다. 또한 형태시(활자의 시각적 배열과 대소활자의 사용)의 시도, 대담한 생략, 구어체의 사용, 연상의 비행 등 다양한 현대시 기법의 실험은 당시 '센티멘털리즘의 홍수' 나 '심벌리즘의 몽롱한 형용사의 줄느림' 의 시편 앞에서는 그 시적 성취가 어쨌든 낯설음이 아닐 수 없다. 그중에서도 연상의 비행은 그의 시에 되풀이 사용되는 시적 의장의 하나다. 아래와 같은 자작

11 최재서, 「현대시의 생리와 성격」, 『문학과지성』, 인문사, 1938, pp.77~78.

시에 붙인 스스로의 해설만 보아도 그렇다.

'포플라' 의 마른 가지에 가마귀 한 마리
검은 묵바울가튼 검은 가마귀
'웨스트민스타' 의 寺院의 종이
大英帝國의 黃昏을 느껴 (껴, 껴, 껴) 우는 소리
가마귀는 거문 '징기쓰시칸' 의 後裔올시다.
하나 지금은 영양부족으로 卒倒의 症勢까지 보입니다.
紳士는 아니외다.
葬式 行裂에 끌려가는 '알폰소' 廢皇陛下의 帽子는 四十五度로 기우러저 있습니다.
'사모라' 의 키보다 큽니다.
'칼멘' 아 노래 불러라
서반아의 피를 마시면서—

—「서반아의 노래」

"이 시는 속도를 나타내려고 했다. 속도를 나타내는 방법으로는 활자의 직선적 횡렬, 음향의 단속 등 외적 방법과 '이미지' 의 비약에 의한 내적 방법의 두 가지를 필자는 시험해 보았다. 여기 쓰인 방법은 후자의 예다. 그래서 시의 각 행이 대표하는 '이미지' 는 각각 다르며 그것들이 눈이 부시게 비약한다. 다시 말하면 연상작용에 의하여 이 '이미지' 는 다른 '이미지' 를, 그 '이미지' 는 또 다른 '이미지' 를 불러온다. 나는 이것을 연상의 비행飛行이라 부른다. 그리고 수법으로는 '쉬르리얼리즘' 의 방법을 많이 응용하면서도 어떠한 주제에 의하여 의미의 통일을 기획하였다. 단어의 결합은 각각 무목적적인 것 같으면서도 어떠한 의미에 의하여 유기적으로 결합하려는 지향을 가지고 있다." [12]

12 김기림, 「속도의 시, 문명비판」, 앞의 책, p. 334.

콕토의 말과 같이 진짜 리얼리티란 우리들이 날마다 접촉하고 있음으로써 기계적으로밖에는 보이지 않는 사물을 마치 그것을 처음 보는 것처럼 새로운 각도로 보여주는 것이 아니던가.

4.

문제는 전체적으로 보아 시 「기상도」의 구조원리나 선행담화가 이렇듯 전통적 경험보다 서구적 경험이 크게 작용한 점에 있다. 그만큼 시 「기상도」는 그 형식과 내용이 『태양의 풍속』의 시편과 마찬가지로 철저히 서구 지향적이며 문명 지향적이다. 그의 『시론詩論』이 그렇고 『문장론신강文章論新講』도 그렇다. 리처즈I. A. Richards · 리비스Frank Leavis · 리드Herbert Read의 메타모포시스metamorphosis에서 그의 시론은 시작되고, 파운드 · 엘리엇 · 오든 · 스펜더에 이르는 시인의 시의 패러디 아니면 에코에서 그의 시는 비롯한다. 비록 그의 시가 감각적인 선명함을 가진 것은 사실이나 그것은 외부적인 것, 다시 말하면 이국적인 것을 선험으로 한 선명함이다. 이러한 타의 선험은 서구에서 온 것이다. 서구적인 것은 이미 기성형식을 갖추고 있어서 그것을 그대로 받아들이기만 하면 되었고, 그래서 그의 시 방법이 타설적他說的일 수밖에 없다.[13]

'시대적 고민의 심각한 축도'라고 스스로 자처하면서 '현실에의 적극적 관심'을 가지고 시를 쓰자던 그가 「기상도」에서 보여준 현실은 1930년대 중반을 전후한 식민지 조선의 현실이 아니라, 서구 자본주의의 팽창과 대내외적 갈등과정에서 빚어진 저쪽 지식인들의 현실이다. 아니, 식민지 조선의 현실을 세계시민의 위기의식과 동일시하였고, 그것도 결국은 스스로 실감한 위기라기보다 관념적인 차원에서 파악한 위기다. 그만큼 당시 시

---

13 박철희, 「김기림의 모더니티」, 『한국시사연구』, 일조각, 1980, p.236.

대의 혼란을 식민지의 질곡 아래에 있는 심각하고 구체적인 문제로 의식하지 않고, 세계적 위기라는 보편적 차원에서 이해하고 있었다. 그러기에 이미 다른 곳[14]에서 얘기했듯이 김기림의 코즈모폴리터니즘cosmopolitanism이 한낱 엑조티시즘exoticism으로 시종하였다는 것 자체가 그의 시가 당대의 시대적 요청에 대답하는 데 실패하고, 한국적 리얼리티와 유리되고 있음을 우리는 발견하게 된다. 그것은 곧 서구적인 것은 모두 기정사실로 받아들이고, 그것에 의하여 모든 시적 소재를 다루는 태도다. 그의 시에 있어서 이미저리 구조는 타설시他說詩와 마찬가지로 현실조응에서 기인하는 것이 아니라, 한결같이 외부에서부터 오는 새로운 관념이며, 그 관념은 내부의 충분한 발효의 과정과는 관계없이 엑조티시즘에 취한 강한 감각이 되어준다. 시 「기상도」는 타설적이라는 점에서 『태양의 풍속』의 시편과 결과적으로 너무나 비슷한 것이다. 다만 『태양의 풍속』이 현실에서 유리된 관념적 세계라면, 시 「기상도」는 현실에의 적극적 관심의 소산이면서 그 현실은 한국적 리얼리티와 유리된 또 하나의 관념적 세계인 것이다. 그것이 그가 주도했던 모더니즘의 한국적 전개이면서 그의 초기 시의 실상이었던 셈이다. 「기상도」가 현실적인 대상을 다루되, 전혀 현실감이 느껴지지 않는 것은 이 때문이다. 그만큼 식민지 지식인에 실재하지 않은 저쪽의 고민을 자기 고민으로 삼았다. 그 후 김기림이 『새노래』에 와서 자기비판을 시도한 것은 여러모로 그의 시적 변모과정을 이해하는 데 시사적이다. "시의 소생을 위해서는 역시 사람의 흘린 피와 더운 입김이 적당히 다시 섞여야 했다. 하지만 벌써 한낱 정신의 형이상학은 아니라 할지라도 또 단순한 육체의 동계動悸일 수도 없었다. 그러한 것을 실천의 혜지慧智와 정열 속에서 통일하는 전인간全人間의 소리라야 했다. 생활의 현실 속에서 우러나와야 했다."[15]

14 박철희, 앞의 책, p.237.

15 김기림, 「새노래에 대하여」, 『김기림전집』 1, 심설당, p.264.

물론 시는 '생활의 현실' 속에서 우러나오는 '인간의 소리' 여야 한다는 자각과 모더니즘에 대한 자기비판은 시집 『새노래』 이전에 이미 시집 『바다와 나비』에서 소리 없이 이루어지고 있었다. 시집 『태양의 풍속』과 「기상도」 이후 1939년 대전 발발까지 『조광』, 『여성』, 『문장』, 『인문평론』, 『춘추』 등에 발표된 일련의 시가 바로 그것이다. 「순교자」, 「요양원」, 「공동묘지」, 「겨울의 노래」 등이 보여주듯이 그가 그동안 의욕했던 모더니즘의 탈지향성에서 남의 현실이 아닌 나의 현실, 말하자면 '시의 고향'[16]으로 귀의한 것이다. 『기상도』, 『태양의 풍속』처럼 지금까지 바깥 세계를 향하던 시선이 안으로 또는 개인의 세계로 긴장한다. 개인과 현실의 관계에서 특히 개인적인 환경이 일제 말기 암울한 현실로부터 소외될 때 부딪히는 장애와 좌절은 결국 개인의 세계로 내향할 수밖에 없다.

오늘 어둠처럼 싸늘한 노을이 뜨는 바다의 언덕을 오르는
두 놈의 봉해진 입술에는 바다건너 이야기가 없고
곰팡이 처럼 얼룩진 수염이 코 밑에 미운 너와 나는
또 다시 가슴이 둥근 少年일 수 없고나

—「追憶」에서

낯익은 별조차 虛空에 아득한 낮과 밤
떳떳지 못한 삶이라면 차라리
길드린 즘생처럼 죽엄을 데불고 댕기신이 오시다.

—「순교자」에서

16 "'태양의 풍속'이란 주막을 떠난 지 6년이 되는 오늘에도 형은 아직 고난의 편력을 하는지 집으로 돌아왔는지 모르겠으나 '무거운 가슴을 안고' '공동묘지'에 섰는 형의 초췌한 얼굴은 어쩌면 지-드의 '탕자'와 그렇게 방불합니까? '씨네마풍경'이니 '손풍금'이니 '빠드대좌'니 무수한 현대적 지식, '건방진 굴뚝'·'튜립같이 밝은 대합실' 등등의 한없는 奇詩 가운데서 수족과 같이 경쾌하던 형의 풍속이 또 언젠가 '못'에서 약간의 홍분된, 그러나 초췌한 얼굴로 변한 것을 보았을 때 나 스스로 옳지 편석촌이 시의 고향에 돌아왔나부다 했읍니다" (이원조, 「시의 고향—편석촌에게 부치는 단신」, 『문장』 폐간호, 1941, p.199).

홀로 자빠져
옛날에 옛날에 잊어버렸던 찬송가를 외여보는 밤
山羊과 같이 나는 갑짜기 무엇이고 믿고싶다.

—「山羊」

그리하여 이렇게 기대에 찬 좌절을 노래하는 시가 거의 심미적 전환으로서 유년체험에 대한 동경(「추억」), 아니면 죽음의 예찬(「순교자」) 그리고 신앙체험(「산양」) 등으로 퇴각한 사실을 주목할 필요가 있다. 이런 뜻에서 「요양원」, 「공동묘지」, 「겨울의 노래」, 「바다와 나비」, 「못」 등이 환기하는 현실감각은 그 자체만으로 매력과 장점이 되어준다. 그것이 의도적인 탐구의 소산이든, 직관적인 파악이든 그것은 별 의미가 없다. 중요한 것은 발밑의 현실을 응시하는 구체적인 눈에 있다.

아무 무덤도 입을 버리지 않도록 봉해버렸건만
默示錄의 나팔소리를 기다리는가 보아서
바람소리에 조차 모다들 귀를 쫑그린다.
潮水가 우는 달밤에는
등을 이르키고 넋없이 바다를 굽어본다.

—「共同墓地」에서

휩쓰는 어둠 속에서 날(刃)처럼 흘김은
빛과 빛깔이 녹아 엉키다 못해 식은 때문이다.

바람에 금이 가고 비빨에 뚫렸다가도
상한 곳 하나 없이 먼동을 바라본다.

—「못」에서

저마다 가슴 속에 癌腫을 기루면서
지리한 역사의 臨終을 苦待한다.

그날그날의 動物의 習性에도 아주 익어버렸다.
標本室의 착한 倫理에도 아담하게 固定한다.

—「요양원」에서

김기림이 그동안 그토록 강조했던 시의 건강성(지성)의 흔적도 없고, 다양한 현대시의 실험도 없다. '저마다 가슴 속에 암종을 기루'는 절망적이고 어두운 현실 앞에서 망국한을 노래하는 한 사람의 휴머니스트로서의 육성만이 메아리칠 뿐이다. 서구적인 새로운 세계에 매료되어, 현실과 무관한 지대에서 오랫동안 항해하다가 가지고 돌아온 것은 오직 '묵시록의 나팔소리'를 기다리면서 '바람소리에조차 모다들 귀를 쫑그리'는 자신과 동시대인의 초췌한 모습이다 그러면서도 "바람에 금이 가고 비빨에 뚫렸다가도 / 상한 곳 하나 없이 먼동을 바라" 보는 것이다. 식민지현실을 '요양원'이나 '공동묘지'로 파악하면서 그 극복의지를 꼿꼿한 '못'으로 표상한 리얼한 시각은 그에게는 전에 없었던 일이다. 그만큼 어둡고 절망적인 시대의 음영과 상황의 굴곡이 정확한 통어('무덤'·'암종'·'못')로 이루어지고 있다. '무덤'·'암종'·'못' 등은 어둡고 절망적인 현실을 새롭게 해주는 이미지이며, 그것은 시인의 개체적 경험에서만 가능할 것이다. 그만큼 서로 대립되는 정서를 함께 지니면서 이루어지는 갈등으로 일관되어 있다.

그렇다고 시집 『바다와 나비』의 시편이 다 모더니즘과 거리가 먼 것은 아니다. 사실 『바다와 나비』의 시편에는 「코끼리」, 「낙타駱駝」, 「강지도江之島」 등의 단시와 같은 모더니스트풍의 모습이 있다. 아니, 모더니즘 지향과 인간 지향이 함께 공존하고 있음도 무시할 수 없다. 하지만 「코끼리」, 「낙타」 등 모더니즘 지향의 시보다 「요양원」, 「공동묘지」, 「바다와 나비」, 「겨울의 노래」 등 현실 지향적이고 인간 지향적인 작품이 강력한 호소력을 발휘하고 있는 것만은 틀림없다. 그것은 서구적인 경험에 입각하여 짓고 노래하던 종래의 시에 대한 자기반성과 자기인식이며, 그러한 인식이 낳은 시가 「바다와 나비」며 「겨울의 노래」다. 「바다와 나비」, 「겨울의 노래」는 어떤 의미에서 시인의 자화상 같은 것이다. "여행도 했습니다, 몇날 서투른 러브신", 하지만 그 여행과 러브신은 무척 우습다고 한 것처럼, 지난날 자기가 걸어온 시력과정에 대한 반성이 다름 아닌 「겨울의 노래」다. 「바다와 나비」 또한 식민지현실과 나를 '바다'와 '나비'에 비유하여 자신을 성찰하고 응시하고 있다. 그만큼 '바다'와 '나비'와 같이 서로 대립되는 정서를 함께 지니면서 이루어지는 갈등으로 착색되어 있다. 그 갈등 때문에 시의 구조가 역동적일 수 있게 하면서 삶의 모습을 생생하게 나타내는 구실을 한다.

하지만 「지혜에게 바치는 노래」 등 8 · 15 광복을 노래한 시편과 시집 『새노래』의 시편은 이와는 다르게 개인적인 감수성이나 경험은 문제가 되지 않는다. 개인적인 경험보다 광복 후의 감격과 환희에 전적으로 의존하고, 시는 대중적인 언어를 지향한다.

사치한 말과 멋진 말투
시의 귀족도 한량도 아니다
그대 그 손 얼골 흙에 튼 팔뚝이 사로워
그대 속에 자라는 새날 목노아 부르리라

— 「나의 노래」에서

하도 억울하야
부르는 소리 피 석인 소리가
萬歲였다.

총뿌리 앞에서 칼자욱에서 채찍 아래서
터져 나오는 민족의 소리가
萬歲였다.

— 「萬歲소리」에서

壁을 헐자
그대들과 우리들 사이의
그대들 속의 작은 그대들과 또 다른 그대들 사이의
우리들 속의 작은 우리들과 또 다른 우리들 사이의

—「壁을 헐자」에서

"사람들이 흘린 피와 더운 입김" 이 구체적 이미지나 장면으로 형상화되지 않고, 관념으로 남아 있는 것이다. 그만큼 직설적이며 웅변적이다. 이제 시는 개인의 목소리가 아니라, 대중적인 합창을 선도하는 선소리이자 집단적 메아리였던 셈이다. 모더니스트의 흔적은 깨끗이 지워지고, 남은 것은 청중으로 어떤 반응을 자아내는 경향시의 특징뿐이다. 그러기에 「나의 노래」, 「만세소리」, 「벽을 헐자」처럼 쉬운 문체, 강경하고도 격앙된 율격 그리고 공감하기 쉬운 뜨거운 열기가 시의 양식을 결정짓고 있다. 비록 그의 시가 '새세계' · '새나라' · '어린 공화국' · '공동체 의식' 등 새로운 시대의 새로운 주제로 나타나 있다 하여도 그것은 내면의 필연성에서 오는 시인의 표현의지가 아니라 외부의 시대적 요청에서 제작된 것이며, 광복 후의 시대적 분위기에 대한 지도자로서의 부응이었다.

그러기에 『새노래』의 시편이 새로운 내용을 갖추었다고 해도 『태양의 풍속』이나 『기상도』의 시편처럼 타설적이라는 점에서는 별로 다르지 않은 것이다. 다만 초기 시의 중요 내용인 '서구문명숭배'가 '새나라 건설'로 바뀐 것이 다르다. 시집 『새노래』의 첫머리에 새벽의 시, "나는 새 도시와 새 백성들을 노래하는 걸세 / 참말이지 과거는 한줌 재일 따름" 을 실은 것은 이 때문이다.

김기림의 시는 이렇듯 서구시의 영향을 받았다는 대부분의 시인의 경우와는 반대되는 과정을 밟았다. 한때 「바다와 나비」, 「공동묘지」와 같은 자기동일적인 시가 없었던 것은 아니나 그것도 잠시일 뿐, 그의 시는 『태양의 풍속』이나 『기상도』의 세계로 회귀하고 있었다. 그만큼 그는 시종일관 서구 지향적이며 문명 지향적이다. 그의 문명세계에 대한 심취는 병적일 만큼 압도적이다. 여기에 그가 주장했던 모더니즘의 한국적 한계가 있고, 모더니스트 김기림 시의 한계가 있었던 것이다.

서정주론
—민간전승과 한국시

1.

신화에 관한 다양한 정의에도 불구하고 신화와 시의 만남은 먼저 신화가 시 작품의 '최초의 말'이라는 의미로 파악된다. 시는 시에 의해서 비로소 만든다는 시의 첫머리에 신화는 있다. 따라서 시 자체가 이미 신화에서 비롯하여 신화적 상상력에 기대어 마련되는 창작행위, 즉 신화 창조가 된다. 말하자면 신화를 기층구조로 한 표층적 표현이 시이다. 이때 기층구조와 표층적 표현을 원형과 변이變異라고 불러도 무방하다. 시인에게 신화와 시의 만남은 이렇듯 시인 자신의 주제를 구축하는 원리로 작용하고 있는 것이다. 그러기에 이때 신화는 일반적인 의미에서 신들의 얘기가 아니다. 신화적 얘기보다는 신화적 사고, 신화적 상상력이 무엇보다 강조된다.

신화를 꿈과 종교적 의례와 마찬가지로 무의식의 상징적 표현체 내지 상징적 기호체계로 파악한 것은 심리학파가 거둔 성과의 하나다. 시란 원형이라는 신화적 현상과 집단적 무의식이 낳은 창조물이라고 한 것은 융이다. 융에게 걸작품은 집단무의식으로부터 자료를 모은 것이며, 그 작품의 의식적 · 문화적으로 이해될 수 있는 그러한 형식으로 개인적 경험을 종족의 경험과 융합시킴으로써 성공을 거둔 것이다. 따라서 시인은 신화적 상상력을 거침으로써 개인적이고 특이한 경험을 넘어서 보편적인 정서와 서사를 획득한다.

창조적으로 글을 쓰는 사람이 시의 아버지인 것은 아니다. 시의 진정한 아버지는 보편적 정서의 샘 노릇을 하는 사람이다. 시인은 다만 산파에 지나지 않으며, 어머니인 자연의 자궁 노릇만을 할 뿐이다. 이것은 N. 프라이Northrop Frye가 시를 논하면서 한 말이다. T. S. 엘리엇 또한 시인의 일은 새로운 정서를 찾는 것이 아니라, 보편적인 정서를 활용하는 것이라고 하였다. 보편적인 정서를 활용함으로써 누구에게나 시공을 초월하여 강력한 호소력을 발휘한다는 것은 시가 누리는 가장 중요한 기능의 하나이다.

시의 기능의 하나가 이렇듯 새로운 소재 못지않게 이미 있어온 최고의 소재에 표현을 주는 것이라면, 민간전승의 신화적 체험만큼 우리의 동의와 탄복을 요구하는 보편적인 정서나 서사도 없다. 『삼국유사』, 『삼국사기』 등에 실린 문헌설화는 말할 것도 없고, 구전설화 · 연기설화 · 판소리 · 민요 · 무가 등과 같은 민간전승은 한국사람이라면 누구에게나 친숙하고 보편적인 정서이자 서사이다. 이러한 친숙하고 보편적인 정서와 서사를 시의 틀로 다룸으로써 시가 개별적이고 개성적인 경험을 넘어서 시간적으로 영원하고 공간적으로 보편적일 수 있다. 사실 시가 아무리 보편적인 정서를 다룬다고 할지라도 그것에 표현을 가하는 것은 언제나 개별적이고 개성적인 힘이다. 그러나 개별적이고 개성적인 힘은 언제나 그 이상의 것, 보편적이기를 원한다. 그만큼 인간의 바람은 그가 개별자 이상의 존재임을 지향한다. 그리하여 보편적인 경험을 소유함으로써 개별성을 보편적으로 만드는 것이다. 한국시가사상 기념비로 우뚝한 시의 서정이 한결같이 민간전승의 메아리이다.

이렇듯 오늘날 문학에서 민간전승의 신화적 체험이 결정적인 구실을 하고 있다는 것만은 부정할 수 없다. 문학에서 읽을 수 있는 이야기구조 · 인물형 · 이미지의 유사성은 일련의 보편적이고 원시적이며 기초적인 신화적 상상력을 반영하는 것이고, 이러한 상상력이 낳은 문학은 우리를 공감케 한다. 그러기에 산문문학에서 토마스 만이나 카프카 그리고 김동리의 「황토기」 · 「등신불」이, 시에서는 예이츠의 「비잔티움」, 콜리지의 「늙은 선원의 노래」, 서정주의 민간전승 지향의 시편 등이 오늘날 문학사가 신화시대임을 시사하고 있다.

그만큼 민간전승은 민족적인 소재 전통이다. 또한 그것은 우리의 혼 속에 발견되는 시공을 초월한 상징 형식이요, 자기동일적인 맥(시혼)인 것이다. 변화하는 것은 시혼이 아니라 음영이라는 현상이다. 우리가 김소월의 「진달래꽃」에서 「헌화가」나 「가시리」의 정서를 발견하는 것은 이 때문이다. 이러한 정서는 어느 시대, 누구나가 공감할 수 있는 내적 충동이며, 내면적 기쁨의 원형이다.

「진달래꽃」의 의식이 구질서의 붕괴에 따른 혼란과 일제 식민지라는 상황에 대한 반응이라면, 그의 무의식은 「헌화가」에서 이어온 민요적 전통이다. 「진달래꽃」의 구성과 문체, 율격이 의식적이건 무의식적이건 전적으로 한국시가의 민요성, 나아가서는 민간전승적 성격에 의존하고 있는 것이 그 단적인 예증이다. 이러한 의식과 무의식은 미적 대상인 진달래꽃에서 하나로 형상화된 것이다.

2.

이런 뜻에서 일찍부터 김소월, 김영랑, 백석, 신석초, 조지훈, 서정주 등이 그들의 시에 시인과 자연이 하나라는 신화적 인식을 통하여 민간전승의 형식을 코드 또는 작품 전체의 구조로 삼아온 것은 한국시의 매력과 장점이 되어준다. 그들의 시적 대상은 한결같이 고향마을의 전설이나 소문

등 민간전승이다. 특히 「접동새」, 「바라춤」, 「석문石門」, 「여우난골족」, 「부활」 등과 같이 민간전승을 소재로 한 작품일수록 시가 강렬한 호소력을 발휘하고 있었다는 것만은 부정할 수 없다.

서정주의 경우, 시집 『귀촉도』, 『서정주 시선』, 『신라초』, 『동천』, 『질마재 신화』, 『떠돌이의 시』, 『서으로 가는 달처럼』, 『학들이 울고 간 날들의 시』 등에 실린 시작품 중에서 밀도 있는 명편은 대개 민간전승 지향을 강력히 나타내고 있다. 첫 시집 『화사집』의 얼굴 격인 「화사」부터가 아담과 이브의 신화적 소재를 바탕으로 하고 있다는 것은 시사적이다. 「부활」을 시발로 하여, 『귀촉도』를 거쳐 『질마재 신화』에 이르는 그의 시적 여정은 한마디로 우리의 민간전승을 통한 시적 성숙 과정이라 해도 과언이 아니다. 물론 『질마재 신화』의 경우, 이 시집 속에는 실은 민간전승으로서의 신화는 없으며, 있다면 개인적인 일화를 지닌 신비(유년)체험이다. 그만큼 신비체험이란 점에서 일화와 신화는 동일하다. 그의 시 대부분이 논리적이고 합리적인 세계가 아니라 그것을 넘어서 있는 것은 이 때문이다. 사실의 세계가 아니라 가치의 세계다.

그리하여 그의 시에 나오는 민간전승은 『삼국유사』, 『삼국사기』, 『수이전』 등 문헌설화를 비롯하여 시인이 살아오는 동안 사람들을 통해 들었던 구전설화, 불교의 연기설화, 그리고 판소리, 민속과 관련을 맺고 있는 속신 등 그 범위가 광범위하다. 더구나 관능을 서슴없이 드러내거나 장난기 있는 익살이나 해학을 통어 없이 분비하는 그의 타령조나 판소리 투는 민간전승의 가장 생기 있는 가락과 사설로 그대로 이어져 있다.

서정주처럼 시종일관 신화, 전설, 민담 등 그 숱한 민간전승의 숲 속을 누비면서 자기 현시에 온 생애를 바친 시인도 드물다. 초기의 에덴동산의 이브나 헬렌과 파리스의 설화 · 귀촉도 · 양귀비 · 견우직녀와 같은 외래 설화는 물론, 그 후 제주도 설문대 할망 · 지하국대적퇴치地下國大賊退治와 같은 구전설화는 말할 것 없고, 단군 · 연오랑과 세오녀 등의 시조始祖설화, 사소 · 수로부인 · 천관녀 등의 애정설화, 불승의 애정에 얽힌 설화 등에 이르기까지, 시인이 살아오는 동안 보고 들은 이야기가 시의 소재 내지 메타구조로 다루어지고 있다. 더구나 초기로 올라갈수록 외래설화를 취하고 있다면, 후기에 올수록 시인은 우리의 민간전승으로 하여금 스스로 얘기하게 하면서 민간전승의 새로운 신비체험에 민중적 활력을 부여하고 있다. 아니 「몽블랑의 신화」 등 시집 『서西으로 가는 달처럼』의 여행 시편처럼 외래설화조차 우리화한다.

초기의 서구적 지향 기질이 그 후 한국적 기질로 바뀐 것이다. 초기에서 후기에 이르는 그의 시적 여정, 그것은 스물세 살의 '바람'(「자화상」)과 40대의 '눈도 코도 입도 없는' '바람'(「여수」)의 거리와 너무 비슷하다. 그리고 그것은 초기의 「화사」와 후기의 「대나무통 속에 넣어둔 애인의 넋에」의 차이가 되어준다. 그의 시에 잦은 여인 또한 관능적이고 성적 대상으로서의 여인에서 가난에 찌든 가장 비근한 현실적인 고향의 여인으로 바뀌었다. 아니, 「보들레르 묘」에서와 같은 여행시조차 겉으로는 그 특유의 유머러스한 기술이면서, 그 이면은 동양 특유의 운명적인 세계를 암시하고 있다.

> 어머니의 후살이가 보기 싫어서
> 의붓 아버지 오피크의 목도 졸라 보았던
> 불쌍한 불쌍한 샤를르 보들레르
> 그는 죽어서도 친아버지 곁에 못가고
> 보기싫은 의붓아비 옆에 엄마 데불고
> 셋이서 한 무덤에 묻혀 있는걸 보자니
> 쩨, 쩨, 쩨, 쩨, 혓바닥이 제절로 차지더군.
>
> —「보들레르 墓」에서

이렇듯 민간전승은 서정주 시의 가장 매력 있는 서정적 충동이면서 아울러 그의 시의 상상력의 샘 구실을 다하는 원천의 상징인 셈이다. 그의 시는 처음부터 민간전승 지향이 낳은 전통적 얘기들의 현대적 변이로 얼룩져 있다. 때로는 입사식이나 계절제의가 원형으로 다루어지고, 때로는 단원신화單元神話의 원형으로 다루어지기도 한다.

그렇다고 민간전승의 민중성이나 고전시가의 작품성과 같은 전통적 경험이 우리의 과거이기에 오늘에 다시 살려야 한다거나, 또한 그것에 비추어 자신을 헤아리는 것만으로 그의 시가 획일적으로 귀결되고 자족되는 것은 아니다. 그에게 민간전승은 거기에 기대어 작품 활동을 하거나 그것들을 빌려 쓰면서 하는 작품 활동의 대상이 아니라, 근원적으로 시인의 창조력 자체이며 시의 구성 원리 그 자체이다.

그러기에 우리가 그의 많은 민간전승 지향의 신비체험을 전하는 형태의 시편보다 오히려 민간전승으로 하여금 스스로를 얘기하면서 민간전승의 신비체험에 새로운 의미를 부여하는 시편에 주목하는 이유는 이 때문이다. 판소리 춘향가를 원초형으로 한 「추천사」·「다시 밝은 날에」·「춘향유문」, 사소설화娑蘇說話를 수용하고 있는 연작시 「꽃밭의 독백」·「사소의 편지 1」·「사소의 두 번째 편지 단편」, 민간전승에 반영된 신비주의가 불교적 신비주의를 거치면서 이루어진 「동천」, 지하국대적퇴치 설화를 소재로 한 「누님의 집」 등 시인의 고향, 질마재 체험이 낳은 대다수의 시작품 등이 바로 그것이다.

특히 고향 체험은 이 경우 '마을에서도 첫째가는 이야기책 애독자인' 외할머니와 "사물의 이치로써가 아니라 정으로써 역력히 가깝게 간절히 만들어 보이던 스승으로, 내 맨 처음의 스승이요 또 그중 나은 스승"인 서운니와의 진하고 끈끈한 정과 무관하지 않다. 어린 날 시인의 외할머니와 서운니야말로 시인의 상상력을 위한 촉매요 때로는 영매가 되어준다. 그의 시에 잦은 '꽃'과 '누님'의 이미지가 바로 그것이다.

외할머니네 마당에 올라온 海溢엔요,
예순 살 나이에 스물한 살 얼굴을 한
그리고 천살에도 이젠 안 죽기로 한
신랑이 돌아오는 풀밭길이 있어요

—「외할머니네 마당에 올라온 海溢」에서

'서운니'라는 이름을 가진 그 이상한 소녀—육신의 사람이라고 하기보다는 아무래도 무슨 精靈만 같이 느껴지는 쬐그만 이승 살이는 하고 밝은 소녀 귀신으로서만 아는 이들의 기억에 남으려 생겨났던 듯한 그 소녀.

—「질마재 신화, 九」에서

시인의 외할머니는 '열아홉 살 첫사랑 적 얼굴을 하시고', '예순 살 나이에 스물한 살 얼굴을 한 신랑'의 혼신과 만나고 있다. 「외할머니네 마당에 올라온 해일」이 『삼국유사』의 「수로부인」조의 반혼 모티프를 반영하고 있는 작품이라면, 서운니는 '상제님의 고동소리'를 어린 시인에게 들려주던 바로 그 소녀가 아니던가. 그의 시에 잦은 '꽃'과 '여인'의 이미지도 실은 외할머니와 서운니의 시적 구현이었던 셈이다.

머리에 석남꽃을 꽂고 내가 죽으면 머리에 석남꽃을 꽂고 너도 죽어서……죽어서도 살아나서 머리에 석남꽃을 꽂고 한 서른 해만 살아볼꺼나

—「小戀歌」에서

大門 열고 中門 열고
돌門을 열고
바람되어 문틈으로 스며들어가면은
그리운 우리 누님게 있느니라

도적놈은 어디 가고
우리 누님 홀로 되어

거울아래 흰옷 입고 앉았느니라.

— 「누님의 집」에서

꽃도 삶과 죽음을 함께하는 꽃이요, 누님 또한 옛 이야기 속에 공주나 부잣집 딸이 되고, 시인은 공주를 찾아 나선 영웅인 것이다.

3.

사실 그의 많은 시작품이 패러프레이즈라고 보아도 무관한 민간전승의 서사와 그대로 병행하고 있다. 민간전승의 서사가 그대로 시로 형상화될 때 재창조라기보다 재구술되는 경우가 많은 것이다. 가령 「신부」가 시인의 내면의식에서 우러나온 체험의 재창조라기보다 또 한 번의 전승행위, 말하자면 재구술된 작품이라는 인상을 주는 것은 이 때문이다.

新婦는 초록 저고리 다홍치마로 겨우 귀밑머리만 풀리운 채 新郎하고 첫날 밤을 아직 앉아 있었는데 新郎이 그만 오줌이 급해져서 냉큼 일어나 달겨가는 바람에 옷자락이 문 돌쩌귀에 걸렸습니다.

— 「新婦」에서

그만큼 「신부」는 원한을 남기고 죽은 사람은 눈을 감지 않거나 혹은 그 시신이 삭지 않는다는 전승 속의 줄거리가 재구술되고, 그것이 시작품의 구조를 결정짓는 요소가 되어준다. 재구술된 작품일수록 시적 자아가 한결같이 일인칭 그 자체로 나타나지 않고, 단순한 화자 또는 얘기꾼으로 나타난 것은 그러므로 우연이 아니다. 제삼자적 시점에서 민간전승의 서사를 표상하고, 사회적 퍼스나의 목소리로 민간전승을 수용하고 있는 것이다. 민간전승 속의 인물이 시에 수용되는 경우보다 민간전승의 행위 혹은 줄거리가 그대로 시에 수용되는 경우가 많은 것은 이러한 연장선상에서 이해할 수 있다. 민간전승의 서사단위가 그대로 시의 의미단위로 바뀌어 옮겨져 있다. 특히 『학들이 울고 간 날들의 시』에 실린 단군신화와 관련된 시들도 이 경우 예외는 아니다.

반대로 전통적 열녀상을 그대로 보여준 「신부」보다 「소연가」, 아니 리얼리스틱한 현실 속의 여인을 보여준 「단골 암무당의 밥과 얼굴」이 어필한 것은 이미 있어온 얘기를 시인 자신의 개인적인 인간 에토스로 사회적 퍼스나를 극복하였기 때문이다. 민간전승의 서사, 즉 이야기적 요소가 끝나면서 출발한 시일수록 다른 시보다 강력한 정서적 호소력을 발휘하고 있다는 것은 거기서 사회적 퍼스나를 극복한 개인적인 내면의 목소리와 무관하지 않다. 「소연가」, 「단골 암무당의 밥과 얼굴」에서 이렇듯 서사가 행위가 아니라 존재로 인식된 것은 관점의 방위가 잠재적이면서 서정시의 내밀한 사적 시점을 동시에 유지하였기 때문이다. 그러한 이중적 관점에서 이루어진 것이 바로 시가 갖는 서사다. 죽음을 초월한 낭만적 사랑이 「석남꽃」의 줄거리라고 하면 '죽어서도 살아나서 머리에 석남꽃을 꽂고'는 「소연가」의 서사다. 즉 창자唱者로서 이야기하면서 아울러 시로 압축·형상화하고 있는 것이다. 「해일」이 그렇고, 「내가 여름 학질에 걸렸을 때」가 그렇다.

더구나 「꽃밭의 독백」, 「추천사」, 「춘향유문」 등은 그만큼 역사적 또는 전설적 그늘 속에 가리어진 망각지대를 새롭고도 인간적인 관점으로 드러내고 있다는 점에서 민간전승의 서사와는 크게 다르다. 그만큼 지난날의 설화적 소재의 재생과 그 변용에 과감하게 도전하고 있다. 「춘향유문」처럼 이미 있어온 판소리 춘향가의 서사의 모티프를 역전하고 있는 것이 바로 그것이다. 죽음을 선택함으로써 임과의 적극적인 만남을 시도한 낭만적 사랑으로 민간전승의 낯설게 하기를 성취하고 있다. 이때 낯설게 하기는 역사의식으로 무장된 시인의 비전(강렬한 생명력)에 의해 이루어진 것임은 물론이다. 「춘향유문」만이 아니라 「추천사」, 「꽃밭의 독백」, 「소연가」

등의 시적 인물이 바로 시 속의 현상적 화자 그 자체라는 것은 이 경우 뜻 깊다. 제삼자의 시점, 즉 시인에 의하여 옮겨졌던 전승 속의 인물들과 시 속에서 현상적 화자가 만남으로써 대상을 이인칭화하여 시적 자아의 내면 세계(서정성)를 생생하게 다루고 있다.

서정시의 시간과 공간은 '지금'이고 '여기'다. 「선덕여왕의 말씀」, 「꽃밭의 독백」과 같이 과거 또한 지금이 되고, 지금 여기의 '신라'를 보여준다. 과거의 처녀 파소가 그의 시에 와서 지금 여기 '네 닫힌 문'에 기대서서 '아침마다 개벽 하는 꽃'을 향해 '문 열어라 꽃아……' 하고 부르짖고, 희랍신화의 페르세포네가 '기분좋게 꽃상여에 오르는 내 60년 전의 계집애 친구 섭섭이'(「시十월 상달」)가 된다.

꽃아, 아침마다 開闢하는 꽃아.
네가 좋기는 좋아도,
물낮바닥에 얼굴이나 비치는
헤엄도 모르는 아이와 같이
나는 네 닫힌 門에 기대 섰을 뿐이다.
門 열어라 꽃아, 門 열어라 꽃아.
벼락과 海溢만이 길일지라도
門 열어라 꽃아, 門 열어라 꽃아.

—「꽃밭의 獨白」에서

저 비치는 핏빛 石榴알 여섯개를
저승의 王에게서 얻어먹은 죄로
한해의 여섯달씩은 저승에가 살기로 된
우리 가엾은 希臘의 페르세포네가
'노세 젊어서 노세'를 부르며
또한번의 저승나들이를 떠나니,

내육십년전의 계집애친구 섭섭이도

무슨 눈치로 그걸 알었나
나를 찾어 石榴 한개를 쥐어주고는
'어화 넘세, 어허 넘……'
기분좋게 꽃상여에 오른다.

—「十월 상달」에서

그만큼 민간전승은 우리의 의식 세계에 일어나는 모든 일의 가설이 되고 의미가 되는 것이다.

珊瑚도 섬도 없는 저 하늘로
나를 밀어 올려다오
채색한 구름같이 나를 밀어 올려다오
이 울렁이는 가슴을 밀어 올려다오!

西으로 가는 달같이는
나는 아무래도 갈 수가 없다.

바람이 波濤를 밀어 올리듯이
그렇게 나를 밀어 올려다오
香丹아.

—「추천사」에서

천길 땅 밑을 검은 물로 흐르거나
도솔천의 하늘을 구름으로 날더라도
그건 결국 도련님 곁 아니예요?

더구나 그 구름이 소나기 되어 퍼부울 때
춘향은 틀림없이 거기 있을 거예요!

—「春香遺文」에서

「추천사」, 「춘향유문」에서 드러나는 춘향의 목소리가 판소리 〈춘향가〉의 목소리와 다른 것은 이 때문이다. 그녀의 내면에 숨어 있던 인간 춘향의 목소리다. 판소리 〈춘향가〉에서는 그네를 타고 있는 춘향보다 이 도령의 심리적 변화에 초점을 맞추고 있다. 다만 방자에 의해 춘향의 외면적인 사실들만 설명되어 있을 뿐이다. 하지만 「추천사」, 「춘향유문」에서는 시적 자아가 춘향의 입장을 취함으로써 민간전승이 간과했던, 혹은 판소리 창자가 놓쳤던 숨 쉬는 인간 춘향의 내면의 갈등을 전경화한 것이다.

시 쓰는 일이란 이와 같이 전설적 또는 신비적 그늘 속에 가리어진 역사의 뒤안길을 새롭고도 인간적인 관점으로 노래하고, 또한 드러내는 일이다. 역사나 역사물은 닫힌 것으로 존재하면서 시인에 의해 개방되기를 기다리고 있다. 시인의 눈길에 의해 역사와 역사물이 나타남이 되고, 나타남이 되면서 시인에게 그것을 육화하고 구현하기를 바란다. 사소설화나 판소리 〈춘향가〉를 수용한 시편만이 아니라, 『질마재 신화』의 시편에서 이름 없는 사람들과 그 사연이 시인의 의식과 서정을 받아 우리의 눈앞에 그 모습을 드러내고 있는 것이다. 시인은 과거를 보면서 이름 없는 일반 서민의 삶에 관심을 집중하고 있다. 「질마재 신화」, 「떠돌이의 시」의 시편과 같이 시라는 이름은커녕, 비속하고 경박하여 품위 없는 우스갯소리라고 홀대받던 변두리 형식을 시의 형식으로 격상할 수 있었던 것은 순전히 이 때문이다. 「해일」, 「상가수의 소리」, 「당산 나무밑 여자들」, 「소자 이생원의 마누라」가 보여주듯, 이 전승의 통합적 국면이 시 속에서 계열적 국면으로 변용하고 있다. 이렇듯 민중과의 심정적 동일화가 그의 시의 기본 동력이자, 그 자체만으로 그의 민중적 관심을 잘 시사하는 것이 된다.

그렇지만, 그 소리를 안하는 어느 아침에 보니까 上歌手는 뒤깐 똥오줌 항아리에서 똥오줌 거름을 옮겨내고 있었는데요. 왜, 거있지 않아, 하늘의 별과 달도 언제나 잘 비치는 우리네 똥오줌 항아리, 비가오나 눈이 오나 지붕도 앗세 작파해버린 우리네 그 참 재미 있는 똥오줌 항아리, 거질 명경으로 해 망건 밑에 염발질을 열심히 하고 서 있었습니다. 망건 밑으로 흘러내린 머리털들을 망건 속으로 보기 좋게 밀어넣어 올리는 쇠뿔 염발질을 점잔하게 하고 있어요.

「상가수의 소리」에서 시인은 우리가 일상적으로 기대하고 예상하는 상가수의 개념을 격하하고 있다. 이때 상가수의 일은 상이 나갈 때 상저가를 부르는 일이 아니라, 그 어느 아침에 보니까 그것은 똥오줌 거름을 옮겨놓는 일이라는 것이다. 그렇게 함으로써 우선 종래 신선하고 정신적인 의식이라고 생각되어온 상가수의 노래를 똥오줌 항아리〔明鏡〕로 대거리하여 완전히 비웃는 것이다. 그만치 일상적인 질서의 뒤집음과 역전으로써 불평등을 신선화하는 공식문화의 근거를 위협하고 있다. 그리하여 사자의 세계와 생자의 세계를 넘나드는 노랫소리를 뽑을 수 있었던 것이다. 질마재 상가수의 노랫소리는 남사당패의 것이고, "열두발 상무를 젓고, 따분하면 어깨에 고깔 쓴 중을 내세우고, 또 상여면 상여머리에 뙤약볕 같은 놋쇠 요령을 흔들며 이승과 저승에 뻗"쳐 있는 것이다.

이렇듯 민간전승에서 겪은 이상한 체험, 신비로운 환상체험이 「질마재 신화」, 「떠돌이의 시」의 시를 낳게 해준 수원지다. 이때 서술자의 목소리는 본풀이하는 무당의 목소리를 닮았다. 무당이 접신하듯 시인은 전승의 인물과 접신하고 있었던 것이다. 무당이야말로 그의 시에서 억압될 수 없는 욕망의 자연스러운 구현의 존재가 아니던가. 심지어 앞서 본 시 「시월 상달」조차 섭섭이로 하여금 이승과 저승을 오가게 하고 있다. 그만큼 「시월 상달」은 피안 세계와 이승의 거래라는 신화적 상상력이 낳은 시이다.

4.

이런 뜻에서 「상가수의 소리」의 오물 거울만이 아니라, 「다섯살때」가 보여준 '외할머니댁 뒷마을의 때거울'을 통하여 구원(영원성)의 주제를 이룬 이러한 시편들은 민중적 상상력이 거둔 시적 성취의 하나라고 생각한다. 그것은 민간전승 지향의 시인이 아니면 생각해낼 수 없는 착상이며 처리다. 「간통사건과 우물」, 「마당방」, 「내가 여름 학질에 여러 직 앓아 영 못쓰게 되면」 등, 민중적 상상력의 이면에는 인간 해방에 대해 필요한 평등주의적이고 민주적인 인생관과 감정이 기저하고 있음은 말할 나위 없다. 그의 시는 어디까지나 민간전승의 형식을 통하여 세계를 갱신하면서 민간전승을 오늘에 와서 활성화한다. 아니 현대의 활성화를 민간전승 지향이 노리고 있는 것이다.

언제, 어떠한 경우에도 민간전승 체험은 자아와 현실의 동일성과, 종족의 동일성을 보여준다. 종족의 동일성은 실은 개인적 동일성이 아니라 보편적 동일성이다. 그 보편적 동일성에 우리 자신을 동일화함으로써 우리는 통시적 동일성을 확보하면서 아울러 자아를 더욱 심화·확대하는 것이다. 서정주의 시가 다른 시인의 시보다 친근하게 느껴진다거나 우리에게 보다 큰 호소력을 갖는다고 할 때, 그것은 적어도 그의 시가 갖는 통시적 동일성으로 인하여 가능한 것이 아닌가 한다. 그만큼 그의 시는 민간전승의 형식을 기층에 깔게 됨으로써 과거와 현재, 이쪽과 저쪽이 하나의 전통(동일성) 속에 포착되고 있다. 그것은 단순한 소재사적 동일성이 아니다. 소재사적 동일성 위에 구조의 동일성이 겹칠 때, 우리는 오랜 전통소리의 메아리로서 서정주의 시를 이야기하게 되는 것이다. 그의 시가 타령이나 판소리, 또한 춤사위, 시김새를 시의 형식으로 삼을 수 있었던 것은 이 때문이다.

민간전승 탐색은 그에게 있어 자신의 아이덴티티를 회복하는 과정이자, 의식적인 존재 뿌리에 대한 귀환 행위다. 그렇다고 그것은 과거를 반복하지 않는다. 과거를 새롭게 한다. 그리고 감동한다. 그것은 사물에 이름을 붙임으로써 그것을 재창조하고, 그럼으로써 자기의 것으로 만드는 원시인의 감동과 비슷하다. 그것이 그의 시가 지닌 전통성이자 영원성임은 틀림이 없다.

유치환론
—의지와 애련의 변증

1.

청마青馬 유치환柳致環은 1931년 시 「정적靜寂」을 발표한 이래 1967년 불의의 윤화輪禍로 타계하기까지 40년 가까이 시작詩作 활동을 하면서, 그 누구보다 많은 시작품을 발표한 이른바 대형 시인이자 대가 시인이다. 시집만 하더라도 『청마시초青馬詩鈔』를 비롯하여 『생명生命의 서書』, 『울릉도鬱陵島』, 『청령일기蜻蛉日記』, 『기도가祈禱歌』, 『보병步兵과 더부러』, 『행복幸福은 이렇게 오더니라』, 『뜨거운 노래는 땅에 묻는다』, 『미루나무와 남풍』 등 10여 권에 이르며, 그 외에 『유치환시선柳致環詩選』·『파도波濤야 어쩌란 말이냐』·『제9시집第九詩集』·『예루살렘의 닭』·『구름에 그린다』 등의 시선집, 수상록과 단장, 자작시 해설이 있다. 물론 이러한 양이 그의 시력 40년의 소산으로는 방대한 분량이라고 할 수만은 없지만, 대체로 비슷한 구상에서 출발하여 얄팍한 한두 권의 시집으로 자기세계를 한정시킨 시인들도 적지 않다는 사정을 염두에 둘 때, 청마의 작품만큼 질량으로 그 누구보다 우리를 매료하고 흐뭇한 무게를 우리에게 안겨주는 시인도 드물다.

그러나 무엇보다 우리를 압도하는 것은 시편들의 질량 못지않게 삶의 현실에 의연히 맞서는 그의 고압적 어조와 인간적 비중이다. 청마에 대한 평가의 대부분이 시작품 그 자체보다 시인 자신이 표방한 '허무의 의지' 니 '신' 이니 하는 주장과 견해[1]를 중심으로 긍정과 부정의 시각이 교차하면서 회전하고 있는 것은 이 때문이다. 그러기에 시분석에 흔히 원용되는 '시학' 은 청마론 앞에서는 큰 힘을 발휘하지 못한다. 그만큼 '시학'(형식론)은 청마론의 경우, 퇴진할 수밖에 없다. 그동안 많은 '청마론' 이 대부분 엇비슷한 것은 이 때문이다.

사실 지금까지의 청마론은 시인의 생애나 전기적 사실이 전제된 연역법 일변도였다. 그가 살았던 생애, 그가 겪었던 일, 그가 직접 표방한 단장이나 수상 등, 이들이 환기하는 강인한 시정신 속에서 그의 시작품은 조명되어왔다. 가령 청마의 초기시를 두고 '의지의 시인'[2] · '비창파 시인'[3] · '대가大家의 풍격風格'[4] 등 청마에 대한 긍정적인 시각은 말할 것도 없고, '감정感情의 압살자壓殺者'[5] · '자학의 콤플렉스complex'[6] · '비행동주의자'[7]라는 부정적 시각 또한 마찬가지다. 그만큼 시를 논하기보다 시인을 논하고 있었다.

물론 시작품을 작품 외적 기준으로 검토하는 것은 그 자체로서 의미가 있고 가치가 있다. 청마의 경우는 더욱 그렇다. 그는 살아가는 것과 시 쓰는 일을 동일시하였다. 말하자면 시와 시인을 함께 생각하고 있다. 아니,

---

1 유치환, 「序文」, 『青馬詩集』, 문성사, 1954; 「序」, 『生命의 書』, 행문사, 1947; 「再版序」, 『生命의 書』, 영웅출판사, 1955; 『구름에 그린다』, 신흥출판사, 1959.

2 서정주, 『韓國의 現代詩』, 일지사, 1959.

3 박목월, 『詩創作法』, 선문사, 1949.

4 김종길, 「青馬柳致環論」, 『창작과비평』 32호, 1974.

5 김춘수, 『金春洙全集 2; 詩論』, 문장사, 1982.

6 김윤식, 「虛無意志와 修辭學」, 『青馬柳致環全集 2』, 정음사, 1984.

7 정효구, 『존재의 전환을 위하여』, 청하, 1987.

"나는 시인이 아닙니다. 만약 나를 시인으로 친다 하면 그것은 분류학자의 독단과 취미에 맡길 수밖에 없는 것이지요. 어찌 사슴이 초식 동물이 되려고 애써 풀잎을 씹고 있겠습니까"[8]가 보여주듯이 사슴과 같이 그는 숙명적으로 천성적인 시인이었다. 그래서 그는 시인이기를 거부한 것이 아니라 '만들어진' 시인이란 이름(개념)을 거부한 것이고, 생명에서 자발적으로 우러나오는 시야말로 참된 시며, 시가 의식적이고 인위적인 의지의 소산이 아님을, 말하자면 기교나 실험의 산물이 아님을 강조하는 것이다. 그의 시를 '무기교의 기교'라고 한 것은 김동리다.

이렇듯 그의 작시에 임하는 자세는 철저히 반주지적이었다. 자연발생적인 서정 앞에서 지성은 별 의미가 없는 것이다. 시종일관 그의 시는 서구적 담론 안의 근대시의 시각과는 거리가 멀었다. 그런 의미에서 그는 전통적인 시인이랄 수 있다. 이런 점에서 문덕수는 그의 시적 방법을 두고 시와 삶의 일치라는 '인생론적 시학'이라고 명명하였다. 지금까지 그에 대한 논의가 주로 텍스트가 아닌 컨텍스트의 차원, 말하자면 주제적 시각에 집중된 것은 이 때문이다.

그렇다면 청마 시에 텍스트가 없는가. 물론 아니다. 모든 시와 마찬가지로 청마시 또한 그 자체가 텍스트이자 시학의 대상이다. 그러기에 사회역사적 맥락 못지않게 언어적 문맥의 분석은 중요한 것이다. 텍스트와 컨텍스트를 함께 검토할 때 청마 시의 진면목이 또 다른 모습으로 드러날 것이다.

주지하다시피 시의 이해는 시인의 인격과 세계관의 표현, 또는 그가 살았던 세계의 모방적 재현만으로 이루어지는 것은 아니다. 그것은 무엇보다 시작품 그 자체를 통하여 이루어진다고 강조한 것은 형식론자들이다. 시는 시인이 아니라 시작품 그 자체이기 때문이다. 시작품 그 자체보다 그

8 유치환, 「生命의 書 序」, 『青馬柳致環全集』, 정음사, 1984, p.321.

에 대한 비평적 논의나 시인이 표방한 관점을 앞세운 것이 그동안의 청마론이다. 비판적 검토보다 기존 평가를 무조건 기정사실로 받아들이고 있었다. 그를 두고 맨 처음 의지의 시인, 생명파의 시인이라고 한 것은 서정주다. 이것이 계기가 되어 오늘날까지 청마는 의지의 시인, 생명파의 시인이라고 일반화되었다. 그 후 대부분의 논의가 그것에 대하여 논리적인 검토만 할 뿐, 비판적인 검토와는 무관하였다.

시는 시인의 사상도 주장도 아니며, 그것의 반영도 아니다. 그러한 것은 사실상 시와 관계없이 존재하는 것이다. 언제나 시인의 창작 체험과 독자의 독서 체험은 별개의 것이다.[9] 다만 작품 그 자체의 이해가 작품 외적 현상과 어떻게 연관되는가 하는 것은 다음 문제가 된다. 따라서 그의 대가적 풍격과 인간적 비중의 압도성이 그의 시마저 압도해버리는 것은 문제가 아닐 수 없다. 많은 청마론이 쓰였지만, 또다시 청마론을 쓰게 된 것은 순전히 이 때문이다. 그만큼 우리는 그의 시작품에서 당연히 그 방대한 분량과 다양한 평가 못지않게 수백 편의 시편들이 제작 시기와 관계없이 공유하고 있는 고른 수준과 전체적인 일관성에 주목하게 된다. 그러한 일관성을 추적하는 것이 이 장의 의도이다.

따라서 이 장은 성격상 청마 시의 핵을 이루는 상상력의 기본구조가 무엇이며, 그것이 언제 어떠한 방향으로 변모를 거쳤는가를 식민지 시대와 북만주 생활 그리고 해방 후에 쓰인 시작품을 중심으로 검토하고자 한다.

2.

초기시, 특히 『청마시초』와 『생명의 서』를 특징지은 현실안眼은 '애상과 의지', '열애熱愛와 애련愛憐', '생명과 반생명', '동경과 환멸', '이상과

9 박철희, 『抒情과 認識』, 二友出版社, 1982, p.47.

현실' 등의 모순 · 대립의 양식으로 파악된다. 현실과 인간의 바람 사이에 존재하는 해소할 수 없는 갈등을 조정하기 위하여 오히려 현실적인 것을 시의 주제로 삼았던 모순, 그 모순 속에서 청마의 시는 서정적 긴장이 싹트게 된다. 그에게 서정은 바람과 현실의 대립과 갈등이, 현실에 의해 바람이 좌절되는 상황에서 비롯한다. 그리하여 생명에 대한 애착이 간절할수록 반생명적인 것을 노래해야 했고, 생명을 열애하기 위하여 도리어 애련에 물드는 자기모순 · 자기학대의 과정이 바로 청마에겐 가장 인간적인 자기구원이자, 그의 이른바 허무의지의 진면목이었던 셈이다.

청마의 시는 한결같이 '허무의 의지'를 그 본질적 구심으로 해서 그 의지가 그 후 그의 모든 시작품에 원심적으로 사무쳐 있다. 허무의 의지란 스스로 밝힌 것처럼 일체의 인간적 감정을 초극하고, 냉혹하고 비정한 인간이 되겠다는 의지다.[10] 그러나 그러한 서정적 자아의 비생명의지는 한낱 바람일 뿐, 행동으로 옮기지 못하고 결국 글자 그대로 허무한 의지, 생명의지로 나갈 수밖에 없었던 것이 청마 시의 방법이자 한계이다. 생명의지는 인간의 몫이고, 허무의지는 신의 몫이라고 지적한 것은 문덕수文德守다.[11]

허무의 의지의 지향은 그러기에 '일체의 인간사와 무관'[12]한 깃발이 나부끼며 흔드는 '저 푸른 해원海原'(「깃발」)이며, 삶의 일상적 현실과는 무관한 오직 알라의 신神만이 밤마다 고민하고 방황하는 '열사熱沙의 끝'(「생명의 서」 1장)이다. 이것이 시인이 추구하는 인간사와 무관한 이상향이자, 그가 현실에서 인식한 허무의 의지이다. 하지만 '저 푸른 해원海原'에 대한 동경은 결국 절망적인 그리움의 몸짓으로 착색되고, '열사熱砂의 끝', 즉 '저 머나먼 아라비아 사막'으로 가자는 바람은 모래 위에 짓는 집과 같이 무산될 뿐이다. 그는 실제로 "참으로 마음 속 그리운 이가 있으면

10 유치환, 앞의 글.
11 문덕수, 「青馬 柳致環論」, 『현대문학』, 1957. 12.
12 유치환, 앞의 글.

이런 곬작 호올로 숨었기도 즐거워"(「그리우면」)와 같이 엄격히 말해서 실제는 의지의 시인이 아니라 비의지적이며 나약한 심지心志의 인간이었다. 사실 시인 자신도 다음과 같이 말하고 있다.

> 흔히들 나를 의지의 시인이라 일컫는데 그것은 아예 틀린 판단인 것입니다. 왜냐하면 그러한 판단은 나의 작품상에 나타난 경향을 보고 말하는 것 같으나, 작품상의 그러한 경향은 어디까지나 나의 본질이 의지적이 아닌 때문에 그것을 갈구하는 나머지의 허세에 불과한 것입니다. 사실은 나같이 흔들리기 쉽고 꾸겨져 쓰러지기 쉬운 비의지적인 나약한 心志의 인간은 드물 것입니다. 예술작품이란 원래 자기가 가지지 않은 것에 대한 希願의 發願인 것이 아니겠습니까?[13]

그리하여 그 누구보다 냉혹하고 비정한 인간이 되겠다는 희원希願의 발원發願은 오히려 「그리움」, 「이별離別」, 「또 하나 꽃」 등이나 「행복」, 「밤바람」, 「세월」 등 애련 시편이 보여주듯이 역설적으로 생명에의 강한 애착에 초점을 맞춤으로써 결과적으로 연민과 애수 그리고 그리움으로 귀착한다. '바위'가 되기 위해 '안으로 안으로 채찍질 하여' '생명'을 망각(「바위」)하고자 하는 생명의 제로화란 다름 아닌 흔들리기 쉽고 구겨져 쓰러지기 쉬운 비의지적인 나약한 심지心志에 대한 반명제였던 셈이다. 「바위」만이 아니라, '만주체험'에서 얻은 시편들 대부분이 비정하고 의지적인 자아를 허무의 고비에서 독특하게 다루고 있다. 그만큼 그의 시는 김춘수金春洙의 말과 같이 감상하려는 감정과 저항하려는 의지가 상극하고 있다.[14] 이러한 정의의 상극은 다름 아닌 외적 자아와 내적 자아의 모순 대립으로 나타난다.

이런 점에서 그는 의지의 시인이기 전에 비의지의 시인이었다. 「깃발」과 「그리움」으로 대표되는 감정의 시편과 「바위」, 「생명의 서」로 대표되는 의지의 시편이 처음부터 동행하고 있었다.

13 유치환, 『구름에 그린다』, p.105.
14 김춘수, 앞의 책, p.116.

그의 시에는 이렇듯 '두 쪽으로 깨드려도 소리하지 않는 바위'가 되려는 비정의 세계 못지않게 그리움의 세계, 애련의 정서가 처음부터 그 밑바닥에 공존하고 있는 것이다. 아니, 의지와 감정은 청마 시의 양면성이다. 일찍이 서정주는 그를 두고 '굴하지 않는 의지의 시인'이라고 하였고, 김춘수는 앞에서 얘기했듯이 '정의의 상극'을 지적하였다. 감상하려는 감정과 저항하려는 의지가 상극하고 있다는 것이다. 이러한 상극은 그 뒤 논자로 하여금 청마 시의 모순 대립의 구조를 주목케 한 단초가 되어주면서, 나아가 청마 시를 시학의 대상으로 논할 수 있는 근거를 마련한다. 청마 시야말로 '정의의 상극' 속에서 산출된 텍스트라고 할 만하다. 현재에 대한 불만족과 결핍은 감정으로, 미래에 대한 선언과 다짐은 의지의 세계로 나타나는 것이다.

그러나 실은 의지와 감정은 서로 다른 측면이 아니라 결국 하나인 것이다. 그의 시가 '사랑과 증오', '열애와 애련', '은혜와 복수' 등 모순 · 대립의 양식으로 파악된다고 전술한 것은 이 때문이다. 그래서 애련에 젖어 있으면서도 그것을 굳이 치욕이라고 자신을 꾸짖기도 하고, '나는 시인이 아닙니다'라는 역설이 가능한 것이다. 첫 시집 『청마시초』 이후 그의 시는 때로는 내면의 정감이 두드러지게 표출되기도 하고, 때로는 현실에 대한 준엄한 비판으로 나타난다. 특히 청마의 사유 지향은 감정의 희생 위에서 전개되며, 의지 지향의 가장 높은 성취를 보여준 시는 북만체험 이후의 시편들이다.

3.

청마가 실제로 발표한 첫 시는 「정적」이지만, 시집 『청마시초』를 내면서 첫머리에 실은 시는 「박쥐」다.

너는 본래 기는 즘생
무엇이 싫어서
땅과 낮을 피하야
음습한 廢家의 지붕 밑에 숨어
파리한 환상과 怪夢에
몸을 야위고
날개를 길러
저 달빛 푸른 밤 몰래 나와서
호올로 서러운 춤을 추려느뇨

'기는 즘생'으로 살아가기를 거부하고 '날개를 길러' 밤에 홀로 춤을 추는 '박쥐'의 생리에 자신을 투사하면서 스스로의 내면에 투사된 '나'를 보고 있었다. 그만큼 그는 자기인식에 삶을 걸고 있었다. 남몰래 '땅과 낮을 피하야' '파리한 환상과 괴몽怪夢'에 '몸을 야위고 날개'를 기름으로써 '푸른 밤 호올로 서러운 춤' 추기를 기대하는 '박쥐'는 자신의 운명의 한 대유代喩이지만, '박쥐'의 실체와 시적 자아의 실존을 하나로 아우르는 순간, '몸을 야위는' '박쥐'의 비극성은 곧 시인 자신의 허무혼일 수밖에 없다. 지상적일 수밖에 없는 '기는 즘생'의 대지적 한계를 넘어 '춤을 추려'는 천상적 지향이 결국 '호올로 서러울' 수밖에 없는 모순 속에서 청마는 중간자로서의 인간 존재의 비극성을 전체로 경험하고 있는 것이다. 시 「드디어 알리라」가 보여주듯이 죽음의 충동 속에서 오히려 하찮은 '풀벌레' 소리에서 삶에 대한 소망을 노래하고 있다.

내 오늘 병든 즘생처럼
치운 십이월의 벌판으로 호올로 나온 뜻은
스스로 悲怒하여 갈 곳 없고
나의 심사를 뉘게도 말하지 않으려 함이로다

—「가마귀의 노래」에서

나는 젖는 대로 비에 젖는
어느 한 마리 외로운 갈매기로다

원하여 이룬 바 없고
회한은 오직 병 같어

—「어느 갈매기」에서

「가마귀의 노래」,「어느 갈매기」와 같이「박쥐」의 어조가 감상적 허무, 즉 비애와 탄식으로 나타난 것은 이 경우 자연스러운 일이다. '가마귀'와 '갈매기'는「박쥐」와 같이 시인 자신의 객관적 상관물이다.「박쥐」를 관류하고 있는 이러한 비애감, 다시 말하면 "스스로 비노悲怒하여 갈 곳 없고 / 나의 심사를 뉘게도 말하지 않으려 함이로다", '회한은 오직 병 같'고, 오로지 '환상과 괴몽' 속에서 '호올로 서러운 춤'을 출 수밖에 없었던 자기모순은 초기 청마 시의 구조를 그대로 압축하여 보여준다. 아니「박쥐」속에 그의 시, 전 시력과정이 이미 예언되어 있었다고 해도 과언이 아니다. 그의 전 시력과정을 통하여 중요하게 다루어져야 할 '바람'과 '날개' 그리고 '춤'의 정서가 가장 함축성 있게 이 시 한 편에 걸려 있기 때문이다. 그의 시에 잦은 '새', '기旗', '산', '나무' 등의 서정공간 또는 이러한 정서의 시적 변용 외에는 다름이 아니다. '서러운 춤'은 그 후「깃발」의 '소리없는 아우성'과 마찬가지로 근원에 대한 절망의 몸부림이다.

오늘은 바람이 불고
나의 마음은 울고 있다
일찍이 너와 거닐고 바라보던 그 하늘 아래 거리언만은
아무리 찾으려도 없는 얼굴이여
바람 센 오늘은 더욱 너 그리워
진종일 헛되이 나의 마음은
공중의 깃발처럼 울고만 있나니

오오 너는 어디메 꽃같이 숨었느뇨.

―「그리움」

아무리 가혹한 핍박의 저류에 잠기어도
끝내 흐리잖는 명료한 이념은
끝없는 고독에 옥석처럼 눈을 뜨고
항상 높은 긍지를 가져 자신을 직히고

온갖 있는 것을 깊이 애착하며
명확히 계절을 인식하여 내일에―
저 요원한 인생의
운표에 솟은 거욱한 바비론을 바라노라

―「點景에서」에서

그리하여 「그리움」에서 '꽃같이 숨었'을 '너'를 그리며 울고만 있고, '뉘 오는 이 없는 골'(「그리우면」)에서 '송화가루'만을 만지면서 '기나긴 하로 해'를 보내기도 한다. 또한 '바람 센 오늘은 더욱 너 그리워' 나의 마음은 '공중의 깃발처럼'(「그리움」) 슬퍼하는 것이다. 그러면서도 "동물성의 땅의 집념을 떠나서 / 모든 애념愛念과 인연의 번쇄煩瑣함을 떠나서 / 사람이 다스리는 세계를 떠나서 / 그는 저만의 삼가하고도 방담放膽한 넋을 타고 / 저 무변대無邊大한 천공天空을 날어 / 거기 정사靜思의 닻을 고요히 놓고 / 황홀한 그의 꿈을 / 백일白日의 세계 우에 높이 날개 편 / 아아 저 소리개"(「소리개」)를 목놓아 부르기도 한다. '현실과 꿈', '기는 즘생과 날개' 등으로 짝 지어진 애련과 의지의 두 상반된 정서는 청마 시를 꿰뚫고 있는 상상력의 틀인 것이다. 그 후 「깃발」에서 '깃발'의 의지가 희망으로 수용되지 않고, '슬프고도 애달픈 마음'으로 인식될 수밖에 없으며, 「점경에서」에서 '끝없는 고독'을 인식하면서 냉혹하고 허무적인 자아를 선택한 것은 이 때문이다. 그리고 이것은 그 후 그의 애련에 젖은 연가류의 시(「행복」, 「그리움」, 「동백꽃」)와 예언자적 분노와 저주로 일관된 저항시(「칼을 갈라」, 「울릉도」, 「보병과 더불어」)의 바탕을 이룬다.

> 이것은 소리없는 아우성
> 저 푸른 海原을 向하야 흔드는
> 永遠한 노스탈쟈의 손수건
> 純情은 물결같이 바람에 나부끼고
> 오로지 맑고 곧은 理念의 標ㅅ대 끝에
> 哀愁는 白鷺처럼 날개를 펴다.
> 아아 누구던가
> 이렇게 슬프고도 애닯은 마음을
> 맨처음 공중에 달 줄을 안 그는.
>
> ―「깃발」

시인은 어디론가 가고 싶으면서도 가지 못하는 애달픈 마음을 '소리없는 아우성'으로, 휘날리는 '깃발'로 나타낸 것이다. '오로지 맑고 곧은 이념理念의 푯標ㅅ대' 위를 지향하지 못하고 그대로 주저앉는 마음이 아니라, 갈 수 없다고 해도 가봐야겠다는 좌절할 수 없는 설레임이 저 '푸른 해원海原'을 향하여 '호올로 서러운 춤'(「박쥐」)을 추는 절망적인 몸짓으로 착색되어 있다. '푯대'가 지니는 수직적 공간 상승 지향이 '해원'이 지니는 수평적 거리로 바뀔 때, '푯대'는 '맑고 곧'지만 '슬프고도 애닯'을 수밖에 없다. '깃발'이 '아우성'에서 '손수건'으로, '손수건'에서 다시 '순정'으로, '애수'로 바뀌면서 '깃발'의 강렬한 이념의 정서가 환멸과 비애로 약화된 것은 이 때문이다. 그것은 정처 없는 영원한 설렘이자 애처로운 방황이다. 그러나 그는 그러한 설렘과 방황을 거부하기 위하여 '몸을 야위는'(「박쥐」) 고통을 거듭할 수밖에 없었다.

그리하여 시 「깃발」은 결국 "누가 공중에 슬프고도 애달픈 마음을 달았을까" 하고 개탄하고 되묻는 것이다. '아아 누구던가'에서 '그'는 누구인가? '맨처음 공중에 달 줄을 안' 사람이다. 그러나 그는 '그'가 '누구'인지 모른다. 어쩌면 신일 수도 있고 실제로 깃발을 단 현재적인 인물일 수도 있다. 항해에 지친 선원들이 육지를 기다리듯이 시인은 따분한 일상과 거기에 묻힌 자신을 생각하면서, '저 푸른 해원' 위로 새 돛배라도 나타나기를 꿈꾼다. 이때 꿈은 그 후 그의 시가 보여주듯이 '도피 모티프'를 자극하는 징표가 되어주는 것임은 물론이다. 그리고 그것은 「생명의 서」에서 '저 머나먼 아라비아의 사막'으로 나타난다.

「깃발」과 「생명의 서」는 외연상 그리움과 의지의 서로 다른 세계를 노래하고 있지만, 내연상 현실과 바람 사이의 모순양상을 노래한다는 점에서는 동일하다.

4.

제2 시집인 『생명의 서書』에 들어오면서 이러한 징표는 더욱 적나라한 양상으로 드러난다. 「드디어 알리라」, 「수首」, 「해바라기 밭으로 가려오」, 「생명의 서」 등의 시에서 보듯이 도피와 위안, 그리고 죽음에의 충동이 바로 그것이다. '애련과 그리움'의 세계에서 '비정과 반생명'의 세계로 바뀐 것이다.

나의 知識이 毒한 懷疑를 救하지 못하고
내 또한 삶의 愛憎을 다 짐지지 못하여
病든 나무처럼 生命이 부대낄 때
저 머나먼 亞剌比亞 沙漠으로 나는 가자

거기는 한 번 뜬 白日이 不死身같이 灼熱하고
一切가 모래 속에 死滅한 永劫의 虛寂에
오직 아라의 神만이

밤마다 苦悶하고 彷徨하는 熱沙의 끝

그 烈烈한 孤獨 가운데
옷자락 나부끼고 호올로 서면
運命처럼 반드시 '나'와 對面케 될지니
하여 '나'란 나의 생명이란
그 原始의 本然한 姿態를 다시 배우지 못하거든
차라리 나는 어느 沙丘에 悔恨 없는 白骨을 쪼이리라.

—「生命의 書」一章

특히 시 「생명의 서」 1장은 '병든 나무처럼 생명이 부대낄 때' 자신의 공간을 미련도 없이 박차고 떠나, '아라비아 사막'으로 탈출코자 한다. '생명이 부대낄 때' 그는 '생명을 부대끼'게 하는 세계의 실체와 대결하지 못하고 도피하려고 하지만, 도피 또한 무위로 끝나버리고 만다. 북만주조차 그에겐 '말없이 자리를 일어나와 문을 열고 서면 나의 탈주脫走할 이념理念의 하늘도 보이지' 않는 '철벽鐵壁 같은 절망絶望의 광야曠野'(「광야曠野에 와서」)였다. 그래서 그는 '철벽 같은 절망의 광야'를 바라다보면서 '어느 사구沙丘에 회한悔恨 없는 백골白骨을 쪼이리라'는 비정과 자학의 세계로 그의 의식을 지향한다.

실제로 청마는 1938년 북만주로 가족과 함께 떠났다. 그의 대표작의 하나인 시 「일월日月」은 떠나기 직전에 쓴 것이다. 그리고 거기서 농장을 하다가 광복되기 전에 귀국한다. 만주는 그러기에 당시 암울한 현실에 대한 항거도, 자학의 콤플렉스도 아니며, 실제의 도피 공간이 된다. 시인 자신의 고백 그대로 일제 앞에서 아유구용阿諛苟容하느냐, 신명을 조국에 던지느냐 하는 절박한 상황 앞에서 전자를 선택하지 않으면 안 되었던 회한, 죽음도 불사하겠다는 절대의지와 생명에의 열애—그만큼 '만주체험'은 자기학대와 자기모순으로 얼룩져 있었다. 시집 『생명의 서』는 이렇듯 그의 만주체험이 바탕을 이루고 있다.

특히 「수首」는 어떤 핍박, 어떤 절망에도 당당하게 정면으로 대결해 나가려는 굳건하고 가열한 의지를 노래한 것이다. "질서를 보전하려면 인명도 계구鷄狗와 같을 수 있도다…… / 힘으로써 힘을 제함은 또한 / 먼 원시에서 이어 온 피의 법도로다"라고 노래하고 있다. 그러면서도 불쌍한 목숨에 대한 연민의 정을 강하게 보여주었다.

전술한 바와 같이 '만주' 또한 그에게 안주할 공간은 아니었다. "봄이라고 와봐야 봄 같지도 않은 소박하고도 단조롭기도 한 허허벌판"(『생명의 서』 재판 서문)이며, "허무 절망한 그곳 광야에 위협을 당하며 알아야"(『생명의 서』 초판 서문) 했던 공간이다. 그러기에 '만주'라는 체험 공간은 청마에게 '죽음의 계절'(「북방 10월北方十月」)이 시작되는 적막한 곳이며, "사랑도 회의도 고향도 버리고 온 곳에서 소리없이 죽기로" 작정했던 시 제목 그대로 「절명지絶命地」였던 셈이다.

> 고향도 사랑도 懷疑도 버리고
> 여기에 굳이 立命하려는 길에
> 曠野는 陰雨에 바다처럼 荒漠히 거츨어
> 타고 가는 망아지를 小舟인 양 추녀 끝에 매어두고
> 낯설은 胡人의 客棧에 홀로 들어 앉으면
> 嗚咽인 양 悔恨이여 넋을 쪼아 시험하라
> 내 여기에 소리없이 죽기로
> 나의 人生은 다시도 記憶치 않으려니

시 「생명의 서」 1장과 마찬가지로 여기서 소리 없이 죽기로 한 '죽음'이란 무엇인가? 죽음이란 자칫하면 빠지기 쉬운 나약한 스스로를 저항하고 그것을 극복하자는 의지의 다른 말이다. 그에게 죽음이란 그러기에 가열한 생명이 자신의 열정의 뜨거움에 스스로 불타오르는 '생명에 속하는 것을 열애'(「일월日月」)하는 데서 비롯한 것만이 아니라, 만주 생활의 위험에서 벗어나려고 하는, 바로 이중의 도피에서 연유한다. 자신의 본연의 공간으로부터 도피한 곳에서 다시 벽에 부딪히자, '죽음'으로써 다시 절명지의 고통에서 벗어나자는 것이다.

'만주'는 그만치 '갈 데 없이' 울고만 있는 곳이며, 외롭고(「절도絶島」), 황막하고(「절명지」), 암담하고(「광야에 와서」), '눈도 안 오는'(「수首」) 거친 '광야'인 것이다. 그리하여 '광야'에서 청마는 이육사李陸史의 경우처럼 '백마白馬 타고 오는 초인超人'이 아니라, 힘도 못 써보고 패배한 흑마黑馬 타고 오는 죽음의 사자 '흙빛 병정'(「북방 10월」)이었다.

이곳 시월은 벌서 죽음의 계절의 始初리뇨
까마귀는 城귀에 모여들 근심하고
다시 天日도 볼 수 없는 한 장 납빛 하늘은
황막한 광야를 鐵柵인 양 눌러 막아
아아 북방 이 거대한 鬱暗의 의지는
창부인 양 허무를 안고 나누었나니
내 스스로 여기에다 버리려는 고독한 사유도
이렇게 적고 찾을 길 없음이여
호올로 허물어진 성터에 서건대
삭풍에 남은 高粱대만
갈 데 없는 감정인 양 못 견디어 울고
한 떼 騎馬의 흙빛 병정 있어
人力이 아닌 듯
묵묵히 서쪽 벌 끝으로 향하여 달려가도다

이렇듯 청마가 체험했던 만주생활은 상황과의 대결의지보다는 허무와 비애와 죽음 등의 정서를 충동하는 요인으로 작용한다. 당당한 어조와 웅건한 그의 시정신 이면에는 오히려 슬픔·그리움 등에 물든 애련이 깔려 있는 것이다. 오직 그가 하는 행위라곤 '허물어진 성터'에서 '못 견디어'(「북방 10월」) 우는 것뿐이다. 생명과 생명에 속하는 것을 열애하되 애련에 빠지는 것은 '치욕'이라고 시 「일월」에서 강조하던 그가 아니던가. 그러한 연민과 애련의 정서를 일체 배제하고자 한 시가 다름 아닌 「바위」다. '내 죽으면 한 개 바위가 되리라'로 시작되는 「바위」는 나와 죽음 사이의 극단적 대립을 해소하여 '치욕'에서 해방하는 데 의도적으로 기여한다.

> 내 죽으면 한개 바위가 되리라
> 아예 愛憐에 물들지 않고
> 喜怒에 움직이지 않고
> 비와 바람에 깎이는 대로
> 億年 非情의 緘默에
> 안으로 안으로만 채찍질하여
> 드디어 生命도 忘却하고
> 흐르는 구름
> 머언 遠雷
> 꿈꾸어도 노래하지 않고
> 두 쪽으로 깨뜨려져도
> 소리하지 않는 바위가 되리라

시 「바위」 속에 나오는 '애련에 물들지 않고 희로에 움직이지 않는' '바위'며, '노래하지 않고 소리하지 않는' '바위'다. 그가 가장 가치를 두는 정신상태가 어떤 것인가를 「바위」는 가장 극명하게 보여준 것이다. '흐르는 구름 / 머언 원뢰遠雷'에도 불구하고 '바위'처럼 무심하여 아무런 흔들림도 나타나지 않는 비정의 상태가 바로 그것이다. 일찍이 '푸른 해원海原'으로 향하던 시선이 '안으로 안으로만 채찍질하여 드디어 생명生命도 망각'하는 비정의 세계에로 움직인 것이다. '바위'가 '바위' 그 자체로서보다 어떤 이념, 의지의 표면으로 나타난 것은 이 때문이다. 말하자면 바위를 소재로 하여 절대적인 초월의 경지에 도달하고자 하는 결의를 부정의 반복을 통하여 노래하고 있다. 그만큼 「소리개」와 마찬가지로 단호하고 강경한 어조로 시상을 전개한다. 그러한 어조는 8 · 15 이후 시집 『울릉도』에 와서 조국의 역사현실에 대한 비판으로 바뀐다. 「눈추리를 찢고 보리라」, 「조국이여 당신은 진정 고아일다」와 같은 시편이 그러한 것이다.

아아 나의 이름은 나의 노래
목숨보다 귀하고 높은 것
마침내 비굴한 목숨은
눈을 에이고 땅바닥 옥에
무쇠 연자를 돌릴지라도
나의 노래는
非道를 치례하기에 앗기지는 않으리
들어 보라
저 거짓의 거리에서 물결쳐 오는
뭇 구호와 빈 찬양의 헛한 울림을
모두가 영혼을 팔아 예복을 입고
소리 맞춰 목청 뽑을지라도

여기 진실은 고독히
뜨거운 노래는 땅에 묻는다

— 「뜨거운 노래는 땅에 묻는다」에서

내 형제끼린 怨鬼모양 질투하고 모함하고
나라보다는 당파를 앞세우고
도리어 남 나라를 조상같이 위하고 아부함이 없는가

自黨의 권세를 거미줄 치기에
민중의 복지를 일컬어 팔고
그릇된 주장을 附會하기에

어진 백성을 우롱함이 없는가
아아 진실로 百思하여 그러함이 없는가

—「눈추리를 찢고 보리라」에서

해방과 혼란 그리고 6·25를 겪으면서 궁핍한 시대에 쓰인 저항적인 시 대부분이 위 시와 같이 '날 것 그대로의 언어'가 난무하면서 사변적으로 나타난 것[15]은 이에 따르는 현상이다. 우주 또는 자연과의 교감을 극명하게 나타낸 이념지향의 시일수록 더욱 그렇다. 이념적인 전언이 전경화되어 나타날수록 그것은 시인 자신의 절실한 느낌이나 사고에 기초하기보다 집단적 피암시성이 수용한 수동적이고 기계적인 반응에서 연유한다.

청마의 시는 자신이 "나는 시인이 아니라…… 진정한 시는 마침내 시가 아니어도 좋다"고 할 만큼 체험의 시적 변용보다 체험 그 자체를 중시하였다. 그의 수상집 『예루살렘의 닭』, 『동방의 느티』, 『나는 고독하지 않다』 등에 진술된 자신의 세계관이나 주장 그대로 시보다 인간이나 생활을 우선한 것이 바로 그의 시편들이다. 그만큼 그는 시와 산문을 동일시하고 있다. 「뜨거운 노래는 땅에 묻는다」, 「눈추리를 찢고 보리라」만이 아니라, 「칼을 갈라」 등과 같은 예언자적 고발과 저항으로 나타나는 시일수록 더욱 그렇다. 초기시가 비교적 정신의 가열성이 자학의 서정으로 향했다고 한다면, 후기시는 한편으로는 이념 쪽으로 나가고 있었고, 그 이념 또한 그의 시의 핵을 이루는 허무의 의지의 다른 표현임은 물론이다.

그의 시에 반영된 '신神'의 문제 또한 '형상形象도 없는 팽배모호澎湃模糊한 존재存在'이며, '목적目的을 갖지 않는 허무虛無의 의사意思'[16]이다. 그러나 그것은 전후 '조국'으로 구체화된다. 그만큼 그의 전 시력과정을 통하여 일관되게 일체의 생명적인 것을 허무적 자각으로 독특하게 다루었

15 김종길, 『詩論』, 탐구당, 1965, p.63 참조.
16 유치환, 앞의 글.

다. 1950년대 이후 특히 자유당 말기에 시를 통하여 현실비판과 저항을 거듭한 것도 이러한 연장선상에 있다. 특히 현실 대결의 자세가 그 이전보다 적극적으로 나타난 것은 우연이 아니다. 「깃발」의 소극적 자세가 아니라 「칼을 갈라」, 「뜨거운 노래는 땅에 묻는다」 등의 적극적 자세였다.

그러면서도 또 다른 한편 이렇듯 강렬한 허무의지와 함께 그 밑바닥에 잠재된 애련의 정서 역시 무시할 수 없다. 「바위」가 그렇듯이 '바위'가 되고자 "안으로 안으로 채찍질하여" '생명'을 망각하고자 하는 생명의 제로화가 다름 아닌 흔들리기 쉽고 구겨져 쓰러지기 쉬운 비의지적인 나약한 심경에 대한 반명제였다. 그만큼 "물들지 않고, 움직이지 않고" 등 강한 부정을 통하여 되도록 인간적인 감정, 즉 애련과 희로의 감정을 안으로 감추면서까지 의지를 강하게 밖으로 표출하고 있지 않은가. "흐르는 구름/ 머언 원뢰"라는 구절이 보여주듯이 밖으로 전경화된 시인의 결연한 의지가 안으로는 실현 불가능임이 자연의 섭리 그 자체임을 독자가 깨우치게 한다.

「바위」는 훗날 시인 스스로 표방한 「단장 54」의 시적 표현이다. "바위— / 얼굴은 안으로 내면은 밖으로 향하고 있는 것." 그리고 그것은 운명 이전의 상태, 생명의 본연의 자태를 회복하자는 욕망과 무관하지 않다. 「생명의 서」 1장 끝 연 그대로 청마가 추구하고 있는 것은 '나'의 이른바 원시의 본연한 '나'였다. 그리고 그것은 원시의 생명의 회복을 통해서 가능한 것이다. 원시의 본연한 '나'의 인식은 하나는 고독과 사랑으로, 또 다른 하나는 그의 많은 조국 찬가를 탄생하는 계기를 마련한다. 고독과 사랑을 노래하는 경우 구체적인 이미지(은유)로 나타나는 반면, 현실을 노래하는 시는 환유의 원리로 나타난다.

그러기에 청마에게 사랑은 존재의 한 방식이자 생명의지의 또 다른 말이다. 사랑이야말로 생명 본연의 자태를 회복하는 욕망이 아니던가. 시집 『청령일기』 등에서 보여준 애련에 물든 연가류의 시가 그렇고, 정감적인 연서 또한 그렇다. 그만큼 인간의 삶을 애련의 정서로 파악하고 있다. 연가류의 시가 의지의 시편보다 우리에게 어필한 것은 이 때문이다.

—사랑하는 것은
사랑을 받느니보다 행복하나니라.
오늘도 나는
에머랄드빛 하늘이 환히 내다뵈는
우체국 창문 앞에 와서 너에게 편지를 쓴다

행길을 향한 문으로 숱한 사람들이
제각기 한 가지씩 생각에 족한 얼굴로 와선
총총히 우표를 사고 전보지를 받고
먼 고향으로 또는 그리운 사람께로
슬프고 즐겁고 다정한 사연들을 보내나니

세상의 고달픈 바람결에 시달리고 나부끼어
더욱더 의지 삼고 피어 홍클어진 인정의 꽃밭에서
너와 나의 애틋한 연분도
한 방울 연연한 진홍빛 양귀비꽃인지도 모른다
—사랑하는 것은
사랑을 받느니보다 행복하나니라
오늘도 나는 너에게 편지를 쓰나니
—그리운 이여 그러면 안녕!

설령 이것이 이 세상 마지막 인사가 될지라도
사랑하였으므로 나는 진정 행복하였네라

—「행복」

시 「행복」이 보여주듯이 이때 애련은 단순한 애상적 정서가 아닌 무상성의 소산임은 물론이다.

4.

서두에서 얘기했듯이 청마의 시는 체험의 시적 변용보다 체험 그 자체를 중시하였다. 그의 수상집 『예루살렘의 닭』 · 『동방의 느티』 · 『나는 고독하지 않다』 등에 진술된 자신의 세계관이나 주장 그대로 시와 인간, 시와 생활을 동일시한 것이 바로 그의 시편들이다. 사실 그는 시 못지않게 '단장短章'이라는 이름으로 많은 '사고와 직관의 편편들'을 썼다. 『제9시집第九詩集』에 90여 편이, 『뜨거운 노래는 땅에 묻는다』에는 60여 편의 단장이 실려 있다.

그는 『제9시집』 후기에서 '단장'을 가리켜 '서정적 철학을 노린 아포리즘'이라고 하였고, "내 시가 시 아니듯이 이것들을 그대로 시라 불러주어도 무방"하다고 하였다. 그의 시에 나오는 비시적인 담론, '단장'의 시편들은 엄격한 의미에서 아포리즘은 아니다. 에피그램epigram도 있고 맥심maxim적 요소도 있다. 그러나 정신적 비전에 대한 주석적 시점이라는 점에서 오히려 격언적 속성과 가깝다. 격언adage은 교훈과 설득, 명확성과 간결성, 다시 말하면 단정적 담화가 그 핵심이다. 그런 점에서 가령 그의 시에 나오는 종결어미 '-리라' '-느(나)니라'와 같은 단언이나 선언은 격언 등 아포리즘이나 에피그램적 장르와 너무나 닮았다.

이러한 격언적 속성은 청마 시의 담론성을 결정짓는 결정적 단서가 되어준다. 일찍부터 청마 시를 두고 '사유의 기록'이니, 심지어는 '시경'이라고 한 것은 이 때문이다. 청마만큼 사유하고 철학한 시인은 드물다. 청마 자신도 "문학의 방법을 연구해본 적은 없으며, 다만 느낌을 바탕으로 해서 직관하고 사유한 바"를 솔직하게 표현한 것이 '나의 시'라고 하였다. 이런 점에서 청마는 가장 전통적인 시인이라고 할 만하다. 일반적으로 직관과 사유 등 철학은 문학 장르와 엄격히 구별된다. 그러나 문文 · 사史 · 철哲이 구별되지 않는 것이 동양의 전통이 아니던가. 이런 뜻에서 단장에 나오는 격언이나 에피그램 등은 실제로 청마에겐 시이며 시작詩作을 위한 가설이나 전제가 되어준다.

이와 같이 사유와 철학이 낳은 것이 다름 아닌 그의 시다. 따라서 청마에겐 시적인 태도나 시적인 프로그램이 따로 없는 것이다. 그렇다면 이러한 사색과 관찰이 시이게 한 시성詩性은 과연 무엇인가. 그것은 이른바 서정적 철학, 철학성과 서정성, 다시 말하면 격언적 인식과 서정, 시인 자신의 표현을 빌리면 서정적 철학이다. 이러한 서정적 철학을 기본구조로 한 시적 변이變異가 청마 시의 전개과정이라고 할 만하다. 물론 철학적인 사유가 후기시에 올수록 두드러지지만, 전기시 또한 철학적 사유와 무관한 것은 아니다. 다만 그것이 배경화되어 후기시처럼 전경화되지 않을 뿐이다. 차이가 있다면 전기시는 서정성이 강조된 반면, 후기시는 철학성이 지배적 담론이 되어준다. 결국 그의 시가 서로 모순되는 의지와 감정의 하나로 파악했듯이 철학과 서정 또한 하나인 것이다. 가령 시집 『청령일기』의 즉물적 오행시가 대표적이다.

가령 앞에서 얘기했지만 시 「바위」는 「단장 54」를 모체로 한 은유적으로 생산된 텍스트이며, 인구에 화자된 「행복」 역시 시집 『뜨거운 노래는 땅에 묻는다』에 실린 「목마름」과 대화하고 있다. 「천상유원」과 같은 시는 아예 노발리스의 잠언을 시 첫머리에 적고 있다. 더구나 유고시 「장례」 중 마지막 구절은 단장 중 「인간의 씨앗」을 그대로 패러프레이즈하여 시적 전언과 단장의 언어가 동행한다. 이 경우, 청마 시의 시적 전언이 명확성으로 나타나는 것은 물론이다.

크게는 시의 구조가 지닌, 작게는 시행이 지닌 이러한 명확성은 시인 자신의 인간과 삶과 대응되는 것은 물론이다. 그의 시쓰기와 마찬가지로 그의 삶이야말로 모호성이 아니라 정확성과 정직성이다. 특히 청마와의 만남을 통하여 청마야말로 한국 현대시에서 가장 거대하고 꾸준하고 열렬한 도덕적인 시인이라고 역설한 글이 김종길의 「청마 유치환론」이다. 말하자면 청마 시의 정체를 이해하기 위하여 시인의 인간성과 작품 간의 상관성을 살피고 있다. 인간 유치환을 통하여 그의 독특한 시적 반응양식과 사고유형, 즉 작가 정신의 관습을 모색하고 있다. 무엇보다 1950년대 이후 특히 자유당 정권 말기 동안 그가 시를 통한 본격적인 현실참여에 나서게 된 근거를 밝힌 것은 주목할 만하다. 그의 이른바 이념이란 흔히들 말하는 어떤 기성 이데올로기나 전략적인 이론에 의한 것이 아니고, 그 자신의 개인적인 정직 내지 염결성廉潔性이 혼탁한 현실에 직면했을 때 자연발생적으로 나오는 반응양식 내지 사고 유형인 것이다.

그리하여 그는 시종일관 정의와 양심에 거스르는 모든 비인간주의에 반발하였다. 그리하여 시대의 언어가 위협이 되고, 인간의 언어가 거짓이 되어가고 있을 때, 그의 시는 위협에는 저항으로, 거짓에는 진실로 대거리하였다. 식민지 시대와 북만주 생활, 그리고 해방 직후의 혼란과 6 · 25전쟁, 이어 4 · 19의 와중 속에서 시대의 양심으로서 인간을 인간답게 하는 가장 인간적인 육성을 지키려고 한 '삶에 대한 열애'가 다름 아닌 청마의 시다. 그러기에 인간보다 시(예술)를 우선한 발레리를 폄하(「뉘가 이것을 만들었는가—포올 봐레리 씨에게」)하고 인간 존엄과 도덕적 정열을 강조한 생텍쥐페리를 평가(「열애, 생떽쥐베리에게-」)한 청마가 아니던가. 일찍이 『청마시초青馬詩鈔』 서문에서도 시인이 되기 전에 인간이 되어야 한다고 역설했던 청마였다.

그의 시에 나오는 저항과 의지, 그리고 애련과 감정은 결국 '삶에 대한 열애'가 환기하는 한 나무의 두 가지였던 셈이다. '삶에 대한 열애'가 안으로 향할 때 애련의 정서로 나타나며, 사회와 현실로 향할 때 저항의지로 나타난다. 애련과 의지, 두 정서는 다름 아닌 '삶에 대한 열애', 즉 인간성의 옹호, 그것이다. 그러기에 전쟁터에서도 적에 대한 증오심이나 적개심을 초월(『보병步兵과 더불어』)할 수 있었고, 부정과 불의에 의연히 맞설 수 있었다. 특히 시 「전쟁에서」와 같이 6 · 25라는 타력적 전쟁 앞에서는 '적'도 결국 '나' 였던 것이다. 그만큼 이데올로기의 대립 속에 서로 맞선 나와 적은 결국 하나라는 인식을 통하여 민족이 이데올로기를 앞선다는 사실을 새롭게 보여주었다.

박두진론
—신앙적 자아와 서정적 자아

1.

박두진의 시 전체를 일관하고 있는 것은 한마디로 자연을 감각적이고 유기적인 등가물로 파악하는 데 있다. 말하자면 자연에 대한 순수한 감각의 기쁨에서 출발하여 자연과 인간, 그리고 신을 동일시하는 것으로 귀착한다. 초기시 특히 『청록집』, 『해』의 특징인 감각적 인식과 비유가 이미 있어온 관조적이며 기교 일변도의 시들에 대한 반발임을 고려할 때 그의 시는 분명 당시로는 새로움이다. '시문학파'의 관조주의가 외면했던 한국시의 새로운 서부西部의 개척과 함께 기교 일변도의 모더니즘에 직접적으로 대립되는 자연에서 그는 비유를 모색하였다. '청록파'의 공통적인 소재가 자연이라면 그는 다른 두 시인과 다르게 자연을 감각한다. 박목월이나 조지훈의 자연을 상징이나 환유적 삶의 한 외형이라고 한다면, 그의 자연이야말로 도덕적이고 종교적이다. 이런 점에서 박목월의 내면화된 자연이나 조지훈의 역사적 자연과는 다르다. 처음부터 그는 자연을 도덕적 차원으로 일원화하여 관조적이기보다 감각적으로 파악한다. 그만큼 자연을 삶의 반대편에 두고 바라보는 소극적인 자연관을 쇄신하였다. 일찍이 정지용은 이를 두고 '신자연新自然'이라고 하였다. 그리하여 그의 시는 시종일관 리듬과 산문화 양상이 독특하게 배합되는 개성적인 문체를 통해 빛과 어둠, 현실과 이상, 죽음과 부활, 억압과 해방 등의 팽팽한 대립과 갈등을 극복하여 인간과 자연이 하나라는 에코토피아ecotopia의 세계를 도모하고 있었다. 그리고 그것은 '한 시대에 충실하며 그 시대를 영원한 질서와 생명 안에서 초월하는 것', 시인 자신이 표방한 '당시대적인 대결'과 '영시대적인 탐구'의 모순적 양립과 종합이 그의 시를 낳는 동인動因이랄 수 있다. 처음부터 자연친화적인 세계와 예언자적 호소가 하나로 나타나고 있는 것이다.

> 山, 山, 山들! 累巨萬年 너희들 沈默이 흠뻑 지리함즉 하매,
>
> 山이여! 장차 너희 솟아난 봉우리에, 엎드린 마루에, 확확 치밀어 오를 火焰을 내 기다려도 좋으랴?
>
> 핏내를 잊은 여우 이리 등속이 사슴 토끼와 더불어 싸릿순 칡순을 찾아 함께 즐거이 뛰는 날을 믿고 길이 기다려도 좋으랴?
>
> —「香峴」에서

> 무덤 속 어둠에 하이얀 髑髏가 빛나리, 향기로운 주검의 내도 풍기리.
>
> 살아서 설던 주검 죽었으매 이내 안 서럽고, 언제 무덤 속 화안히 비춰줄 그런 太陽만이 그리우리.
>
> 금잔디 사이 할미꽃도 피었고, 삐이 삐이 배, 뱃종! 뱃종! 멧새들도 우는데 봄볕 포근한 무덤에 주검들이 누었네.
>
> —「墓地頌」에서

이런 의미에서 「향현」과 「묘지송」은 그의 전 시세계를 처음부터 보여준 집약적인 작품이다. 이른바 '당시대적인 대결'과 '영시대적인 탐구'의 구체적 표현이다. 「향현」이 현실을 절망하고 과거의 역사를 저주하는 대신 역사를 극복하고 밝은 내일의 절규로 반향한다고 하면, 「묘지송」은 종교적 희구를 통하여 죽음의 현실적인 한계를 초극하는 부활과 희열을 구가할 수 있었다. '내 기다려도 좋으랴?', '태양만이 그리우리'와 같이 밝은 세계가 비록 미래 시제 속에 있지만, 송가의 형식에 의존하여 초월적인 믿음이 불렀다는 것 자체가 역사적 비극과 현실의 불안에서 오는 우울(침묵)을 희망과 기대(화염火焰)로 바꾸어보려는 신앙심의 전경화前景化인 셈이다.

그는 그것을 「향현」에서 "장차 솟아난 봉우리에, 엎드린 마루에 확확 치밀어 오를 화염을 기다려도 좋으랴?"라고 물었고, 「묘지송」에서는 "언제 무덤 속에 환히 비춰줄 그런 태양이 떠오르기를 기대한다"고 하였다. 그래서 "핏내를 잊은 여우 · 이리 등속이 사슴 · 토끼와 더불어 싸릿순 · 칡순을 찾아 함께 즐거이 뛰는" 에코토피아의 세계, 즉 모든 생물들이 평화롭게 조화를 이룰 수 있길 믿고 '길이 기다려도 좋으랴?'고 외칠 수 있었고, 하아얀 백골이 무덤 속의 어둠을 빛나게 하며 주검의 냄새도 향기로울 수 있었다. 죽음은 삶의 종말이 아니라 또 다른 삶의 출발이다. 그러기에 그의 「향현」이 보여주듯이 초기시는 성서적 상상력을 넘어 인고와 참음이란 지상적인 노력을 통해서 미래지향적인 낙원회복의 꿈과 기다림을 노래할 수 있었다. 시대상황의 어둠을 노래하면서도 시가 결코 캄캄하지 않은 것은 이 때문이다. 해방을 2개월 앞둔 일제 말의 가장 어두웠던 시기에 일제의 패망을 예언한 시가 「어서 너는 오너라」 아닌가.

> 복사꽃이 피었다고 일러라. 살구꽃도 피었다고 일러라. 너희 오오래 정들이고 살다 간 집, 함부로 함부로 짓밟힌 울타리에, 앵도꽃도 오얏꽃도 피었다고 일러라. 낮이면 벌떼와 나비가 날고, 밤이면 소쩍새가 울더라고 일러라.

다섯 물과 여섯 바다와, 철이야. 아득한 구름 밖 아득한 하늘가에, 나는 어디로 향을 해야 너와 마주 서는 게냐.

달 밝으면 으레 뜰에 앉아 부는 내 피리의 서른 가락도 너는 못 듣고, 골을 헤치며 산에 올라 아침마다 푸른 봉우리에 올라 서면, 어어이 어어이 소리 높여 부르는 나의 음성도 너는 못 듣는다.

어서 너는 오너라. 별들 서로 구슬피 헤어지고, 별들 서로 정답게 모이는 날, 흩어졌던 너의 형 아우 총총히 돌아오고, 흩어졌던 네 순이도 누이도 돌아오고, 너와 나와 자라란, 막쇠도 돌이도 북술이도 왔다.

눈물과 피와 푸른 빛 깃발을 날리며 오너라…… 비둘기와 꽃다발과 푸른 빛 깃발을 날리며 너는 오너라……

복사꽃 피고, 살구꽃 피는 곳, 너와 나와 뛰놀며 자라난, 푸른 보리밭에 남풍은 불고, 젖빛 구름, 보오얀 구름 속에 종달새는 운다.

기름진 냉이꽃 향기로운 언덕, 여기 푸른 잔디밭에 누워서, 철이야, 너는 닐닐닐 가락 맞춰 풀피리나 불고, 나는, 나는, 두둥실 두둥실 붕새춤 추며, 막쇠와, 돌이와, 북술이와 함께, 우리, 우리, 옛날을, 옛날을 뒹굴어 보자.

2.

박두진은 1930년대 이래 그 누구보다 가장 직접적이고 신랄하게 정치적 상황에 비판적 반응을 보여온 시인이다. 그러나 그 반응은 정치적이라기보다 도덕적이고 종교적이다. 그래서 그 비판적 반응이 명시적으로 드러나는 것은 아니다. 그의 시에서 현실 정치나 사회상황에 대한 구체적인 언급이 없는 것은 이 때문이다. 그러나 그 내면은 뜨겁다.

그러기에 「향현」과 「묘지송」은 전술한 바와 같이 '당시대적인 대결'이며 '영시대적인 탐구'라는 점에서 그 후 그의 시를 가늠하는 핵심적인 작품이라고 할 만하다. 그리고 그것은 「도봉」, 「푸른 하늘 아래서」를 거쳐 첫 시집인 『해』에 와서 집약적으로 나타난다. 당시대적이며 영시대적인 그의 시학이 낳은 것이 「해」이며, 「햇볕살 따실 때에」, 「청산도靑山道」 등이다.

> 해야 솟아라. 해야 솟아라. 말갛게 씻은 얼굴 고운 해야 솟아라. 산 넘어 산 넘어서 어둠을 살라 먹고, 산 넘어서 밤새도록 어둠을 살라 먹고, 이글이글 앳된 얼굴, 고운 해야 솟아라.
>
> 달밤이 싫여. 달밤이 싫여. 눈물 같은 골짜기에 달밤이 싫여. 아무도 없는 뜰에 달밤이 나는 싫여…….
>
> 해야, 고운 해야, 니가 오면 니가사 오면. 나는 나는 청산이 좋아라. 훨훨훨 깃을 치는 청산이 좋아라. 청산이 있으면 홀로래도 좋아라.
>
> 사슴을 따라, 사슴을 따라, 양지로 양지로 사슴을 따라 사슴을 만나면 사슴과 놀고,
> 칡범을 따라 칡범을 따라, 칡범을 만나면 칡범과 놀고……
>
> 해야 고운 해야. 해야 솟아라. 꿈이 아니래도 너를 만나면, 꽃도 새도 짐승도 한자리 앉아, 워어이 워어이 모두 불러 한자리 앉아 앳되고 고운 날을 누려 보리라.

'산'과 '해'를 통하여 그는 생명과 정열을 노래하였고, '산'과 '해'를 통하여 절망의 골짜기에서 '동트는 환희'를 노래하였다. 그에게 '해'란 청산까지도 새처럼 깃을 치게 하는 생명의 힘이며, 인간과 사슴과 칡범이 한 자리에서 상생하는 십장생도의 가상공간이라고 할 만하다. 「해」 또한 단순히 메시아의 재림만을 암시하는 것이 아니다. 메시아의 재림을 통하여 인

간과 자연이 지상에서 평화를 누리는 모습을 구가하고 있는 것이다. 인간과 자연의 조화가 다름 아닌 에코토피아다. 그리고 그것은 동경이나 기다림의 대상이 아니라 인간의 지상적인 노력으로 가능한 것이다. 그의 이른바 탐구와 대결이 그의 시에 잦은 찾음과 인고라는 지상적인 노력으로 나타난 것이다.

그 후 6·25의 동족상잔의 비극과 4·19의 소용돌이를 체험하면서 그의 시가 『거미와 성좌星座』, 『인간밀림』과 같은 현실시나 『오도午禱』, 『포옹무한抱擁無限』, 『사도행전使徒行傳』과 같은 신앙시로 나타난 것은 이러한 탐구와 대결의 구체적 표현이다. 신앙시를 내면세계의 산물이라고 한다면, 현실시는 외면세계가 낳은 것이다. 정치적 억압과 도덕적 부패에 우회적인 저항을 보여준 시가 『거미와 성좌』, 『인간밀림』의 시편이라면, 신앙적인 저항과 포즈가 『사도행전』, 『포옹무한』의 시편이다

발톱을 들어 몸내를 풍겨 숫거미들을 蠱惑한다.
여덟 개의 발끝으로 하는 여덟차례의 姦淫
맞달겨드는 숫거미들은
戰慄해 오는 決死의 情夫
여덟 번의 姦淫과 더불어 오는 여덟마리 情夫를
恍惚해 하며 아찔해 하며
咬殺해 먹어버리는 快適!

—「거미와 星座」에서

지금은 뙤약볕
일제히 벌판을 돌들이 되어 물러가고
카인이 되어 몰려가고
아벨이 되어 몰려가고
이리가 되어 몰려가고
이리가 되어 양이 되어 이리가 되어 치달려 가고,

하고 싶었던, 아,
하고 싶었던 말들의 뜨거운 기억,
말하고 싶었던 돌멩이의
아브라함이 되어
혓바닥 그 돌멩이의 불이 붙어 활활한,
아우성의 아벨들의 카인들의 대열
쏟아져 내리는 뙤약볕을
아벨들 간다.

—「使徒行傳」에서

다 알다시피 신앙과 저항은 실은 두 가지 자아의 모순대립으로 파악된다. 자아를 외적 인격(페르소나)과 내적 인격(아니마)으로 나눈 것은 융이다. 집단적 사회가 외적 세계이며, 무의식의 세계를 포함한 마음의 세계를 내적 세계라고 한다면, 의식의 중심인 자아는 한편으로는 외적 세계에 적응하나 다른 한편으로는 내적 세계에 적응한다.

따라서 박두진의 경우, 전자의 측면은 저항과 관련되고 후자는 주로 신앙과 관련된다고 보아도 무방하다. 동일한 시인의 작품도 타자를 의식하여 노래한 시가 있는가 하면 솔직한 자기 내면을 노래한 시가 있다. 전자는 현실적 맥락으로, 후자는 심리적 맥락으로 읽어야 할 것은 물론이다. 민족의 저력을 과시한 장편 서사시 「아, 민족民族」을 전자가 낳았다고 하면, 「사도행전」과 같은 신앙시는 후자가 낳은 것이다. 특히 1,500행이 넘는 「아, 민족」은 우리 민족이 임진왜란 등 수많은 외우내환을 헤쳐 오면서도 마치 불사조처럼 민족의 생명력과 저력을 발휘해온 과정을 역사적 사실을 토대로 하여 재구성한 장편 대하시다. "오늘 우리가 우리의 조국 못 통일하면 / 자유, 민주, 민족통일 / 못 이룩하면 / 어떻다 하리 / 먼 후예가 오늘의 우리를 어떻다 하리"라는 절규 속에는 분단시대인 오늘에 있어서 최대의 역사적 과제가 민족과 국토의 통일이라는 점을 강조하고 있다. 무엇보다 우리의 역사를 고구려 중심으로 보는 것이 주목된다. 우리는 고구려인의 후예요, 이 민족의 고난의 역사를 함빡 짊어지고 살아온 민족이라는 점을 강조한다.

훗날의 그의 힘차고 활기 있는 많은 계기시契機詩 또한 「아, 민족」 등 현실시의 연장선상에 있다. 그러나 「육이오의 노래」나 근자의 「날아라, 하늘새여」, 「꽃잎 펄펄 축제 펄펄」, 「우리는 누구인가」 등의 계기시는 그만큼 외부적인 계기에 의해 만들어졌다는 점이 다르다. 말년에 쓰인 현실시는 그 이전의 시에 비하여 내면적 필연성에서 온 표현의지가 아니라 외부의 압력에 의해 만들어진 것이며, 시대적 분위기에 대한 지도자로서의 부응이었다. 그러기에 그 이전의 시 「우리의 깃발을 내린 것이 아니다」나 「우리들의 8 · 15를 4 · 19에 살자」 등과는 전혀 다르다.

그러나 「사도행전 8」이나 「감람산橄欖山 밤에」 등과 같은 신앙시는 「아, 민족」 등의 현실시와는 그 성격이 전혀 다르다. 그만큼 서정성을 핵으로 하여 내면세계, 즉 자기발견, 영적 각성을 보여준다.

> 닭 울기 전
> 거듭 세 번 몰랐담을 뉘우쳐 통곡하던, 당신의 늙은 제자
> 베드로는 그래도
> 가야바의 뜰에까지 딸아래도 갔지만,
>
> 오오,
> 중얼거리며 나는
> 잡히시는 그 자릴 피해 달아 숨은 채
> 감란산.
> 어느 나무 뒷 그늘에 혼자서 주크리고,
> 당신과 또 스스로의 배반을
> 몇 줄기의 눈물론들 뉘우쳐나 봤을지요.

—「감란산 밤에」에서

시인 자신이 베드로가 되어 그가 하나님 앞에 얼마나 추하고 연약한 존재인가를 회오하고 각성한다.

이와 같이 그의 시는 서정성(내면성)과 현실성(외면성)이 계속해서 줄타기를 하고 있는 것이다. 서정성이 전경화되면 현실성은 배경화되고, 다시 현실성이 전경화되면 서정성이 배경화되면서 그의 시는 거듭 세계와 대화를 나누고 있는 것이다

신앙시 『사도행전』과 현실시 『아, 민족』의 시편이 보여주듯이 사도적인 탐구와 민족의 대결, 그 이면에는 수석 시편과 같은 탐구와 인고의 극치인 견고한 이미지가 녹아 있는 것이다. 견고한 의미의 이미지, 그 자체가 다름 아닌 수석이다

3.

『수석열전』에서 『수석연가水石戀歌』에 이르는 후기시는 시종일관 그의 시의 핵이기도 한 시원적 생명력인 수석을 상대성으로 하였다. 그래서 그는 인간의 지상적인 한계와 그것을 초월하려는 인간의 바람 사이에 존재하는 갈등을 조정하기 위하여 지칠 줄 모르게 노래하고 있었다. 수석을 보면서 수석이 현현하는 미묘하고 경이로운 모습에 경배를 드리며 엎드리고, 또한 경건하고 성스러운 시원의 부름에 귀 기울이면서 그의 수석 시편은 노래되었다. 이는 「완벽한 산장」이 보여주듯이 수석을 통한 근원적인 탐색이며 초월적인 세계의 교감이다. 그러한 교감을 통하여 우리의 내면을 정화하고 고양시켜준다. 이런 점에서 「유백석乳白石」, 「옥선봉玉仙峰, 금강金剛」 등 수석 시는 이른바 생태환경시生態環境詩나 녹색운동綠色運動의 전범이라고 할 수 있다. 그의 시에 풀 이름, 벌레 이름, 새소리가 많이 나오는 것은 이 때문이다. 음성상징은 자연을 구체화하고 전경화한다.

일찍이 그에게 수석은 '시로도 너를 삼아 말할 수 없고 / 노래로도 너를

삼아 노래할 수 없고', 다만 '그냥 보며 그냥 느껴 말을 못하는' 그러한 장중하고 신비로운 존재물이다. 수석, 그것은 이렇듯 자연이면서 예술품이며, 그 자체로서 가장 완전무결한 것이다. '쑥색, 비취색, 하늘색, 초록색, 유백색, 배추색' 이 모두가 다 아니면 이중의 '정精의 정精' 이며, '너의 뒤로 네 빛일 뿐인 / 황홀한 살빛'(「너의 살」)은 신이 아니면 창조할 수 없는 상징의 빛 그것이다. 그 빛 속에서 수석과 함께 그는 합일을 짝하면서도 그것과 짝하지 못한 인간적 한계에 눈뜨면서 그의 수석 시편은 마련된 것이다. 이러한 인간적 한계에 도전하고자 한 것이 유고 시편인 『수석영가水石靈歌』다. 『수석열전』, 『수석연가』가 자연을 상대성으로 불렀다면, 『수석영가』에 와서는 대상성으로 하여 자연과 나, 신과 나, 너와 나의 합일을 짝하고자 하였다. '들고 보아도 나의 너 / 안고 보아도 너의 나'(「태초, 그때 그날부터」)와 같이.

그러나 시 「구름바다, 해」가 보여주듯이 구름바다 끝, 햇덩어리, 해, 빛, 빛의 얼에 '눈으로 가슴으로 그리움'으로 합일을 짝하면서도 '벌거벗은 땅의 육신'인 인간적인 한계에 눈뜨면서 '나 다만 / 내가 나를 / 내가 몰라 / 어디로 가야할지'(『당신의 사랑 앞에』) 스스로 아득할 수밖에 없었다. 그것은 어찌 보면 죽음의 공포나 예감이었다고 읽을 수 있다. 이때 당신(자연)은 '억천년 강에 잠겨 / 물에 씻긴 살갗'이며 '해와 달 별에 닳군 / 안의 속의 빛의 넋'(「유백석乳白石」)이다. '빛의 입자粒子 / 정情이면서 기氣, 기氣이면서 체體'(「남한강南漢江, 하얀 고독孤獨」)이다

파아란 물 아침 강가
모래톱 위에
혼자 서서 하이얗게 눈이 부신 돌
나보다도 네가 먼저
나를 보고 있다.

—「유백석」에서

고와라 타는 노을
피빛 모래벌
나도 여기 너의 앞에
돌로 서 있다.

—「남한강 저녁 노을 모래벌의 나」에서

할렐루야 승천하는
높고 높은 절정
너무 밝고 역력한
성자 예수의
저 모습
돌꾼 하나
돌을 안고
눈물 머금어라

—「돌꾼 나, 돌을 안고」에서

이렇듯 남한강 모랫벌에서 쳐다보는 성좌 끝에서 돌과 목숨이 예정되었던 만남을 '할렐루야 승천하는 높고 높은 절정', 성자聖子 예수의 모습과의 만남과 동일시하는 것이다.

일찍이 그는 스스로 자연을 세 단계로 나눠 제일 낮은 단계는 자연 그대로의 자연이고, 이보다 한 차원 높은 단계는 예술화된 자연이며, 제일 높은 단계는 앞의 두 자연을 공유하면서 초월하는 자연이라 하였다. 초월하는 자연, 그것이 바로 『수석 영가』의 자연이다. 이제 자연은 단순한 감각체가 아니다. 그것은 정신이요 영혼이다. 우주론적인 차원에서 인간과 자연을 하나의 은유로 매듭짓고 있다.

그래서 수석 시편은 그 시선과 상상력이 매우 자유롭다. 지상적 자아와 우주적 자아 사이에 선이 없다. 그만큼 유추의 자유로움은 곳곳에 도도하며 또한 급하다. 그만큼 자유롭고 또 넓다. 『수석 영가』 시편들은 대부분의 수석 시편들이 해방된 공간 속에서 자유로운 은유를 누리고 있다. 이제 자연과 그는 하나다.

유고시집 가운데 절반이 수석시이고, 그것이 찬미와 기도의 형식으로 나타난 것은 이 때문이다. 시인은 자연에 귀의하듯 신에 귀의한 것이다. 그렇게 함으로써 구원과 사랑 그리고 믿음을 뜨겁게 보여주었다. 유고시집에 와서 주로 예수 그리스도의 수난과 고통보다 영광과 은총을, 어둠보다 빛을, 증오보다 사랑을, 고통보다 기쁨을, 피해의식보다 수혜의식을 노래한 것은 이 때문이다. 신앙 시편과 현실 시편은 결국 하나로 동행하고 있었다. 아니, 현실비판을 사랑으로 끌어안았다고 하는 편이 옳다. "홀홀 벗고 당신 앞에 / 울고 싶어라"(「영혼의 내 낡은 장막」), "하늘의 사랑의 저 / 새빛을 안고 / 울고 싶어라"(「이런 날의 넋의 시름」)와 같이 울음도 외로움이나 뉘우침의 울음이 아니라, 감격과 감사의 울음이다.

4.

이런 의미에서 시인과 자연이 하나라는 에코토피아의 세계를 성서(신앙)의 코드 또는 수석시의 형식으로 채택하고 있는 것은 우연이 아니다. 본원적인 것과 구원적인 것에 바쳐진 동경이 신앙적 자아라면, 서정적 자아는 그 동경을 감각적인 형상 속에 생동하는 충동이다. 그러기에 수난과 견딤과 인내와 기다림을 노래할 때 예수 그리스도의 독특한 체험을 시의 형식으로 채택한 것은 그 자체만으로 그의 신앙시의 매력과 장점이 되어준다.

> 마지막 내려 덮는 바위 같은 어둠을 어떻게 당신은 버틸 수가 있었는가? 뜨물 같은 치욕을, 불붙는 분노를, 에어내는 비애를, 물새 같은 고독을, 어떻게 당신은 견딜 수가 있었는가?
>
> 쾅쾅 쳐 못을 박고, 창끝으로 겨누고, 채찍질해 때리고, 입 맞추어 배반하고, 매어 달아 죽이려는, 어떻게 그 원수들을 사랑할 수 있었는가? 어떻게 당신은

강할 수가 있었는가? 파도같이 밀려오는 승리에의 욕망을 어떻게 당신은 버릴 수가 있었는가? 어떻게 당신은 패할 수가 있었는가? 어떻게 당신은 약할 수가 있었는가?

어떻게 당신은 이길 수가 있었는가? 방울방울 땅에 젖는 스스로의 혈적으로, 어떻게 만민들이 살아날 줄 알았는가? 어떻게 스스로가 신인 줄을 믿었는가? 커다랗게 벌리어진 당신의 두 팔에 누군가 달려들어 안길 줄을 알았는가? 엘리……엘리……엘리……엘리…… 스스로의 목숨을 스스로가 매어 달아, 어떻게 당신은 죽을 수가 있었는가? 신이여! 어떻게 당신은 인간일 수 있었는가? 인간이여! 어떻게 당신은 신일 수가 있었는가? 아!…… 방울방울 떨구어지는 핏방울은 잦는데, 바람은 죽고 없고 마리아는 우는데, 마리아는 우는데, 인자여! 인자여! 마지막 쏟아지는 폭포 같은 빛줄기를 어떻게 당신은 주체할 수 있었는가?

—「갈보리의 노래 2」에서

성서聖書는 적어도 그에게 그 자체로 종교적 텍스트이고, 문학적 텍스트이다. 또한 역사적 텍스트이다. 사실 그의 많은 신앙 시편은 패러프레이즈paraphrase라고 보아도 무방한 성서의 서사(전고典故)와 그대로 병행하고 있다. 그리고 그것은 초기의 작품일수록 현저하다. 성서의 서사가 그대로 시로 형상화될 때 재창조라기보다 재구술되는 경우가 많은 것이다. 거개의 신앙 시편이 마치 화자가 성자가 되어 말하는 아포리즘처럼 보이는 것은 이 때문이다.

가령 『갈보리의 노래』나 『사도행전』 시편들이 시인의 내면에서 우러나온 체험의 창조라기보다 또 한 번의 전승행위, 말하자면 재구술된 작품이라는 인상을 주는 것은 이 때문이다. 특히 「갈보리의 노래 1」과 같이 십자가상의 예수가 무덤에 묻힐 때까지의 성서적 전고 속의 줄거리가 재구술되고, 그것이 시작품의 구조를 결정짓는 요소가 되어준다. 성서의 서사 단위가 그대로 시의 의미 단위로 바뀌어 옮겨져 있다. 특히 "아으, 엘리 엘리 라마 사박다늬…… / 엘리 엘리 라마 사박다늬……"라는 예수의 마지막 절규는 그 뒤 「사도행전」, 「할렐루야」 등에도 그대로 나타난다. 베드로의 예수 배반은 「감란산 밤에」에, 기적을 행한 예수의 행적은 「바다」에 반영된다. 「사도행전 29」는 주기도문과 동행한다.

이대로는 우리들을 멸망케 말으소서
우리들의 잘못을 이대로 사하소서
당신의 형상대로 우리를 만드소서
나라가 이 땅에 임하게 하소서
하늘의 당신 뜻을 땅에서도 이루소서

이에 반하여 수석 시편, 그중에서도 『수석영가』는 성서적 소재의 재생과 변용에 도전하고 있다. 「돌 하나 나 하나」처럼 성서의 전고를 역전하고 있는 것이 바로 그것이다. 신과 인간, 자연과 신을 동일시함으로써 성서의 세계 낯설게 하기를 성취하고 있다. 『수석열전』이나 『수석연가』의 대부분의 시가 성경담화聖經談話를 선행담화체계先行談話體系로 하는 알레고리의 세계라면, 「돌꾼 나, 돌을 안고」, 「남한강 젖빛 포옹」, 「비취색, 돌, 너」 등 말년의 수석시는 상징의 형식이라는 것이 다르다. 고독 시편조차 성서의 낯설기와 다르지 않다. 예수가 가시관을 쓰고 십자가를 끌고 갈 때, 그는 혼자였다.

햇덩어리 지글지글 끓고 있었다.
핏빛 묽은 불덩어리 가라앉고 있었다.
영겁처럼 침몰하는 장엄한 고독
초생달만 노을 속에 눈물짓고 있었다.
어릴 때 옛날에
솟는 해를 끌어안고 함성하던 황홀
지금은 땅거미길
어둠 속에서 아득하게 젖고 있었다.

별 하나, 나 하나
별 둘, 나 둘
하늘 함빡 반짝이는 별을 헤이며
타박타박 사막길,
바다로 가는 길로 가고 있었다.

—「낙일, 바다로 가는 길로」

젊은 날의 「해」의 시인과는 다르게, 말년에는 그는 홀로 "하늘 함빡 반짝이는 별을 헤이며 / 타박타박 사막길 / 바다로 가는 길"(「낙일落日, 바다로 가는 길로」)을 가고 있었다. 그렇게 그는 83세의 생애를 살다 갔다.

5.

끝으로 「남으로 볕을 받는」, 「고향길」, 「뻐꾹새, 고향」 등 만년에 그가 보여준 고향 시편은 그의 전작들과 비교할 때 희유한 작품으로, 우리는 그의 전혀 다른 모습을 보게 된다. 그러면서도 전작보다 진솔하면서 호소력 또한 크다. 진솔한 시라는 점에서 일찍이 아버지에 대한 추모와 그리움을 노래한 「아버지」와 같은 시가 없었던 것은 아니다. "사월은 가신 달 / 아아, 철쭉꽃도 흰 달도 솟아 있는데 / 손수 캐다 심어 놓으신 철쭉꽃은 피는 게 / 어디 가셨나 / 큰 기침을 핫며 흰 옷을 입으시고 / 어디 가셨나." 이렇듯 내면의 시편이 오히려 그의 내면을 이해하는 데 시가 누리는 함축과 함의는 풍요하고 또 강렬하다. 만년에 쓰인 「고향길」에는 고향에 대한 향수와 애착이 간곡하나 간결하게 노래하고 있다. 과장이 없고 축축한 감상이 없다. 비슷한 감회를 또 다른 시, 「뻐꾹새, 고향」 속에서 노래하고 있다.

어쩔꼬 나 되돌아가 어린날의 그리움
숲 속으로 들어가며

뻑뻑꾸욱, 또 뻑국
전설처럼 눈에 하나 핏빛 딸기 붙이고
불러도 대답없는 그리운 이 그이
찾아 헤맨 뻐꾹새처럼
울어 예 있었다.

'산꽃' 도 '붉은 꽃' 도 없고, '뻐꾹새' 소리도 들을 수 없는 포스트 모던한 삭막한 시대를 우리는 살고 있다. 맑은 공기를 고마워할 줄 모르고 하늘 무서운 줄 모르며, 난개발이나 자연 훼손에 열중하고 있는 것이 우리의 현실이다.

> 먼 첩첩 열굽이 꽃골짜기 돌아 든 곳 내가 온 골을 따라 너도 오라 숙아. 머리엔 고은 산꽃을 따 달어 이브처럼 꾸미고, 한아름 붉은 꽃을 가슴에 안고 여기, 먼, 아무도 없는 골에 천년을 살러, 사뿐히 날아오듯 달려오라 숙아, 화장도 생활도 풍속도 버리고, 한 천년 산에 살러 내게 오라 숙아
>
> —「산에 살어」에서

"띠끌이 싫어 저자가 싫여, 세우는 핏대들과 아우성이 싫여, 다만 여기 산새가 우는대로 사슴이 오는대로, 먼 그 열 골을 나 홀로 휘정청 들어왔다"(「산에 살어」)나 "올라가면 올라간채 / 내려올 수 다시없고 / 내려오면 내려온 채 / 다시 못 올라갈 // 천의 바다, 만의 산악, 그 / 등빠디의 날개깃 / 해와 달 저 별과 별을 / 품에 품고 얼르고 / 바람 자면 절대 고요 / 외로움 혼자 즐긴다"(「옥선봉, 금강」)와 같은 시편을 읽는다는 것은 근대화 과정에서 잃어버린 돌과 강과 빛과 시를 회복하고 탈환하는 일이기도 하다. 훼손된 자연에서 훼손되기 이전의 자연을 회복하고 탈환하고자 하는 시가「개똥벌레 불」(『빙벽을 깬다』)이며,「산나무」(『별과 존재』) 등이다. 훼손되기 이전의 '원시의 비' 를 기다리는『인간밀림』조차 '원시의 비' 가 내렸을 때 독

사들은 새가 되고 독수리는 비둘기가 되며, 그는 암표범을 잠재우고 숫사자와 산책을 한다. 『인간밀림』만이 아니라 그의 시편은 처음부터 훼손된 자연에는 비판적이고, 본원적 자연에는 긍정적이다. 그러면서도 한결같이 본원적 자연을 향한 의식의 지향이 그의 변함없는 시적 의장이 되어준다. 인간과 자연이 조화롭게 살아가는 에코토피아의 세계, 즉 그가 초기부터 일관되게 그리던 '시인공화국詩人共和國'이다. 시인 자체의 나라의 순수성과 그 높이를 소리 높이 불렀다. 현실악과 사회악에 대한 반항과 비판의 준열한 목소리는 에코토피아를 앞당기기 위한 시적 노력이 아닐 수 없다.

> 새푸르고 싱싱한 그 바다
> 지즐대는 파도소리 파도로써 둘리운
> 먼 또는 가까운
> 알맞은 어디쯤의 시인들의 나라
> 공화국의 시민들은 시인들이다.
>
> 아 시인들의 마음은 시인들이 안다.
> 진실로
> 오늘도 또 내일도 어제도
> 시인들의 마음은 시인들만이 안다.
> 가난하고 수줍은
> 수정처럼 고독한
> 갈대처럼 무력한
> 어쩌면
> 아무래도 이 세상엔 잘못 온 것 같은
> 외따로운 학처럼 외따로운 사슴처럼
> 시인은
> 스스로를 위로하고 스스로를 운다.
> 아 시인들의 마음은 시인만이 안다.
>
> —「詩人共和國」에서

그러기에 그의 시 텍스트의 지향의식은 자기상실과 그 회복(모태회귀)의 과정이다. 호수처럼 푸른 하늘에 온 몸을 안긴다는 모태회귀를 노래한 「하늘」이 대표적인 예다. 마지막 구절, '능금처럼 내 마음이 익는다'와 같이 모체의 양수 속에서 생명을 성숙시키는 태아는 하늘 속에서 익어가는 능금과 진배없다. 특히 '따운 볕, / 초가을 햇빛으로 / 목을 씻고'와 같은 감각과 '마시는 하늘에 내가 익는다 / 능금처럼 내 마음이 익는다'의 조형은 일품이 아닐 수 없다.

고향은 그의 시의 담론성을 결정하는 단서다. 그의 말년의 시편은 한마디로 자연과 인간의 대립을 지양하는 낭만적 변증이 낳은 시다. 이름 없는 수석에 이름 짓고 모양 지움으로써 한계 지어진 삶의 일회성을 초극하려는 몸짓, 그것이 바로 그의 시가 보여준 서정의 현상학이다. 그리하여 그에게 '수석'은 새로운 시적 텍스트를 산출하는 기호가 되어준다. 그의 시편 가운데 거의 절반이 수석시이고, 그것이 찬미와 기도의 형식으로 나타난 것은 이 때문이다.

그러면서도 그의 시는 민족의 비극과 사회적 병리에 대한 꾸지람이면서 동시에 가장 뼈대 있는 시적 저항임을 역설적으로 구현하고 있었다. 그는 처음부터 신의 절대성에 귀의하듯 자연에 귀의함으로써 인류에의 사랑과 신뢰를 뜨겁게 보여주었다. 일제와 해방, 그리고 6 · 25와 4 · 19라는 역사의 큰 소용돌이를 집약하다시피 살아왔다는 점에서 그는 만해, 육사 등 선비 시인의 연장선상에만 있는 것이 아니라, 1960년대 이후 김수영, 신동엽, 고은, 김지하 등 현실지향적인 비판적 시인을 낳게 한 선구자적 시인이라고 할 만하다.

4부

한국시가 연구, 그 성찰과 모색

한국시가 연구 100년

1. 머리말

국문학에 대한 연구가 20세기 초 근대화 과정에서 민족문화[1]의 재인식 과정의 일환으로 싹텄다고 하면, 국문학 연구도 이제 한 세기를 헤아린다. 그동안 국문학 연구는 국학 분야 중에서는 다른 어느 분야보다 연구의 양과 질 모든 면에서 눈부신 팽창과 진전을 이룩하였다. 1910년 이후 1970년에 이르는 60여 년간만 해도 국문학 저서가 736종이 발간되었고 7,009편의 논문이 발표되었다.[2] 양적 팽창 못지않게 연구의 폭과 깊이 또한 이른 시기의 연구에 비하여 비교가 안 될 정도로 연구사를 엮을 만큼 확대·심화되었고, 방법론의 다양한 논의를 통해 연구의 깊이도 상당한 수준에 이르렀다. 특히 1960년대 말·1970년 이후의 국문학 연구는 그 이전과 비교할 때 괄목할 만한 변화를 경험하였다. 그만큼 실제로 생산된 선행 담론을 좀 더 치밀한 자료 검토와 새로운 방법론적 해석을 통하여 국문학 연구

1 안확, 『조선문학사』, 한일서점, 1922, pp.134~135.

2 박성의, 「論著를 통하여 본 국문학 연구사」, 『민족문화연구』 제6호, 1972.

의 새로운 담론을 산출하고 있다.

이런 뜻에서 그동안의 성과를 점검·반성하고 앞으로의 과제와 방향을 가늠하는 일은 중요하고 필요한 작업이라고 생각한다. 더구나 한 세기를 마감하고 새로운 세기를 맞으면서 국문학 연구 100년을 종합하고 헤아리는 일은 연구사적으로 한 세기를 매듭짓는 뜻 깊은 일이며 그동안의 연구, 특히 세분되고 전문화된 각 분야를 총체적 안목으로 파악함으로써, 앞으로의 연구에 대한 비전을 마련할 수 있다고 생각한다.

이 연구는 '국문학 연구의 과거(반성)—현재(쟁점)—미래(전망)'의 수순으로 진행된다. 국문학 연구의 과거(반성)에서는 주로 과거의 성과를 정리 점검하는 연구사적 반성에 역점을 두었다. 무엇보다 국문학에 대한 연구사적 정리는 그동안의 연구의 경과와 방향을 파악하고 앞으로 지향할 바를 설정하기 위한 전제가 되어준다. 이런 점에서 지금까지의 국어국문학 연구를 되돌아보고 반성하여 장차의 연구 방향을 모색하는 연구사 논의가 곳곳에서 행해지고 있는 것은 다행한 일이다.

그러므로 이 장은 기왕의 논의와의 중복을 피하는 것이 좋다고 생각하여 국문학 연구, 그중에서도 시가 연구의 큰 흐름과 그동안 제기된 중요 문제를 시기별로 개관하는 데 중점을 두면서, 아울러 현재의 입장에서 각 업적의 연구사적 의의를 더듬고자 한다. 이 경우, 연구사에 관한 추상화와 일반화를 통한 자의적인 개관 시도는 되도록 피하였다. 자칫하면 무책임하고 독단적인 환원주의로 그칠 공산이 크기 때문이다.

문제는 연구 대상의 선택과 그 범위이다. 물론 선택은 연구자의 제한된 능력과 주관적 관점에 근거한 것임은 두말할 것 없다. 이로 인한 부작용 및 반작용은 전적으로 연구자의 책임임을 분명히 해둔다. 하지만 되도록 객관성을 유지하기 위하여 그동안 발표된 연구 업적 중에서 중요하다고 생각하는 것, 특히 시가 분야에 선편先便을 가한 위치에 있거나 방법론상의 새 전환이 모색되고 새로운 문제점이 부각된 것을 선택의 기준으로 삼왔다. 많은 연구 중에서 메타적인 속성과 대표성을 지니고 있는 것, 그중에서도 일반성을 지향하고 있는 것을 탐색하고 압축하고자 한다.

현대시 연구의 경우는 필요에 따라 실증에 바탕을 둔 학문적 연구가 아닌, 작품을 해석 · 평가하는 비평문(시론詩論)도 주목하였다. 그렇다고 비평이 종래의 선입감처럼 그 수준이 반드시 저널리즘의 형식에 머문 것만은 아니다. 물론 신문 · 잡지에 발표된 글은 시인 비평가critic poet의 단편적인 시평詩評, 문단적인 시평時評이 대부분이지만, 그중에는 시평詩評 외에 시론에 관한 글, 그리고 문단적인 시평 외에도 문학에 관한 일반적인 글도 적지 않다. 오히려 문학에의 접근적 시각이나 방법이 고전시가 연구에 비하여 새롭고 심도 있는 것도 없지 않아 있다. 그래서 이 장에서는 비평을 문학이론과 시학을 포괄하는 폭 넓은 개념으로 이해하고자 한다.[3] 다만 비평이라는 이름으로 쓰인 대부분의 글이 일본을 매체로 한 서구이론을 선행 담론으로 삼았다면, 이에 반하여 고전시가 연구는 선행 연구에 대한 의존도가 무관한 만큼 국문학 연구자의 창의적인 노력으로 이루어졌다고 할 수 있겠다. 그러나 현대시 분야는 당시 국문학 연구자들에게 새것 콤플렉스 속에 감추어진 서구 중심적 담론이자, 전통 중심 담론과는 무연한 외곽지대였다.

범위는 안확安廓의 『조선문학사朝鮮文學史』가 출간된 1922년대부터 근자에 이르기까지 약 80여 년이 된다. 물론 시가 연구라고 할 만한 것이 일찍부터 있어온 게 사실이다. 예컨대 과거의 각 문헌에 산재한 국문학에 관한 기록들이 오늘날 국문학 연구와 무관한 것은 아니다. 그러나 그것은 도남의 말과 같이 "많은 문헌 중 다른 데에 비하면 그야말로 구우일모격九牛一毛格이요, 또 그들의 기록은 참말로 문인들의 한 수록隨錄에 지나지 못하였지 무슨 체계가 설 만한 연구에까지는 도저히 이루지 못하였다."[4] 그래

3 René Wellek, *A History of Modern Criticism*, Yale University Press, 1955 서문.

4 조윤제, 「陶南遺稿」, 『도남학보』 3집, 도남학회, 1980, p.50.

서 논의를 근대적 학문에 입각한 시가 연구에 한정하였다.

이 연구는 『조선문학사』가 나온 1920년대부터 1960년대 말 · 1970년대 초까지의 연구사와 1970년대 이후에 이루어진 연구업적들로 나누어 고찰한다.

주지하는 바와 같이 국문학 연구사에서 1970년대는 그 이전과 이후의 연구 사이에서 방법과 인식에 상당한 변화를 보여준 전환기라는 점에서 주목할 만한 시기이다. 그만큼 1970년 이후 국문학 연구는 한국문학의 자기정의自己定義와 독자적인 시야의 개척 등으로 한 시대의 전환기를 맞는다. 특히 국문학의 내재적 발전이란 관점에서 국문학의 재해석, 재평가라는 작업이 이루어진 것이 바로 이 시기다. 방법론 역시 종래의 자료학을 비판적으로 계승(신실증주의)하면서 역사주의와 형식론의 문제를 새롭게 결합하는 방법론적(신역사주의) 노력을 다져온 것도 이 시기다. 그러나 1970년 이전, 적어도 1920년대부터 1970년대 초까지는 역사적 실증주의가 대종大宗을 이루었다. 자료정리나 역사적 고증 등이 구체적 세목細目이다. 그러면서도 형식론과 발생학적 문학론이, 그리고 역사주의와 비교문학이 동행하면서 또 그것들과의 대화를 통해 전개되어왔다.

2. 국문학 연구의 요람기

엄격한 의미에서 국문학이 근대적 성격의 학문으로서 연구의 대상이 된 것은 '조선어문학회朝鮮語文學會'가 창립된 1930년부터라고 생각한다. '조선어문학회'가 창립됨으로써 국문학 연구는 그 이전의 문학에 대한 낭만적 태도의 거부와 19세기 아마추어리즘의 극복으로 시작되었다. 그러나 이러한 낭만적 태도나 아마추어리즘의 움직임은 국문학 연구의 전사前史로서 무시할 수 없다. 오히려 전통적인 교육이나 교양을 근거로 하여 국문학을 국학의 한 분야로 다룬 이른 시기의 국학파의 움직임으로 인해, 국문학에 대한 새로운 인식을 갖게 되고 연구의 불가피성을 자극한 것은 말할 것 없다. 일찍이 1920년부터 1930년에 이르는 10년의 국학의 움직임을 국문학 연구의 요람기라고 부른 것은 이 때문이다.

민족문화의 거의 모든 영역을 연구대상으로 하는 이러한 국학의 움직임은 일제 식민지 통치의 제약 속에서 민족문화를 재인식하려는 운동의 일환이었다. 일제는 식민지 통치를 위해서 이른바 '조선학朝鮮學'을 내세웠고 이에 맞서 민족문화를 우리 입장에서 이해하고 되찾자는 일련의 연구의 하나로 역사와 함께 국문학도 관심의 대상이 된 것이다. 그것은 다름 아닌 민족적 원천성에 대한 낭만주의적 정열이라고 할 만하다. 결과적으로 근대 약소국의 문학이 지향하는 민족 고유의 원천성에 대한 동경과 궤를 같이한 셈이다. 말하자면 강대국에 의해 오염된 허구적인 역사적 내용에 저항하기 위하여 오염되기 이전의 자국의 독자적인 문화와 언어를 다시 회복하려는 움직임이다.

그런 점에서 일제의 '조선학'이 주로 식민지적 관심인 이상, 그것은 오히려 사라져가고 있는 민족문화를 확보하고 재생시키려는 의욕을 자극한 것이다. 그리고 그것은 문화와 언어의 보존과 육성이라는 과제를 낳았다.[5] 가령 식민지 국어인 일본어에 대항하여 민족어인 한글 운동을 일으킨 '조선어연구회'(1920)의 결성과 같은 것이 이러한 당시 사정을 말해준다. '조선어연구회'는 구한말에 설치되었던 국어연구소나 국어연구협회의 후신과도 같은 것이다.

그리하여 안확, 신채호, 정인보, 문일평, 최남선, 권상로, 이병기 등은 그 이전의 실학파의 국학적 경향을 계승하면서 일본을 비롯한 외국인의 연구

5 여기 또 한 가지 국문학 연구를 일층 자극시켰다는 것은 일본인을 비롯한 외국인의 문학 연구다. 그들은 이 나라에 와서 신기와 호기심으로 한국의 문학이란 어떤 것인가 하는 것을 극히 얕은 마음으로 찾아보자 했던 것인데 한국인은 여기에 자극되어 더욱 국문학 연구의 마음을 북돋우었던 것이다(조윤제, 앞의 글, p.51).

인 '조선학'에 맞서 민족문화 재인식의 일관된 이론을 마련하는 데 온 정력을 기울였다. 그들의 중심과제는 한결같이 민족 고유사상의 맥락을 잇는 데 최고의 목표를 두었고, 내용은 일제 관학파官學派의 식민지적 역사 왜곡에 대한 상대적 대응이었다. 일제에 대한 대응현상은 국가상실 시대의 국가회복임은 말할 것 없다. 당시 가장 시급한 것은 근대화보다는 민족국가의 자주독립 쪽이었다. 그래서 국가회복이라는 지상과제는 유교사상을 강조하게 되었고, 또한 그것은 '시조時調'로 전경화前景化되면서 국문학 연구에 새로운 인식과 힘을 준 것이다. 말하자면 유교적 상상력moral imagination은 충군 · 절의로 대표되며, 이러한 의식은 당시 민족주의 각성에 의한 반제의식으로 형상화되어 시조에 반영된 것이다. 식민지 현실은 개인보다 국가의식이 무엇보다 선행한다.

신채호의 '아我와 비아非我의 투쟁론', 안확의 국학운동, 최남선의 시조부흥운동(「조선국민문학朝鮮國民文學으로서의 시조時調」, 『조선문단』, 1926)은 이러한 움직임의 결과였다. 이와 같이 국문학 연구는 개명 이후 팽창해온 민족적인 자각과 그에 따른 실천(창작)인 이른바 시조부흥운동에서 비롯되었다.[6] 1920년대 초 시조가 개화기 시조보다 형식에서 보다 정형화된 것은 유교 이데올로기, 즉 국가의식이 절실했기 때문이다. 도남의 말과 같이 "여기에 시조에 대한 연구가 시작되니 이것이 말하자면 국문학 연구의 첫 출발이었던 것이나, 이에 따라 그러면 시조 이외의 다른 국문학은 또 어떠한가 하는 문제가 자연적으로 일어나 차츰 차츰 국문학 전반에 대한 연구의 문이 열리게 되었던 것이다."[7]

시가 연구가 시가의 여러 장르 중에서 특히 시조를 관심의 대상으로 삼은 것은 이런 의미에서 뜻이 깊다. 사실 적어도 국문학 연구는 시조 연구에 의해서 전개되어왔다고 할 수 있다. 양적으로도 시조론에 바쳐진 업적이

6 조윤제, 앞의 글, pp.50~51.
7 같은 글, p.51.

압도적이었을 뿐만 아니라, 질적인 면에서도 타 장르를 훨씬 앞섰다고 할 수 있다. 시기적으로 볼 때 시조와 민요에 관심이 집중된 것은 1920년대 중반 이후라고 생각한다. 『백팔번뇌百八煩惱』를 비롯하여 『3인시가집三人詩歌集』, 『봉사꽃』(주요한) 등 현대시조집이 나온 것도 바로 이 무렵이다.

적어도 1920년대 초 육당은 신체시의 시인이었다. 그만큼 1920년대 초 한국시는 서구적 담론의 압도적인 영향권 속에 있었다. 1920년대 자유시형 논의처럼 전통적인 담론보다 서구적 담론이 강조될 때 자기분열이 일어나고 환상과 혼돈을 거듭할 수밖에 없다. 육당만이 아니라 김억, 주요한, 황석우 등이 여기에 해당된다. 당시 황석우와 현철의 '자유시 논쟁'에서 이러한 시형을 두고 서구시도 우리시도 아닌 '몽롱체'라고 현철이 비판한 이유도 이 때문이다. 그런 점에서 그 누구보다 서구적인 세련을 철저히 경험한 육당이 오히려 1920년대 중반을 고비로 전통적인 담론으로 시조부흥을 강조한 것은 그 자체가 이미 자기회복, 자기인식이었다. 이러한 육당의 시조부흥에 힘입어 학계는 물론 문단에서도 수많은 시조론이 나와 창작계에서 시조부흥을 도모한 것은 국문학 연구에 새로운 인식과 자극을 주었다. 그리고 그것은 3·1운동을 계기로 이루어진 문화적 각성과 민족의식의 구체화이자 관념적 논설의 문학적 표현이었다.

최남선의 「조선국민문학으로서의 시조」를 비롯하여 안확·이은상·이광수·이병기·염상섭·허영호·손진태 등에 의해 시조가 전통적 형식으로 강조되고, 주요한·김억·홍사용·김동환 등에 의하여 민요의 가치가 역설되며, 또한 일본심日本心과 대립되는 개념으로 '조선심朝鮮心'이 시혼詩魂(김소월)·조선혼(현진건)·애국심(김동환) 등으로 강조된 것을 예로 들 수 있다.

'조선심'이 1920년대 초처럼 팽배한 적은 일찍이 없었다. 조선심은 양주동의 『조선의 맥박』·변영로의 『조선의 마음』과 같은 시집 표제로 드러나기도 하고, 우리 역사에 대한 낭만적 애착이나 국토 예찬의 형식으로 표현되기도 하였다. 물론 그것은 정치 논설을 쓸 수 없는 현실을 우회하는 식민지 조선의 책략이기도 하고, 또한 어려운 현실 문제를 피해가는 방편이기도 하다. 이 시기에 본격적으로 자리잡기 시작한 역사소설도 크게 보아서는 조선심(국혼國魂)의 한 발로였다. 망국의 식민지 상황에서 우리에게도 독립된 역사적 과거가 있었다는 확인은 상처받은 민족의 자부심을 위로하고, 독립된 역사적 미래에 대한 기대를 일깨워주었다

최남선은 『대한유학생회보』, 『소년』, 『청춘』 등에 '국풍國風'이란 이름으로 시조를 발표하고, 1914년에는 『가곡선歌曲選』이란 시조집을, 1926년에는 『백팔번뇌』란 자작 시조집을, 다시 1928년에는 역대 시조를 편찬하여 시조집 『시조유취時調類聚』(1928)를 내놓았다. 안자산 또한 조선문학의 최대의 가치를 시조에서 발견했다. "시조는 간결한 언어, 긴축된 구법으로 새로운 우주 사이의 한 아름다운 경지를 열어서 말 없는 곳에서 말하고, 말밖에 여운을 머금었다"[8]라고 하였다. 특히 이광수는 "시조는 현존한 조선문학 중에 중국으로 말하면 시경이요, 일본으로 말하면 만엽, 고금의 와카和歌에 비할 것이 조선에 있어서 시조다. …… 시조 중에는 …… 한문식인 것도 없지 않지만은 그것은 내용문제에 불과한 것이니 내용이야 하필 중국이리오. 인도 사상, 구미 사상, 무엇은 못 담으랴. 중요한 것은 형식이다. 이 형식은 결코 중국 것을 모방한 것이 아니요"[9]라고 하였다.

육당은 시조뿐만 아니라 민요에 대하여도 적잖은 관심을 보였다. 민요는 그 곡조와 운율에 강인한 생명력을 지닌 전통의 실체라고 하면서 민요를 시조의 태반으로 파악하였다.[10] 노산 이은상 역시, 문학의 문학은 시이며, 시의 시를 민요라고 전제하고, "민요를 기저로 하여 발전한 이상이라야 우아한 문학적 가치를 띠게 된다" 고 하면서, 그 후 한국 운율의 특성은

8 안확, 앞의 책, pp.107~110.

9 이광수, 「시조」, 『동아일보』, 1928. 1. 1.

10 최남선, 「時調胎盤으로의 조선민성과 민속」, 『조선문단』 제17호, 1926.

민중의 자연스럽고 진솔한 운율, 즉 '자연적 박조'라고 하였다.[11] 이병기도 일찍부터 민요는 모든 시가의 원천으로서 모든 시가가 여기에서 발원되지 않은 것이 없다고 하였다.[12]

시가문학에서 잡가를 첫머리에서 다룬 것은 다름 아닌 가람의 『국문학개론國文學概論』에서이다. 잡가 · 향가 · 시조 · 별곡체 · 가사 · 악장 · 극가를 논한 총 면수가 159면인데, 이 중 잡가가 그 절반을 넘는 87면을 차지한다. 그만큼 가람은 한국시가의 모체를 민요에 두었고, 한국 시사에서 차지할 민간전승의 비중을 크게 다루었다. 민요 · 속요 · 동요를 총칭하여 잡가라 했고, 이를 성질상 · 창조상 · 형태상으로 구분한 것도 특색이다. 즉, 잡가를 "우리 민족의 소리로서 시가의 원천이었다. 우리 민족사회의 생활 정태情態와 민족정신이 어떠했는가를 소소히 형상적으로 보여주는 것"이라고 하였다.

김사엽 또한 일찍부터 민요에 관심을 두었다. 그의 학문적 출발이 다름 아닌 1936년에 발표한 「조선부녀민요朝鮮婦女民謠」다.[13] 단재는 다 알다시피 문약한 국시를 개량하는 동국시계혁명을 이루어야 한다고 하여, 한시를 청산하고 국문시를 강조하였다. 시체를 전통적 맥락에서 찾고, 우리글 · 우리말 · 우리 음률로 시를 표현해야 한다고 하여 시조와 민요의 중요성을 강조하였다.

주요한은 민요야말로 조선 사람 된 개성, 즉 조선혼이 전통적으로 담겨 온 것이며, 새로운 시는 이것을 기초로 한 민요시로 지향되어야 할 것이라고 하였다.[14] 조선심을 배경으로 한 생명 있는 시가가 민요라는 안서의 주장[15]이나 민중의 공동체적인 노래인 민요를 토대로 한 민요시가 쓰여야 한

11 이은상, 「시조의 정의적 이론」, 『동아일보』, 1936. 6.
12 이병기, 『가람문선』, 신구문화사, 1966, p.277.
13 김사엽, 「조선부녀민요」, 『新家庭誌』 4권 9호, 1936.
14 주요한, 「노래를 지으시려는 이에게」, 『조선문단』 1-2호, 1923~4.
15 김억, 「조선심을 배경으로 삼아」, 『동아일보』, 1924. 1. 1.

다는 김동환의 관점[16]은 그 자체가 이미 자기회복 · 전통회복이었다. 타설적 리듬의 거부와 관념의 극복이 한국근대시의 전개과정이라고 할 때 그 거부와 극복이 전통적 경험에의 귀의로 나타났다는 것은 이 경우 극히 시사적이다. 이렇듯 조선심을 통한 자기회복의 움직임은 민족적 자기동일성에 대한 열망의 표현이자 자기반성인 것이다.

이런 의미에서 김소월의 「시혼詩魂」은 서구 경험에 골똘한 시인들이 미처 깨닫지 못한 전통에 대한 자기인식[17]이라는 점에서, 주요한의 시집 『아름다운 새벽』에 실린 '책끝에'가 개념으로 된 민중시와 데카당적 · 병적 문학을 거부하고 민중에 가까운 민중시에의 지향을 역설한 자기반성의 시론[18]이라는 점에서, 그 의의를 가늠할 수 있다. 그리고 홍사용의 '우리의 넋',[19] 현진건의 '조선혼'(「조선혼과 현대정신의 파악」)의 강조 역시 특기할 만하다. 현진건은 이 글에서 "조선문학인 다음에야 조선의 땅을 딛고 서야 한다. 현대문학인 다음에야 현대의 정신을 힘 있게 호흡해야 한다"고 그 누구보다 조선혼과 현대정신을 강조하고 있다.[20]

하지만 뭐니 뭐니 해도 국학파의 국문학 연구를 대표하는 것은 국문학의 통사체계를 처음으로 시도한 안확의 『조선문학사』이다. 『조선문학사』는 실은 도남의 말과 같이 문학사라기보다 국문학을 통한 국민사상사이자 일종의 문화사다.[21] 그만큼 『조선문학사』는 민족 내지 민족정신 등을 문학사를 통해 구체화하는 일이 일차적 목표였다. 이렇듯 안확은 「조선의 문학」(『학지광』 6호, 1915)과 『조선문학사』(1922)를 위시한 많은 논저에서 외래문화의 주체적 수용과 고유문화의 발전의 과정을 해명함으로써 전통 학

16 김동환, 「조선민요의 특질과 그 장래」, 『조선지광』 82호, 1929. 1.
17 김소월, 「시혼」, 『개벽』 제95호, 1925. 5.
18 주요한, 『아름다운 새벽』, 조선문단사, 경성, 1924. 12.
19 홍사용, 「조선은 메나리 나라」, 『별건곤』 12 · 13호, 1928. 5.
20 현진건, 「조선혼과 현대정신의 파악」, 『개벽』 통권 65호.
21 조윤제, 앞의 글, p.52.

문을 근대적인 학문으로 바꾸는 데 크게 기여하였다. 서술방식 또한 편년체의 방식이 아니라 시대를 구분하는 방식으로 학문체계를 갖추었으며, 시대구분은 문화사의 관점에서 구획하고 있다.

이런 의미에서 『조선문학사』는 한국 근대의 역사적 국문학의 한 전형인 것이다. 무엇보다 사실의 열거에 머물지 않고, 대종교大倧教와 관련을 가진 민족주체 사관으로 일관된 서술원리가 주목되었다. 이러한 서술원리에 입각하여 개별적인 작품들을 순차에 따라 다룸으로써 사실들의 단순한 분류적인 자리 매김이라는 딜레마를 일찍부터 극복하고 있었다. 문학은 어느 나라에서나 종교적 신화에서 왔다고 하여 종교적 신화인 종倧의 사상이 국민사상의 맹아임을 서두에서 밝혔다. 대종교의 신가神歌나 그 경전인 삼일신고三一神誥를 우리나라 최고最古의 문학으로 간주한 것이다. 그만큼 한문이 사용되기 이전에 구전되던 문학을 주목하였다. 기자조선-삼한-신라를 정통으로 하는 기존의 상고사 인식에서 단군조선-고구려-발해를 정통으로 하는 인식으로의 전환을 이룩한 것은 특기할 만하다. 그는 무엇보다 식민지 시대 멸망한 형形의 회복을 지향하였다. 그것이 바로 혼魂의 강조이며, 사상적 본체의 구현이다. 그 후 그것은 즉가사상(신채호), 얼(정인보), 조선심(정인보), 조선주의(최남선)로 이어진다. 그러나 조선민족의 역사와 문화의 출현에 형성된 1920년대 지배담론인 조선심과는 그 성격을 달리한다.

특히 시가 분야로 주목할 부분은 제3장 중고문학 가운데 '가요歌謠' 부분이다. 고려시대의 속악목俗樂目과 『삼국유사三國遺史』에 실린 향가 12편, 즉 해가海歌, 화가花歌, 궁정백가宮庭栢歌, 도솔가兜率歌, 죽지가竹旨歌, 파랑가波郎歌, 안민가安民歌, 개안가開眼歌, 혜성가彗星歌, 향가鄕歌, 구재求才의 가歌의 원문을 그대로 소개하였다. 그리고 『가곡원류歌曲源流』에서 설총·성충·을파소의 작품이라고 하는 시(시조) 3수를 인용하여 "이는 근대시와 同"하다고 하였고, "觀컨대 당시 사회가 일반으로 歌를 嗜하던 것을 可知

라. 此로서 당시 사회의 風姿를 窮하기 可得이니라" 라고 한 것은 오늘날에도 평가되어야 할 탁견이라고 생각한다. 최근 문학의 경우, 『대한매일신보』의 '역사적 소설'과 '시조詩調'를 언급하면서, 특히 시조는 "전국민으로 하여금 감상의 谷道에 驅할뿐이오 자각적 의지에 轉及치 못하다" 고 하였고,[22] 최남선의 가歌는 "일본 7 · 5조를 來하얏도다" 라고 하였다.

더구나 『용비어천가龍飛御天歌』의 독자성을 강조한 것은 오늘의 시각으로 보아도 긍정적인 시각이 아닐 수 없다. "차가는 실상 순조선문학의 기초를 성한바 조선인이 지나의 강대한 문화에 압복치 안한 원기를 발명한 것이니라."[23] 그러나 후대의 위서임이 분명한 삼일신고를 상고문학으로 취급한다든가, 『가곡원류』의 기록을 맹신하여 설총이나 을파소의 시조를 거론한 형이상학적 관점은 국학파의 본문비평의 불철저성을 단적으로 보여준다.

마찬가지로 신채호는 민족의 주체적인 자아를 확인하고 고양할 것을 강조하였다. 그의 '아와 비아'의 논리는 마르크스주의나 무정부주의와 비슷하나, 사회경제적인 요인보다 민족 정신사를 중시하여 「조선 고래의 문자와 시가의 변천」(1924)에서 처음으로 향가 해독을 시도하였고, 문학사에서 나라를 강하게 하기 위한 상무적尙武的인 나라시〔國詩〕(동국시계혁명)의 중요성을 강조하였다. 이 점에서 안확과 마찬가지로 문약한 과거를 청산하기 위해 필연적으로 강무한 과거를 선택하지 않을 수 없었다.

무엇보다 그가 『삼국유사』 속의 향찰로 된 「처용가處容歌」를 『악학궤범樂學軌範』 속의 우리말로 된 「처용가」와 비교하여 처음으로 해독한 것은 그 후 오구라 신페이小倉進平의 『향가鄕歌 및 이두吏讀의 연구』의 향가 해독 방법론을 앞선 것이다. 한역된 향가와 향찰로 기록된 향가를 비교함으로써 향가 25수를 읽어낸 것이다. 뿐만 아니라 그는 상무적인 정신과 국문

---

22 안확, 앞의 책, p.125.
23 안확, 같은 책.

형식의 관련 양상을 모델로 하여 선언적 방략으로 작품을 평가하였다.

그의 이론은 엄격히 말해서 기술적 이론이 아닌 평가적 이론이다. 그래서 과거의 한시 가운데 개인적인 서정을 읊은 「황조가黃鳥歌」나, 침략군의 장군 우중문에게 지어 보냈다는 을지문덕의 「유우중문시遺于仲文詩」, 그리고 당송시대의 시를 모방한 사대주의적인 한시 등을 모두 부정하는 한편, 김종서의 「삭풍가朔風歌」, 남이의 「장검곡長劍曲」, 최영의 시조 등 공적인 감정, '상무적 정신'을 구현한 것은 긍정적으로 평가하였다. 또한 안확과 마찬가지로 신문예사조를 비판하였는데, 신채호는 이를 민족정기를 마비하는 마취제라고 비유하고, 안확은 값싼 퇴폐주의라고 비판하였다. 요즘 시가는 7 · 5체의 양시조, 왜가락의 노래가 유행한다고 하였다.

이른 시기의 시가 연구는 이와 같이 시조 연구가 앞섰을 뿐만 아니라 시조 연구는 형식론으로부터 시작되었다. 이러한 형식론으로 이루어진 성과 가운데 대표적인 것은 율격론과 장르론이다. 한국시가의 운율 연구는 주로 율격론이 대종을 이룬다. 율격론을 음수율로 파악하고 있는 것이 이 시기의 일반적 경향이다. 물론 한국시가의 운율에 대한 관심은 일찍부터 있었다. 양주동의 「시와 운율」[24], 김기진의 「시가의 음악적 방면」[25]이 바로 그것이다. 물론 이 글은 운율에 대한 연구라기보다는 시가 운율에 대한 일반론이다. 그러나 개괄적이나마 한국시가의 운율은 물론, 운율체계에 관심한 것은 주목할 만하다. 둘 다 한국시가의 율격체계가 음수율임을 강조하고 있다. 특히 「시가의 음악적 방면」에서 "조선말은 엄격한 의미에서 리듬이 없는 말이다. 다만 그 음악적 효과를 얻고자 할 때에는 자수—서양어로 말하면 실러블 수—로 조자를 맞추는 것이 중요한 방법일 것이다. 4 · 4 혹은 4 · 5, 5 · 5, 6 · 5, 7 · 5…… 등의 조자로써 효과를 얻을 수 있다. 이것은 악센트가 명확하지 못한 국어의 필연한 운명이라고 나는 생각

24 양주동, 「시와 운율」, 『금성』 통권 3호, 1924. 5.
25 김기진, 「시가의 음악적 방면」, 『조선문단』, 통권 11호, 1925. 9.

한다.”[26] 이러한 운율에 대한 인식이 구체화된 것은 1928년에 발표된 이병기의 「운율韻律과 시조時調」다. 그만큼 이 시기의 운율 연구의 주 텍스트는 시조가 대부분이다.

안확은 「조선시가의 묘맥苗脈」(1929)에서 이미 한국 시가의 전체적인 흐름을 주목하고 있었다. 한국의 시가를 통틀어 삼대목체三代目體, 정읍체井邑體, 첩성체疊聲體, 경기체景幾體, 장편, 시조의 6가지로 나눈 것[27]은 시가의 유형적 분류로는 처음이다. 가람 또한 처음으로 시조시형을 3장 8구체라고 주장하였다. 그리하여 이은상·이광수·조윤제 등에 의한 3장 12구체설과 안확의 3장 6구체설이 나온 것이다. 가람의 8구설은 시조의 실상을 직접 창작의 과정에서 파악한 결과다.

이 밖에도 본격 연구가 아닌 극히 단편적인 추상론이나 단문, 감상문 같은 것도 많으나 그러나 이러한 글들이 그 후 시조 연구에 많은 영향을 준 것임은 틀림없다. 이러한 지극히 단편적이고 산발적인 논의가 학문적인 체계로 나타난 것은 훨씬 뒤의 조윤제의 「자수고字數考」라고 생각한다.

물론 육당의 「조선국민문학으로서의 시조」를 비롯하여 백화생白華生의 「시조론—그 부흥과 개량을 촉促함」(1925), 가람의 「시조란 무엇인고」, 안확의 「시조작법」, 이광수의 「시조의 자연율」 등 시형에 대한 연구가 없는 것은 아니다. 그러나 이들 연구는 국학파적 실증주의 방법으로 시조의 형식을 검토하는 데 그쳤다. 당시 경성제대를 중심으로 풍미하였던 문헌 실증주의의 연구방법과는 다른 고증의 방식이다. 그만큼 그들의 연구는 창작 경험에서 얻은 주관적 연구일 뿐 객관적인 연구는 아니었다.[28] 가람, 노산, 춘원 등은 창작 활동과 아울러 시조론을 발표하여 시조의 명칭·기원·형태 등 일반적인 문제에 관심하였다. 특히 시가의 기원에 대한 관심

26 김기진, 앞의 글, p.66.

27 안확, 「조선시가의 묘맥苗脈」, 『별건곤』 4권 7호, 1929.

28 조윤제, 앞의 글.

은 민족의 동질성을 추구하는 민족주의적 관심이 낳은 것이다.

그중에서도 이병기의 시조 연구는 현대 시조의 창작방법을 위한 전제가 되어준다. 시조의 혁신을 위해서는 그 모태가 되는 시조에 대한 이해가 필요했기 때문이다. 따라서 아카데미 지향이 강한 조윤제나 김태준의 접근방식과 상당한 차이가 있다. 시가사의 사적 체계화보다 오히려 문예창작을 통해 과거의 유산을 현재적으로 계승하려는 의도가 강했다. 그러면서도 조윤제나 김태준이 소홀히 했던 고시조의 형식이나 연행방식을 주목하였다. 이것은 경성제대를 중심으로 풍미하였던 문헌 실증주의 연구방법론과는 다른 고증의 방식으로 가능할 수 있었다. 한편으로는 문헌고증을 통해, 다른 한편으로는 이왕직아악부李王職雅樂部 등 전통예술 보존의 현장조사를 통해, 가람은 국학파적 실증주의 방법으로 시조의 형식을 밝히고 있었다.[29]

그러나 이 시기의 본문비평 중에서 가장 두드러진 것은 일본인 학자 오구라 신페이의 『향가 및 이두의 연구』다. 이 연구는 향가 연구의 고전적인 업적임에도 불구하고, 국문학의 내적 연구와는 거리가 멀었다. 하지만 향가의 운율이나 형식 등 향가의 문학적 성격을 이해하는 데 결정적인 단서를 마련한 것은 놓칠 수 없다. 이러한 연구가 한국학자의 민족주의적 시각을 자극시켜[30] 안자산의 「처용가에 대하여」(1931)에 이어 양주동의 「향가의 해독, 원왕생가에 대하여」, 「향가주석산고」가 발표됨으로써 향가 연구가 본격적으로 우리 학자들의 손에 넘어왔다. 이것은 일본학자의 연구를

---

29 이형대, 「가람 이병기와 국학」, 『민족문학사연구』 10호, 1997, pp.366~367 참조.

30 양주동은 자신의 연구가 일본에 대한 적개심과 민족적 울분에서 출발하였음을 다음과 같이 고백하고 있다.

"내가 혁명가가 못되어 총칼을 들고 저들에게 대들지는 못하나마 어려서부터 학문과 문자에는 약간의 천분이 있고 맘 속 깊이 '원'도 '열'도 있는 터이니 그것을 무기로 하여 그 빼앗긴 문화유산을 학문적으로나마 결사적으로 전취 탈환하겠다는 내 딴엔 비장한 발원과 결의를 했다. 소창 씨의 저서를 읽은 다음 날 나는 장기판을 패어서 불 때고……"(『고가연구』, 일조각, 1958, 서문).

비판하고 향가의 해독을 전면적으로 행한 것으로서, 오늘날까지도 이 방면의 대표적인 업적이 되어준다.

향가 연구는 대부분이 「처용가」로부터 시작되었다. 이것은 초기 민속학적 방법에 자극된 것이다. 특히 향가 연구는 발생론적 접근법에 기초를 두었다. 주로 작품의 연원이나 발생을 밝히는 데 정력을 집중하였다. 일찍부터 최남선, 송석하, 안확 등이 발생론적 연구의 일환으로 민속학적 접근을 택한 것은 이 때문이다. 물론 이들의 연구가 황패강의 지적과 같이 본격적인 향가 연구에는 미치지 못했으나, 향가가 그 발생이나 전개과정에서 민속 형상과 깊은 교섭을 가졌다는 현상만은 밝혔던 것이다.[31]

8 · 15 후 향가 논의에서 주종을 이룬 부분이 바로 이 방면이다. 당시 민족적 자각의 일환으로 민속학에 대한 관심이 고조되었고, 그것이 국문학 연구 쪽으로 드러난 것이다. 향가도 예외는 아니다. 김동욱의 「처용가 연구」, 김열규의 「향가의 문학적 연구 일반」 등 역시 초기와 마찬가지로 「처용가」를 중심으로 연구가 이루어졌다. 전자는 전승의 원형 내지 본체를 추론하는 가운데 민속에서 전승이 생겨나는 과정을 모색하였고, 후자는 민간신앙이 지닌 주술원리와 그 속에 내재한 신화적 사유를 체계화하여 그것을 문법으로 삼아 향가문학의 구조를 밝히고 있다. 물론 향가의 주술성에 대한 연구가 그 이전에 없었던 것은 아니다. 그러나 향가를 산문전승과 관련하여 주술의 언어로 이해하고, 향가의 은유론을 주술언어의 수사학으로 해석한 것은 이 논문이 처음이다. 더구나 향가의 주술성을 통하여 고려가요의 여음餘音을 해석한 것은 특기할 만하다. 주술성에 대한 초기의 관심은 신앙의 특정 국면과 작품과의 소재적인 대비가 고작이었다. 그러나 민간신앙이 체계적으로 파악되고 향가 작품과의 체계적인 대비 관계가 본격적으로 포착된 것은, 그 후 1970년대 김열규의 『한국민속과 문학연구』

31 황패강, 「향가연구 70년의 회고와 현황」, 『한국학보』 9권, p.210.

에 와서이다. 이 책이 나온 것은 1970년대 초이지만, 대부분의 논문은 1960년대 중반 이후에 쓰인 것이다. 특히 제의적 죽음과 그것을 통한 비극적인 것의 구조를 향가의 원형적 상징으로 파악한 「한국문학과 그 '비극적인 것'」은 오늘날의 시각으로 보아도 새로운 해석이다.

그러나 이른 시기의 인문학 연구의 낭만적 태도와 아마추어리즘은 서두에서 밝혔듯이 한결같이 발생론적 접근법에 기초를 두었다. 시가의 연원이나 발생을 밝히는 데 정력을 기울였고, 이에 따른 전기나 역사나 사상사의 강조는 시가 자체의 심미성과는 무연하였다. 그리하여 시가 연구는 역사 이상의 것이 되지 못하였고, 연구자는 야콥슨의 이른바 홈스펀homespun 학문의 전문가가 되어 있었다.[32] 고전시가 연구사의 제1세대는 문학 연구자라기보다 유학이나 불교나 혹은 시작을 주축으로 한 박학다식의 동양적인 의미의 문학자[33]라고 한 것은 김동욱이다. 이러한 홈스펀적 혹은 백과사전적 잡학 등은 초창기다운 제약이기도 하였으나 이 경향은 다음 세대까지도 계승되었다. 그들을 국학파라고 분류한 것은 이 때문이다.

그만큼 처음에는 국학 연구, 국문학 연구가 따로 없었다. 전술한 바와 같이 민족운동의 한 방편으로 학문을 시작하였고, 독립운동과 학문 활동은 하나였으며, 민족주의적 동기 및 열정 일변도였다. 문학의 역사를 민족정신의 유산, 민족문화의 구체적 표현으로 보고, 사적寺跡이나 기념비 등과 마찬가지의 문화적 유산으로 작품들이 평가되었다. 이러한 평가는 당시 한국 인문학의 일반적인 추세였다. 국학자 대신에 국문학자가 등장한 것은 그 후 '조선어문학회朝鮮語文學會'의 창립과 궤를 같이한다.

'조선어문학회'와 국학파는 서로 민족주의적 의식과 실증적 방법론은 동일하나, 학문적 성향은 전혀 다르다. 실증작업은 국학자든 국문학자든, 방법론을 전개하기에 앞서 반드시 거쳐야 할 과정이요, 전제 조건이다. 그

32 박철희, 『문예비평론』, 문학과비평사, 1988, pp.204~205.

33 김동욱, 『국문학개설』, 민중서관, 1961, p.239.

러나 '조선어문학회'는 민족주의적 성향보다 실증적 과학성을 강조하고 있었다.[34] 이에 반하여 국학파는 '조선어문학회' 멤버와는 달리 근대적인 학교교육보다 전통적 학문의 맥락에 의존함으로써, 문학 그 자체보다 문화적인 관련성을 추구하는 데 관심하였다. 역사나 사상의 논리로 문학을 대신하였고, 역사 해석을 통한 문학이해나 사상의 맥락에 따라 작품론을 시도하였다. 그리고 그것은 문헌 연구, 훈고 주석과 더불어 역사주의 · 사회주의 · 서지학 내지 활자사 · 민속학 등 방법의 혼재로 나타난다. 이러한 정치 · 경제 · 사회 등 문화적 관점과 구분되는 문학의 역사를 기술하려는 움직임이 나타난 것은 '조선어문학회' 멤버에 와서이다.

3. 근대적인 학문으로서의 국문학 연구

'조선어문학회'가 창립되면서 전통적 고증학보다 서구의 실증주의를 기초로 본격적 국문학 연구가 시작되었다. 그리고 그것은 경성제국대학의 조선문학과 출신들에 의하여 개척되었다. 이들이야말로 식민지 대학의 일본인 학자들에게 실증주의적 문학연구방법을 배운 세대다. 그렇다고 당시 국학파의 이른바 민족주의 담론과 전혀 무관한 것은 아니다. 안확, 문일평, 최남선으로 이어지는 낭만적이고 민족적인 방법론을 의식하면서 서구의 실증주의를 표방하였다. 조윤제의 시가사, 김태준의 소설사, 김재철의 연극사 등, 소설 · 한문학 · 시가 · 연극 등 각 장르별로 분류사 연구가 시도되었고, 이러한 각 장르별로 실증적이며 계통적인 연구가 1930년 이래의 국문학 연구의 일반적 양상이다. 이들이 원용했던 방법론은 주로 19세기 역사주의다. 더구나 태평양전쟁으로 전시통제가 강화되고, 특히 사상 탄

34 "국학파가 청조 고증학에서 연원하는 실학파의 고증적 학풍을 계승한 전통적인 문헌학파라면, 후자는 독일식 문헌학의 간접적 영향 아래 서구의 신학문의 훈련을 받은 실증주의적 문헌학파이다"(정병욱, 「고전문학 연구의 어제와 오늘」, 『나라사랑』 22집, 1976, p.118).

압이 극심하여 실증적인 글이 아니면 기록물 성격의 글밖에 발표할 수 없었던 것이 당시 상황이다. 그러기에 민족이나 시대정신과 구별되는 문헌의 역사 쪽에 관심이 기울 수밖에 없었던 것은 이 때문이다. 「조선소설의 연구」(조윤제), 『조선가요집성』·「조선가요개설」(김태준) 등이 그것이다.

이들 국문학 연구는 철저히 실증주의 속에 집약되어 있다. 그러나 실증주의는 다음 세대의 국문학 연구에 의해 핵심적인 비판의 대상이 되었고, 아울러 일제의 '조선학'에 대항했던 국학파는 결국 퇴진할 수밖에 없었다. 그러나 가령 조윤제의 경우, 실증주의를 받아들이면서 그 한계를 극복하고 초창기 국학파가 표방한 민족주의를 학문으로 논리화하는 데 삶을 걸었다. 한국시가의 흐름을 시종일관 한글문학과 한문학의 투쟁사로 본 것이 바로 그러한 것이다. 그렇다고 당시 지배담론인 실증주의에서 자유로운 것은 아니었다. 그리고 그것은 『조선시가朝鮮詩歌의 연구』(1948)에 그대로 반영되어 있다.

이와 같이 서구적인 실증주의와 민족주의의 이러한 모순·대립 속에서 본격적인 국문학 연구가 시작되었다. 국문학 연구는 실증주의와 민족주의의 모순적 양립 속에 갈등을 겪으면서 반복·형성되어온 것이다. 이때 마련된 실증주의는 계속 반복되면서 계승되거나 극복되어, 그 후 깊은 영향을 주었다. 대부분의 연구가 시가의 존재양식과 그 역사적 전개의 추이를 포착하는 거시적 안목으로 시가사의 사적 전개를 지향한 것은 이 때문이다. 김태준의 「조선가요개설」(1933~1934), 조윤제의 『조선시가사강朝鮮詩歌史綱』(1937), 양주동의 『조선고가연구朝鮮古歌硏究』, 안확의 『시조시학時調詩學』(1940) 등이 바로 그것이다.

『조선시가사강』은 한국 초유의 계통을 세운 시가사詩歌史다. 즉 연구의 황무지 상태에서 작가와 작품을 찾아내고 고증하여, 시조의 역사적 자취를 재구한 선구자적 업적이다. 이 책에 의해 비로소 우리는 시가의 발생 및 형식적 특성, 그리고 고전과 현대에 걸친 시가사의 기본 줄기를 파악할 수 있었다. 이 책은 성격상 고전시가가 중심을 이루며, 신시는 성립 초기의 사정만 그 권말에서 약간 언급되었을 뿐이다. 어쨌든 한국 시가사에서 근대 또는 현대시를 포함해야 한다는 그 인식론만은 당시로서는 새로운 것이다.

그러나 뭐니 뭐니 해도 『조선시가사강』이 학문적인 총결산인 『국문학사』의 근간이 되었다는 것은 그 누구도 부정할 수 없다. 다른 점이라면 하나가 자료의 사실 위주라고 하면, 다른 하나는 자료의 해석과 체계라고 할 수 있다.[35] 더구나 시가사가 학문적인 체계화로 정립될 때 진화론이 지배적인 담론으로 등장한 것은 우연이 아니다. 진화론적인 생명의 굴곡이 곧 문학의 역사였던 셈이다. 진화론적 변이의 추구가 문학사를 거시적인 하나의 문학사로 포착한 것이다. 『조선시가사강』의 진화론은 그 후 그의 『국문학사』의 방법론적 전제가 되어준다. '태동–형성–소생–육성–발전–반성–운동–복귀' 등의 시대구분이 그러한 것이다.

무엇보다 도남의 중심이론은 시가의 형식에 있었다. 형식론은 처음부터 진화론적 사관을 강하게 의식하고 있었다. 고대시가의 발생을 논하면서 "향가의 형식은 갑자기 성립되는 것이 아니고 처음에는 내추럴 크라이 natural cry로 혼돈한 무정형시에 방황하다가 점차 그것이 도태되어 소박한 형식을 이룬 후에 일정한 정형시가 되고 다시 다른 형식을 산출하여 가는 것인데, 향가의 형식은 벌써 형식적 정제를 경로로 밟아 일정한 약속된 형식에 고정된 정형시라 할 수 있다"와 같이 단순한 형식에서 점차 발달하여 세련된 일정한 형태에 이른다고 하였다. 10구체+句體를 가장 정제된 작품이라 하였을 때 그것은 진화론적 사관이 낳은 것이다. 그리하여 단가에서 장가로, 문절체에서 연속체로 진화하는 가운데 생긴 것이 가사라고 하였다. 이러한 발생론과 장르론은 문학을 생활의 표현으로 보는 문학관을 거

35 조동일, 「도남학의 전통과 국문학연구의 방향 설정」, 『도남학보』 9, 1980.

치면서 시조·창가·신시를 설명하는 단서가 되어준다. 국문학사를 생명체로 파악하려는 민족사관의 맹아적 요소는 이미 『조선시가사강』에서 싹트고 있었다. 바로 그 결실을 맺은 것이 해방 후에 나온 『국문학사』다.

도남만큼 방법론적 인식에 투철한 사람도 일찍이 없었다. 그에게 가치 있는 문학이란 시대성과 역사성을 함께 아우르는 문학이다. 시대성이란 생활의 유기적 통일성이 문학에 반영되는 경우이고, 역사성은 생활의 전통성이 반영된 경우다. 한마디로 문학의 가치를 민족정신의 구현에 두었다. 그래서 조선조 후기 양반가사와 시조를 일종의 퇴폐적 문학으로 보고, 고산 윤선도를 높이 평가하였다. "고산에서 우리 민족정신을 볼 수" 있기 때문이다. 후술하겠지만 이런 뜻에서 그에게 실증주의와 민족사관은 결국 상반된 것은 아니다. 『조선시가사강』과 『국문학사』는 어떤 점에서 주도적인 연구방법론으로 사회·역사적 접근방식을 취하고 있다고 할 수 있다. 그러나 그의 방법론이 다른 사회·역사적 방식과 다른 점은 문학 연구 텍스트와 텍스트 밖의 역사적 사건 사이의 인과관계를 단순히 연결시키거나 문학 연구 텍스트의 이데올로기적 성격을 규명하는 데 그치지 않고, 문학 연구를 사회·역사적 의사소통이 이루어지는 공공 영역의 한 제도로 파악하고 있다는 점이다.

『조선시가사강』의 형식이론 중 핵심은 한국시가의 형식적 특징의 하나를 전대절과 후대절로 구분된다고 보고, 앞 절이 크고 뒷 절이 작다고 한 점이다. 말하자면 김윤식의 지적과 같이 반절성半節性의 이론과 전절대후절소前節大後節小의 이론이다.[36] 그러나 이것은 향가에만 한한 것은 아니다. 그것은 여요와 시조도 마찬가지다. 시조의 초·중장이 선절이라면 종

36 "반절성이란 우리 시가형식에서 전절과 후절로 나뉘는 것을 말한다. 향가의 경우, 4구체-8구체, 그리고 10구체에 정착한다. 4에서 8로 된 것은 8구에서 보면 반절된 것이며 향가의 완성체인 10구체로 보면 8구에서 후구 2가 결합된 것이다. 반절성은 앞 절이 크고 뒷 절이 작은 것이다"(김윤식, 「한국문학연구수준」, 『한국문학의 근대성과 이데올로기 비판』, 서울대출판부, 1987, p.123).

장은 후절이며, 후절 첫 구는 '아마도', '아이야' 등 3자로 된 감탄사가 오기 마련이다. 향가 10구체의 후절의 경우와 동일한 것이다. 소설이나 가사는 이러한 형식적 특성과 무관하다. 또한 고려가요와 기녀의 시조 그리고 사설시조를 과소평가한 것은 도남학의 약점이라 할 만하다. 그 후 『국문학사』에 와서 비로소 사설시조의 가치를 재인식하였다. 이 점은 가람과 좋은 대조를 이룬다.

특히 「시조자수고時調字數考」(1931)는 전술한 바와 같이 그 체재와 방법론 및 분량에 이르기까지 이 분야의 본격적인 최초의 학술논문이라고 할 만하다. 이병기의 「시조란 무엇인고」, 이은상의 「시조 단형추의短型芻議」, 이광수의 「시조의 자연율」, 안자산의 「조선 고래가곡古來歌曲의 내맥과 그 가법歌法」 등의 논문을 비판함으로써 보다 과학적인 결론에 도달하고자 하였다. 『가곡원류』에서 단형시조 411수를 뽑아 각 장, 각 구의 배음수를 통계하여 그 기준을 마련한 것이 바로 그러한 것이다. 결국 시조의 각 장, 각 구의 배음수는 초장 3 · 4 · 4(3) · 4, 중장 3 · 4 · 4(3) · 4, 종장 3 · 5 · 4 · 3이 기준이 되어서, 각 구는 최단에서 최장으로 자유로이 신축할 수 있다는 것이다. 또한 음수율의 제약으로 첫째 종장 제1구의 3음은 절대로 변해서는 안 되고, 둘째 종장 제1구는 5음 이하가 되어서는 안 되며, 셋째 초 · 중장의 제4구의 4음과 종장 제3구의 4음은 십중팔구 변해서는 안 된다는 것이다. 물론 이러한 결론은 이병기, 이은상, 이광수의 율격론과 대동소이한 것이다. 그러나 그들의 연구는 도남의 말과 같이 창작경험에서 얻은 주관적인 연구이지, 객관적인 학구적 연구는 아니다.

물론 자수율은 그 후 정병욱의 「고시가 운율론 서설古詩歌韻律論序說」(1954)에서 비판을 받았지만, 시조의 자수율은 보편적으로 인식되어 반세기를 두고 그 권위를 유지하고 있었다. 그만큼 한국시가의 운율론은 서구의 율격이론으로는 설명할 수 없는 부분이 많은 것이다. 장르론도 이 점에서 마찬가지다. 한동안 장르론 논의가 가사에 집중된 것은 이 때문이다.

사실 종래의 시조의 운율론은 이른바 3 · 4조 자수율 개념이 기본이 된 율격론에 시종한 느낌이다. 김열규의 지적과 같이 운율론으로는 시조가 '테트라미터tetrameter' 이상도 아니고 이하도 아니다. 3 · 4율은 시조만의 것은 아니다. 그것은 가사, 판소리에 걸쳐 광범위하게 존재하는 것이다. 3 · 4율이 지적되었다고 해서 시조 운율의 대종이 잡혀지는 것은 아니다. '테트라미터'라는 도식화되거나 보편적 근거가 될 수 있는 운율요소 이외에, 외형화하여 포착할 수는 없으나 시조에 내재하여 시조의 또 하나의 운율요소 또는 음악적 요소의 몫을 다하고 있을 리듬이 전자와의 상관하에서 파악되어야 할 것이다.[37]

『조선시가사강』은 작품론을 서지적 주석과 전기적 주석으로 대신한 것이 또 하나의 특색이다. 한 시인의 전기적 사실이 시대적 배경을 곁들이면서 소개되고 작품창작의 동기, 그 유래 등이 언급되면서 작품론을 대신하고 있다. 시가의 경우, 전 문맥을 소개하고 있는 것이 특이하다.

이때에 현대문학 연구에 대한 관심도 새삼스러운 의의를 갖게 되었으며, 특히 현대시에 관한 비평도 전에 없이 활발하게 전개된 것도 이 시기다. 물론 현대문학 연구가 고전문학과 대등한 입장에서 대학의 강좌 내지 본격적인 하나의 학문으로 성립된 것은 이보다 훨씬 뒤인 1960년 이후가 된다. 그러나 현대시 연구가 그동안 전혀 없었던 것은 아니다. 일찍부터 강단이 아닌 문단에서는 현대문학을 대상으로 하는 비평 활동이 활발하게 전개되고 있었다. 아니, 강단의 고전시가 연구에 비하면 질량 양면에서 비평이 현대시에 관한 논의를 주도하다시피 했으므로 그쪽의 동향을 외면할 수 없다. 현대시 총류에 관한 논문이 620편이고, 현대소설 작가론이 368편을 상회한다.[38] 그렇다고 전술한 바와 같이 비평의 수준이 종래의 평가

37 조규설 · 박철희 편, 『시조론』, 일조각, 1978, p.34.

38 박성의, 앞의 글, p.225. " '신시 · 현대시' 분야에 있어서는 시론류가 31종, 시감상류가 20종, 시선집류가 11종이란 통계숫자로 나타났는데, 감상류가 1944년에 제일 먼저 나왔고 시론

처럼 저널 비평의 영역을 크게 벗어나지 못한 것은 아니다. 신문 · 잡지에 발표된 시인의 단편적인 시평, 작품평이 대종을 이루지만, 그중에는 문학의 접근적 시각이 새롭고 심도 있는 것도 적지 않다. 육당을 비롯하여 이광수, 김안서, 주요한, 김팔봉, 양주동, 박용철, 박영희 등, 특히 1930년대 중반 김기림, 최재서, 이양하, 임화 등의 시론이 바로 그것이다. 다만 이들은 연구보다도 창작적 방법론, 아니면 외국문학의 소개 등에 관심을 두었으므로 고전문학 쪽에서는 그들을 학문의 대상으로 생각하지 않았다. 말하자면 서구문학이 바로 보편성이라는 현대시관에 대한 반작용이다.

이광수의 「문학이란 하何오」는 근대 이후 문학이란 무엇인가를 밝힌 최초의 이론적인 글이다. 그의 다른 논문 「문학의 가치」와 함께 문학이란 무엇이며, 어떻게 존재하고, 왜 소중한가를 설명한 것이 본론을 이룬다. 말하자면 당시의 문학개론인 셈이다. 특히 문학은 정情의 기초상에 입立하였다는 '정감론情感論'은 지知 · 의意에 대한 정情의 우위론이며, 종래의 유교적 도덕주의에 대한 반명제로서의 일종의 감정주의 · 반도덕주의인 셈이다. 무엇보다 시인의 타고난 개성과 창조적 상상력, 그리고 정서적 자발성을 강조한 것은 한국시의 근대적 변화(낭만주의)를 알리는 봉화랄 수 있다.

근대 이후 문학의 통사체계는 임화에 의해 시도되었다. 「조선신문학사서설朝鮮新文學史序說」(1935)에서 이인직부터 최서해에 이르기까지 신문학사의 발전단계를 사론적으로 검토한 바 있는 그는 「신문학사新文學史」(1939~1941)에 와서 본격적인 현대문학사 연구에 착수하였다. 일제의 언론탄압으로 중단된 그의 문학사 연구는 실증적 작업의 부분적 오류에도 불구하고 사회학적 관점과 비평적 안목을 결합한 선구적 업적이라 할 수 있다. 이 책은 창가에만 한하였고 육당에까지도 나가지 못하였지만, 개화기 시가가 국문학 연구의 대상으로 부상한 계기가 되어준다. 「신시의 선구

류는 1948년에 비로소 세상에 출현되었다. 년도로 보면 1959년도가 11종으로 현재까지 그 절정이다" (앞의 책, p.253).

로서의 창가」라는 제목 아래 개화기 시가를 다루었다. 그 후 개화기 시가에 대한 연구로는 서로 관점을 달리하고 있는 조지훈의 「한국현대시문학사」(1964)와 조연현의 「개화기문학형성과정고」(1966)를 기다려야 했다. 후자는 개화기 시가의 양식으로 창가를 내세워 그 형성과정을 군가 · 교가 · 찬송가 등의 영향 아래 자연발생적으로 일반 사회에 보급된 것으로 보았다. 전자는 창가의 형성에 이르는 과도기적인 형태로서 창가와 신시 이전에 개화가사라는 전통적인 시가 형태를 내세운 것이 특징이다. 이것은 기존의 문학사들이 전통적인 문학양식에 의거한 저항기의 적극적인 시작 활동을 거의 외면하고 있었던 점과 좋은 대조를 이룬다. 문학사적인 관점에서 시가 형태의 변모과정을 전통의 맥락으로 파악하고 있었다는 것도 주목되는 대목이다. 사실 우리에겐 진정한 개화기는 없었으며 저항기만 있을 뿐이다. 당시에는 외세에 영합한 개화와 그에 반대하는 척사의 대립이 있었고, 자주자강自主自强을 위한 개화와 척사의 이합離合이 있었다.

그러나 다른 한편 이보다 먼저 김춘수는 『한국현대시형태론』에서 신체시는 정형시라고 보기가 곤란하다고 하면서 "변격적인 정형시 내지 준정형시란 말을 써볼 수 있지 않을까 한다"고 하였다. 다시 말하면 "기형적인 자유시 내지 준자유시"라고 하면서, "심리적으로는 퍽 불안한 형태라 할 수 있겠고 역사적으로는 진보적인 형태"라는 지적도 있었다.

이와 같이 국학파와 실증주의에 의해 주도된 국문학 연구는 문헌의 주석적인 연구인 양주동의 『여요전주麗謠箋注』, 김상불의 『해동가요海東歌謠』(1950), 정음문고로 나온 『송강가사』(방종현 교주)를 낳았다. 1937년에 양주동은 「향가의 해독—특히 원왕생가에 취就하여」를 당시 하나밖에 없는 일본인 학술지 『청구학총』에 일본말로 발표하여 마에마 교사쿠前間恭作의 『한어통韓語通』과 오구라 신페이의 『향가 및 이두의 연구』에 도전한 한국인 최초의 업적을 세웠다. 이 두 사람에 의하여 첫 삽이 들려진 향가 연구는 양주동을 기다려 새로운 전환점을 맞이하게 된다. 그 후 『고가연구

古歌硏究』에서 15세기 문헌을 총동원하여 사뇌가詞腦歌 25수를 노래의 격조에 알맞게 석주釋注하였다. 이 책의 속편인 『여요전주』는 1946년에 나왔다. 『악학궤범樂學軌範』과 『악장가사樂章歌辭』에 전하는 고려가요 16편을 주석하고, 부록으로 「가시리」와 「서경별곡」의 평설評說을 붙였다. 비록 그 이전에 고려가요에 대한 김태준에 의한 간략한 주석이 없었던 것은 아니나, 본격적인 어학적 논증을 갖춘 책으로는 『여요전주』를 효시로 하는 것이기 때문에 고려가요 하면 곧 『여요전주』를 상기한다. 다만 고려가요를 해석함에 있어 문헌고증에만 한하지 않고, 그의 독특한 시적 감수성을 발휘하여 텍스트를 확정하고 있는 것은 이 책의 장점이자 약점이랄 수 있다. 하지만 지헌영의 『향가여요신석鄕歌麗謠新釋』(1947), 김형규의 『고가주석古歌註釋』(1955) 등의 주석적 연구로써 어학적 연구는 상당한 수준을 보였다.

4. 조윤제의 『국문학사』

1945년 해방이 되자 학문 활동이 활발히 전개되어 국문학의 논문발표는 물론, 저술도 앞다투어 간행되었다. 특히 오래 준비해온 노작을 내놓았다. 해방 후 5년은 어느 시기보다 국문학 연구의 활발한 움직임으로 점철된 시기이다. 해방 전부터 활동하던 세대는 국문학 전반을 연구 대상으로 삼았으며 국문학사나 국문학개론을 쓰는 것을 가장 중요한 연구과제로 삼았다. 『조선문학사朝鮮文學史』(1948)(이명선), 『국문학개설國文學槪說』·『국문학사』·『조선시가연구朝鮮詩歌硏究』(조윤제), 『조선민요연구』(고정옥), 『국문학전사』(이병기·백철)를 비롯하여, 특히 이병기의 『국문학개론』, 김기림의 『문학개론文學槪論』 등은 비교적 짧은 시일 내에 이루어졌어도 이미 높은 수준을 보여주었다. 김기림의 『문학개론』은 문학의 일반적 개론류로는 그 시초이다.

고전의 주석과 보급에서도 이 시기는 상당한 활기와 안목을 보여준다. 고정옥이 편찬한 『고장시조선주古長時調選註』 등이 그중에서도 주목되는 성과다. 고전의 주석과 보급이 특히 강조된 것은 민족국가의 건설이라는 당대의 긴급한 현실적 욕구와 국문학 연구가 맞아떨어졌기 때문이다. 국문학 연구는 민족문학의 건설에 여러모로 도움을 주어야 했고, 민족교양의 형성에도 선도적 역할을 요구받고 있었기 때문이다.

이명선의 『조선문학사』는 마르크스주의 유물사관을 표방하여 주목을 받았다. 같은 시기에 나온 우리어문학회의 『국문학사』 재판에서 회원들 스스로 이명선의 문학사와 비교하여 자신들의 태만을 깊이 반성할 만큼 문학사를 기술하는 데 사관의 방법론의 중요성을 자각한 저술이다. 그는 처음부터 마르크스주의적 반영론을 의식하고 있었다. 물론 그 점은 아무데서나 명시하지 않고 독자 스스로 알아차리게 했다. 조동일의 말과 같이 대한민국 정부가 수립되고 사상 통제가 시작된 다음에 나온 책이어서 그랬을 것이다. "서정시는 몹시 개인적인 특성, 개인적인 기쁨과 번민을 노래했으나 동포의 운명에 대해 노래한 일은 희소했다"는 샤를르 랄로Charles Lalo의 말을 내세워 향가와 시조를 부정적으로 보고, 「청산별곡」은 긍정적으로 평가하였다. 「청산별곡」은 다수 유망민을 낳게 한 비참한 사회적 배경의 소산이라는 것이다.

반대로 시조는 유교이념을 구현하는 데 알맞은 장르라고 하면서 비판하였다. 유교, 특히 주자학이야말로 비현실적인 대의명분론, 말초적인 예론, 퇴영적인 형식주의에 빠져 관념적인 백일몽이라는 것이다. 그러나 『조선문학사』의 방법론은 불투명한 점이 많아 해명되어야 할 과제가 적지 않다. 조윤제의 『국문학사』는 『조선문학사』(이명선)의 방법론과는 전혀 상반된다.

이 시기에 철저한 실증주의자로 출발한 조윤제와 손진태가 실증주의를 자기비판하면서 문학사가 민족사라는 민족사관을 표방하였다. 조윤제는 딜타이Wilhelm Dilthey의 철학과 비견되는 착상으로 민족문화 이론을 수

립하였고, 그런 점에서 그의 이론은 딜타이의 해석학을 원용한 신민족주의 이론이랄 수 있다. 그 이론의 소산이 그의 학문적인 총결산인 『국문학사』다. 1929년 국문학 연구에 입문한 지 꼭 20년 만의 결실이다. 이 책이 간행됨으로써 그는 선구자적인 사명감을 표방한 이른 시기의 낭만적 성향이나 실증주의의 고답성에서 벗어날 수 있었다.

신민족주의란 구민족주의에 대한 대응적 명칭이라고 할 만하다. 육당, 춘원, 문일평, 위당 등이 내세운 조선심이 구민족주의의 논리화할 수 없는 생리적 용어라면, 신민족주의는 여기에 논리로 무장한 것이다. 그러나 이 방법은 민족주의적 성향과 정신사적 특성을 가진다 했는데, 이 두 가지 점에서 긍정적인 평가와 부정적인 평가가 함께 이루어지고 있다. 일제의 식민지 통치로부터 민족을 해방시키기 위하여, 그리고 그 후에는 민족통일을 이룩하기 위하여 민족적 자각을 하고 민족적 동질성을 확인하는 것이 국문학 연구의 과제라는 점에서는 민족주의적 성향이 긍정적으로 평가되나, 민족문화 내부의 문제를 깊이 다루는 데는 그 입장이 미흡할 수밖에 없다. 정신사적 특징은 문학과 문화 일반의 연결을 가능하게 하는 장점을 가지면서, 반면에 문화의 복합적 양상을 지나치게 단순화시키는 결함을 가진 것으로 지적된다. 문학 연구를 민족운동의 일환으로 보고 민족주의적 학문관과 문학을 민족문화의 전체적인 동향 속에서 파악하려는 시각을 지녔으나 이를 방법론의 차원으로 승화시키지 못하고 실제로는 고증적인 작업에 시종하여 "생의 철학을 기본으로 하는 민족사관을 제시하기는 하였지만 이는 일제의 국학철학의 둔신遁身과도 같다"는 비판[39]도 있었다. 그러나 조윤제의 민족사관은 그 포괄성이나 창의성 때문에 국문학 연구방법론을 새롭게 논의할 때마다 거듭 문제가 되고 있다.

조윤제는 문학을 민족정신의 구현체라 보고, 민족정신의 총체성이나 면면한 계승이 문학을 통해 나타나는 양상을 파악하는 것이 긴요한 과제라

39 김동욱, 앞의 책, p.245.

고 하면서, 부분으로의 해체가 아닌 총체적인 이해의 방법을 제시했다.

> 하나하나의 문학 事象은 片片히 떨어져 있는 한 개의 고립적 事象이 아니고 기실은 한 생명체의 부분이며 거기는 전체의 생명이 부분적으로 잠재하고 있어 밖으로 아무런 관련성이 없이 보이는 듯한 모든 부분적인 문학적 사상도 그것을 세로 또 가로 한데 편록하면 완전한 생명체를 구상할 수 있을 것이다. 그러므로 문학사는 실로 이러한 상호간의 관계를 밝혀서 그 모든 문학적 사상이 한 생명체임을 잊지 말고 그 생명을 살려 나가지 않으면 안 될 것이다.[40]

이와 같이 그가 표방한 것은 문학사를 생명체의 운동으로 파악한 유기적인 전체성의 개념이다. 그렇다고 전체성이라고 해서 문학사가 계속 동질성을 유지해왔다는 것은 아니다. 전체성의 개념이란 대립적인 운동의 연속이다. 문학은 어느 시기에 위축될 수도 있다. 문학의 위축은 외래문화의 우세로 인하여 민족의 주체성을 상실할 때 일어난다. 그러나 위축은 위축으로 끝나지 않고, 문학은 다시 잠동潛動하고 소생蘇生한다는 것이 문학사의 연속성이다. 가령 고려시대의 문학은 외래 한문학의 우세 때문에 고유문학은 위축되면서 잠동한다. 그리고 다시 소생하여 한글문학의 길을 터놓기에 이른다. 이 시대는 장가(속요)와 경기체가가 대립하는 시기이다. 민족정신은 이러한 내적 대립을 극복하면서 대립을 배격하는 전체성을 회복하게 되고 국민문학인 시조가 등장한다. 따라서 문학사의 연속성은 고전문학과 현대문학을 통일된 하나의 시야로 보게 한다. 『한국문학사』에 와서 『국문학사』에 없던 207면의 현대편을 거의 새로 붙이다시피 한 것은 이 때문이다.

그러나 뭐니 뭐니 해도 유기적인 전체성은 문학사적 개념의 것만이 아니고, 작품을 분석하고 해석하는 것과도 무관하지 않다. 작품을 부분으로 나

40 조윤제, 『국문학사』, 동국문화사, 1949, p.2.

누거나 개별적인 요소로 환원하지 않고 전체를 통일적으로 보아 그 의미와 가치를 문학사적 연속성과 시대적인 전체성과의 관련 속에서 해석한다. 이런 점에서 부분(실증)과 전체(사관)는 적어도 그에게 상반된 것은 아니다.

그러나 조동일의 지적과 같이 이러한 전체성의 이론이 실제로 문학사를 서술하는 데 큰 힘을 발휘하지 못한 것도 무시할 수 없다. 이론적 지향에서뿐만 아니라 문학사의 실상을 소상하게 밝히고 많은 사실을 포괄하고 있다는 점에서 또한 커다란 의의가 있었는데, 그 두 가지가 긴밀히 연결되었다고 하기는 어렵다. 민족정신의 단합이 깨지고 내적 분열이 생기는 것은 일시적인 불행이라고 여겨, 전체를 부분의 대립적 총체라고 생각할 수 없었다. 향가나 시조는 단합된 정신을 나타낸 국민문학으로 보고, 고려 장가나 경기체가의 대립은 위기의 증후라고 본 것이다. 그런 관점으로 가사니 소설이니 하는 새로운 문학의 갈래가 생겨나는 이유를 설명할 수 없으므로 생활이 점차 복잡해지는 과정이 문학에 나타난다는 진화론을 곁들여야 했고, 커다란 변화가 민족정신 내부에서 생겨나지 않은 채 외래문화가 영향을 끼친 결과라고 하지 않을 수 없었다.[41]

이 무렵에 이루어진 방종현, 고정옥, 김형규, 정학모, 손낙범, 정형용, 구자균 등의 '우리어문학회語文學會'의 활동은 높이 살 만하다. 이들은 한결같이 일제시대의 조선어문학회를 이어받은 차세대로서 이들의 작업은 민족문화 연구의 소중한 성과로서 오늘날까지 지속적인 의의를 갖는다. 우리어문학회는 『국문학사』, 『국문학개론』과 같은 국문학사를 체계화하고, 최초의 국문학개론서를 내놓았다. 『국문학사』에는 한국문학의 사적 흐름을 장르별로 일관성 있게 체계화하고자 한 흔적이 역력하고, 『국문학개론』은 공동작의 형태를 취한 것이 독특하다. 특히 『국문학개론』에서는 시조가 고려가요에서 발생하였음을 예를 들어 설명하였으며, 그 시기는 고

41 조동일, 『동아시아 문학사비교론』, 서울대출판부, 1993, p.123.

려 말엽이며 주로 양반들의 손에 의하여 이루어졌다고 밝혔다. 형식론에서는 주로 자수율을 비판하고, 가곡창과 시조창을 무시하고 그 자수를 논의함은 무용이라고 하였다. 또한 시조를 장단형으로 나누고, 장형에서는 그 형식을 음악적인 곡조에서 살피고 있다.

이들의 개별적인 업적은 『조선평민문학사』(구자균), 『조선민요연구』(고정옥), 『국문학사』(김사엽), 『윤고산연구尹孤山硏究』(이재수), 「정읍사연구井邑詞硏究」(지헌영), 『시조개론』(이태극) 등 국문학사나 국문학개론을 주업적으로 삼았다는 점에서 앞 세대와 다르지 않으며, 또 한편으로는 특정분야에 대한 구체적인 연구를 시작하였다.

현대문학 분야에서는 백철이 『신문학사조사新文學思潮史』를 완성하였다. 한국전쟁 전에 두 권이 나왔고, 전쟁 후에 수정판이 간행된 『신문학사조사』는 근대 이후의 문학을 개괄적으로 분석 · 종합하여 이것을 역사적으로 서술한 이 방면의 최초의 시도요, 성과라는 점에 그 의미가 있다. 그리고 무엇보다 격동기 한국문학에 저자가 직접 참여하고 몸소 체험한 경험과 실증으로 이루어진 문학사라는 점에서 가장 믿을 만한 자료를 실증적으로 파헤친 문학사이다. 이 책에는 20세기 전반기 한국문학을 구성하는 모든 작가와 작품이 언급되어 있다. 일찍이 저자 자신이 얘기한 바와 같이 브란데스Georg Brandes의 영향을 받았다고 하였으나, 연구자의 독자적인 연구로 결실되었다고 할 수 있다. 특히 한국현대문학의 서지목록이 작성되지 않았던 시기에 이 책은 현대시 연구를 위한 상당기간 유력한 참조서목이 되어준다. 그 이후의 문학사는 모두 이 책을 바탕으로 하여 보충 · 확장한 것이며, 아직도 이 책의 수준을 넘어선 문학사는 나오지 않았다.

첫 장에서 말했듯이 『신문학사조사』는 그 후 1960년대 조연현의 『한국현대문학사』와 함께 이 땅의 현대문학 연구가들에게 큰 영향을 주었다. 대학에서의 한국 현대문학 연구는 사실상 이 두 선편작업의 실증적 검토와 아울러 그 오류를 지적하고 그 방법론적 한계를 밝히는 작업으로 점철되었다 해도 과언이 아니다.

특히 신문학운동의 선구자로서 육당, 주요한 등을 외재적 시각 못지않게 내재적 시각에서도 사적 자리 매김 하고 있는 것을 놓칠 수 없다. 육당의 「신조선 소년」을 인용하면서, 개화시대라는 하나의 여명기에 자연발생적인 시로서 우리 신시사 초기 작품 중 대담하게 낡은 시형을 깨뜨리고 자유롭게 표현한 표본이라고 하였다. 또한 주요한의 「해의 시절」, 「아침 처녀」를 인용하면서 작가의 이상주의적인 낭만주의의 면을 보여주는 작품이라고 평가하였다. "근대적인 신시운동의 처음에는 서구의 시풍, 특히 상징파의 사조나 언어법을 소개하고 배워서 시작한 것이 사실이나 나중에 서구풍을 버리고 우리나라 전래의 민요풍의 서정시로 전환한 사람들이 많다. 그 대표적인 시인들이 주요한, 김억 등이다. 그 뒤에 김소월이 있다".

"조선문학이 현재와 미래에 있어 민주적인 민족문학의 건설을 지향함에 있어서는 과거에 있어 가장 서민적이며 가장 향토적이었던 민요 유산의 구명 섭취야말로 새로운 우리 문학의 길을 개척하는 데 불가결의 선행과제" 임을 표방한 『조선민요연구』에서 고정옥은 한국시가가 민요를 랑그로 한 파롤임을 입증하는 데 그의 상상력을 바치고 있다. 향가를 상대 민요의 정착으로 이해하였고, 고려가요와 장시조 등도 민요와 긴밀한 연관을 맺고 있음을 부각했다.

이 시기의 문학 연구는 엄격히 말해서 대부분 역사적인 연구다. 문학작품에 관한 문헌학적 연구, 문학을 산출한 작가들의 전기적 연구, 그리고 그러한 작가를 낳은 시대와 사회에 대한 역사적인 규명이 바로 그것이다. 대부분의 연구가 문학사를 서술하는 방향으로 이루어진 것은 이 때문이다. 그만큼 식민지 시대 이전의 전통문화가 보존되고 재평가되어야 하기 때문에 역사적인 연구가 절실하게 요구되었다. 초창기의 서지학과 역사주의 그리고 의사 실증주의 등에 의해 문학작품이 다루어진 것이다. 이 점은 그 후 실증주의 · 진화론 · 변증법 등으로 무장된 '조선어문학회'의 방법 또한 예외는 아니다.

그들은 한결같이 문학을 역사의 하위개념·종개념으로 격하하여 문학적 사건과 역사를, 초역사성과 역사성으로 동일시하였다. 작품이 민족문화의 증거 내지 민족정신의 징표로서의 문헌으로 취급된 것은 이 때문이다. 이때 민족운동과 역사주의가 동시에 등장한 것은 우연이 아니다. 이러한 정치적인 동기에서 역사주의자들이 문화적 단일성을 추구하였다면 역사를 객관적인 사실로, 문학을 주관적인 활동으로 파악한 실증주의도 역사주의를 낳게 한 모태가 되었다.

5. 신실증주의와 비교문학

1960년대는 해방 후에 등장한 세대가 주역을 이루면서 앞 세대가 개척한 국문학 연구를 확대·발전시켰으며, 업적 또한 질과 양 양면에서 괄목할 성취를 보였다. 사실 1960년대 이전까지의 시가 연구는 그 방법이나 내용으로 크게 볼 때 근본적으로 변화는 없었다. 초기의 지배적인 담론인 문헌학이 문학사 서술과 동행하였고, 다른 것은 비교문학이라는 새 분야와 관념의 역사가 대두되었다.

분단체제가 고착된 1950년 이후 국문학계의 주도적인 연구방법은 실증주의와 비교문학이다. 6·25를 거치면서 이념적 성격은 퇴색하고 '국어국문학회'가 1952년 피난시절 부산에서 결성되면서 실증주의가 다시 부활한 것이다. 초창기 이후의 자료 정리작업은 이 시기의 실증주의 연구에 의해 정밀해질 수 있었다. 그러나 한편으로는 종전의 국문학 연구가 지녔던 민족주의적 경향은 학문의 객관성을 저해하는 것으로 배격되었고, 문학을 포괄적으로 이해하려는 문학사적 시각 역시 문학 연구의 실증성 앞에서 퇴각할 수밖에 없었다. 도남비판이 바로 그러한 것이다. 그의 민족주의 경향은 관념적이며 형이상학적이라고 비판되었고, 서지적 주석과 전기적 주석이 없는 문학사 서술은 생각할 수 없다는 것이 그들의 주장이었다. 결과적으로 국문학 연구 초의 외재적 문학, 즉 역사주의로 복귀한 것이다. 그래서 실증주의가 다시금 문학 연구의 지배적인 방법으로 군림하였고, 시가 연구의 경우 주로 실증주의에 대한 업적이 이 시기에 가장 큰 비중을 차지하였다.

그러나 일찍부터 실증적 연구가 시작되었다 해도 과학성이 뒷받침된 연구가 본격적으로 이루어진 것은 해방 뒤, 1950년대에 와서다. 1950년대에 문학사, 시사, 시 개론, 시 전집 등 다양한 실사구시의 저서가 출간된 것이 단적인 예증이다. 「고시가운율론서설」(정병욱), 『한국가요韓國歌謠의 연구』(김동욱), 『시조문학사전時調文學辭典』(정병욱), 『고시가논고古詩歌論考』(이능우), 『한국시가문학사韓國詩歌文學史』(송민호), 『교본校本 역대시조전서歷代時調全書』·『시조의 문헌적 연구』(심재완) 등을 쓴 이들은 일반적으로 민족사관을 부정하고 실증주의를 발전시켜 시가의 실상에 대한 개별적인 연구를 강조하는 방향으로 나갔다. 다른 한편 분석비평이나 비교문학적 방법론 등 연구의 전문화를 도모하기도 하였다.

김동욱의 『한국가요의 연구』에서 서지적 주석과 전기적 주석 작업은 이른바 작품론의 모형을 이룬다. 이 연구는 한국시문학 연구사상 해방세대의 대표작이라고 할 만하다. 문예 과학성, 특히 문헌학적 실증주의를 중시하였으며, 그러면서도 서지에 대한 주변적 정보에 관한 주석적 연구를 지양하고, 문화사적 관점에서 새롭게 향가를 재조명하였다. 작품을 언어로 보고 그것을 통한 정신 해독 작업을 한 것이 바로 그러한 것이다. 특히 「원왕생가願往生歌」 연구는 특이하고도 가장 높은 의미의 본문비평이라고 보아진다. 광덕설화에 나오는 「원왕생가」는 종래의 작자가 광덕의 아내로 잘못된 것을 광덕 작으로 바르게 읽으면서, 「원왕생가」가 진리의 표상으로서의 달과 신성계약神聖契約으로서의 부부애와 정토왕생을 위한 귀의심을 축으로 하여 이루어진 작품이라는 것이다. 거기에 비교문학적 성찰도 곁들였다. 「원왕생가」를 가요로 분석해볼 때 그 원류에 있어서의 사상과 더불어 그 형태적인 근원도 수隋·당唐에서 전래된 한시의 영향[42]을 무시할 수 없다는 것이다. 광덕이 살던 분황사 서리西里는 유명한 사찰촌이고, 그가 사문沙門으로서 짚신을 삼아서 살았으므로 그의 지식의 근원에는 원효를 중심으로 한 정토사상과 당시의 법회 제식에서 부른 한찬가漢讚歌의 영향을 감지할 수 있다고 하였다. 무엇보다 향가의 위치를 동아시아의 불찬佛讚문학에서 파악한 것은 큰 성과라고 할 만하다. 인도의 범패梵唄에 상응하는 중국의 한찬漢讚에 대응하여 우리나라 양식을 향찬鄕讚이라 하고, 이것이 일본에 건너가서는 화찬和讚이 된다고 하였다.[43] 일찍이 오구라 신페이는 일본 헤이안조平安朝의 로에이朗詠와 범찬梵讚, 한찬, 화찬 등 불교 범패의 영향을 받은 과정과 향가 형식의 형성과정에서의 범패의 영향을 비교·검토하였다.

정병욱의 『국문학산고散藁』(1960), 그중에서도 「고시가 운율론 서설」과 「별곡의 역사적 형태고」는 그의 시가 연구 가운데 가장 빛나는 업적의 하나라고 평가된다. 전자는 1954년에 나온 것으로 1958년에 나온 이능우의 「자수고字數考 대안代案」과 함께 자수론을 이론적으로 부정한 글이다. 「고시가 운율론 서설」에서 정병욱은 우리 시가의 기본 율적 단위는 음보율에서 찾아야 하며, 그 운율을 형성하는 기저자질은 강약률에서 찾아야 한다고 하였다. 한국시가의 율격이 등시성의 원리에 입각한 음보의 규칙성에서 발견된다는 이 주장은 이후의 율격 연구에 새로운 전망을 제시한 것으로서 많은 학자의 동의를 얻고 있다.

여기서 한국시가 율격의 한 가지 특징이 3음보격 또는 4음보격이라는 것을 밝혔다. 그중에서 3음보 강약약형이 기본 단위이고 외래문화의 영향을 받아 나타난 것이 4음보가 아닌가 추측하였는바, 이 점은 그가 우리 예술의 특징을 멋에서 찾지 않고 데포르마시옹déformation에서 찾고자 한 사

42 김동욱, 『국문학개설』, p.53.

43 김동욱, 「新羅觀音信仰과 禱天壽觀音歌」, 『서울대 문리대학보』 11집, 1958. 7.

실과 관련된다. 민요를 비롯하여 민족적 정서의 심금을 울리는 노래들이 3음보격으로 되어 있고, 고려가요일수록 그러하지만 시조를 위시하여 근대로 내려올수록 4음보격의 시가들이 많이 쓰였으며, 이런 현상은 우리의 본래적인 미의식이 전통적인 기수계奇數系의 3음보격 운율에서 외래의 미의식의 영향을 받아 우수계偶數系인 4음보격으로 옮아간 것이라고 설명하고 있다.[44]

이능우의 「자수고 대안」은 음수율을 부정하고 율격체계를 강약률로 본 것은 정병욱과 동일하지만, 그 이론적 근거는 각각 다르다. 하나는 음악과 시가 운율관계 및 국어 자체의 성격에 주목했다면, 다른 하나는 심리현상에 주목하였다. 후자는 시가형태 분석에서 음보율을 적용한 실제 비평작업이다. 즉, 그는 서로 다른 경기체가류와 속가류가 실은 동일한 운율구조로 이루어진 노래임을 입증하였다. 이태극은 「시조자수의 운율작용 연구」에서 시조 운율을 서구시의 헤아림에만 결부시켜서는 안 된다고 주장하고, 시조 운율과 시조 자수와의 관계가 불가분하다고 하였다.[45]

국문학 연구가 시작되면서 가장 많은 노력을 기울여온 분야인 시조에서 정병욱의 『시조문학사전』이 출간된 것은 특기할 만하다. 『시조문학사전』은 국문학사상 시조에 관계된 전 문헌에 산재된 고시조 총 2,300여 수를 망라하였다. 그 후에 출간된 심재완의 『교본 역대시조전서』 또한 정병욱의 『시조문학사전』과 함께 이 방면의 문헌적 내지 서지적 자료나 주석의 결정판이며, 이 책만으로써 시조의 문헌적 정리는 일단 마감되었다고 해도 과언이 아니다.

이 책은 50여 종의 시조집과 55종의 문집, 판본, 사본의 책자 지편紙片에서 수집한 종 3,335수를 수록한 시조집이다. 작품을 초장 첫 구를 중심으로 가나다순으로 배열하고 그 순서에 따라 붙여진 작품번호가 먼저 나오

44 정병욱, 「고시가 운율론 서설」, 앞의 책, p. 411.
45 이태극, 「시조자수의 운율작용 연구」, 『한국문화연구원 논총』 15집, 1968, p.8.

며, 빈칸 속에 저자 순으로 선정한 기준작품을 보이고 그 작품의 변이를 지니고 있을 때에는 그 변이의 세부적 여러 양상을 대비시켜 일목요연하게 제시하고 있다. 그동안 육당의 『시조유취』, 신명균申明均 편의 『시조집』, 『시조문학사전』에 이르기까지 대부분의 시조집이 작품의 초장만 서로 같아도 동일한 작품으로 취급하여왔던 것에 비하면 일보 진전한 것이라 할 만하다. 뿐만 아니라 동일 작품의 변이가 아니라 이문異文이라고 간주된 작품도 그간의 사정을 밝혀놓았다. 이때는 기준작품 아래 '이異'자를 덧붙여 그 이문을 제시하고, 다시 그 이문에 따르는 변이도 기준 작품의 변이를 표시할 때와 같은 방법으로 표시하고 있다. 이 변이와 이문 표시가 이 시조집의 핵심이다. 물론 기준 작품은 말할 것 없고 변이와 이문마다 그 수록되어 있는 원전이 밝혀져 있으며, 작에 이명이 있음도 주목하였다.

심재완의 『교본 역대시조전서』의 자매편인 『시조의 문헌적 연구』는 원전자료인 각 시조집, 판본, 사본 등의 서지적 해석이다. 또한 이 책은 이른바 '유사가 연구'이며, 시조가 그 전승과정에서 구전과 필사체로 의존한 만큼 그 변이에 주목하고 있다. 이 책에서 그는 변이를 '자字의 변이變異 유사類似'를 비롯하여 '작품의 유사변이'까지 모두 아홉 가지의 대 항목으로 나눠 법칙화하고 있다. 누락, 가감, 전도, 삽입, 대치 등이 소항목화된 구체적 법칙이며, 이러한 법칙을 통하여 시조 장르의 속성을 밝히고 있다.

한편, 정병욱의 『시조문학사전』에 서두로 실린 「시조문학의 개관」은 김동욱의 시조관과 함께 시조의 형식적 특성과 양면적 성격을 파헤친 이 방면의 선구적인 글이다.

> 그러므로 대부분의 시조는 유학도의 소박한 감정을 노골적으로 표출하는 영탄적인 방법에 의하였거나 또는 자연을 소재로 하는 단순한 서경시가 그 대부분을 차지하고 있기 때문에 서술적인 방법에 의하였거나의 두 가지의 표현 기교가 채택되지 않을 수 없는 것은 불가피한 일이었다 하겠다. 그러나 아무리 유학도들의 여기로써 창작된 시조였다 할지라도 때로는 천재적인 작가를 만나 시

조는 그 영탄적이고 서술적인 초보적 표현기교를 벗어나 서정적인 표현이나 묘사적인 표현으로 지향 승화되는 경우도 있었고, 때로는 고도한 상징적 수법까지도 볼 수 없는 바 아니다. 이를테면 황진이의 시조에서 우리는 객관적으로 묘사된 소재가 서정적으로 주관화되었을 때에 그 주제의 상징성을 뚜렷이 감득할 수 있었다는 사실은 곧 시조의 표현기교가 다채로울 수 있는 가능성을 충분히 시사해주는 것이라고 하겠다. (「시조문학의 개관」에서)

시조의 문학적 경향을 이분하여 고전적 측면과 낭만적 측면을 유별할 수 있을 것이다. 그 고전적 측면이란 과거의 한시에 익혀온바 현실의 질서 있는 배정을 말함이요, 낭만적 측면이란 이를 파괴하고 인간성에의 복귀를 노래한 것이라 할 것이니……[46]

무엇보다 억압 속에서 도리어 자유를 누리는 형식이 시조의 형식임을 간파한 정병욱의 지적은 여러모로 시사적이다. 아무리 유학도들이 지은 시조라 할지라도 때로는 천재적인 작가를 만나, 시조는 그 영탄적이고 서술적인 초보적 표현기교를 벗어나 서정적인 표현이나 묘사적인 표현으로 지향 · 승화할 수 있고, 때로는 고도한 상징적 수법까지 볼 수 있다는 것이다. 내용 또한 지적 · 정적 양면을 아울러 표현하는 데 불편이 없고, 표현기교에 있어서 초보적인 단계로부터 현대시가 지향하는 상징적 수법에 이르기까지 광범한 방법을 취할 수 있다고 하였다.

이때, 현대시를 학문적 연구 대상으로 하는 현대문학 전공학자의 등장을 놓칠 수 없다. 그들은 처음에는 주로 개화기 시가와 1920년대 시를 집중적인 대상으로 겨냥하였다. 조지훈, 조연현, 서정주, 정한모, 김종길, 김춘수, 문덕수 등 시인 비평가들과 김근수, 하동호 등 서지학자들의 작업이 바로 그것이다. 그들은 한결같이 역사를 원자화된 배경적 정보로 축소시키며 역사와 문학의 외재적 연결 관계에 주목하였다.[47] 이런 점에서 현대

46 김동욱, 앞의 책, p.82.

47 "거의 모든 영문과 교수들은 부지런히 존 키츠가 먹은 음식이 무엇인가를 알려고 노력한다.

시 연구가 주로 문헌학과 더불어 문학사 연구와 비교문학의 한 부분으로 나타난 것은 우연이 아니다. 특히 『시학평전詩學評傳』(송욱)은 작품 그 자체를 분석하는 이른바 실지비평과 동서문학 배경의 비교 대조, 그리고 시 창작의식과 시작의 과정을 드러내는 작업으로 나눠 한국시를 읽고 있다.

또한 믿을 수 있는 원전 확정작업이 김근수와 하동호에 의하여 이루어졌다. 이미 희귀본이 된 일제시대의 시집과 시잡지들을 원전 그대로 회복하고, 제작 연대와 작가의 신원을 밝히고 있다. 특히 하동호의 「한국현대시의 서지적 고찰」[48]은 그동안 발간된 시집을 원전 확정하였다는 점에서 그 의의가 각별하다. 현대시의 비교문학적 검토는 김열규의 「한일 근대시의 일반 문학적 고찰」, 정한모의 『한국현대시문학사』, 김병철의 「초기 한국찬송가가 초기 애국가류에 끼친 영향」 등에 의하여 이루어졌다. 그중에서 김병철의 논문은 그 후 간행된 『한국근대번역문학사』에 수록되었다. 이 글에서 그는 개항기에서 8 · 15에 이르는 해외시 유입사를 시도하였다. 특히 개항기 시가는 일본 신체시의 수입만으로 이루어진 것이 아니라 성경 · 찬송가의 영향도 무시할 수 없다고 하였다. 이들에 의해 선편이 잡혀진 비교문학적 연구는 1970년대에 와서 신동욱, 유종호, 김학동, 김용직, 이재선, 이승훈, 김영철 등 많은 이들에 의해 논의의 광장이 넓어졌고, 그 내용도 질적으로 향상되어갔다.

비록 학자와 비평가라는 용어는 상이한 원칙과 방법론으로 각각 나타나지만, 그 차이는 원칙상 타고난 갈등이 아니라 강조점의 차이인 것이다. 그들에게 비평과 역사는 상호 보족적이며, 특히 강단에서는 어느 한쪽이 없이는 교육이 이루어질 수 없었다. 비평은 일반적으로 한 작가나 작품을

이것이 지금까지의 연구다. 그러나 시인이 무엇을 먹었고 무엇을 입었고 어떤 사건이 발생했고 무슨 책을 읽었는지 안다고 할지라도—그렇다고 시가 이해되는 것은 아니다"(Gerald Graff, *Professing Literature*, The University of Chicago Press, Chicago and London, 1987).

48 하동호, 「한국현대시의 서지적 고찰」, 『신동아』, 1967. 2~4.

분석하고 평가하는 행위를 가리키는 개념이다. 문학은 개별적으로 어떻게 평가되고, 어떻게 평가되어야 하며, 어떻게 평가될 수 있는가. 문학에 대한 이러한 평가가 비평이며, 문학 현상을 개괄적으로 분석·종합하여 이를 역사적으로 서술하는 것은 문학사에 속한다. 하지만 문학사와 비평은 문학을 논할 때 분리된 두 영역이 아니라 상호 관련성을 갖는다. 엄격한 의미에서 비평이 배제되어 있는 문학 연구는 비본질적 연구로 떨어지기 쉽고, 그러한 의미에서 비평과 연구는 따로 떼어 생각할 수 없는 것이다. 중요한 것은 종래의 이분법으로의 환원이나 비평과 연구의 분리가 아니라 상호보족에 의해서 새로운 충만에 도달하는 것이다.

그동안 고전시가 연구가 서지학과 역사주의, 그리고 의사 실증주의 등에 의해 다루어졌다고 한다면, 현대시 연구는 그 초기에서부터 시학과 해석학이 역사주의를 압도하였다. 그것은 현대시가 당대의 문학이었기 때문에 그 유동성으로 말미암아 사적 정리가 힘들었다는 사실과 관련된다. 시학과 해석학을 주로 한 연구에 대하여 서지학과 역사주의가 대립됨으로써 접근방법이 현대시와 고전시가가 서로 다른 영역의 문학처럼 존립케 된 것이다. 이러한 대립은 단순한 시간적 차이 이상의 것이다. 시기가 다른 문학이기도 하지만, 마치 종種이 다른 문학인 양 국문학 연구 초창기를 상당 기간 지배적인 담론으로 군림하고 있었다. 거기에 현대시는 적어도 서구에서 이입된 문학이라는 점이 강하게 의식되어왔다. 그 이입 의식은 다시 동양적 전통과의 단절을 의식하게 하고, 고전시가와 현대시는 두 가지 서로 다른 문학, 연구와 비평의 분열로 나타난 것이다. 그 후 연구와 비평이 제도적으로 해소된 것은 1960년 이후이다.

연구가 곧 비평이라는 인식이 바로 그것이다. 실증주의에 바탕을 둔 학문적 연구scholarship와 작품을 해석·평가하는 비평criticism을 함께 아우르는 것이 한국 현대시 연구의 실상처럼 되었다. 작품의 원천에 대한 실증적 연구가 고전문학 연구에 비해 연륜이 짧은 현대문학 연구에 학문적 엄격성과 객관성을 부여하는 데 큰 역할을 하였다. 비평은 작품의 진의를 밝히는 데 기여하였다고 할 수 있다. 그래서 객관적 자료를 들추며 작품 해석을 위한 여러 가지 방법론을 모색하는 일이 문학 연구자들의 글쓰기 양상이 되었다. 그리고 그것은 연구와 현장비평을 겸하는 당대 교수이자 비평가와 무관하지 않다. 현대문학의 경우, 연구는 문학의 사적 체계화가 주가 되며, 문학사 쓰기가 문학 연구가 되다시피 하였다.

따라서 연구와 비평은 문학을 논할 때 분리된 두 영역이 아니라 상호관련성을 갖는다. 비평을 하기 위해서는 문학사의 전체적 흐름에 대한 이해가 필요하고, 문학사 쓰기에는 개별적인 작품 비평이나 작가론이 선행되어야 한다. 문학에 대한 모든 논의는 비평적 관심과 함께 아우를 때 이루어지는 것이다.

이런 점에서 조연현의 경우는 그의 비평적 활동이 매우 고무적이었다고 할 수 있다. 『한국현대작가론』과 『한국현대문학사』라는 실제비평과 문학사 기술이 바로 그것이다. 『한국현대문학사』에서 그는 창가, 신체시, 현대시 등의 분야에서도 철저한 자료조사를 기초로 한 비평적인 연구의 틀을 보여주었다. 이미 이루어진 임화, 백철, 조지훈 등의 문학사 내지 시사에 대한 반성적 재검토라고 할 만하다. 『한국현대작가론』에서는 작품의 직관적 반응을 통하여 유감없이 자기를 표현하였고, 문학사 정리에서는 작품론과 작가론을 바탕으로 하여 역사적 감각과 감식안을 발휘하였다. 그의 실제비평에서 가장 주목되는 것은 문학생리론과 유기적 보완 및 확대를 통한 성취이다.

1956년에 간행된 조연현의 『한국현대문학사』 제1부는 적어도 그 의도와 방법에 있어서 이른바 그의 문학생리론과 무관하지 않다. 문학생리론을 바탕으로 그의 인상비평은 시작되었다. 그만큼 마르크스주의적 관점에서 파악한 임화의 『신문학사』와 사조적 개념으로 파악한 백철의 문학사가 정면으로 대립한다. 하나는 사회주의적 경향의 문학에 대한 순수문학의 우위성이고, 또 다른 하나는 잡지나 동인지 중심의 문헌의 중시이다. 따라서 『한국현대문학사』의 방법은 한마디로 말해서 기술적이 아니라 배제적이라는 점에서 이념적인 문학사일 수밖에 없다.

그는 「원죄의 형벌」에서 서정주의 미적 특질을 의식 면에서 고구하여 시집 『화사집』과 『귀촉도』를 평가하였다. 특히 그가 가장 주목하였고 충격적인 공감을 표시하였던 대상은 김동리와 서정주다. 아니, 김동리와 서정주를 논하면서 결국 김동리와 서정주가 아닌 '자신'을 논하고 있다. 사실 서정주의 시가 그를 공감케 한 것은 과학보다 생명을, 이성보다 기질을, 논리보다 생명을 그들 작품을 통하여 재체험할 수 있었기 때문이다. 그에게 공감의 본질은 "그 작품이 지닌 주체가 인생관의 공식적인 체계나 세계관의 기계적인 조작이 아니라 그것이 어떤 개성적인 인생이나 어떤 독창적인 현실의 픽션적인 내용"이라는 주제에 있었다. 그것은 전자가 합리적인 세계임에 비하여 후자는 우리의 이해를 요구하는 낯선 세계, 비합리적인 세계이기 때문이다. 「자화상」을 보면서 굴욕과 유랑과 천치의 죄의식을 읽은 것이다. 그리하여 "서정주의 시에 나오는 모든 전율과 반항과 발악과 절망과 통곡과 비원을 초래시킨, 굴욕과 유랑과 천치의 죄의식은 어디서 온 것일까"라고 하였지만, 그것을 그 자신의 성격이나 운명으로 돌려버리기엔 그의 『화사집』의 세계는 너무나 많은 인류의 운명을 노래해버리고 만 것이다.

김동리의 「청산靑山과의 거리距離」는 소월에 대한 최초의 시학적 연구다. 시 「산유화」를 두고 소월 시의 본질이 시인과 청산과의 거리만큼 '저만치'에 있음을 지적하고, 청산은 마치 신과도 같은 존재의 상징이라고 하였다. 이 논문은 소월 시의 문법을 해명하는 데 핵심이 '거리'에 있음을 지적하였다는 점에서 매우 주목된다. 그리고 이것은 그 후 청록파 시인을 평가하는 기준이 되어준다.

그는 박두진 · 박목월 · 조지훈 등을 감각보다 정서를, 신경보다 심장을,

객관보다 주관을, 실증보다 신비를, 문명보다 자연을 내면화한 시인들이라고 평가한다. 그들은 한결같이 근대가 직면한 심연을 직시했고, 이제 중세와는 다른 의미에 있어서 새로운 성격의 신이 이 심연에 의해 요청되고 있음을 깨달았다. 그리고 그들은 동양 사람들이었으며, 그리하여 그들의 심안은 어느덧 자연으로 기울어졌다는 것이다. 결국 이 세 시인들은 자연을 통해서 신의 육체를 희구하였고, 시가 갖는 운문정신을 표방할 수 있었다.

한편 김광균을 비판한 김동석의 「시인의 위기」는 당시로는 시를 보는 눈이 견고하고 정확하였다. 사회주의 비평가이기 전에 그는 순수한 서정시인이었다. 그의 셰익스피어(「시극과 산문」)나 매튜 아널드Mattew Arnold(「생활의 비평」)에 관한 수준 높은 에세이가 그것을 증언한다.

서정주의 『현대 조선명시선朝鮮名詩選』(1950)의 맨 끝에 실린 「한국 현대시문학의 사적 개관」과 『한국의 현대시』(1969)는 개화 이후 반세기에 걸친 한국 시문학의 흐름을, 동인지들의 성격에 맞추어 사조적 특징을 밝힌 글이다. 특히 『한국의 현대시』에서 저자 자신이 "1908년 육당 최남선의 신체시 이후 오늘에 이르기까지의 우리 한국의 새 시대의 시를 사적으로 개관하고, 1945년 해방 전과 후의 특질을 대조해 생각해보고, 1960년 이후의 현황도 타진해 보고, 또 우리 현대시사 속의 중요한 시인들에 대한 각론도 해본 것"이라고 하였다.[49] 1969년에 간행된 서정주의 『시문학원론』, 김춘수의 『한국현대시형태론』, 조지훈의 『시의 원리』 등은 비록 학문적으로 무장된 것은 아니나 당시 한국시 연구 수준을 이해하는 데 빼놓을 수 없다.

김춘수의 『한국현대시형태론韓國現代詩形態論』과 『시론詩論』, 그중에서 『한국현대시형태론』은 현대시의 형식적 흐름을 전체적으로 조명한 것으로 이 방면의 첫 시도다. 그에 의하면 창가 · 신체시의 경우에는 기형적인

49 서정주, 『한국의 현대시』, 일지사, 1969, p.3.

자유시 형태가, 자유시의 경우에는 율적 산문이, 김소월의 경우에는 민요적 율격이, 시문학파에서는 산문시의 가능성이, 1930년대 모더니즘에서는 자동기술법이, 청록파에서는 형태적 무관심 또는 민요풍의 완성이, 그리고 현대에 와서는 형태의 무정부 상태가 주류를 이루고 있다고 하였다. 오장환은 「조선시에 있어서의 상징」에서 김소월의 「초혼」을 해석하면서 우리 민족의 주체성이 일제에 의하여 가려진 사실을 상징적으로 노래하였다고 하였다.[50]

이 시기에 간행된 박노준과 인권환의 『만해 한용운 연구』는 당시 작가 연구의 수준에서 볼 때 작가론적 성격을 가장 잘 대표한다는 데 의미를 갖는다. 작가의 생애를 통하여 작품을 검토하였는데, 특히 '님'의 의미를 중생으로 보았다. 한편 고석규는 역설의 시학에 입각하여 소월, 이육사, 이상, 정지용, 김기림, 윤동주 등을 평가하였다. 소월은 이별의 역설로, 이상의 시는 위기의식의 긴장을 완강하게 지속한 역설로, 그리고 정지용은 위기와 긴장을 지속하지 못하고 자연으로 도피하고, 김기림은 새것으로 도피했다고 평가하였다.[51] 소월의 경우, 「진달래꽃」에서 떠나는 임이 다른 사람이 아닌 소월 자신임을 역설적으로 파악하였고, 이상의 경우, 그에게 절망은 '절망하지 못한' 곧 '표현하는 절망' 또는 '절망의 형태'로만 존재한다고 하여 "절망이 기교를 낳고 기교 때문에 절망한다"는 그의 존재 근거를 역설적으로 인식하였다.

1960년 이후는 이러한 역사주의의 반명제로서 문학 연구의 주도적인 담론으로 형식주의가 등장하면서 문학 연구의 담론구조가 바뀌었다. 문학의 사적 연구와 전기적 연구가 분석과 평가의 담론에 종속되는 것으로 특징지어진다. 관심의 초점이 문학예술로서의 텍스트에 맞춰진 것이다. 그리하여 시인의 세계관보다 텍스트의 특정한 형식적 특성에 더 주의를 기울

50 오장환, 「조선시에 있어서의 상징」, 『신천지』, 1947. 1.
51 고석규, 「시인의 역설」, 『문학예술』, 1957. 2~8.

이는 자세히 읽기에 주목한다. 특히 이때 새로운 준거와 모범이 된 것은 미국 대학의 문학교육 방법론으로 발전한 신비평new criticism이다. 그 이해의 실상이야 어쨌든, 신비평 입문서라 할 수 있는 『소설의 이해』, 『시의 이해』가 많이 읽히고 교재로 사용되었다는 것은 각별한 의미를 갖는다.

물론 신비평은 이때가 처음이 아니다. 이미 1930년대 초에 김기림과 이양하 등에 의해 리처즈I. A. Richards와 엘리엇T. S. Eliot 등의 시론이 수입 · 소개되었다.

그리고 1930년 후반에 이르면 그 누구보다 최재서의 활동이 두드러졌다. 최재서는 「현대 주지주의 문학이론의 건설」이라는 첫 논문부터 T. E. 흄hulme 등 영미 비평가들의 방법을 소개하고 있다. 특히 일문으로 「T. E. 흄의 비평적 사상」을 발표할 만큼 흄에게 관심이 많았다. 뿐만 아니라 I. A. 리처즈, H. 리드, W. 루이스 등의 문학론을 소개하고, "그들은 각각 자기의 길을 걷고 있으나 결국은 주지적 경향에 있어서 일치된다"[52]고 말하고 있다. 그리하여 그는 그의 첫 책의 첫머리에 실린 두 개의 평문을 통해서 그들의 이론을 동정적으로 소개하면서 자신의 공명을 천명하고 있다.

이러한 신비평의 방법은 당시 우리 학계와 평단에 신선한 충격이 되었다. 무엇보다 현대문학 연구와 비평 영역을 대학의 교과목으로 제도화하는 데 결정적인 구실을 하였다. 그러나 그것이 구체화된 것은 1960년대에 와서이다. 이러한 신비평을 의식적으로 채용한 글이 다름 아닌 고전 쪽으로는 정병욱의 「쌍화점고」, 「청산별곡靑山別曲의 일고찰一考察」과 현대 쪽으로는 송욱의 「시와 지성知性」(1955), 김열규의 「한국현대시의 두 주류와 그 시적 기능」(1954), 그리고 이어령의 「비유법논고譬喩法論考」(1956) 등이다.

정병욱은 신비평의 방법을 통하여 「청산별곡」과 「쌍화점」을 검토하였으며, 송욱은 「시와 지성」에서 앤드루 마벨Andrew Marvell의 「수줍어하는

52 최재서, 『문학과 지성』, 인문사, 1938, p.102.

애인에게」와 이상화의 「나의 침실寢室로」를 비교 · 검토하면서 이상화의 감상적 태도가 체험을 지나치게 단순화하고 있다고 비판하였다. 몇 마디의 요약적인 말로 시의 인상을 개괄한 것이 아니라 시작품을 시행을 따라서 분석한 것은 전에 없는 일이었고, 그것은 신비평가들의 실제비평을 본으로 한 것이다. 「시와 지성」에서 보여준 태도는 그대로 『시학평전詩學評傳』(1965) 속에 확대 · 적용되고 있다. 정지용, 김기림의 모더니즘 비판과 한용운론은 신비평의 영향 없이 생각할 수 없고, 이 책의 중요한 준거는 리처즈, 엘리엇 등의 선구자를 포함한 신비평가들의 시론이다. 이런 의미에서 「현대한국시의 두 주류와 그 시적 기능」과 「비유법논고」는 한국 현대시에 가해진 분석비평과 비교문학의 한 전형이라고 할 만하다. 그때까지만 해도 서구문학의 맥락 속에서 한국시의 위치와 특질을 해명하는 데 매우 소홀하였고, 소수의 업적을 제외하고는 기계적 전파론에 입각한 비교문학 연구가 고작이었다. 그런 점에서 우리의 안목과 문제의식을 재검토할 방법론을 마련하였다는 것은 당시로서는 연구사적 의의를 갖는다고 하겠다.

김종길 또한 신비평의 비평적 전제에 입각하여 실제비평(『시론詩論』, 1965)을 도모하였다. 그에게 시작품의 비평은 이론이나 자기주장을 위한 계기로서 이용되는 것이 아니라, 어디까지나 작품 자체의 꼼꼼한 분석으로 향해진다. 운율과 어조와 이미지를 분석하여 시의 진의를 파악하는 데 그의 비평안은 움직인다. 말소리와 장단을 고려하여 박목월의 「청노루」의 규칙적인 리듬을 분석하고, 서정주의 「행진곡」의 속도와 휴지의 기능을 통해 구두점의 사용에도 주목하였다. 이와 같이 1950년대 중반에서 1960년대 중반까지의 비평 활동을 통해 송욱, 이어령, 김종길 등은 신비평의 방법을 낯익은 것으로 만들면서 한국시 연구의 수준을 올려놓았다.

한국시가의 율격 연구 또한 양적인 팽창과 함께 그 내용도 다양하다. 이론적으로는 음수율, 강약률, 고저론 등이 공존하는가 하면, 그 대상도 고시가에서 현대시에 이르기까지 다양하다. 그중에서도 김석연의 「시조운율의 과학적 연구」(1968), 「소월시의 운율韻律 분석」(1969)과 황희영의 『운율 연구韻律硏究』(1969) 등은 사음기寫音器에 의한 실험을 토대로 한국시가의 율격체계를 고저율로 규정하고 있는 것이 특색이기도 하다.

1960년대 후반은 그 어느 때보다 대학에서의 국문학 연구와 이성적 판단으로서의 비평의 제휴가 강조된 시기다. 문과대학의 확장과 이에 따른 문학 연구의 활발한 진행, 그리고 비평에 큰 비중을 둔 계간지의 발간이 그 배경을 이루지만, 이것 역시 돌발적인 사건이 아니라 그 이전부터 진행되어온 발전 경향의 구체화라고 할 수 있다. 하지만 뭐니 뭐니 해도 1960년 4·19 혁명과 그에 따른 민족주의 돌풍이 이러한 움직임을 촉진했다고 할 수 있다.

다 알다시피 국문학 연구에 하나의 큰 전환점을 이룬 것은 1960년 4·19 혁명이었다. 4·19는 1960년대 세계적으로 풍미한 네오 내셔널리즘의 영향과 함께 민족주의의 열풍을 몰고왔으며, 국문학 연구 쪽에서 그것은 냉전체제에 안주했던 실증주의에 대한 반성과 아울러 비교문학적 시각(전파론)에 대한 비판으로 나타났다. 도남의 재평가가 이루어진 것도 이 무렵이다.

그리하여 민족주의는 물론 마르크스주의에 대한 관심이 되살아나면서 그간 외면하던 사회경제사 분야에 대한 관심을 불러일으킨 것은 물론, 민족주의 논의(자기정의)가 일어난 것이다. 물론 이러한 자기정의는 비단 시 분야에 한정된 현상이 아니고, 고전의 발전적인 계승과 함께 분단현실을 창조적으로 극복하자는 당대의 논의나 제3세계 문학의 시각에서 한국문학과 세계문학을 재조명하자는 자기인식이 시사하듯이 모든 분야에서 민족적인 것의 계승 발전은 이의 없는 공동목표가 되었다. "민족문학의 주체가 되는 민족이 우선 있어야 하고, 동시에 그 민족으로서 가능한 온갖 문학활동 가운데서 특히 그 민족의 주체적 생존과 인간적 발전이 요구하는 문학을 민족문학이라는 이름으로 구별시킬 필요가 현실적으로 존재해야 하는 것이다"라는 백낙청의 주장[53]은 이 시기의 민족문학론 중 하나의 유력한 발생론적 설명이 되어준다. 조동일 또한 민중이 아직까지도 전승하면서 재창조하고 있는 구비문학(현지조사)에 관심(민중문학론)한 것도 이러한 연장선상에서 벗어나지 않았다. 제3세계민족문학에 대한 관심을 가지면서 고조된 민속문학에 대한 관심이 낳은 것이 다름 아닌 『서사민요연구敍事民謠硏究』(1970)다. 그는 이 책에서 태백산맥 긴 계곡에서 부녀자들이 불러온 민요를 현지에서 조사해 자료를 채록하고 그 기능, 유형, 문체, 전승 등을 분석하였다. 민요가 인문과학으로 인식된 것도 이때부터다.

그렇다고 그 이전에 민요에 대한 학문적 관심이 전혀 없었던 것은 아니다. 실은 한국시가, 특히 조선조 후기에 이르기까지의 한국시가는 민간전승과 관련된다. 그래서 민간전승이 다만 소재 차원을 넘어서 오늘날 문학을 이해할 수 있는 가능성을 시사한 이른바 민속학적 원형론(『한국민속과 문학연구』)은 1970년 이후 시가 연구가 거둔 시적 성취다. 향가로부터 여요를 거쳐 시조에 이르는 민요적 전통을, 그 형식적 특성으로 인해 한국시가 전체를 모색할 수 있는 단서를 마련하고 있었다. 민요에서 반복과 병행의 시각을 통해 시공을 초월한 민속의 보편성을 추적할 때 이러한 형식적 특성이 한국시가 전체의 보편성으로 확대될 것은 물론이다. 1970년 이후 고전시가, 그중에서도 사설시조 등이 보여준 자기강조성을 근대 이후 시를 낳게 한 내재적이며 역동적인 배경으로 주목한 것은 이 때문이다.

사설시조는 일찍이 고정옥에 의해 "민요정신의 시조형식에의 이입 과정" 또는 "시조가 아닌 파형노래" 등으로 해석된 이래, 그 양식적 파격성의 자질과 의미에 대해 꾸준히 연구자의 주목을 받아왔다. 고정옥은 사설시조를 개설류의 저술에서조차 비중 있게 다루었을 뿐만 아니라, 별도로

53 백낙청, 「시민문학론」, 『창작과비평』 14, 1969.

『고장시조선주古長時調選註』라는 장시조 해설서까지 내놓았다. 장시조에 대한 그의 관점은 양반 사대부가 아닌 서민의 문학, 중세 시가문학의 관념성을 깨뜨리고 산문성과 현실성을 구현한 문학이라는 것이다. 전술한 바와 같이 일찍이 가람은 『국문학전사』에서 조선후기에 부상한 서민문학을 주목하고, 잡가를 적극적으로 평가하여 서간이나 일기 · 잡록류와 같은 주변장르를 격상하였다.[54] 실제로는 존재했지만 아무도 보지 못했던 장르를 현시한 것이다. 고정옥을 비롯한 초기 연구가 사설시조를 상인 및 중인 서리층의 계급적 차원에서 논한 데 비해, 1960년대 말 이후의 연구에서는 사설시조의 여러 특징을 민중적 차원에서 접근하였다. 그리고 그것은 1960년대 말 이후에 국학 분야 전반에 걸쳐 일어났던 조선조 후기의 근대 지향적 요소에 주목한 내재적 발전론의 영향 아래 이루어진 것임은 주지의 사실이다.

가령 근대시의 상한선을 인상하려는 움직임, 근대시 형성의 요인을 내적인 데서 찾으려는 경향이 내재적 발전론의 구체적인 세목이다. 일찍이 박영희는 근대문학이 이식문학임을 일단 전제로 하고, 그러나 일제에 맞서서 민족적 각성을 촉했다는 점에서 종래와는 다른 평가를 해야 한다고 하였다.[55] 김일근은 실학 연구의 자극을 받아들여서 근대문학의 기점을 18세기까지 소급해야 한다고 하였다.[56] 물론 치밀한 논증을 거치지 않고 간략하고 소홀히 다루어졌으나, 그 시각은 평가할 만하다. 그러한 시각이 국문학계에 집중적 쟁점으로 부상한 것은 실증주의 또는 비교문학적 방

54 "시가 방면에는 과거의 귀족적인 가사문학이 이 시기에 이르러서는 대부분 서민화되어 농가월령가, 耕歌, 한양가 등과 같은 서민을 제재로 하는 가사가 제작되었고 사설시조라는 새로운 장르가 탄생하게 되었다. 이렇게 가사나 시조의 새로운 세계의 개척은 항상 과거의 시가가 지니고 있던 주관적인 서정성을 버리고 시가에 객관적인 사실성의 도입을 꾀함으로써 시작된 것임을 주목하지 않을 수 없다. 근조 후반기의 문학은 한마디로 근대문학의 생명인 산문성으로써 그 특성을 규정짓지 않을 수 없다" (이병기 · 백철, 『국문학전사』, 신구문화사, 1957).

55 박영희, 「현대한국문학사」, 『사상계』, 1958.

56 김일근, 「민족문학사의 시대구분론」, 『자유문학』, 1957. 7.

법의 반명제인 내재적 발전론이 강조된 1970년대에 이르러서다. 이 무렵 다음과 같은 도남의 발언은 시대를 앞선 발언이자, 종래의 도남의 시학으로는 발전적인 변화라고 할 만하다. 장르는 항상 낡지만, 그러나 새롭게 거듭난다.

> 시대는 급속도적으로 진전되어 근세의 후반기에 들어오면서 산문정신은 더욱 팽창하고 서양으로부터 새로운 문예사조가 들어오니 그 사설시조도 이제는 만족할 수 없어 시는 완전한 산문으로 써야 되겠다는 운동이 일어나게 되었다. 당시 서양에서는 이미 자유시 운동이 일어났고 일본서도 전통적인 그 시에 대한 반항으로 무형식적인 자유시가 일어나고 있었으니 그렇잖아도 근세에 사설시조가 파생한 그 정신에는 정형시에서 이탈하여 자유시로 나아가자 하는 그 정신이 충분히 내포되어 있었던 터이라 그 외부적인 조건은 용이히 이 내부적인 조건과 조화되어 한국에 그 산문시 운동은 쉽게 일어났던 것이나 이 산문시 즉 신시를 창도한 이는 최남선이다.[57]

결국 도남 역시 이렇듯 『한국문학사』에 와서는 생활문학을 주장하면서 사설시조를 높이 평가하였다. 사설시조야말로 그 후 한국시의 산문시 운동, 즉 자유시 운동의 자발적인 내적 동인, 내적 배경임을 주목한 것이다. "실로 근대의 문학이요, 우리의 생활은 오랜 구속에서 해방이 되어 여기서 생생하게 자라나고 있다. 이로 보아 이 사설시조는 구시대문학에 반항하는 하나의 혁신운동의 현현이요, 이 시대를 상징하는 시가문학"[58]이라고 자리 매김 하였다. 생활문학보다 민족이라는 형이상적 관념을 앞세웠던 『조선시가사강』의 사설시조관과는 전혀 다른 발상이다. 이것은 한국문학의 내재적 역량과 논리를 재인식하자는 시대적 요청이자 외국문학과의 접촉 변동 양상을 이해하기 위한 학문적 요청이랄 수 있다.

---

57 조윤제, 『한국문학사』, p.446.

58 같은 책, p.342.

사실 지금까지의 국문학 연구가 전체적 관점을 갖지 못한 채 국부적 특수문제에 구애되어 전문가 사이의 은어로 떨어졌다는 일면은 부인할 수 없다. 고전시가의 경우, 그것은 어학적 주석과 훈고의 영역에서 크게 벗어난 것은 아니다. 이에 따라 근대문학과 그 이전의 문학이 완전히 분리되어 그것을 동시적으로 바라보는 시점의 정립조차 의심되었던 게 사실이다. 이때에 와서 이러한 양분법이 극복되면서 고전과 현대문학을 하나의 연속된 흐름으로 파악하자는 움직임이 싹튼 것이다. 그렇다고 그 성과가 바로 나타났던 것은 아니다. 서론을 넘어선 구체적인 작업은 조선후기의 어느 측면을 다루어서 몇 가지 두드러진 현상을 찾아내는 정도이고, 자료와 이론 양면에서 모두 미흡할 수밖에 없었다.

그러나 이러한 시각과 움직임은 그 후 시가 연구에 좋은 자극이 되었다. 텍스트를 부분으로 해체하지 않고 전체적인 관점에서 의미 생성을 파악하는 움직임이 있는가 하면, 시 텍스트에 대한 사상적인 해석도 학문적 담론으로 등장하였다. 또한 국사학의 새로운 성과와 관련하여 시문학을 새롭게 투시하려는 노력이 있었고, 서로 상반되는 텍스트 차원과 콘텍스트 차원의 복합을 강조하기도 하였다. 그리고 그것은 1970년대 이후 오늘날 시가 연구를 위한 귀중한 출발점이 되어준다. 대학에서의 국문학 연구와 문학비평의 밀접한 제휴도 이러한 분위기와 무관하지 않다.

고전시가 연구에서도 현대시 연구와 마찬가지로 시학과 해석학이 강조되고, 시작품을 그 자체로 자율적인 객체라고 인식하기에 이른 것이다. 표면보다 심층, 변이보다 원형, 통시적인 것보다 공시적인 것, 일회적인 현상보다 반복적인 것, 경험적인 것보다 선험적인 것 등에서 후자 쪽을 주목한 것은 이 때문이다. 특히 근대 이전과 근대시를 일관된 체계로 파악하고 기술하려는 일련의 움직임은 여러모로 주목할 만한 사실이다. 그만큼 근대시의 논의가 고전시가와 관련하여 한국시가 자체 내의 요인에 따라 전환기의 지속성과 변화를 다루는 방향으로 움직이고 있다. 근대시가 시조, 사설시조, 개화기 시가와 마찬가지로 한국시가의 상수적常數的인 지속적 구조 위에서 분비된 서로 다른 변화임을 확인한 작업이 바로 그러한 것이다. 즉 조선조 후기문학은 조선조 전기까지의 문학에서 마련된 고전적인 규범을 비판적으로 계승하여 근대적인 민족문학을 지향하는 방향으로 이루어진 것이다. 조선조 후기문학이야말로 고전문학의 결산이면서 또한 현대문학의 내재적인 기원을 이룬다.

이런 점에서 조선조 후기시가에 대한 인식이 이 시기에 이루어진 것은 너무도 당연하다. 이러한 인식은 1970년대 이후 국문학계를 풍미하였다. 그 관심은 주로 지속성의 회복을 위한 노력에 있었다. 주체성의 확립, 전통의 발전적 계승, 서구이론의 비판적 섭취가 바로 그것이다. 특히 자본주의 맹아론, 실학사상의 재평가, 민중의식의 고조 등을 중심으로 활발히 전개된 국사학계의 논의 · 성과를 수용하여 한국문학도 고대문학, 중세문학, 근대문학의 보편적 발전단계를 역사적으로 거쳐왔으며, 근대문학으로 진화된 기틀이 이미 조선후기 사회 자체의 문화적 전통 안에 마련되어 있었다는 점을 입증하는 데 모든 상상력을 가꾸어왔다. 말하자면 고전시가와 현대시 사이의 전환기에 내재적 동인이 있음을 주목하게 된 것이다. 조선조 후기시가 연구가 다른 시기에 비해 그 중요성이 인식된 것은 이 때문이다.

6. 한국시가의 자기정의—내재적 발전론

1970년대 이후 한국시가 연구의 특징이나 그 경향을 한마디로 성찰하고 조명하는 것은 어려운 일이나, 이 시기는 우선 그 어느 때보다도 시가 연구가 다양하고 풍성한 시기로 기념하지 않을 수 없다. 연구 인력의 확대와 그에 따른 연구의 다양성, 그리고 서구이론의 도입과 성취 또한 각별하다. 연구 영역 역시 구비문학, 한문학 등에까지 다양하게 확대되었고, 특히 1980년대 이후 그동안 한국시가사의 금기지대였던 일제하의 카프 연구,

해방 후 진보적인 문학 연구, 북한의 시가 연구 등에 시각이 개방되었다. 무엇보다 이 시기의 연구방법은 주로 고전시가의 경우, 실증보다 해석이 강조되었고, 현대시 연구 또한 비평과는 구별되는 학술적 연구를 표방하여 고전시가와의 관련양상을 적극 탐구하는 방향으로 나갔다.

1970년대는 그 이전에 비하여 그 인식과 방법이 상당한 변화를 보여준 전환기라는 점에서 주목할 만하다. 뭐니 뭐니 해도 1970년대를 통틀어 시가 연구에서 주목되는 것은 종래의 단선적인 실증주의의 극복과 한국시가를 보는 구심적 시각의 모색이다. 그리고 그것은 시학적 탐구와 전통과 개인의 재능으로 귀착된다. 물론 이러한 극복과 모색이 국부적인 시각보다 체계적인 원근perspective과 관련된다고 할 때 그 방면의 이론적인 내면화는 빈약한 것 또한 사실이다. 그러나 방법론적인 모색과 전통에 대한 자각은 자각 그 자체만으로 종래의 일방적이고 경색되었던 역사주의와 비교문학적 시각에 대한 자기반성이다.[59]

무엇보다 이러한 자기반성은 주체성의 확립, 전통의 발전적 계승, 서구문학의 비판적 섭취 등으로 요약된다. 그리고 그것은 민족 주체성을 표방하는 당시 사회 분위기 등과 맞물리면서 크게 신장되었다. 그중에서도 종래의 원심적(비교문학적) 시각에 대한 자기반성이었던 구심적 시각, 즉 '내재적 발전론'은 주목할 만하다. 그것은 그동안 한국시의 근대적 변화를 바깥(서구)에서 찾은 원심적 시각에 대한 자기반성이자, 그동안 외면되었던 과거의 유산을 다시 재검토함으로써 이루어진 한국시의 정체성 회복이라 보아도 무방하다. 이는 가령 한국 사회에서 자본주의 맹아론, 실학사상의 재평가, 민중의식의 고조 등 국사학계의 자기회복을 위한 논의와, 어제와 오늘을 응시하는 현실탐구의 움직임이 대응되는 현상임은 물론이다.[60]

---

59 박철희, 「한국시가연구의 현대적 방향」, 『국어국문학』(국어국문학 창립 30주년 기념호) 88호, 1982, pp.505~510.

60 김용섭, 『한국근대농업사연구』, 일조각, 1975.

그렇다고 이러한 자기반성 내지 자기회복이 이 시기에 와서 비로소 나타난 현상인 것은 아니다. 1950년대 이후 줄곧 되풀이 강조되어온 문제이기는 하나, 적어도 그 이전에 비하여 이 시기에 와서 성숙되고 심화된 것은 1970년대 한국사회가 겪은 성장일변도의 경제정책과 이로 인한 문화의 상업주의와 사회적 모순에 대한 반성으로 나타난 의식적인 자각과 문화를 향한 정신적인 자유로움의 결과라고 생각한다. 1970년대의 물량적인 팽창과 그에 따른 사회변동을 겪으면서 현대문학의 경우, 모더니즘의 결별과 청산, 이어 상업주의 문학 시비, 그리고 리얼리즘 논쟁과 같은 거센 회오리를 우리가 경험한 것도 실은 여기에 따라 나온 자연스러운 결과가 아닐 수 없다.

그동안의 '순수-참여' 논쟁이나 '전통논의' 또한 사실상 따지고 보면 문학의 기본기능이 가지고 있는 형식과 내용, 역사성과 초역사성의 문제가 지나치게 양극화됨으로써 빚어진 것이라고 할 수 있다. 그 후 농촌문학론 · 시민문학론 · 사회주의적 사실주의에 대한 논의가 그 이전의 순수와 참여의 문제에서 크게 벗어날 수 없었던 것은 이 때문이다. 물론 분단의 현실과 정치적 긴장 등 문학 외적 요인과 비평가들의 이론 · 전개의 협애성과 같은 것이 활발한 논쟁을 가능케 할 상호논리의 심화 · 지양의 자리를 약화시킨 것 또한 무시할 수 없다. 그리하여 한국문학 연구는 여전히 문헌고증을 중시하는 실증주의가 주류를 이루고, 그 시각이 식민사관의 정체성론과 타율성론에서 자유로울 수가 없었다. 이 점은 시가 연구도 마찬가지다. 이러한 정체성론과 타율성론에 대한 반성적인 움직임이 인문과학이나 사회과학에서의 이른바 토착화 지향, 즉 전통논의로 나타난 것이다. 무엇보다 원심적 시각에 대한 반작용으로 구심적 시각이, 근대화의 동인으로 외적 자극과 내적 동인이 대립되었다. 이러한 외적 · 내적 대립과

정병욱, 「이조 후기 시가의 변이과정고」, 『창작과비평』, 1974.
이우성, 「실학 연구 서설」, 『실학연구입문』, 일조각, 1973.

갈등은 1970년대 시가 연구가 보여준 진통 그 자체라 할 수 있다.

문학은 무엇보다도 삶의 제약과 왜곡에서 그 소멸이 출발점이라고 할 때, 이러한 진통은 한국시가 연구가 어차피 겪을 수밖에 없는 쟁점이며, 상대적으로 전통적 경험에 대한 재인식과 방법론적 모색에의 자각은 불가피해지는 것이다. 그 어느 때보다도 1970년대의 민족적 현실을 똑바로 보아야 한다는 자각이 강렬하게 대두된 것은 바로 이러한 진통 때문이다.

이러한 자각은 근대 이후의 문학을 그 이전의 문학과의 관련과 문제 삼으면서 전통적 형식을 통하여 한국문학을 헤아리는 일에서 구체화되었다. 근대시가 연구가 전통시가와 관련하여 한국문학 자체 내의 맥락에 따라 그 전환기의 지속성과 변화를 다루는 방향으로 인식되고 강조된 것은 그 성취 여부와는 관계없이 주목할 만한 사실이다. 비록 그것이 당시로는 소수의 움직임으로 그쳤고 몇몇 사람의 산발적인 활동에 지나지 않지만, 그 원칙만은 그 후 아무런 저항감 없이 받아들여지는 것 또한 사실이다. 그만큼 한국문학의 근대적 형식이 근대 이전의 문학적 전통 안에 이미 마련되어 있었음을 입증하는 데 모든 관심이 바쳐지고 있다. 그것은 한마디로 말하자면 외향시선外向視線의 내향화內向化인 것이다. 가령 한국문학의 근대적 변화가 안(한국시가 자체 내)에서 이루어진 변화이고 외국문학은 하나의 자극(충격)으로 수용되었다는 인식, 즉 종래의 이른바 서구적 지향에서 전통적인 것으로의 회귀回歸와 같은 것이 그것이다. 이는 귀향을 통한 자기 발견 내지 민족적 자각이라고 할 만하다. 그러기에 이러한 자각은 탈향지향성의 거부와 그 청산임은 두말할 나위가 없다.

물론 한국문학사에서 근대적 변화를 논할 때, 서구문학의 영향 없이는 생각할 수가 없다. 그러나 실제로 한국작가에 의하여 만들어지는 문학이 반드시 그 영향 속에서만 전적으로 이루어지고 있다는 것은 너무나 일면적인 접근이다. 표면상 서구의 것을 수용하고 통치체제에 순응한 것처럼 쓰인 많은 작품도, 실상 따지고 보면 그 내면이나 밑바닥에는 이를 극복하고 전통을 계승한 작품이 식민지하에 엄연히 존재하고 있었음을 얼마든지 지적할 수 있다. 그런 점에서 그동안 비교문학적 연구가 추수주의, 이식사관, 문화적 자기부정, 맹목적 선진주의 등으로 점철되었다고 자기비판(「전파론적 전제와 비교문학의 과제」)한 것은 자연스러운 일이다.

> 우리가 강조하고자 하는 것은 엄정한 사실관계를 연구하는 입장에서 우리는 어떤 현상이 외래적 영향의 개입에 힘입은 것일 가능성 못지않게 내재적 요인에 의한 것일 가능성에도 정당한 관심을 베풀어야 하며, 외국문학과의 관련이 확실히 있다고 믿어지는 경우에도 그 안에 작용한 자발적 동인의 모습과 기능에 주목해야 한다는 점이다. 이것은 우리 문학 · 문화 · 역사의 내재적 역량과 논리를 재인식한다는 시대적 요청에서만 아니라 문화의 접촉 변동 양상을 정밀하게 이해하기 위한 학문적 요구에서 보더라도 정당한 제안이다.[61]

그러기에 근대 이후 문학이 그 이전의 문학과 아무런 관계없이 이루어졌으며, 그로 인하여 근대 이후 문학을 서구문학의 수수授受 안에서만 이해하고 설명하는 것은 논리의 비약이라고 생각한다. 이러한 비약은 작품보다 작가 중심으로, 아니 작품이나 작가의 실상과는 관계없이 작가와 작품을 논하는 연역적 이론(비평) 쪽에 있었다. 이론 앞에서 정작 논해야 할 대상은 실종될 수밖에 없었다. 말하자면 작가나 작품보다 연구자의 관점이 대상이 된 것이다. 서구문학의 수수 못지않게 중요한 것은 한국문학 자체 내의 자발적 동인의 모습과 기능이다. 작품을 통하여 서구문학을 어떤 상황에서 어떻게 수용했는가를 구명함으로써 오히려 그 주체의 지향과 움직임에 작용한 자발성의 깊은 의의를 헤아리는 일이다.

1982년에 열렸던 '국어국문학 연구 발표대회'에서 언급되었듯이 국문학 연구의 방향으로 근대 이전의 문학과 이후의 문학을 그 자체 내에서 함

61 김흥규, 『문학과 역사적 인간』, 창작과비평사, 1988.

께 이해하고 해석할 수 있는 포괄적인 시야가 강조된 것은 그 자체만으로 1970년대 한국시가 연구가 거둔 성과의 하나다.[62] 국문학 연구의 자생적인 이론이 무엇보다 강조되었다. 김열규는 원형비평 내지 구조주의 등을 참조의 틀로 해서 한국시가에 어떤 의미가 숨어 있는가를 찾아내고 어떤 현상이 되풀이되고 있는가를 밝혀야 한다고 하였다. 고전시가와 현대시에서 함께 나타나는 회귀적 반복을 주목하고 소재사와 주제사를 관심한 것이 바로 그것이다. 김흥규는 비평연구를 통해서 외국이론에의 추종을 지양하고 스스로 이론을 생산해야 한다고 역설하였고, 박철희는 그동안 고전시가 연구와 현대시 연구가 관련성을 상실하고, 현대시 연구는 서구적인 경험에 의존했던 폐단을 가장 큰 문제점으로 들고서 서구적인 경험보다 전통적인 경험이 선행해야 자기상실이 극복된다고 했다.[63] 무엇보다 조선조 후기는 중세적 신분제가 해체되어가는 시기요, 근대지향적인 실학사상이 나타나는 시기로 자리 매김 되었다. 이때 시대구분의 문제가 본격적인 쟁점으로 등장하였고, 근대시의 상한선도 크게 올라갔다.

물론 이러한 움직임이 역사적 시점을 정하는 관심과 형식론적 유대를 설정하는 관심에 집중된 것만은 사실이다. 그래서 구심적 동향의 역사주의 및 형식주의라고 할 만하다.[64] 다 같이 질서개념으로서 시기개념에 집중하고 있었다. 전자는 이른바 근대적 인간형 내지 근대적 이데올로기 속에 주어진 시기를 자리 잡게 한다는 점에서, 후자는 양식의 통일성을 전제한 개별적 변이 속에 주어진 시기를 설정하고 있다는 점에서 그러한 것이다. 다른 점은 전자가 사회학적이면서 관념적이라면, 후자는 미학적이며 양식론적이다. 그러나 구심적 시각이라는 점에서는 양자가 동일하다.

---

62 「국어국문학 30년의 회고와 전망」, 국어국문학 창립 30주년 기념 연구발표대회, 1982. 8. 9.
63 조동일, 「국어국문학 30년의 성과와 문제점」, 『국문학연구의 방향과 과제』, 새문사, 1983, p.165.
64 김열규, 「근대문학과 전통」, 『우리의 전통과 오늘의 문학』, 문예출판사, 1987, p.153.

1970년대 후반에 이르러서 논의된 이러한 구심적 움직임은 그만큼 한국문학의 자기정의를 위하여 중요한 의미를 갖는다. 물론 이러한 자기정의가 문학 분야에만 한정된 현상이 아니고, 주체성이니 국적 있는 교육이니 하는 1970년대의 표어가 시사하듯이 모든 분야에서 강조되었던 민족적인 것의 각성이 그 배경을 이루지만, 실은 그 이전부터 꾸준히 진행되어온 자각과정의 연장이라고 할 수 있다. 그리고 국어국문학과의 확장과 이에 따른 국문학 연구의 활발한 진행, 또한 문학론에 비중을 둔 서구문학 이론서의 소개가 이러한 경향을 더욱 재촉해주었다고 할 수 있겠다. 그리고 이것은 1970년대의 긴장과 변화를 통한 물량화와 몰서정에 대거리하는 인간과 세계의 회복이라고 할 만하다.

그리하여 근대 이전의 문학과 이후 문학을 동일한 차원에서 동일한 한국문학으로 이해해야 한다는 지극히 당연한, 지금까지 저항의 대상이 되었던 현상이 1980년대에 와서 자연스럽게 받아들여진 것이다. 1980년대에 나온 정병욱·이어령의 『고전의 바다』, 김열규의 『한국문학사』, 김대행의 『한국시의 전통 연구』, 오세영의 『한국 낭만주의 시 연구』, 박철희의 『한국시사 연구』 등이 그 결실이다. 민간전승의 원형성이 근대 이후 문학의 모티프와 전상前像으로서 논의되고, 현대시의 율격과 의미구조를 민요와 관련하여 다루고, 낭만주의를 한국적 시각으로 보고, 향가와 여요 그리고 시조가 근대 이후의 시조와 동일한 차원에서 이야기되고, 또한 조선조의 사설시조에서 근대시를 일관하는 자설적自說的 요소가 여러 가지 방법론적인 전제를 앞세우면서 근대시가 사설시조의 연속선 위에서 파악되는 등, 근대적 변화가 한국문학 자체 내의 변화임을 확인한 것은 무엇보다 평가되어야 할 새로운 착상이요 시각이라고 할 만하다.

문학사란 주도적 장르가 자동화면서 아울러 이에 도전하는 새로운 장르가 출현하는 과정을 지속적으로 되풀이함으로써 전개된다. 이것은 통시론적이고 역사적인 기술만이 아니라 구조 자체의 공시론적인 기술의 문제다. 이런 뜻에서 한국문학사 또한 근대 이전의 문학에서 이후의 문학으로의 전환은 그러므로 한국문학 자체 내의 구조의 자동화에 대한 파괴과정이라고 할 만하다. 가령 창가, 신시, 시조 등이 개화기 문학의 주도적 장르로 군림해왔으나, 3 · 1운동이 고비가 되어 개체의 각성과 함께 창가, 신시, 시조 등의 형식이 자동화됨으로써 계몽적 교훈주의와 같은 설득적이고 수사적인 형식은 신선함을 잃게 되고, 형식은 하나의 틀로 고정된 것과 같은 지적이 바로 그러한 것이다. 개화기 시가의 일반적 구조인 '교훈성'을 청산하고, 1920년대 시의 '자유시 실현'으로 나타난 점 또한 마찬가지다.

이와 같이 한국시의 근대적 변화가 시조나 개화기 시가의 구조의 자체적 붕괴로부터 연유된 것이긴 하나, 그렇다고 외국문학의 영향이라는 서구적 경험을 무시할 수는 없다. 오히려 서구적 경험을 거치면서 그러한 붕괴가 이루어지고 있었다. 그러나 서구 경험 또한 전통적인 경험과 아무런 맥락 없이 그 영향력을 발휘하는 것은 아니다. 되풀이 강조된 것과 같이 한국시에 있어서 근대적 변화는 그것이 비록 서구시의 영향에서 자극된 변화이기는 하나, 이러한 자극 또한 한국시 자체 내의 내부적인 변화에 의해 가능한 것이다. 그리하여 변화의 결과가 서구시의 이입 그대로 수용되는 것은 아니다. 하나의 낱말조차도 외국에서 수입 · 통용될 때 필연적으로 의미의 굴절을 수반하고, 원산지에 없는 새로운 뉘앙스를 얻는다는 것은 상식에 속한다. 그러므로 한국시의 근대적 변화는 서구시의 자극이 그 동기가 되고, 그 이전의 시와 전혀 이질적으로 변질된 것이 아니라, 시의 표현양식이 근대적인 변용을 하였을 따름이다. 한국시의 자기동일성은 변질되지 않으나 변용해나간다. 근대시와 고전시가가 다른 것은 근대적인 변용, 이른바 반복을 거부하는 자기갱신 여부에 있었다.

개화기 시가 연구 역시 이러한 자기갱신의 연장선상에서 다시 평가되었다. 이 시기의 시가들, 가사 · 시조 · 창가 · 신체시를 묶어서 저항기 시가라고 한 것은 정한모의 『한국현대시문학사』에서다. 저항기 시가는 전통적 시가로서 정통의 자리에서 가사와 시조의 형식을 바탕으로 하고 있다. 그동안 개화기 시가의 연구는 민요 · 잡가 · 시조 · 한시보다 신체시와 같은 서구지향적인 시가를 전경화하거나 자유시를 중심에 두고 시조나 가사를 주변으로 생각해왔다.

그런 점에서 「개화기의 우국가사」(조동일), 「'사회등社會燈' 가사의 풍자방법」(조남현)은 이 시기의 가사를, 「개화기의 우국한시憂國漢詩」(민병수), 임형택의 「황매천의 시인의식과 시」는 이 시기의 한시를, 「개화기 시조에 대한 검토」(권영민), 「개화기 시조의 저항문학적 성격」(김영철)은 시조를 각각 다룬 것은 특기할 만하다. 그중에서도 창강滄江, 영재寧齋, 매천梅泉 등을 대상으로 한 「개화기의 우국한시」는 당시 『황성신문』 등의 '사조'란에 발표된 한시만이 아니라 의병항쟁을 주도한 척사파의 의암毅庵, 면암勉庵 등의 한시를 함께 고찰하고 있다. 서구체험의 자극에 의해 나타난 개화의 지가 지배적인 담론으로 군림할 때, 주체적인 민족 역량을 구현한 우국 시편은 자설적이라는 점에서 우리의 주목에 값한다.

특히 개화기 한문학의 흐름을 전경화한 것도 놓칠 수 없다. '동국시계혁명'이나 '국시운동'을 통하여 개화기 우국시나 일제하의 항일시가를 다시 보게 한 것[65](「동국시계혁명과 그 역사적 의의」)도 그러한 시각이 낳은 것이다. 이렇듯 구비문학과 한문학에 대한 전에 없는 각별한 관심도 결코 우연이 아니다. 제3세계에 대한 인식이 구비문학의 새로운 인식을 낳았다고 한다면, 조선조 후기 문학 연구가 고조되면서 한문학 연구가 국문학의 일환으로 자리매김 되었다. 조선후기 한시를 민요와 관련하여 다룬 이동환의 「조선후기 한시에 있어서 민요 취향의 대두」가 나온 것은 이 무렵이다. 시론의 경우, 현대시론에 비해 고전시론(한문학) 연구가 극소수의 학자들

65 임형택, 『한국문학사의 시각』, 창작과비평사, 1984.

에 의하여 이루어진 시기는 훨씬 그 뒤다. 조종업, 최신호, 이규호, 김홍규 등의 연구와, 통사 연구로서 1980년대의 『한국고전시학사』(전형대, 정요일, 최웅, 정대림)가 주목된다.

한국시가의 근대지향은 그러므로 고전시가의 전통을 계승하면서 문학 자체 내의 역동적 변화를 수용하자는 입장으로 생각된다. 고전시가의 전통을 근대 이후 문학을 있게 하고 고양시키는 선상先像 내지 원형 가능성으로 파악하고 그 모티프와 주제사를 추적하는 일은, 근대 이전 시가와 그 후의 시가를 그 자체 내에서 함께 포괄적으로 해석할 수 있는 시야라고 생각되는 것이다. 다시 말하면 근대 이전의 문학과 이후의 문학이 지닐 동시적 존재와 통시적 질서를 파악하면서 시대와 사회와 더불어 이루게 될 개성적인 변화를 한국문학 전체의 지속성 위에서 연역하는 것이 바로 그러한 것이다. 그것은 곧 근대 이전의 시가와 근대 이후의 시가를 하나의 체계로 보고, 그 체계 속의 변이mutation를 추적하는 것을 말한다. 실은 지속성과 변화는 동일한 시간 체험의 다른 표현이다. 우리가 한국시가의 각 시대의 개성적인 변화를 헤아리면서도 그것을 한국시가 전체의 지속적 구조 위에서 나타난 변화로 이해하는 것은 이 때문이다.

그렇다고 한국문학의 근대적 변화에 작용한 서구 경험이 전혀 부정되어야 한다는 것은 아니다. 오히려 전통적인 경험에의 귀의 자체가 서구 경험을 거치면서 자극되고 이루어진 것이다. 서구 경험을 통해서 우리는 자유롭게 전통적인 경험을 의식할 수 있고, 전통적인 경험을 의식함으로써 우리 자신을 발견할 수 있기 때문이다. 그만큼 문학비평에서 무엇이, 어떻게, 문제되어야 하는가에 대한 논의가 다각적으로 심화되고, 비평의 다양화를 위한 상당한 자극제 구실을 할 수 있는 자리가 마련된 것은 서구적 경험 없이 생각할 수 없다.

언제나 외래문화가 가져다주는 충격을 창조적으로 수용함으로써 새로운 역동성을 얻게 되는 것은 어느 시대, 어느 곳에서나 흔히 볼 수 있는 문화의 리듬이다. 더구나 한국 고유의 문학이론이라고 할 만한 것이 아직 정립되지 않은 오늘의 상황에서 서구이론의 영향이 각별하다는 것은 자연스러운 일이다. 물론 한국문학에는 서구와 동일한 낭만주의는 없다. 낭만주의라는 용어는 서구의 것이다. 그러나 우리에게도 '이즘' 이전에 그 '이즘'을 가능케 하는 문학 활동이 분명히 있었다. 다만 정확한 이름이 없었을 뿐이다. 앞에서 되풀이 얘기했듯이 1920년대 초기 시에 나타난 감정은 그 개별적 상위에도 불구하고 한결같이 감정의 용솟음으로 일관되어 있다. 그리고 그것은 그 이전의 시가에 매몰되었던 자아의 발견 및 그 감정의 한 반영이라고 보아지는 것이다. 지나친 감정의 용솟음 및 감정의 고조된 소리는 어떤 의미에서 18세기 이후 두드러진 평민문학에 비친 음영인 것이다. 그리하여 1920년대 시의 허무주의와 애상은 일방적으로 서구시의 영향만으로 이루어진 것은 아니다.

물론 서구의 경험이 근대 이후 낭만주의적 요소를 낳게 한 외부적 자극이 된 것은 분명하나, 그것은 전술한 바와 같이 자극일 뿐, 이미 조선조 평민문학 등에 있어온 낭만주의적 의식이 근대 이후 낭만주의적 요소를 낳게 한 내적 배경이 되는 것이다. 낭만주의적 의식 또한 저쪽의 '이즘'을 알고 난 뒤의 일임은 이 경우 물론이다. 그만큼 한국문학의 자기인식 과정이 서구이론의 학습과 비평을 거치면서 자극되고 이루어졌음을 1970년대 비평의 성과가 가리키고 있다.

7. 방법론적 다원성—신역사주의

이 시기에 와서 문학사보다 텍스트 분석이나 해석을 중심으로 한 작품론이 간헐적으로 등장한 것은, 시야를 조금 넓혀서 생각해보면 결국 종래의 경직되고 단색화된 실증적 역사주의에 대한 자기비판인 것이다. 물론 1970년대 역시 1950～60년대와 마찬가지로 실증주의와 역사주의가 대종을 이루고 있다. 대부분의 연구가 어학적 주석과 훈고의 영역에서 크게 벗어난 것은 아니다. 그러나 1970년대가 1950~60년대와 다른 것은 전술한 바와 같이 실증적 탐색과 함께 형식론의 차원에서 시작품의 개별성의 추적이다. 시인의 생애나 전기적 사실이 전제가 된 연역법으로 시작품을 해석할 때, 문학은 그 자체가 내포한 개체적 자족성이 상실되기 마련이다. 이런 의미에서 해석학은 시작품의 자율성, 즉 개체적 자율성을 확보하기 위한 것이다. 개체적 자족성이 없이는 작품의 해석은 말할 것 없고 작품의 존재론이 흔들리는 것은 빤한 일이다. 사실 언어와 구조에 대한 해석학적 관심은 신비평과 관련된다. 언어의 과학적 사용과 정서적 사용이라는 리처즈의 명제는 치밀한 언어분석의 선례를 이룬다. 시작품은 유기적 통합체라는 인식과, 작품을 꼼꼼히 읽고 엄밀하게 따지는 방법은 신비평이 낳은 것이다. 신비평은 근대 시가 연구의 학문적 자기정당화의 일환으로서 시연구의 과학화를 위한 의미 있는 지적 노력이랄 수 있다.

그러나 문학 텍스트를 배경 지식 없이 그 자체만으로 연구한다는 것도 불가능한 일이다. 그런 점에서 대부분의 비평가들이 강단에 서 있는 우리와 같은 경우, 실증주의에 바탕을 둔 학문적 연구와 작품을 해석 · 평가하는 비평을 함께 아우른 것은 한국현대시 교실의 1970년대 현실이랄 수 있다. 비평가들은 시작품을 내재적으로 연구하고, 학자들은 시작품을 외재적으로 연구한다는 통상적인 의미인 비평가/학자라는 구분이 없었다. 이렇듯 연구와 비평은 우리의 경우, 그 차이가 뚜렷한 것은 아니다. 비평적인 글이 연구라는 이름으로 발표되기도 하고, 연구 논문이 비평으로 대신되는 것이 우리의 현실이다. 1979~1980년대의 문덕수, 신동욱, 김학동, 김용직, 김윤식, 이승훈 등은 다 같이 현역 비평가이자 강단에 선 교수였다. 엄격한 의미에서 해석이나 평가가 배제된 문학 연구는 비본질적 연구로 떨어지기 쉽고, 그러한 의미에서 비평과 연구는 따로 떼어 생각할 수 없다. 그러나 비평의 경우, 연구와의 병행은 한편으로 비평의 무게를 늘려준다는 장점이 있는가 하면, 다른 한편으로는 무미건조한 보고문이 되기 쉽다. 아니면 형식에 얽매여 장황한 주석의 풍요로 비평의 빈곤을 호도한다는 측면도 없지 않아 있다. 하지만 분명한 것은 작품에 대한 실증적 연구가 오히려 짧은 현대시 연구에 학문적 엄격성과 객관성을 부여하는 데 큰 역할을 하였다면, 비평은 작품의 진의를 해석하는 데 기여하였다.

김학동의 『한국근대시인 연구』(1974), 『한국현대시인 연구』(1977), 김용직의 『한국근대시사』(1982)는 이런 뜻에서 이 방면의 저서 중 철저한 실증과 해석으로 이루어진 책이다. 일관된 방법적 자각에 의한 기술, 풍부한 일차적 자료의 섭렵과 활용, 일반적 경향의 지적과 병행되고 있는 낱낱의 시인 및 작품에 대한 비평적 선별이 이 연구의 특징이다. 『한국현대시인 연구』, 『한국근대시사』 등은 불모의 환경 탓으로 구체적인 문학적 성취에는 미흡했으나, 근대시 형성에 기여가 많은 최소월 · 권구현 · 김석송 · 정호승 등 한국시사의 외각지대의 시인들의 시적 궤적도 주목하였다. 그 후 김학동의 『개화기 시가 연구』(1981), 『정지용 연구』(1987)와 김용직의 『한국근대시사』, 『한국현대시사』(1986)가 나온 것은 우연이 아니다. 『개화기 시가 연구』는 개화기 시가라는 단독 테마가 500면에 바쳐진 학구적 중노동(실증)의 소산이며, 『한국근대시사』와 『한국현대시사』는 각각 상하 2권으로 이루어진 방대한 책으로, 근대 이후의 시를 통사적으로 체계화한 이 방면의 본격적인 연구다.

무엇보다 고전시가 연구에 현대시 연구와 대등한 입장에서 처음으로 시학과 해석학이 강조된 것은 이 시기가 거둔 성과다. 그렇다고 역사주의나 실증주의가 배제된 것은 아니다. 오히려 역사주의나 실증주의는 형식론과 동행함으로써 과거의 단색성을 극복할 수 있었다.[66] 역사주의와 실증주의

---

66 김선풍, 「고려가요의 형태적 고찰」, 『고대 어문론집』 12집, 1970.
최진원, 「동동고」 (1) (2) (3), 『대동문화연구』, 1971, 1975, 1978.
임기중, 「고려가요 동동고」, 『양주동 고희기념논문집』, 1973.

는 형식론과 함께 1970년 이후 고전시가 연구의 대표적인 움직임이다. 그러나 이 세 가지 움직임은 개별적이기보다 상호 결합함으로써 종합화의 경향으로 나타나고 있는 것이 특색이다. 아니, 역사주의는 반역사주의와 병행해서, 또 그것들과의 대화를 통해서 이루어진 것이다. 형식이론을 형이상적이고 반역사적이라고 속단할 수 없다. 그래서 향가, 여요, 시조, 가사, 잡가 등도 재래의 역사주의를 넘어서 형식론의 대상이 되면서 고전시가 연구의 담론도 바뀌었다. 산문전승 작가론 등 발생론과 함께 형식론·장르론 등 구조론에 관심이 집중되었다. 그러한 관심을 거쳐 이루어진 업적이 『향가의 문학적 연구 일반一班』(김열규), 『향가연구시론』(황패강)이다. 전자가 주술성과 향가의 구조와의 관련성을 통하여 향가의 은유원리를 고찰했다면, 후자는 처용가의 진의를 산문전승을 통하여 밝히고 있다.

사실 1970년대 초까지만 해도 향가 연구에서 시학적 연구는 황무지라 해도 무방하다. 향가의 형식적 측면에서 진화론적 해석이 고작이다. 그런 점에서 향가를 포함한 산문전승과 관련하여 장르적 특성을 다룬 것은 전에 없던 일이다. 특히 향가의 주술성이 고려가요의 여음과의 관련성에 주목한 것은 각별하다.[67] 마찬가지로 민간전승 또한 소재의 차원을 넘어서 구조적인 차원에서 다룸으로써 현대시를 이해할 수 있는 준거를 마련한 것이다. 조지훈이나 서정주의 시 속에 드러나는 설화나 속신에 대한 연구는 말할 것 없고, 『삼국유사』의 신비체험을 통하여 김소월, 한용운, 서정주, 이육사를 새롭게 해석할 수 있었다. 몇 마디의 요약적인 말로 시의 인상을 개괄한 것이 아니라 시작품을 시행을 따라서 분석한 것은 전에 없는 일이었고, 그것은 신비평가들의 실제비평을 본으로 한 것이다. 그러한 실제비평이 낳은 것이 『한국고전시가론』(정병욱)이다. 물론 정병욱은 1960

이명구, 『고려가요연구』, 신아사, 1974.
김택규, 「별곡의 구조」, 『고려시대의 언어와 문학』, 형설출판사, 1975.

67 김열규, 『한국민속과 문학연구』, 일조각, 1971, pp.18~23.

년대에 속하지만 이때에 와서 본격적인 시가 연구가 이루어졌다. 이러한 연구는 그 후 한국시가의 역사주의와 함께 형식적 연구를 위한 출발점이 되어준다.

김완진의 「청산별곡의 결연에 대한 일고찰」, 조동일의 「경기체가의 장르적 성격」, 김학성의 「고려가요의 미의식유형」, 최진원의 「동동고」, 이재선의 「신라향가의 어법과 수사」 등은 각각 언어학, 형식주의, 미학, 민속학, 문체론을 원용하고 있어 역사주의와 실증주의 그리고 형식주의를 함께 아우른 수준 높은 성과다. 「신라향가의 어법과 수사」는 비유 · 상징 등을 통하여 향가의 수사기법을 고구하였다. 그동안 고전시가 연구의 대상이 향가 · 여요보다 시조 · 가사에 집중되었다고 하면, 이 시기에 와서는 향가를 중심으로 한 이른 시기의 연구가 두드러졌다.

향가 연구에서 특히 주목되는 것은 '3구6명三句六名'에 대한 논의다. 일찍부터 향가의 형식이 언급될 때마다 회자되어온 말이면서도, 3구6명이 구체적으로 어떠한 내용을 가리키는가에 있어서는 여러 가지 논의가 있었다. 3구6명을 3장6구三章六句, 3장6자三章六字, 또는 3음보6자三音步六字로 보기도 한다. 근자에는 10구체 향가의 제1, 제3, 제7구에서 6음절을 유지하는 규칙을 가리킨다고 하였다.[68] 그러나 3구6명에 대한 정설을 세우기 위해서는 황패강의 말과 같이 다음과 같은 문제가 선결되어야 할 것이다. 3구6명은 균여의 「보현십원가」에 국한한 것인가, 아니면 향가 전반에 대한 형식론인가. 3구6명이 가리키는 것은 노래의 기본단위(가락)인가, 구성단위인가, 아니면 의미단위인가. 이런 점에서 문면에 없는 일체의 선입견의 전제를 배제하여, 구句는 문자 그대로의 구로, 6명六名의 명名은 5언7자五言七字의 언言이나 자字의 뜻으로, 즉 자 또는 음절의 뜻으로 받아들인 김완진의 주장은 주목에 값한다. 3구6명은 5언7자에 대한 대對로서 어울

68 김완진, 『향가의 해독법』, 서울대출판부, 1980, p.31.

린다는 것이다. 한시의 율조가 5언7자로 대표된다면, 향가의 율조는 6명名으로 표상된다. 다만 한시에서는 5언7자가 매 행에 균등하게 지켜지는 데 반하여, 향가에서는 3행에 한하여 6명이 지켜진다고 하였다.[69] 그리고 그것이 향가에서 솟아나서 지금까지 흘러내렸다는 지적은 향가가 한시와는 다른 우리 고유의 노래이며, 한국시가의 연속성을 보완하는 데 시사하는 바 적지 않다. 운율연구 역시 한국시가는 서구시나 한시와는 달리 독자적이라는 주장도 놓칠 수 없다. 이런 점에서 김대행, 성기옥 등의 율격 탐구는 형식이론의 경향을 보여준다는 점에서 주목되었다.

그동안 우리 시가의 운율에 대한 논의는 음수율, 강약률, 고저율, 장단율에 집중하였다. 그러나 그중 어느 하나도 우리 시가의 율격체계와는 거리가 멀었다. 다만 이런 논의를 통해서 우리가 얻은 것은 음보의 등가적 구조와, 3보격과 4보격이 전통적 음보율이라는 것이다. 「국어의 성조와 운율」(정연찬), 「한국시가운율의 구조 연구」(예창해)가 바로 그것이다. 그 결과 전통적 율격이 어떻게 현대시에 창조적으로 계승되어 있는가를 밝힌 「현대시에 나타난 전통적 율격의 계승」(조동일), 「현대시의 운율적 위상」(김대행) 등과 같은 관점을 낳은 것이다. 특히 압운론의 경우, 한국시가는 서구시나 한시와는 전혀 다른 압운임을 강조한 것은 특기할 만하다.[70]

그러나 한국시가의 형식에 관한 연구는 1920년대 후반 이래 적지 않은 성과를 축적해왔지만, 그 주요 성과의 대부분은 한국시가의 리듬 형성 자질 모색과 율격 현상들의 유형별 분류 등에 집중되어 있었다.[71] 이런 점에서 그동안 외면되었던 율격 양상들의 미적 효과에 관심한 조동일, 김흥규,[72] 조창환 등의 연구는 뜻이 깊다.

---

69 김완진, 「신라적 율조의 탐구」, 『문학과지성』, 1997, pp.884~895.

70 김대행, 『한국시가구조연구』, 삼영사, 1976.

71 성호경, 『한국시가의 형식』, 새문사, 1999, p.192.

72 김흥규, 「한국시가의 율격이론」, 『민족문화연구』 13, 고려대 민족문화연구소. 1978.

다른 한편 이 시기의 재외 외국인 학자인 Peter H. Lee(이학수)의 연구도 놓칠 수 없다. "Celebration of Continuity; Themes in Classic East Asian Poetry" (1979)가 바로 그것이다. 19세기 이전 한국, 중국, 일본의 시의 세계를 다룬 이 글은 동아시아 문학 전체의 맥락 속에서 한국시가를 다루었다는 점에서 비교문학적 의의를 갖는다. 찬양, 자연, 사랑, 우정, 시간을 다룬 주제론이다. 그것은 단시일의 노력으로 이루어진 것이 아니다. 이미 이루어진 *Korean Literature; Topics and Themes*(1965), *Song of Flying Dragons*(1975) 등의 연구를 통한 감식안과 조망에서 가능한 것이다. 그런 점에서 이 연구는 한국시를 외국에 알리는 작업을 넘어서 여러모로 우리의 안목을 갱신하는 기회를 마련해주고 있다.

그동안 우리는 동아시아 문학 전체의 맥락 속에서 한국시가의 위상을 해명하는 데 매우 소홀히 하였고, 소수의 값있는 업적을 제하고는 기계적 전파론에 의존한 비교문학 연구가 고작이었다. 그러한 상황을 한걸음 나아간 차원에서 극복하도록 우리의 안목과 문제의식을 재검토할 기회를 마련해주었다는 점에서 이 글은 중요한 연구사적 의의를 갖는다.[73] 『용비어천가』 또한 비교문학적인 시야에 포착된 '용비어천가'를 통해 한국시가가 세계문학사 속에 어떻게 자리 잡을 것인가를 가늠하고 있다. 더구나 '용비어천가'의 시적 의장에 관한 부분은 한국 고전문학에 가해진 분석비평, 즉 형식이론의 한 전형이다. 시행, 대비법, 반복법, 정형적 어구, 인유引喩 등에 걸친 시적 의장이 서사적 흐름, 지속성, 장과 장 사이의 내적 연관성, 시적 응축성 등을 여러모로 분석하고 있다.

고려조 시론에서 논의의 핵심인 용사用事와 신의新意의 관계 또한, 형식이론, 즉 내용과 형식의 문제와 무관하지 않다. 형식이론가들은 내용과 형식의 종래의 구분 대신에 그것을 소재와 수법의 동적이고 상호작용적인

73 Peater H. Lee(ed), *Anthology of Korean Literature; From Early Times to the Nineteenth Century*, Honolulu; The University Press of Hawaii, 1981.

관계로 파악한다. 수법은 재료에 작용하고 소재를 어떤 의도에 사용함으로써 외양을 변화시킨다. 용사와 신의가 상호의존적인 통합적 성격을 지닌 것인가,[74] 아니면 서로 성격을 달리하는 독자적 성격을 지닌 것인가[75]라는 견해의 차이는 내용을 소재와 혼동하고 수법을 형식 기교와 관련된 것으로 파악하는 데 있다. 내용을 참으로 내용에 해당하는 것, 즉 예술품에 포함된 것, 혹은 예술품 속에 가로놓인 것이라고 생각한다면 이러한 견해의 차이는 없을 것이다. 예술의 내용은 예술품 속에 형성된 것, 혹은 형태를 갖춘 것, 예술품에서 일정한 형식으로 파악되는 것이다. 그리하여 시에서 용사는 신의의 존재 방식, 용사에 의하여 의意가 신의新意로 되는 것이다. 용사, 즉 신의의 존재방식을 조금이라도 변경시키면 그것으로 시작품은 다른 내용〔意〕이 되는 것은 물론이다. 그 역도 진이다.

따라서 용사와 신의는 서로 대립하는 상대적 개념도 아니며, 그렇다고 용사가 작품에서 신의를 창출하는 보조관념만도 아니다. 시성詩性이란 요리할 때의 기름 같은 것이라고 한 것은 야콥슨이다.[76] 기름 그 자체는 별 것 아니지만, 다른 재료와 섞여 요리되었을 때는 단순한 첨가 이상의 효력을 나타낸다. 그것은 어떤 식품이 기름을 치지 않고 요리된 것과 동일한 재료라는 것을 알아차릴 수 없을 정도로 그 음식의 맛에 변화를 준다. 그런 점에서 용사를 얼마나 정절하고 공교롭게 하느냐에 있지 용사를 한다고 신의를 나타내지 못한 것은 아니기 때문에 용사하는 것과 신의의 창출 여부는 별개의 문제다.[77]

한국시가에서 시조 연구는 질적으로나 양적으로 비교적 체계 있게 진행

74 정요일, 「고전비평연구의 반성」, 『한국고전문학연구』, 신구문화사, 1983.
민병수, 「고려시대의 한시연구」, 서울대 박사학위논문, 1984.

75 조종업, 「고려시론연구」, 『어문연구』 1호, 충남대, 1963.
최신호, 「초기신화에 나타난 용사이론의 양상」, 『고전문학연구』 1집, 1971.

76 앤 제퍼슨, 「러시아 형식주의」, 『문예비평론』, 문학과비평사, 1988, pp.220～221.

77 정요일, 「용사와 신의가 오해된 이유」, 『고전비평용어연구』, 태학사, 1998, p.185.

되어왔다고 할 수 있다. 자료정리에서부터 발생론, 장르론 등 시조 연구는 이미 완결된 것 같은 느낌을 주는 것도 사실이다. 더구나 문학작품으로서의 시조의 측면뿐만 아니라 음악으로서의 측면도 상당한 성과를 보았다고 생각한다.

그러나 뭐니 뭐니 해도 1970년대의 시조 연구는 역사주의가 압도적이다. 최동원, 서원섭, 진동혁, 김동준, 이동영, 홍재휴, 윤영옥 등 실증적 탐색이 바로 그것이다. 그중에서도 이세보의 시조집 『풍아風雅』를 새로이 찾아낸 것은 실증적 탐색의 개가라 할 만하다. 또한 시조의 발생에 대해 고려 말의 발생설을 비판하고 16세기 발생설을 내세운 김수업의 주장이 주목되었다.[78] 그는 시조가 14세기 이전에 발생하여 1728년에 정착되었다는 종래의 논의는 400여 년의 공백기를 해결할 아무런 증거가 없다고 하였다. 그 근거로 18세기 평민 노래꾼들이 엮은 노래책의 작자와 시대는 그대로 믿을 수가 없으며, 그 책에 수록된 14세기 노래들은 모두 400년이나 입으로 흘러오면서 노래의 모습이 바뀐 것이라 하였다. 일찍이 정병욱은 시조의 발생에 대해 고려조 말기, 주자학의 등장과 더불어 형태적 완성을 이룩했다고 하였다.

시조의 본격적인 형식적 연구는 1970년 후반, 그것도 1980년 이후가 된다. 이런 의미에서 김열규의 「한국시가의 서정의 몇 국면」은 형식주의와 원형론이 동행한 경우랄 수 있다. 그는 "작품의 전체적 내지 총일적 작품성이 먼저 전제되고 그와 유기적 상관하에 작품의 부분이 분석된다"고 보고, 시조의 서정성을 주목하였다. 아울러 논의의 대상을 현대시까지 확장시켜 서정주의 「국화 옆에서」를 예로 들어 현대시에서도 시조의 종장과 같은 종지법이 작용하고 있다고 밝히고 있다.

1970년 이후 가사 논의는 주로 장르론이 지배적인 담론으로 등장하였

78 김수업, 「시조의 발생 시기에 대하여」, 『시조론』, 일조각, 1978.

다. 가사는 그 형식이나 어법으로 볼 때 그것은 분명 4음보 연속체로 된 운문이다. 그러나 내용을 보면 가사를 시가라고 하기에는 너무 많은 문제점이 있다. 가사의 장르적 특색에 관하여 다양한 견해가 있는 것은 이 때문이다.[79]

8. 한국시사의 보완—시가 다시 읽기

1980년대 한국시가 연구도 1970년대와 마찬가지로 다른 영역과 같이 문학 안팎의 커다란 충격과 이에 따른 고통스러운 자기조정을 겪어왔다. 그러면서도 우리가 한편으로 자위를 해온 것은 1970년대와 마찬가지로 1980년대도 활발한 창작 활동 등 문학적 상상력을 유감없이 발휘해왔다는 사실이다. 창작 못지않게 한국시가 연구만 해도 자기조정을 위한 비평적 노력, 보수와 진보, 남과 북의 문학을 함께 다룰 수 있는 자유로운 시각과 시각의 개방성은 전에 없었던 일이다.

물론 이러한 충격과 자기조정이 1980년대에 와서 비로소 나타난 현상은 아니다. 1970년대 이후 줄곧 되풀이 강조되어온 문제이긴 하나, 적어도 그 이전에 비하여 이 시기에 와서 자유롭게 부상되었다는 것은 1987년 6월항쟁이 낳은 뜻있는 성취라고 생각한다. 주지하다시피 6월항쟁 이후 1980년대 후반은 한국문학사상 그 어느 때보다 질과 양 양면에서 새로운 전환기로 기념할 수 있다. 6월항쟁과 제6공화국의 선포, 올림픽 개최, 그 후 청문회 · 노동쟁의 · 학생운동 · 5공 청산 등으로 이어지는 민주화의 큰 흐름으로 해서 정치 · 사회적인 상황의 총체적인 변혁에 끼친 영향은 큰 것이다. 이러한 총체적 변혁은 격동의 문화적 경험으로 해서 한국문학에 그것이

79 1. 가사는 시가와 문필의 중간 형태이다(조윤제), 2. 가사는 율문으로 된 수필이다(이능우), 3. 가사는 율문으로 된 교술문학이다(조동일).

반영되지 않을 수 없다. 그동안 한국문학을 보는 시야의 협애성(구속성)에 대한 의식적인 자각(표현의 자유)과 문화를 향한 정신적인 자유로움이 바로 그러한 것이다. 물론 이러한 자유로움은 과거에 비하여 상대적이지만 크게 신장한 것만은 틀림이 없다.

그렇다고 6월항쟁을 고비로 시가 연구가 그 이전과 전혀 다르다거나 질적 전환이 판이하게 이루어졌다고는 할 수 없으나, 그러나 분명한 것은 세계와 사물을 보는 시각이 그 이전에 비하여 개방적이고 대담한 변혁이 이루어지고 있다는 사실이다. 가령 민족문학론이나 통일문학론 등에 반영된 이념적이고 급진적인 쟁점이 보여주듯이 제도권 문학의 수세와 운동권 문학의 부상과 같은 예는 일종의 문화적 충격이다. 이전의 시가 연구가 전반적으로 실증주의와 소박한 민족주의 수준을 벗어나지 못했던 데 비하여 급진적인 면을 보여준 것도 대단한 변화다. 무엇보다 학문적 금기를 깨뜨림으로써 시야를 개방하고, 문학과 문학사를 바라보는 관점을 뒤바꿔놓은 점이다.

일제하의 카프 연구, 해방 후 진보적인 문학 연구, 북한의 시가 소개, 한국문학 다시 읽기 등 이 점은 역사주의나 형식주의 연구나 다 마찬가지다. 새로운 자료의 발굴 및 복권은 물론 다양한 방법론의 모색이 이 시기 시가 연구의 비평적 전제가 되어준다. 카프 연구나 진보적 문학 연구가 가능한 것도 금기되었던 자료의 개방에 있었고, 시학이나 해석학적 연구 또한 그간 외면되어왔던 작품의 재평가를 하는 데 큰 기여를 하였다.

그동안 우리가 한국문학의 가치와 실상을 파헤치지 못한 것은 관심의 결여가 아니라 새로운 서구적 경험의 미흡 때문이 아닌가 한다. 이런 점으로 보아 한국문학 연구에서 이제까지 다루지 않았던 형식이론이나 문학사회학 등에 대한 관심이 높아지고, 접근방법 또한 다원화해진 현상은 그간 외면되었던 작품의 재평가를 위하여 다행한 일이라고 하겠다. 더구나 한국문학의 생성과 전개의 원천을 한국문학 자체 내의 맥락에서 파악하는 일은 어디까지나 신화비평이 유포시키고 있는 원형론에 힘입은 것이다.

가령 김소월, 서정주, 조지훈 등의 시의 구조 유형이 『삼국유사』의 서사구조에서 함께 나타남을 확인한 것이 그것이다. 『삼국유사』가 근대 이후의 시와 시사적 측면에서 어떻게 이어지는가를 시사하면서 결과적으로 서정주, 조지훈 등의 시가 한국문학의 지속적 구조 위에서 이루어진 변화임을 보여주는 것이다. 동일한 『삼국유사』의 서사구조가 그 모티프를 어떻게 달리하고 있는가를 살피는 일인 이상, 이는 『삼국유사』의 소재전통을 두고 이루어지는 문학의 사적 연구라고 할 만하다.

이러한 개별성과 특수성이 강조된 것은 1970년대 비평이 주목한 원형론 내지 형식론의 자극과 그 시사 때문이다.

문학사회학, 역사주의(실증주의), 형식이론은 1960년대 이후 한국시가 연구의 대표적인 움직이다. 이러한 비평의 움직임이 서로 대화(이화수정異花受精)하면서 1980년대는 이전에 비하여 진일보한 성과를 보여준다. 권두환, 김병국, 임기중, 한계전, 김학성, 김재홍, 최동호, 김시태, 김현자, 고미숙, 유시욱, 백운복, 이숭원, 김승희 등의 작업이 보여주듯이 문학사회학과 형식주의, 역사주의와 문학사회학, 형식주의와 역사주의가 각각 서로 대화의 상대로 삼고 있다.

먼저 1980년대 후반에 와서 통일논의와 관련하여 모든 분야에서 발맞추어 일어나고 있는 것으로 '북한 바로 알기 운동'이 주목된다. 이 점은 문학도 예외는 아니다. 납·월북 작가들의 공식적인 해금 이후 북한문학의 출판, 그리고 이것에 대한 논의가 이곳저곳에서 활발하게 전개되었다. 뿐만 아니라 북한문학·교포문학 그리고 이념관계 서적이 수정과 삭제 없이 그대로 출판된 것은 관습적으로 인식해온 한국문학의 기존개념에 대한 도전이자 위협이다.

물론 이러한 사실이 한결같이 긍정적인 측면만 가꾸어왔다고는 말할 수 없다. 해금작가와 북한문학에 대한 성급한 논의가 학문적인 검토가 아닌 저널리즘의 차원 이상이 아니라는 점은 문제가 아닐 수 없다. 그러나 북한문학에 대한 연구는 소개 수준에 머물렀고, 그것도 무비판적인 수용에 그쳤다. 또한 1980년대 문학의 대명사처럼 된 민중문학 논의와 그 연장선상인 민족문학 주체론 등이 한국문학의 방향성이나 이념은 될 수 있었지만, 한국문학의 구조 원리에까지 실제적으로 성과를 이루지 못했다는 것은 학문적으로는 일단 근본적인 한계점으로 지적할 수 있다.

그러나 「북한문학 바로 읽기의 입문」(최일남 등), 「통일을 생각하며 북한문학을 읽는다」(임형택 · 최원식 · 김명환 · 김형수), 「남북문학의 동질성과 이질성」(이재선 · 박철희 · 김시태) 등과 같은 좌담은 말할 것 없고, 북한문학 심포지엄인 〈북한문학 어떻게 볼 것인가〉(김열규, 「북한문학의 특성과 남북 문화교류의 전망」 · 권영민, 「북한문학에서의 근대문학 연구」 · 김윤식, 「주체사상에 기초한 사회주의적 문예이론」 · 임헌영, 「북한의 창작문학」)는 북한문학의 실상을 이해하고 남북문학이 한자리에 만날 수 있는 가능성을 마련해 주고 있어 뜻 깊다.

사실 4,000년 이상 동일한 전통 위에서 민족적 동질성을 유지해온 우리가 냉전 이데올로기에 의한 국토분단으로 남과 북이 서로 다른 문화체계를 이루어온 것이 엄연한 우리의 현실이다. 서로 문학이란 말, 그것도 동일한 민족문학이란 말을 쓰고 있음에도 불구하고, 남북문학은 그 어디에도 공통의 내포도 외연도 없다. 국토분단이 언어와 문화의 분단을 낳고, 문학의 분단까지 낳은 것은 정말 비극이 아닐 수 없다. 문학의 분단은 언젠가는 극복되어야 하리라는 것은 말할 나위가 없다. 그 당위의 지상과제를 두고 남북이 한반도 · 한민족이라는 동질성을 회복하는 것이 무엇보다 요구된다.

분단체계가 반세기 동안 계속되면서 문학의 본질에서 그 내용과 형식에 이르기까지 문학을 보는 남과 북의 시각이 엄청난 차이를 갖는다. 이러한 시각차를 객관적으로 냉정하게 살피는 일이 우선되어야 하고, 그 기반 위에서 남과 북이 함께 나눠 가지고 있는 동질성을 모색하지 않으면 안 된다. 문제는 이 엄연한 시각차를 외면하고 정감적인 통일지상주의를 지향한다거나, 사회 전반의 분위기에 편승하여 북의 문학이 민족문학 총체인 양 인식하는 경향이 없지 않아 있다.

이러한 사고의 편협성이나 단순성을 극복하기 위하여 남과 북의 문학을 각각 다른 디스코스discourse의 차원에서 접근하고, 그 토대 위에서 "그것이 상호 대립관계가 아닌 상호 절충 · 보완하는 관계로 유도할 수 있는 물꼬의 하나가 남북 문화교류에 의해서 틔워져야 한다"(「북한문학의 특성과 남북 문화교류의 전망」)는 전망은 무척 시사적이다. 그만큼 남과 북의 문학은 서로 다른 디스코스를 전제하고 있기 때문이다. 이때 디스코스의 차이는 분단 반세기가 낳은 것이다. "한 편의 글, 한 편의 연설 혹은 한 편의 기호체계가 그 자체의 내적인 조직을 지닌 의사교환의 매체라고 보게 되면서, 그 조직이며 효능 등을 논의하는 것이 이 경우 '디스코스론'이라고 규정할 수 있는 것이지만, 이 논의의 테두리 안에서는 북한의 언어가 그 강한 규범성 때문에 각별한 성격을 갖추고 있음을 지적할 수 있게 된다. 그것은 무엇보다 환원론적이고 대전제며, 소전제가 규격화된 연역법적인 구조를 지니고 있다"와 같이 북한문학 또한 북한적인 디스코스의 체제 안에서 접근하여 보아야 한다. 다시 말하면 저쪽 사람들이 저쪽에서 세계를 파악하고 해석하는 것과 똑같은 방식으로 우리가 그들의 세계를 이해하고 해석할 때, 우리가 저쪽 책을 볼 때마다 낯설었던 문학사적 평가의 기준도 이해할 수 있다.

북의 문학사는 계급적 성격으로 평가되고 문학사적 지속과 단절 여부가 결정된다. 그래서 북의 문학은 '뒤떨어지고 반동적(지배계급)인' 작가는 사상되고, '진보적이고 인민적인' 작가만이 존재한다. 왜냐하면 지배계급의 작가가 자기 계급의 이해관계에 알맞은 문화를 만들었다면, 인민들은 지배계급의 반동적 문화에 대거리하여 현실과 인민들의 생활을 반영한 문화를 창조 · 발전했기 때문이다.

오늘날 북한문학의 이해 못지않게 중요한 것은 한국 현대시사의 보완작업이다. 그것은 8 · 15 이전으로 올라갈수록 더욱 그렇다. 특히 1930년대는 문학사의 공백이라고 할 만큼 분단과 그 비극성으로 인하여 연구가 단편적이고 불완전한 단계에 머물고 있었다. 1930년대 이후 중요 작가의 연구가 납북 또는 월북문인이라는 미명 아래 거의 금기되어왔기 때문이다. 이런 뜻에서 그동안 이데올로기에 의해 철저히 금기되어온 1930년대 문단에서 중요한 역할을 했던 정지용, 김기림, 백석, 오장환, 임화, 이북명, 조운 등에 대한 평가가 계간지 · 월간지 등에 의하여 다투어 이루어진 것은 1980년대 후반이 거둔 비평적 성취라고 할 만하다.

가령 1980년대 후반에 나온 『현대문학』지만 해도 김용직의 「정지용론」, 김영민의 「백석론」, 조창환의 「조운론」, 박철희의 「김기림론」 등을 다루고 있다. 정지용, 김기림의 경우는 이미 오래 전부터 본격적인 논의가 이루어졌고 그 수준도 대단하지만 백석, 이용악, 오장환, 조운, 송영 등은 당시로는 한국문학의 새로운 서부西部나 다름이 없다. 그중에서도 백석의 시작 활동은 그동안 주로 대학의 학위논문에서 다루어졌지만 아직도 정리되지 않은 자료가 산견될 뿐만 아니라, 그것도 시작에만 국한한 것으로 보인다. 특히 분단 이후의 작품 활동은 거의 우리에게 백지나 다름이 없다.

납북이나 월북 작가의 경우, 작가론이나 작품론을 위한 전제로서 선행되어야 할 것은 무엇보다 서지적 작업과 원본을 확정하는 일이다. 믿을 만한 원본확정과 실증적인 서지작업은 역사주의나 서지학자의 관심사만은 아니다. 확실한 원본과 서지적 관심 없이 완벽한 작가론과 작품론을 기할 수 없다는 것이 문학 연구가들의 일치된 원칙이다. 편의주의적이고 엄밀하지 못한 자료 앞에서 올바른 문학 연구는 기대할 수 없다. 물론 방법이나 이론이 중요한 것은 사실이지만, 그것은 자료와 사실을 다루고 다각도로 이해하는 바탕 위에서 이루어져야 할 것임은 당연하다. 이런 점에서 윤영천의 「이용악 연구」, 김학동의 「김기림 연구」, 이동순의 「백석 연구」는 서지적 국면에 대한 철저한 보완작업이라는 점에서 긍정적으로 평가된다. 「백석 연구」의 경우, 이미 간행된 시집 『사슴』 이외에도 60여 편의 시와 산문을 조사 · 발굴하여 이를 중심으로 작품연보 작성은 물론 백석의 시세계를 관류하는 통시론적 구조를 살피고, 특히 그의 토속성의 시세계가 지니는 시사적 의의를 밝히고 있다. 반대로 역사문제연구소 문학사연구모임의 『카프문학운동 연구』는 일제 시기 프로문학을 이른바 민족해방운동의 입장에서 재조명하고 있어, 방법론상 좋은 대조를 이룬다. 무엇보다 1980년 이후 큰 변화는 연구 자체가 큰 폭으로 증가되었다는 점이다. 특히 1980년 이후 연구 성과의 폭발적 증가는 학계의 이른바 세대교체의 조짐을 방불케 한다. 그리고 그것은 연구 인력의 확대는 물론, 자료 간행의 확대, 한국문학 연구에 대한 연구비 지원과 무관하지 않다. 그만큼 연구의 양적 증가는 연구 주제와 방법론을 다양하게 하고 연구 내용을 심화함으로써 방법도 다양하고 그 내용도 가지각색이다.

정명환, 유종호, 이상섭, 김우창, 김현, 김치수, 김주연, 염무웅, 이태동, 김화영, 권택영 등 서구문학 전공자들에 의한 신비평에 대한 비평, 현상학적 비평, 이데올로기적 성격에 대한 비평도 주목된다. 전술한 바와 같이 1950년대 신비평은 한국시 연구사에서 무엇보다 평가되어야 할 새로운 방법이며 관점이다. 해방 후 대학교육을 받은 세대에 의해 주도된 이러한 시각은 재래의 역사주의와 인상주의를 넘어서 내재적인 이론과 방법을 모색하였다. 그 공과가 어쨌든 1980년대는 1950, 60년대의 한국시 비평의 수준을 올려놓은 것만은 분명하다. 신비평의 감옥에서 벗어나 다양한 방법론적 틀을 모색한 것은 대체로 1980년대 이후로 볼 수 있다. 사실 전술한 바와 같이 고전시가건 현대시건, 본격적으로 신비평의 대상이 된 것은 1960년 말, 그것도 1970년대에 와서이다. 그러나 문화라는 거시적 스펙트럼 안에서 시 연구의 가능성을 보여준 것은 그보다 훨씬 뒤의 일이다.

또한 이어령, 김준오,[80] 송효섭,[81] 양희철,[82] 정금철[83], 신은경,[84] 정효구,[85] 이사라[86] 등의 경우, 텍스트 언어학적 이론을 바탕으로 한 텍스트 재해석, 다시 읽기라는 점에서 형식이론의 최근 경향을 보여준다. 그중에서도 문학 텍스트를 자율적인 언어구조물로 파악한 이어령의 「시 다시 읽기」도 주목된다. 이방원의 「하여가」와 정몽주의 「단심가」를 기호론적으로 접근하고 있다. 두 시인의 세계를 이데올로기나 역사의 산물로 설명하는 것이 아니라 언어를 산출하는 발화행위자로, 문학 텍스트의 생산자로 설명하고 있다. 그리하여 「하여가」가 계열체적인 축인 은유의 세계라면 「단심가」는 통합체적인 축인 환유의 세계임을 밝혀내고, 전자가 병렬적인 구조를 후자는 선조적인 구조를 나타낸 것이라고 밝히고 있다. 그런 시도는 처음으로 이루어졌다는 점에서 우선 의의가 있다고 하겠으나, 문제는 방법과 그 성과가 어느 정도 보편성이 있는가에 있다.

9. 마무리

이상에서 한국시가 연구 100년을 개관 · 검토하였다. 사실 한 세기를 헤아리는 한국시가 연구사를 필자의 빈약한 능력으로 개괄한다는 것은 처음부터 무리였다. 하지만 이 글의 성격상 이 시기의 업적을 자세하게 소개하는 일보다 그 흐름의 파악과 쟁점 중심에 초점을 맞춘 것은 그나마 필자가

80 김준오, 『한국현대 장르비평론』, 문학과지성사, 1990.
81 송효섭, 「'질마재 신화'의 서사구조유형—삼국유사의 대비를 통한 시론」, 『삼국유사와 한국문학』, 학연사, 1983.
82 양희철, 「'안민가'와 관련설화의 텍스트언어」, 『서강어문』 5, 서강어문학회, 1985.
83 정금철, 「한국시의 기호학적 유형연구」, 『한국시의 기호학적 연구』, 새문사, 1990.
84 신은경, 「사설시조의 시학연구」, 서강대 박사논문, 1988.
85 정효구, 「'산유화'의 기호론적 분석」, 『세계문학』 겨울호, 1987.
86 이사라, 「삼원구조에 있어서 매개기능—윤동주 서시분석」, 『시의 기호론적 연구』, 중앙경제, 1987.

할 수 있는 최대한의 능력이자 그 나름의 의미를 가진 작업이라고 할 수 있다. 다만 아쉬운 것은 한국시가 연구사가 각각의 중요한 시대적 전환기 때마다 생산해온 지배적인 담론에 맞추었기 때문에 중요한 업적이 많이 누락되었을 줄 안다. 더구나 필자의 관심사가 근대 이후이기 때문에 근대 이전의 분야 등은 다소 피상적으로 언급된 바가 없지 않다. 이 점 양해 바란다.

금후 한국시가 연구를 위해서 몇 가지 전망을 제시하는 것으로 이 글의 결론을 삼고자 한다.

첫째는 믿을 만한 원본확정과 실증적인 작업이 문제다. 이 문제는 역사주의자나 서지학자들만의 관심사가 아니다. 서지적 관심 없이 온전한 문학 연구가 이루어질 수 없다. 방법이나 이론도 중요하지만 그것은 어디까지나 자료와 사실의 바탕 위에서 이루어져야 할 것임은 말할 것 없다. 하지만 아직도 시가 연구에서 원본주의만을 고집한다면 문제가 아닐 수 없다. 작품의 제작, 발표 등의 서지적 연구는 일종의 고고학적 천착이지 문예학적 연구는 아니다. 뿐만 아니라 선행 연구를 수집하고 출처를 밝힌다고 해서 학문적 연구가 되는 것은 아니다. 한국문학 연구가 한 세기를 헤아리면서도 완벽한 문학사가 나오지 않는 이유가 바로 여기에 있다. 그런 점에서 문학의 풍속사적 연구도 무시할 수 없다.

둘째로 한국시가사의 흐름을 합리적으로 설명할 수 있는 인식의 틀을 마련해야 할 것이다. 그동안의 대체로 역사주의에 그친 감이 없지 않다. 고전시가의 분야가 더욱 그렇다. 시가 연구의 목적이 문학적 사실의 단순한 재구성에 그치지 않고 반드시 그것의 시학적 해석을 요구한다면, 이는 시가 연구의 현재성과 무관하지 않다.

셋째로 한국시가의 미개척 분야를 하나하나 불식시켜야 한다. 시대별로도 부족한 분야가 많지만, 연구가 전혀 되지 않는 부분도 없지 않아 있다. 고전시가의 경우, 가장 연구가 미진한 분야가 가사와 잡가 부분이다. 이 분야에 대한 연구가 보다 활성화되어야 한다. 특히 현대시 분야의 경우,

1970년대 이후에 비로소 연구가 시작되어 초창기라 할 수 있다. 그래서 고전 쪽보다 현대 쪽이 오히려 서지적으로 공백이나 다름 없다. 서지적 관심 없이 온전한 문학 연구가 이루어질 수 없다.

무엇보다 엄청나고도 다양한 현대 시작품을 낱낱이 하나하나 정리하여 어떤 질서를 마련하는 일이 중요하다. 비평적 안목에 의한 선택과 배제가 요구된다.

넷째로 외국의 이론 혁명이나 이론 폭발의 영향으로 새 이론에 맹목적으로 따르는 일련의 서구 추수주의도 문제다. 새 이론을 적용했다고 해서 새로운 논문이 되는 것은 아니다. 사실 신비평이나 형식이론, 마르크스주의와 정신분석학의 전문적 지식을 내면화하여 작품을 본격적으로 연구한 논문은 아직도 우리에겐 없다. 있다면 해설비평뿐이다. 그것도 한결같이 그 실實과 함께 그 자체 내에 허虛 또한 자리하고 있음을 간과할 수 없다. 사실 서구이론의 수용이 한국문학을 보는 안목과 통찰력을 높이고 지적 수련을 갖게 하는 매체로서 기여하면서도 다른 한편으로는 지적 허영심 내지는 현학적인 취미를 조장할 뿐만 아니라, 가공적이고 모조적인 연구를 조장할 위험성도 많기 때문이다.

사실 1970년대만이 아니라 오늘의 학계나 문단에 현실적으로 그러한 징후가 수그러든 것이 아니라 아직도 있는 것이다. 내면화가 없이 서구이론의 모형과 틀에 그대로 한국문학을 재단하거나 이해하는 모방행위를 문학비평의 신기성 내지 새로움으로 운운하거나, 아니면 도식화된 기호와 도식화의 처리가 비평의 전부처럼 이해되는 경우가 없지 않다. 기호와 도표가 오히려 연구의 내용이나 문학작품 이해에 거추장스러운 방해물이 되는 역기능적인 측면도 간과할 수 없다.

뿐만 아니라 한국문학 연구의 기본대상인 문학작품에 대한 정밀한 독서행위 없이 서구이론의 선행적이고 연역적인 전제하에서 우리 사례의 몇 가지를 찾아 맞춤으로써 지엽적인 성격이 본래 이상으로 과다하게 또는 그 이하로 과소평가되는 식민지 콤플렉스도 있다는 것은 숨길 수 없는 사실이다. 곰팡이 냄새나는 연구실 속에서 자기 이익만을 도모하거나 서구인들이 이미 만들어놓은 텍스트와 방법론과 이론이라는 미로에서 장난질하며, 그 도식 속에서 안이하고 무익한 단순 재생산이나 확대 재생산 작업에 몰두해서는 안 된다고 강조한 것은 G. 그래프다.[87]

다섯째, 서구의 이론을 한국문학을 헤아리는 하나의 참조의 틀로 파악하는 일이다. 말하자면 서구의 이론을 거창한 이론이나 자기주장을 위한 계기로서 이용하는 것이 아니고, 어디까지나 작품 자체를 정독하고 평가하는 일로 원용하는 것이다. 사실 서구의 이론은 원칙적으로 보편성을 지닌다고 하여도 그 보편성은 서구의 입장에서 그들의 문학작품만을 대상으로 추구된 것이다.

그러므로 한국문학을 헤아리는 일은 세련된 서구이론을 통하여 한국문학을 직접 헤아리는 것이 아니라, 서구이론을 있게 한 형성과정을 참조의 틀로 해서 한국문학을 보고 읽는 일이다. 보편성이 밝혀져야 특수성도 논증되기 때문이다. 이 경우 보편성은 서구의 이론과 함께 야기되어야 함은 물론이다. 그렇지 않을 때 서구이론과 한국문학이 만남으로써 야기되는 자기분열 내지 자기부정을 경험할 수밖에 없다. 1920년대를 거치면서 1960년대에 이른 서구이론의 지나친 의존성이나 편의주의적인 원용이 바로 이러한 것이다. 한국문학 작품의 구체적인 뒷받침 없는 이론은 공허하다. 역사적 · 사회적으로 필연적인 전제로서의 이론이 그 본래의 정신과는 무연한 채 그대로 추종될 때 그 설득력은 용렬한 것일 수밖에 없다는 것이다.

필요한 것은 서구이론을 받아들이는 자세는 어디까지나 서구문학이 아닌, 한국문학에 관한 연구가 목적이라는 사실을 분명히 하고, 받아들이는 이론의 가치는 한국문학 연구를 위해서 실제로 기여하는 정도, 말하자면

87 Gerald Graff and Reginald Gibbons, eds. *Criticism in the University*, Northwestern University Press, 1985 참조.

한국문학의 독자성과 관련하여 유기적인 검토에 따라서 평가하는 일이다. 특히 원론적인 전개에 머물지 않고 설득력 있는 실제비평을 위해서 내면화하는 일이다. 그것은 한마디로 자기정체성의 발견 내지 자기인식의 과정이다.

그러한 과정에 의해서 우리가 미처 보지 못했던 한국문학의 새로운 서부西部를 놀라움으로 보게 되고, 허술히 다루어진 관계를 새롭게 보는 계기가 이루어지는 것은 너무나 당연하다. 그만큼 한국문학의 원상原像은 오히려 서구이론의 경험을 거치면서 드러난다는 역설을 구현한다. 서구이론의 자극을 통해서 우리는 자유롭게 이름 없는 한국문학에 이름을 부여하고 한국문학을 명명함으로써 한국문학의 정체성을 발견할 수 있기 때문이다.

여섯째, 문화라는 거시적 스펙트럼 안에서 문학을 연구해야 한다. 문맥과 상황을 통한 지나친 문학중심주의는 지양되어야 한다. 이제 문학을 현존하는 문화의 반영이나 표현으로 보지 않고, 문화적인 의미와 가치들을 만드는 방식으로 파악한다. 인문과학의 중심에 문학 연구가 있다. 문화를 합리적으로 또는 통합적으로 설명하기 어려운 간극이나 틈새로 본 것은 역사학자 헤이든 화이트H. White다. 결국 문맥이나 상황보다 언어의 문제로 귀착되는 담론으로서의 역사의 텍스트성 못지않게 텍스트의 역사성에 주목하게 된다.

마지막으로 비평과 구별되지 않는 논문은 물론, 저널리즘 지향의 월평이나 해설적 비평이 연구 또는 논문으로 둔갑한다면 문제다. 무엇보다 업적평가라는 이름으로 대학에서의 연구 경쟁체제가 강화되면서, 이른바 학술적 비평이라는 이름으로 전혀 학구적이지 못한 논문이 양산되고 있는 것이 우리의 현실이다. 학문적 업적에 끼친 물량주의의 숭상과 대량생산의 파장은 대학이라고 해서 예외는 아니다.

참고문헌

1. 책

고대민족문화연구소 편, 『한국논저해제 I』, 고대민족문화연구소, 1972.

고정옥, 『고장시조선주』, 정음사, 1949.

구자균, 『조선평민문학사』, 문조사, 1948.

권영민, 『한국현대문학사 1945-1990』, 민음사, 1993.

김기림, 『시론』, 백양당, 1947.

김대행, 『북한의 시가문학』, 문학과비평사, 1990.

———, 『한국시가구조연구』, 삼영사, 1976.

김동욱, 『국문학개설』, 민중서관, 1961.

———, 『한국 가요의 연구(속)』, 선명문화사, 1975.

김병택, 『한국현대시인론』, 국학자료원, 1995.

김사엽, 『조선문학사』, 정음사, 1948.

김시태, 『현대시와 전통』, 성문각, 1978.

김열규, 『우리의 전통과 오늘의 문학』, 문예출판사, 1987.

———, 『한국민속과 문학연구』, 일조각, 1971.

김열규 · 신동욱 · 이상택 공편, 『국문학논문선 1 : 향가연구』, 민중서관, 1977.

김열규 · 정연찬 · 이재선, 『향가의 어문학적 연구』, 서강대인문과학연구소, 1972.

김완진, 『향가의 해독법』, 서울대출판부, 1980.

김용직, 『한국현대시연구』, 일지사, 1985.

———, 『한국근대시사』, 학연사, 1986.

김우창, 『궁핍한 시대의 시인』, 민음사, 1977.

———, 『지상의 척도』, 민음사, 1981.

김윤식, 『한국 근대문학연구』, 일지사, 1973.
———, 『한국문학의 근대성과 이데올로기 비판』, 서울대출판부, 1987.
김일성종합대학 편, 『조선문학사』, 김일성종합대학출판사, 1982.
김재홍, 『한국현대시인연구』, 일지사, 1986.
김종길, 『시론』, 탐구당, 1965.
김준오, 『한국 현대 장르 비평론』, 문학과지성사, 1990.
김춘수, 『김춘수전집 2 : 시론』, 문장사, 1982.
———, 『한국현대시 형태론』, 해동문화사, 1958.
김학동, 『김기림 연구』, 새문사, 1988.
———, 『한국개화기시가연구』, 시문학사, 1981.
———, 『한국근대시인연구』, 민음사, 1977.
김학성, 『한국 고전시가의 연구』, 원광대출판국, 1980.
김현 편, 『현대한국문학의 이론』, 민음사, 1972.
김흥규, 『문학과 역사적 인간』, 창작과비평사, 1988.
———, 『조선후기의 시경론과 시의식』, 고려대학교 민족문화연구소, 1982.
리동수, 『북한의 비판적 사실주의 문학 연구』, 살림터, 1992.
문덕수, 『현대한국시론』, 이우출판사, 1975.
———, 『한국모더니즘시 연구』, 시문학사, 1981.
민족문학사연구소, 『북한의 우리문학사 인식』 창작과비평사, 1991.
박두진, 『한국현대시론』, 일조각, 1973.
박목월, 『시창작법』, 선문사, 1949.
박용철, 『박용철 전집』 2, 시문학사, 1940.
박철희, 『한국시사연구』, 일조각, 1980.
———, 『서정과 인식』, 이우출판사, 1982.
———, 『유치환』, 서강대학교출판부, 1999.
박철희 · 조동일 · 박경수, 『한국근대문학의 쟁점』, 한국정신문화연구원, 1991.
백운복, 『한국현대시론연구』, 계명문화사, 1993.
백철, 『조선신문학사조사』, 수선사, 1948.
서정주, 『서정주전집』 5, 일지사, 1972.
———, 『한국의 현대시』, 일지사, 1969.
성기옥, 『한국시가율격의 이론』, 새문사, 1986.
성호경, 『한국시가의 형식』, 새문사, 1999.
송욱, 『시학평전』, 일조각, 1963.
신동욱 편, 『이상화의 서정시와 그 아름다움』, 새문사, 1981.
심재완, 『교본 역대시조전서』, 세종문화사, 1972.
———, 『시조의 문헌적 연구』, 세종문화사, 1972.
안자산, 『조선문학사』, 한일서점, 1922.
———, 『시조시학』, 교문사, 1959.

양왕용, 『한국근대시연구』, 삼영사, 1982.
양주동, 『여요전주』, 을유문화사, 1947.
———, 『조선고가연구』, 박문출판사, 1942.
오세영, 『한국 낭만주의시 연구』, 일지사, 1980.
우리어문학회, 『국문학사』, 수로사, 1978.
—————, 『국문학개론』, 일성당서점, 1949.
유시욱, 『1920년대 한국시연구』, 이화문화출판사, 1995.
유종호, 『현실주의 상상력』, 나남, 1991.
———, 『서정적 진실을 찾아서』, 민음사 2001.
유치환, 『구름에 그린다』, 신흥출판사, 1959.
윤영옥, 『신라시가의 연구』, 형설출판사, 1980.
이명구, 『고려가요연구』, 신아사, 1974.
이명선, 『조선문학사』, 조선문학사, 1948.
이병기, 『가람문선』, 신구문화사, 1966.
이병기 · 백철, 『국문학전사』, 신구문화사, 1957.
이어령, 『시, 다시 읽기』, 문학사상사, 1995.
이태극, 『시조의 사적연구』, 선명문화사, 1974.
——— 편, 『시조연구논총』, 을유문화사, 1956.
임선묵, 『시조시학서설』, 청자각, 1974.
임종국, 『친일문학론』, 평화출판사, 1966.
임형택 편, 『한국문학사의 시각』, 창작과비평사, 1984.
장사훈, 『시조음악론』, 서울대학교출판부, 1973.
전형대 외, 『한국고전시학사』, 홍성사, 1979.
정병욱, 『시조문학사전』, 신구문화사, 1966.
———, 『한국고전시가론』, 신구문화사, 1977.
정한모, 『한국현대시문학사』, 일지사, 1974.
정홍교 · 박종원, 『조선문학개관』, 사회과학출판사, 1986.
정효구, 『존재의 전환을 위하여』, 청하, 1987.
조규설 · 박철희 편, 『시조론』, 일조각, 1978.
조동일, 『동아시아 문학사비교론』, 서울대출판부, 1993.
———, 『서사민요연구』, 계명대학교출판부, 1970.
———, 『한국문학사상사시론』, 지식산업사, 1978.
———, 『한국문학통사』, 지식산업사, 1982.
조연현, 『한국현대문학사』, 성문각, 1974.
조윤제, 『국문학사』, 동국문화사, 1949.
———, 『도남잡지』, 을유문화사, 1964.
———, 『조선시가사강』, 박문출판사, 1937.
———, 『조선시가연구』, 을유문화사, 1948.

최동호, 『현대시의 정신사』, 열음사, 1955.
최원식, 『민족문학의 논리』, 창작과비평사, 1982.
최재서, 『문학과 지성』, 인문사, 1938.
최진원, 『국문학과 자연』, 성균관대학교출판부, 1977.
케빈 오록Kevin O' Rourke, 『한국 근대시의 영시 영향 연구』, 새문사, 1984.
현종호, 『국어고전시가사연구』, 보고사, 1996.

Arnold Hauser, *The social history of art*, V. I, London, 1962.
C. M. Bowra, *The Romantic Imagination*, Oxford University Press, 1969.
David Perkins, *A History of Modern Poetry; From the 1890s to the high modernist mode*, Harvard University Press, 1976.
Gerald Graff and Reginald Gibbons, eds. *Criticism in the University*, Northwestern University Press, 1985.
Gerald Graff, *Professing Literature*, The University of Chicago Press, Chicago and London, 1987.
James L. Calderwood and Harold E. Toliver, eds. *Perspectives on Poetry*, Oxford University Press, 1968.
Peater H. Lee(ed), *Anthology of Korean Literature; From Early Times to the Nineteenth Century*, Honolulu; The University Press of Hawaii, 1981.
René Wellek, *A History of Modern Criticism*, Yale University Press, 1955.
――――――, *Theory of Literature*, Penguin Books, 1966.

2. 논문

고석규, 「시인의 역설」, 『문학예술』, 1957. 2~8.
권영민, 「개화기 시조에 대한 검토」, 『학술원논문집』, 인문사회과학편 15, 학술원, 1976.
김광균, 「서정시의 문제」, 『인문평론』 제2권 제2호, 인문당, 1940.
김기진, 「금일의 문학, 명일의 문학」, 『개벽』, 1924. 2.
김남천, 「임화에 관하여」, 『조선일보』, 1933.
김동욱, 「신라관음신앙과 도천수관음가」, 『서울대 문리대학보』 11집, 1958. 7.
김동환, 「조선민요의 특질과 그 장래」, 『조선지광』 82호, 1929. 1.
김사엽, 「조선부녀민요」, 『신가정지新家庭誌』 4권 9호, 1936.
김선풍, 「고려가요의 형태적 고찰」, 『고대 어문론집』 12집, 1970.
김소월, 「시혼」, 『개벽』 제95호, 1925. 5.
김수업, 「시조의 발생 시기에 대하여」, 『시조론』, 일조각, 1978.
김승희, 「이상시 연구」, 서강대대학원 박사학위논문, 1991.
김억, 「조선심을 배경으로 삼아」, 『동아일보』, 1924. 1. 1.
김열규, 「한국 시가의 서정의 몇 국면」, 『동양학』 2, 단국대학교 동양학연구소, 1972.

김열규,「현대한국시의 두 주류와 그 시적 변형기능」,『국어연구』, 서울대, 1958.
김용직,「서정성과 저항성—김소월의 시세계」, 국제펜클럽 한국본부, 제7회 국제심포지엄, 2000. 8. 25.
김일근,「민족문학사의 시대구분론」,『자유문학』, 1957. 7.
김종길,「청마 유치환론」,『창작과비평』 32호, 1974.
김종은,「이상문학의 심층심리학적 분석」, 박철희 편,『문예비평론』, 문학비평사, 1993.
김춘수,「형태상으로 본 한국의 현대시」,『문학예술』, 1955. 8–1956. 4.
김택규,「별곡의 구조」,『고려시대의 언어와 문학』, 형설출판사, 1975.
김흥규,「한국시가의 율격이론」,『민족문화연구』 13, 고려대 민족문화연구소. 1978.
문덕수,「청마 유치환론」,『현대문학』, 1957. 12.
민병수,「고려시대의 한시연구」, 서울대 박사학위논문, 1984.
박성의,「논저를 통하여 본 국문학 연구사」,『민족문화연구』 제6호, 1972.
박영희,「현대한국문학사」,『사상계』, 1958.
박철희,「한국시가연구의 현대적 방향」,『국어국문학』(국어국문학 창립 30주년 기념호) 88호, 1982.
백낙청,「시민문학론」,『창작과비평』 14, 1969.
백철,「시대적 우연의 수리受理」,『조선일보』, 1938. 12. 5.
——,「시세時世를 불거不拒하는 정신」,『동아일보』, 1938. 7. 1～7.
송효섭,「'질마재 신화'의 서사구조유형—삼국유사의 대비를 통한 시론」, 김열규 편,『삼국유사와 한국문학』, 학연사, 1983.
신은경,「사설시조의 시학연구」, 서강대 박사논문, 1988.
앤 제퍼슨,「러시아 형식주의」, 박철희 편『문예비평론』, 문학과비평사, 1988.
양희철,「'안민가'와 관련설화의 텍스트언어」,『서강어문』 5, 서강어문학회, 1985.
염상섭,「시조에 관하여」,『조선일보』, 1926. 12. 6.
오양호,「1940년대 이민문학론—『재만조선인시인집』을 중심으로」,『인천대논문집』 5, 1983.
유종호,「임과 집과 길」,『세계의 문학』 통권 3호, 민음사, 1977.
———,「현대시 50년」,『사상계』, 1962. 5.
윤곤강,「임화론」,『풍림』, 1937.
윤지관,「영혼의 노래와 기교의 시」,『세계의 문학』 40호, 1988, 가을호.
이광린,「'대한매일신보' 간행에 대한 일고찰」,『대한매일신보연구』, 서강인문논집 16집, 서강대 인문과학연구소, 1986.
이광수,「시조」,『동아일보』, 1928. 1. 1.
이능우,「자수고字數考 대안代案」,『서울대논문집』 7집, 1958.
이병기,「시조와 그 연구」,『학생』, 1928. 12.
이승원,「30년대 후반기 시의 한 고찰—백석의 경우」,『국어국문학』 90, 국어국문학회, 1983.
이어령,「비유법논고」,『문학예술』, 1956. 10.

이어령, 「현대시의 환위와 한계」, 『문학예술』, 1956. 9.
이우성, 「실학 연구 서설」, 『실학연구입문』, 일조각, 1973.
이원조, 「시의 고향—편석촌에게 부치는 단신」, 『문장』 폐간호, 1941.
이은상, 「시조의 정의적 이론」, 『동아일보』, 1936. 6.
이재선, 「한국 현대시와 R. M. 릴케」, 『청구대논문집』, 1966.
이태극, 「시조자수의 운율작용 연구」, 『한국문화연구원 논총』 15집, 1968.
이형대, 「가람 이병기와 국학」, 『민족문학사연구』 10호, 1997.
임기중, 「고려가요 동동고」, 『양주동 고희논문집』, 1973.
임화, 「1933년을 통하여 본 현대 조선의 시문학」, 『조선중앙』, 1934.
──, 「시단의 신세대」, 『문학의 논리』, 학예사, 1940.
장윤익, 「이상문학의 자의식적 성격과 난해의 한계성 고찰」, 『현대시연구』, 정음사, 1981.
정병욱, 「고전문학 연구의 어제와 오늘」, 『나라사랑』 22집, 1976.
───, 「이조 후기 시가의 변이과정고」, 『창작과비평』, 1974.
───, 「한국시가문학사」 상, 『한국문화사대계』 V, 고려대, 1967.
정효구, 「1930년대 순수 서정시 운동의 시대적 의미」, 『20세기 한국시의 정신과 방법』, 시와시학사, 1995.
조남령, 「내가 본 시조형」, 『문장』 제2권 6호, 1940. 6.
조남현, 「사회등 가사와 풍자방법」, 『국어국문학』 72 · 73 합본호, 국어국문학회, 1976.
조동일, 「국어국문학 30년의 성과와 문제점」, 『국문학연구의 방향과 과제』, 새문사, 1983.
───, 「도남학의 전통과 국문학연구의 방향 설정」, 『도남학보』 9, 1980.
───, 「시조의 이론, 그 가능성과 방향 설정」, 『우리 문학과의 만남』, 홍성사, 1978.
조윤제, 「도남유고」, 『도남학보』 3집, 도남학회, 1980.
───, 「시조 자수고」, 『신흥』 4호, 1931. 1.
조종업, 「고려시론연구」, 『어문연구』 1호, 충남대, 1963.
주요한, 「노래를 지으시려는 이에게」, 『조선문단』 1-2호, 1923~1924.
차하순 편, 「역사주의사관」, 『사관이란 무엇인가』, 청람, 1985.
최남선, 「시조태반胎盤으로의 조선민성과 민속」, 『조선문단』 제17호, 1926.
최신호, 「초기신화에 나타난 용사이론의 양상」, 『고전문학연구』 1집, 1971.
최웅권, 「80년대 북한의 문학사 연구와 문예이론」, 『한길문학』, 한길사, 1992.
최진원, 「동동고」 (1) (2) (3), 『대동문화연구』, 1971, 1975, 1978.
황패강, 「향가연구 70년의 회고와 현황」, 『한국학보』 9권.

찾아보기

ㅂ

ㅅ

ㅇ

ㅈ

한국 근대시사近代詩史 연구

1판 1쇄 펴낸날 2007년 5월 10일

지은이 | 박철희
펴낸이 | 김시연

펴낸곳 | (주) 일조각
등록 | 1953년 9월 3일 제300-1953-1호(구 : 제1-298호)
주소 | 110-062 서울시 종로구 신문로 2가 1-335
전화 | 734-3545 / 733-8811(편집부)
733-5430 / 733-5431(영업부)
팩스 | 735-9994(편집부) / 738-5857(영업부)
이메일 | ilchokak@hanmail.net
홈페이지 | www.ilchokak.co.kr

ISBN 978-89-337-0519-3 93800

값 24,000 원

* 이 도서의 국립중앙도서관 출판시도서목록(CIP)은 e-CIP홈페이지
(http://www.nl.go.kr/cip.php)에서 이용하실 수 있습니다.
(CIP제어번호 : CIP2007001208)